성경 사건 대기록 ❻

날짜별로 본
오늘의 성경 사건

11월

12월

성경 사건 대기록 ❻

날짜별로 본
오늘의 성경 사건
11월·12월 편

초판발행일 | 2018년 5월 20일

지 은 이 | 노재명
펴 낸 이 | 배수현
디 자 인 | 박수정
홍 보 | 배성령
제 작 | 송재호

펴 낸 곳 | 가나북스 www.gnbooks.co.kr
출 판 등 록 | 제393-2009-12호
전 화 | 031) 408-8811(代)
팩 스 | 031) 501-8811

ISBN 979-11-86562-82-6

※ 가격은 뒤 표지에 있습니다.

성 경 사 건 대 기 록 ⑥

날짜별로 본

오늘의 성경사건

11월·12월편

노재명

'오늘의 성경 사건'
연재를 시작하며...

하나님께서는 아담의 범죄 이후 죄인들을 구원하시기 위한 계획을 세우셨고 여자의 후손을 통해 하나님의 구속역사를 이루셨습니다. 하나님께서는 각 시대 믿음의 사람들을 통해 하나님의 계획을 이루어 오셨고 마침내 여자의 후손으로 오신 예수 그리스도께서는 십자가에서 죽으시고 사흘 만에 부활하심으로 죄인들이 구원받을 수 있는 길을 열어 놓으셨습니다. 이처럼 죄인을 구원하기 위한 하나님의 구속역사와 그중심에서 구원의 길을 여신 예수 그리스도에 대한 복음은 '성경'이라는 특별계시를 통해 현재의 우리들에게 전달되었습니다. 그런데 하나님의 구속역사를 담고 있는 성경은 현대를 사는 우리들과 시대적, 공간적, 역사적 그리고 사회-문화적 환경이 다른 상태로 기록되었기에 성경을 통해 하나님의 계시를 깨닫기 위해서는 '성경 배경의 이해'를 통한 성경 읽기가 필요합니다.

매일 한 사건씩 살펴보게 될 '오늘의 성경 사건'을 통한 매일 성경 연구는 우리 시대의 개념이 아닌 하나님의 구속역사가 일어난 시대와 공간 그리고 사회 문화적 배경을 이해할 수 있는 정보를 제공하며 다음과 같은 방법으로 성경 사건을 이해하도록 할 것입니다.

첫째, 오늘 날짜의 성경 사건을 병렬로 제시하여 하루에 성경 속 여러 사건을 빠르게 이해할 수 있도록 하겠습니다.

고대 각 나라의 월력체계가 달랐고, 성경에 나타나는 월력체계가 현대의 서기력 체계와도 달랐지만(차후 설명) 매일 한 사건씩 날짜 별로 하나님의 구속역사를 살펴보겠습니다. 이제 '오늘의 성경 사건'을 통해 하루하루의 삶이 하나님의 구원 계획을 처음부터 자세히 살펴보고 전체적으로 하나님께서 역사하셨던 사건들을 이해할 수 있도록 하겠습니다. 또한 지금 우리 자신이 하나님의 구속사의 과정에서 어느 지점쯤에 서 있는지, 자신의 위치와 사명을 매일매일 발견할 수 있기를 소망합니다.

둘째, 역사의 현장에서 당시의 배경을 이해하고 성경 본문을 연구할 수 있도록 시간적(역사적), 공간적(지리적), 사회 문화적 배경 요소들을 제공하겠습니다.

성경이 하나님의 구속역사가 진행되는 과정에서 믿음의 선배들에게 하나님의 내언약이 주어지고 믿음의 선배들의 공시적 삶을 통시적(삶, 역사를 관통하여) 관점에서 하나님의 언약과 관련된 내용을 기술하고 있기에 각 시대, 각 사건의 공시적 현장 이해가 아주 중요합니다. 공시적 현장 이해를 통해 성경을 연구하고 이해하면, 첫 번째 성경에 기록된 사건은 허구나 소설이 아니라 분명히 지구상에서 역사적으로 발생했던 사건이었음을 인정하게 되고, 두 번째 그 시대와 장소, 당시의 배경적 요소들을 생각하고 성경 본문을 이해함으로 성경을 기록하게 하신 원저자인 하나님의 참뜻을 알 수 있습니다.

셋째, 성경에 나타난 사건들들 중 역사를 관통해서 이해해야 하는 사건들을 살펴보고 하나님의 구속역사가 어떻게 진행되었는지 이해할 수 있도록 하겠습니다.

각 시대의 성경 저자들은 사건에 등장하는 사람들의 모든 삶을 다 기록한 것이 아닙니다. 후대의 저자는 하나님의 내언약과 관련된 믿음의 선배들의 삶을 선별하거나 하나님의 내언약이 주어졌으나(만났으나) 떠났던 사람들의 삶을 하나님의 구속사적 관점에서 기록하고 있습니다. 예를 들어 창세기는 족장들의 삶 가운데 하나님의 언약과 관련된 삶들을 선별하여 기록하고 있고 출애굽기는 이스라엘 백성들의 삶 가운데 하나님의 언약과 관련된 삶들을 선별하여 기록하고 있고 약속의 땅에 들어가서 하나님의 횃불 언약을 이루는 삶을 살았으나 사사 시대에는 하나님의 언약을 떠나서 살 때 일어나는 삶들을 선별하여 기록하고 있고 사무엘서, 열왕기서, 역대기서는 모든 왕들의 이야기를 담고 있는 것 같지만 하나님의 언약과 관련된 왕들의 삶과 기록을 선별하여 기록하고 있습니다.

선별되어 기록된 사건들은 역사를 통해 보면 하나님께서 어떻게 구속역사를 진행시켜 오셨는지 깨달을 수 있게 합니다. 각 시대 믿음의 선배들의 공시적 삶들을 역사를 통해 이해하는 통시적 관점을 적용하여 연구하면 성경을 기록하게 하신 원저자인 하나님의 참뜻을 알 수 있습니다.

이제 하나님의 구속역사를 기록한 '오늘의 성경 사건'을 매일 한 사건씩 살펴보는 형식으로 진행하려고 합니다. 성경 속 사건이 없는 날에는 앞 사건과 관련된 내용들을 계속해서 연재하거나 기독교 절기에 맞춘 주제 그리고 한 인물들의 삶을 연재하는 형식으로 살펴보겠습니다.

믿음의 동역자 여러분!

오늘 하루도 광야에서 매일 주셨던 만나를 통해 하나님의 살아 계심과 함께하시며 역사하셨던 것을 깨달았던 광야 세대처럼 '성경 속 오늘 사건'을 통해 매일 성경 속 사건을 살펴보고 우리의 삶에 동행하시는 하나님을 고백하며 하나님의 구속사를 우리의 삶 가운데 드러내고 전하시는 복음의 전도자가 되시길 기도합니다.

하루도 빠짐없이 매일 '오늘의 성경 사건'을 2년째 연구해 왔고
시간이 허락하는 한 계속해서 성경 본문을 연구해 하나님의 뜻을 찾는

노 재 명 목사 드림

11월의 성경 사건

1일

신명기 말씀을 전하기 시작하는 모세

(신 1:1-5)

오늘 날짜가 언급된 성경 사건은 모세가 모압 평지에서 광야 2세대에게 '세 편의 설교'(신명기)를 하는 사건이 있습니다. 오늘 날짜가 포함된 사건은 다음과 같습니다.

사건 1 제2월 10일부터 방주에 들어가 하나님의 명령을 감당하는 262일째이고(노아시대 월력체계는 한 달을 30일로 계산함) 하나님께서 말씀하신 대로 40일 동안 비가 내린 255일째로 방주가 아라랏 산에 머무른 지 105일째

사건 2 라암셋을 떠난 지 281일째(제1월을 30일, 제2월을 29일로 계산함)로 시내산 밑 시내광야에 도착하여(제3월 1일) 거한 지 237일째(출 19:1-2)

사건 3 하나님께서 보여주신 식양대로 성막을 만들기 시작하는 109일째

사건 4 시내광야에 11개월 20일 머물던 이스라엘 백성이 하나님의 명령에 따라 약속의 땅을 향해 떠난 지 247일째

사건 5 출애굽 40년 제11월 1일부터 모세가 신명기 말씀을 전함(신 1:3)

사건 6 에스겔 선지자가 그발 강가에서 꼼짝도 못 하고 두려워 떨며 포로 된 백성과 함께 지내는 203일째이고(겔 1:1-2, 3:14-15) 두 번째 계시받은 지 196일째

사건 7 예루살렘 성이 느브갓네살에 의해 포위된 지 21일째(왕하 25:1, 겔 24:1)

사건 8 시드기야 11년 제4월 9일 예루살렘 성이 바벨론에 의해 함락 후 197일째로 솔로몬 성전과 왕궁 그리고 예루살렘 성벽이 파괴된 지 169일째

사건 9 1차 포로 귀환 한 백성들이 성전 마당에 번제단을 만들고 매일 번제를 드리기 시

작한 지 119일째

사건 10 학개 선지자에게 성전을 지으라는 하나님의 계시가 임한 지(제6월 1일) 149일째로 중단되었던 성전 건축이 다시 시작된 지(제6월 24일) 126일째이고 학개 선지자에게 두 번째 계시가 임한 지(제7월 21일) 100일째이고 세 번째, 네 번째 계시가 하루에 임한 지 37일째(학 2:10-23)

사건 11 학개 선지자를 통해 성전 공사를 재개하게 했던 것을 독려하는 계시가 스가랴 선지자에게 임한 지(8월 1일) 90일째(슥 1:1-6)이고 세 번째 계시가 임한 지(제9월 4일) 57일째

사건 12 모르드개가 조서를 써 전국(127도)에 보낸(제3월 23일) 후 216일째

사건 13 주전 458년 2차 포로 귀환하여 예루살렘에 도착한 지 178일째로 백성들이 하나님께 번제와 속죄제를 드린 174일째(스 7:6-9, 8:15-36)

사건 14 2차 포로귀환을 한 에스라가 백성들의 잡혼 문제를 해결하기 위해 조사를 시작한 지 30일째(스 10:16)

사건 15 3차 포로 귀환 한 느헤미야를 중심으로 5월 4일 시작하여 52일 동안 예루살렘 성벽 공사가 완성된(6월 25일) 후 123일째

모세는 출애굽 40년 제11월 첫째 날부터 광야 2세대들에게 '세 편의 설교'(신명기)를 통해 그들이 지금 모압 평지에 머무는 이유와 약속의 땅에 들어가 해야 할 일에 대해 선포하고 있습니다. 오늘은 신명기가 선포되는 장소와 때 그리고 당시의 상황에 대해 살펴보겠습니다.

모세는 80세에 부름을 받아 애굽에서 종살이하는 이스라엘 자손들을 이끌어 내어 그들의 열조에게 약속했던 젖과 꿀이 흐르는 가나안 땅으로 인도하는 임무를 부여받았습니다. 믿음이 부족했던 이스라엘 백성을 이끌어 나왔기에 첫 여정부터 순조롭지 못했습니다. 많은 우여곡절 끝에 가데스 바네아에 도착했던 백성들은 믿음으로 올라가 가나안을 정복하라는 하나님의 말씀 앞에 주저하며 가나안 땅을 정탐하도록 요구하고 하나님께서는 그 요

구를 들어주셨습니다. 하지만 정탐 후에 더욱 믿음이 떨어진 그들은 하나님을 원망했으며 그 죄로 인해 40년을 광야를 헤매며 죽음을 기다리는 여정을 걷게 되었습니다. 40년의 여정을 걸으며 광야 1세대는 죽고 계수함을 받지 못했던 20세 이하의 백성과 광야에서 태어난 2세들은 가나안 땅 맞은편 모압 평지에 이르게 되었습니다.

오늘(11월 1일) 비로소 모세는 하나님께 받았던 십계명과 광야에서 일어났던 모든 일, 가나안 땅에 들어가서 행해야 할 모든 일을 백성에게 선포했습니다. 그리고 자신을 이어 이스라엘 백성을 이끌고 가나안 땅에 들어가 땅을 정복할 여호수아를 후계자로 세웠습니다.

❶ 아라바 광야 중 요단강 건너편 모압 평지에서 설교함

신명기 1:1에는 모세가 신명기 말씀을 전하는 장소가 언급되어 있습니다. 민수기에 언급된 구체적 표현으로는 아벨싯딤과 벧여시못을 포함한 모압 평지인데(민 33:49) '요단 건너편, 곧 바란과 도벨과 라반과 하세롯과 디사합 사이 숩 맞은편 아라바 광야'(신 1:1)라고 언급됩니다. 또한 신명기 1:5에도 '요단 건너편 모압 땅'이라고 분명히 언급됩니다.

> **요단강가 모압 평지의 진영이 벧여시못에서부터 아벨싯딤에 이르렀더라**(민 33:49)
> **이는 모세가 요단 저쪽 숩 맞은편의 아라바 광야 곧 바란과 도벨과 라반과 하세롯과 디사합 사이에서 이스라엘 무리에게 선포한 말씀이니라**(신 1:1, 개정)
> **모세가 요단 저쪽 모압 땅에서 이 율법을 설명하기 시작하였더라 일렀으되**(신 1:5)

기억해야 할 것은 신명기 1:2에는 현재 모세가 신명기를 전하는 장소와는 상관이 없는 '호렙에서 세일 산지를 지나 가데스 바네아까지는 열하룻 길이었다.'라는 언급이 있습니다.

아라바와 아라바해(염해) 여리고와 건너편 베다니, 벳여시못을 포함한 요단강 주변 계곡지대를 아라바라고 부른다. 사해(염해)도 아라바(서편과 동편 사이의 계곡지대)에 있는 바다라고 해서 염해라고 부른다.

❷ 출애굽 40년 제11월 1일 세 번 설교함

모세가 세 번의 설교를 통해 신명기를 선포한 날은 출애굽 40년 제11월 1일(주전 1406년 1월 18일)입니다. 출애굽 40년째 되는 해는 서기력으로 '주전 1407. 3. 29-1406. 4. 16'까지입니다.

마흔째 해 열한째 달 그달 첫째 날에 모세가 이스라엘 자손에게 여호와께서 그들을 위하여 자기에게 주신 명령을 다 알렸으나(신 1:3, 개정)

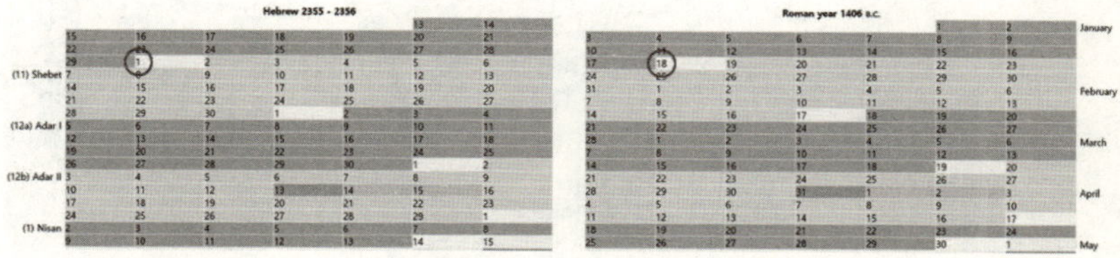

모세가 신명기를 선포한 날(출애굽 40년 제11월 1일, 서기력 주전 1406년 1월 18일)

❸ 요단 동편 땅을 정복한 후 설교함

모세가 세 편의 설교를 한 때는 '모세가 바산 왕 옥과 아모리 왕 시혼을 죽인 후'(신 1:4)라고 언급됩니다.

> **그때는 모세가 헤스본에 거주하는 아모리 왕 시혼을 쳐 죽이고 에드레이에서 아스다롯에 거주하는 바산 왕 옥을 쳐죽인 후라**(신 1:4)

출애굽 한 이스라엘 백성은 아르논 강을 건너 아모리 왕 시혼의 영역에 들어왔을 때 여호와 하나님께서는 모세에게 **"너는 일어나 길을 떠나라. 그리고 아르논 시내를 건너라. 보아라. 내가 아모리 사람 헤스본 왕 시혼과 그의 땅을 네 손에 넘겨주었으니 그와 싸워서 그것을 차지하여라. 오늘 내가 하늘 아래의 모든 백성이 너를 무서워하고 두려워하게 할 것이니 그들이 네 소문을 듣고 떨며 너 때문에 근심할 것이다."**(신 2:25-26)라고 말씀하셨습니다.

모세는 사신을 보내 **"우리가 당신의 땅을 지나가게 해 주십시오. 우기가 밭이나 포도원에 들어가지 않고 우물물도 마시지 않겠습니다. 당신의 영토를 다 지날 때까지 왕의 대로로만 가겠습니다."**(민 21:21-22)라고 말했지만 아모리 왕 시혼은 허락하지 않았습니다. 이에 전쟁하게 되었고 이스라엘 백성들은 아모리인들의 모든 성읍을 빼앗았습니다(민 21:23-26). 아모리 왕 시혼과의 전쟁에 대한 것은 신명기 2:30-38에 자

아모리 왕 시혼의 땅을 정복한 이스라엘

세하게 설교 되었습니다.

아모리 사람들의 땅을 정복한 이스라엘 백성들은 방향을 돌려 바산 길로 올라가 바산 왕 옥과 싸웠고 여호와께서는 **"그를 두려워하지 마라. 내가 그와 그의 모든 백성과 그의 땅을 네 손에 넘겼으니 네가 헤스본에 살던 아모리 사람의 왕 시혼에게 한 것처럼 그에게도 그렇게 하여라."**고 말씀하셨습니다. 이스라엘 백성들은 바산 왕 옥과 싸워 이긴 후 그의 땅을 차지했습니다(민 21:33-35). 바산 왕 옥과의 전쟁은 신명기 3:1-11에서 자세하게 설교 되었습니다.

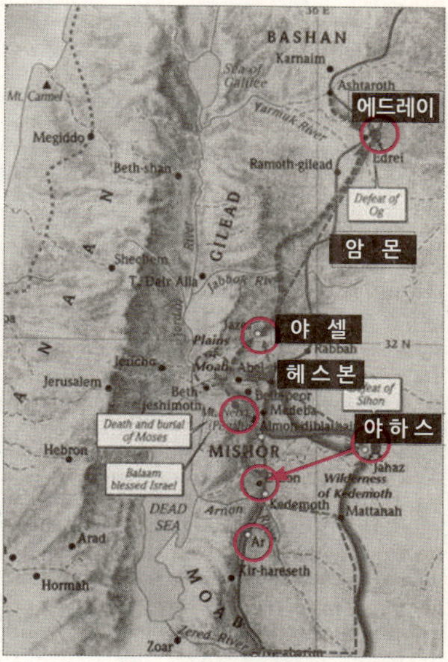

바산 왕 옥의 땅을 정복함

성도 여러분!

약속의 땅 가나안에 들어가지 못하게 된 모세는 광야 2세들에게 여호와 하나님께서 이제까지 인도하셨던 모든 것들과 그가 약속하신 모든 것을 다시 선포했습니다. 한 번 여호와 하나님의 말씀을 순종하지 못해 약속의 땅에 들어가지 못했던 모세는 광야 2세에게 생명을 다하여 하나님 말씀을 선포했을 것입니다. 120세의 나이로 자신의 생을 마치는 때에 이스라엘 백성들을 향한 세 편의 설교는 약속의 땅에 들어가 하나님의 주권을 세우고 하나님 나라를 이룩하라는 절절한 부탁이었습니다. 오늘도 하나님께서 말씀을 통해 명령하시는 절절한 말씀을 깨닫고 각자 섬기는 공동체(교회)와 공유하고 하나님께서 맡기신 공동체(교회)의 사명을 잘 감당하는 하루가 되시길 기도합니다.

2일

모세의 첫 번째 설교 ①

가라! 들어가라! 차지하라!

(신 1:1-4:43)

오늘 날짜가 언급된 성경 사건은 없습니다. 오늘 날짜가 포함된 사건은 다음과 같습니다.

사건 1 제2월 10일부터 방주에 들어가 하나님의 명령을 감당하는 263일째이고(노아시대 월력체계는 한 달을 30일로 계산함) 하나님께서 말씀하신 대로 40일 동안 비가 내린 256일째로 방주가 아라랏 산에 머무른 지 106일째

사건 2 라암셋을 떠난 지 282일째(제1월을 30일, 제2월을 29일로 계산함)로 시내산 밑 시내광야에 도착하여(제3월 1일) 거한 지 238일째(출 19:1-2)

사건 3 하나님께서 보여주신 식양대로 성막을 만들기 시작하는 110일째

사건 4 시내광야에 11개월 20일 머물던 이스라엘 백성이 하나님의 명령에 따라 약속의 땅을 향해 떠난 지 248일째

사건 5 에스겔 선지자가 그발 강가에서 꼼짝도 못 하고 두려워 떨며 포로 된 백성과 함께 지내는 204일째이고(겔 1:1-2, 3:14-15) 두 번째 계시받은 지 197일째

사건 6 예루살렘 성이 느브갓네살에 의해 포위된 지 22일째(왕하 25:1, 겔 24:1)

사건 7 시드기야 11년 제4월 9일 예루살렘 성이 바벨론에 의해 함락 후 198일째로 솔로몬 성전과 왕궁 그리고 예루살렘 성벽이 파괴된 지 170일째

사건 8 1차 포로 귀환 한 백성들이 성전 마당에 번제단을 만들고 매일 번제를 드리기 시작한 지 120일째

사건 9 학개 선지자에게 성전을 지으라는 하나님의 계시가 임한 지(제6월 1일) 150일째로

중단되었던 성전 건축이 다시 시작된 지(제6월 24일) 127일째이고 학개 선지자에게 두 번째 계시가 임한 지(제7월 21일) 101일째이고 세 번째, 네 번째 계시가 하루에 임한 지 38일째(학 2:10-23)

사건 10 학개 선지자를 통해 성전 공사를 재개하게 했던 것을 독려하는 계시가 스가랴 선지자에게 임한 지(8월 1일) 91일째(슥 1:1-6)이고 세 번째 계시가 임한 지(제9월 4일) 58일째

사건 11 모르드개가 조서를 써 전국(127도)에 보낸(제3월 23일) 후 217일째

사건 12 주전 458년 2차 포로 귀환하여 예루살렘에 도착한 지 179일째로 백성들이 하나님께 번제와 속죄제를 드린 175일째(스 7:6-9, 8:15-36)

사건 13 2차 포로귀환을 한 에스라가 백성들의 잡혼 문제를 해결하기 위해 조사를 시작한 지 31일째(스 10:16)

사건 14 3차 포로 귀환 한 느헤미야를 중심으로 5월 4일 시작하여 52일 동안 예루살렘 성벽 공사가 완성된(6월 25일) 후 124일째

신명기는 모세가 광야에서 태어난 백성들을 중심으로 한 세 편의 설교(1-30장)와 광야시대를 정리하게 하신 후 하나님께서 모세를 데려가시는 모세의 죽음 사건을(31-34장) 기록하고 있습니다. 첫 번째 설교는 광야 1세대가 약속의 땅에 들어가지 못하게 된 원인을 광야 2세대들에게 말하는 '광야 40년 여정의 회고'(신 1:1-4:43)이고, 두 번째 설교는 광야 2세대들이 약속의 땅에 들어가 준행해야 하는 '하나님께서 주신 율법 정리'(신 4:44-26:19)이고, 세 번째 설교는 결론으로 광야 2세대를 하나님의 언약과 연결해 그들이 맹세하게 하고 '약속의 땅에서 살아갈 자손들의 순종 촉구'(신 27:1-20)하는 내용입니다. 오늘은 첫 번째 설교에 해당하는 '40년 광야 여정 회고' 중 약속의 땅으로 가라는 내용과 약속의 땅을 정탐한 후 어떻게 되었는지에 대해 살펴보겠습니다.

❶ 조상에게 약속한 땅으로 가라! 들어가라! 차지하라!

모세는 39년 전 사건을 기억하며 여호와 하나님의 말씀을 광야 2세대에게 전했습니다. 이스라엘 자손들은 출애굽 한 후 시내산에 11개월 20일 동안 머물며 여호와 하나님의 백성이 되기로 약속하고 하나님의 백성으로 사는 규례를 들었습니다. 하나님께서는 이스라엘 백성들에게 **"너희가 이 산**(시내산)**에 거주한 지 오래되었다. 방향을 돌려라!**(명령) **행진하라!**(명령) **아모리 족속의 산지로 그 근방 곳곳으로 아라바와 산지와 평지**(세펠라)**와 네겝과 해변과 가나안 족속의 땅과 레바논과 큰 강 유브라데까지 가라!**(명령) **보라!**(명령)**내가 너희의 조상 아브라함과 이삭과 야곱에게 맹세하여 그들과 그들의 후손에게 주리라 한 땅이 너희 앞에 있다 들어가라!**(명령) **그 땅을 차지하라!**(명령)**"**(신 1:6-8)라고 말씀하셨습니다.

하나님께서는 6번의 명령을 하시며 시내산을 떠나 약속의 땅으로 '가라! 들어가라! 차지하라!'고 말씀하셨습니다. 먼저 3번의 명령형을 사용하여 '방향을 돌려라!('프누', פְּנוּ) 그리고 진행하라!('스우', סְעוּ) … 가라!('보우', בֹּאוּ)'(신 1:7)고 말씀하셨는데 '방향을 돌리라!'고 말씀하신 것은 출애굽 한 후 술 길로 진행하다 방향을 돌려 홍해를 건너게 하셨고 광야를 지나 시내산으로 인도하셨기 때문입니다. 하나님께서 이스라엘 백성을 시내산에 이르게 하신 이유는 하나님의 언약 백성으로서의 정체성을 깨닫게 하기 위함이었습니다. 시내산에 11개월 20일 머문 후 하나님의 백성으로 살기로 약속하고 사는 방법을 배운 이스라엘 백성들은 이제 약속의 땅으로 갈 때가 되었기에 약속의 땅으로 '방향을 돌려라!'고 말씀하신 것입니다. 그리고 장막을 거둔 후 '진행하라!' 그리고 '나아가라!'고 말씀하셨습니다.

계속해서 3번의 명령형을 사용하여 '보라!('르에', רְאֵה) … 들어가라!('보우', בֹּאוּ) 그리고 차지하라!('르슈', רְשׁוּ)'고 말씀하셨는데 먼저 '보라!'고 명령하시며 **"내가 너희 앞에 그 땅을 주었다."**고 말씀하셨습니다. 그리고 **"들어가라! 너희의 조상 아브라함과 이삭과 야곱과 그의 후손들에게 주리라고 맹세하신 땅을 차지하라."**고 말씀하

약속의 땅의 지리적 구분 아라바, 산지, 세펠라(평지), 해안평야, 네겝

셨습니다. 이제 이스라엘 백성들은 하나님의 말씀을 믿고 순종함으로 시내산을 떠나 약속의 땅으로 들어가 하나님께서 약속하신 땅을 차지하면 되었습니다.

하나님께서 말씀하신 것을 분석해 보면 약속의 땅 곳곳의 지형을 정확하게 표현하고 있습니다. '아라바와 산지와 평지(세펠라)와 네겝과 해변'으로 표현된 지형들은 약속의 땅 가나안을 정확하게 지형으로 구분하여 표현한 것입니다.

❷ 정탐을 요구한 이스라엘 백성들

모세는 백성들이 행할 모든 일을 명령했고 백성들은 시내산을 떠나 크고 두려운 광야를 지나 아모리 족속의 산지 길로 가데스 바네아에 이르렀습니다(신 1:19). 가나안 땅(약속의 땅)의 남쪽 경계인 가데스 바네아에 이르렀을 때 모세는 **"여호와 우리 하나님께서 우리에게 주시는 아모리 사람들의 산지까지 이르렀다. 보라! 여호와 너희 하나님께서 너희 앞에 그 땅을 주셨다. 여호와 너희 조상의 하나님께서 너희에게 말씀하신 대로 너희는 올라가라! 차지하라! 두려워하지 말라! 놀라지 말라!"**고(신 1:20-21) 말했습니다. 모세는 시내산을 떠날 때 여호와 하나님께서 말씀하셨던 그대로 **"보라!**(명령) **너희 하나님께서 너희 앞에 그 땅을 주셨다.", "올라가라!**(명령) **차지하라!**(명령)**"**고 말했습니다. 이때 백성들은 **"우리가 사람들을 우리 앞에 보내어 우리를 위해 그 땅을 살펴보게 하소서. 그리고 우리가 올라갈 길과 우리가 가야 할 성읍들을 우리에게 보고하게 하소서."**(신 1:22)라고 말했습니다. 약속의 땅 가나안 정탐은 백성들이 먼저 원했고 하나님께서는 모세를 통해 허락하셨습니다. 허락하신 이유는 그 땅을 보고 하나님께서 말씀하신 그대로임을 확신하고 올라가 차지하라는 뜻이었습니다.

각 지파에서 뽑힌 열두 정탐꾼은 약속의 땅 곳곳을 돌아다녔고 그 땅의 실과도 가져왔습니다. 그리고 고백하기를 **"우리의 하나님 여호와께서 우리에게 주시는 땅이 좋더라."**(신 1:25)고 말했습니다. 그러나 정탐꾼 중 10명은 그 땅 백성이 강하다고 이야기했고 백성들은 두려워하며 약속의 땅으로 올라가 정복하기를 거절했습니다. 모세는 이스라엘 백성이 하나님 여호와의 명령을 거역하여 장막 중에서 원망했다고 말하며 **"그들을 무서워하지 말라. 두려워하지 말라. 너희보다 먼저 가시는 너희의 하나님 여호와께서 애굽에서 너희를 위하여 너희 목전에서 모든 일을 행하신 것 같이 이제도 너희를 위하여 싸우실 것이며 광야에서도 너희가 당하였거니와 사람이 자기의 아들을 안는 것 같이 너희의 하나님 여호와께서 너희가 걸어온 길에서 너희를 안으사 이곳까지 이르게 하셨느니라."**(신 1:29-31)고 말했지만 백성들은 여호와 하나님을 믿지 않았습니다(신 1:32).

정탐한 결과 12명의 정탐꾼 모두는 '약속의 땅 가나안'이 하나님께서 말씀하셨던 그대로임을 고백했습니다. 하지만 여호수아와 갈렙을 제외한 믿음이 없는 10명이 '가나안' 땅에 대해 악평하였기에 하나님께서는 재앙으로 죽이셨고 또한 20세 이상으로 계수함을 받은 자들, 곧 불신한 백성들 모두를 하루를 일 년으로 환산하여 40년을 광야에서 유리하게 하심으로 죽게 하셨습니다(민 14:29, 34).

너희 시체가 이 광야에 엎드러질 것이라 너희 중에서 이십 세 이상으로서 계수된 자 곧 나를 원망한 자 전부가(민 14:29)
너희는 그 땅을 정탐한 날 수인 사십 일의 하루를 일 년으로 쳐서 그 사십 년간 너희의 죄악을 담당할지니 너희는 그제서야 내가 싫어하면 어떻게 되는지를 알리라 하셨다 하라(민 14:34)

모세도 이 사건으로 인해 '가나안'에 들어가지 못하리라는 선고를 받았으며 광야 여정 40년째 되던 해 다시 신(찐, Zin)광야 가데스(므리바)에 이르러 물이 없어 원망하는 백성에게 화를 내며 하나님의 말씀을 따르지 않고 반석을 두 번 침으로 인해 '가나안' 땅에 들어가지 못하게 됩니다(신 1:37, 민 20:12).

여호와께서 너희 때문에 내게도 진노하사 이르시되 너도 그리로 들어가지 못하리라(신 1:37)
여호와께서 모세와 아론에게 이르시되 너희가 나를 믿지 아니하고 이스라엘 자손의 목전

모압 평지에서 바라본 요단강 건너 약속의 땅의 모습

에서 내 거룩함을 나타내지 아니한 고로 너희는 이 회중을 내가 그들에게 준 땅으로 인도하여 들이지 못하리라 하시니라(민 20:12)

'가나안' 땅을 정탐하고자 한 것은 믿지 못한 백성들이 먼저 요청한 것임을 알 수 있습니다. 이에 하나님께서는 정탐을 허락하셨는데 이는 정탐을 한 후라도 믿기를 원하셨기 때문일 것입니다. 정탐 결과 그 땅은 하나님께서 말씀하신 것과 같은 땅이었습니다. 그러나 믿음의 눈으로 보지 못하고 육신의 눈으로 본 결과 자신들의 나약함과 가나안 족속의 장대함으로 약속의 땅 가나안을 불신하게 되었습니다. 오직 두 사람, 여호수아와 갈렙 만이 하나님의 말씀을 좇아 젖과 꿀이 흐르는 '가나안' 땅에 들어갈 수 있었습니다.

성도 여러분!

40년 광야 여정을 마치며 또한 자신이 할 일을 마치는 모세의 마지막 설교는 광야 1세대가 하나님의 말씀을 믿고 순종하지 못함으로 약속의 땅을 정복하지 못한 것을 먼저 선포했습니다. "약속의 땅을 보라! 그리고 올라가라! 그리고 차지하라!"는 하나님의 말씀에 순종하지 못하고 38년이 지나 모압 평지에서 요단강 건너 약속의 땅을 바라보며 전하는 모세의 설교는 이제 광야 2세대가 요단강을 건너 약속의 땅에 들어갈 때는 하나님의 말씀에 순종하여 조상에게 약속하신 땅을 정복하기를 바라는 마음이었습니다. 백성들 또한 부모세대가 하나님 말씀을 믿지 못하여 광야에서 죽었던 것을 기억하며 믿음을 강하게 해야 했습니다. 오늘도 내 눈에, 내 생각으로는 가능하지 못하게 보일지라도 하나님의 말씀에 순종하면 반드시 이루어진다는 것을 확신하고 하나님의 명령이 주어질 때 언제든지 아멘으로 순종하기로 다짐하는 하루가 되시길 기도합니다.

3일

모세의 첫 번째 설교 ②

38년 동안 진영 중에서 죽어간 사람들

(신 1:1-4:43)

오늘 날짜가 언급된 성경 사건은 없습니다. 오늘 날짜가 포함된 사건은 다음과 같습니다.

사건 1 제2월 10일부터 방주에 들어가 하나님의 명령을 감당하는 264일째이고(노아시대 월력체계는 한 달을 30일로 계산함) 하나님께서 말씀하신 대로 40일 동안 비가 내린 257일째로 방주가 아라랏 산에 머무른 지 107일째

사건 2 라암셋을 떠난 지 283일째(제1월을 30일, 제2월을 29일로 계산함)로 시내산 밑 시내광야에 도착하여(제3월 1일) 거한 지 239일째(출 19:1-2)

사건 3 하나님께서 보여주신 식양대로 성막을 만들기 시작하는 111일째

사건 4 시내광야에 11개월 20일 머물던 이스라엘 백성이 하나님의 명령에 따라 약속의 땅을 향해 떠난 지 249일째

사건 5 에스겔 선지자가 그발 강가에서 꼼짝도 못 하고 두려워 떨며 포로 된 백성과 함께 지내는 205일째이고(겔 1:1-2, 3:14-15) 두 번째 계시받은 지 198일째

사건 6 예루살렘 성이 느브갓네살에 의해 포위된 지 23일째(왕하 25:1, 겔 24:1)

사건 7 시드기야 11년 제4월 9일 예루살렘 성이 바벨론에 의해 함락 후 199일째로 솔로몬 성전과 왕궁 그리고 예루살렘 성벽이 파괴된 지 171일째

사건 8 1차 포로 귀환 한 백성들이 성전 마당에 번제단을 만들고 매일 번제를 드리기 시작한 지 121일째

사건 9 학개 선지자에게 성전을 지으라는 하나님의 계시가 임한 지(제6월 1일) 151일째로

중단되었던 성전 건축이 다시 시작된 지(제6월 24일) 128일째이고 학개 선지자에게 두 번째 계시가 임한 지(제7월 21일) 102일째이고 세 번째, 네 번째 계시가 하루에 임한 지 39일째(학 2:10-23)

사건 10 학개 선지자를 통해 성전 공사를 재개하게 했던 것을 독려하는 계시가 스가랴 선지자에게 임한 지(8월 1일) 92일째(슥 1:1-6)이고 세 번째 계시가 임한 지(제9월 4일) 59일째

사건 11 모르드개가 조서를 써 전국(127도)에 보낸(제3월 23일) 후 218일째

사건 12 주전 458년 2차 포로 귀환하여 예루살렘에 도착한 지 180일째로 백성들이 하나님께 번제와 속죄제를 드린 176일째(스 7:6-9, 8:15-36)

사건 13 2차 포로귀환을 한 에스라가 백성들의 잡혼 문제를 해결하기 위해 조사를 시작한 지 32일째(스 10:16)

사건 14 3차 포로 귀환 한 느헤미야를 중심으로 5월 4일 시작하여 52일 동안 예루살렘 성벽 공사가 완성된(6월 25일) 후 125일째

오늘은 모세의 첫 번째 설교 중 약속의 땅을 정탐한 후 믿지 못하여 세렛 시내를 건너기까지 광야를 방황하며 계수함을 받았던 남자들이 38년 동안 진영 중에서 죽어간 것에 대해 살펴보겠습니다.

❶ 세일 산을 중심으로 광야를 돌아다닌 여정

약속의 땅을 정탐한 후 하나님께서 약속하셨던 땅에 대해 불평하며 올라가지 않겠다고 말하는 백성들에게 하나님께서는 **"이 악한 세대의 사람들 가운데는 내가 너희 조상에게 주기로 맹세한 이 좋은 땅을 볼 자가 아무도 없을 것이다. 오직 여분네의 아들 갈렙 그만이 그 땅을 볼 것이니 그가 온전히 여호와를 따랐으므로 그가 밟은 땅을 내가 그와 그의 자손에게 줄 것이다."**(신 1:35-36)라고 말씀하셨습니다. 계속해서 모세도 들어가지 못하리라고 말씀하신 후 **"네 앞에서 보좌하는 눈의 아들 여호수아는 그곳으로 들어갈 것이니 너는 그를 담대하게 하여라. 그가 이스라엘이 그 땅을 유업으로 차지할 수 있도록 할 것이다."**(신 1:37-38)라고 말씀하셨습니다.

하나님의 말씀을 들은 백성들은 **"저희가 여호와께 죄를 지었으니 여호와 우리 하나님께서 저희에게 명령하신 대로 올라가 싸우겠습니다."**라고 말하며 각자 무기를 들고 산지로 올라가려 했지만 여호와께서는 **"너희는 올라가지도 말고 싸우지도 말라. 내가 너희 가운데 있지 않으므로 너희가 너희 적 앞에서 패배할 것이다."**(신 1:42)라고 말씀하셨습니다. 백성들은 하나님의 말씀을 모세가 전했음에도 여호와의 명령을 거역하고 산지로 올라가 아모리 사람들과 싸웠지만 세일에서 치고 호르마까지 쫓아와 이스라엘 백성들을 이겼습니다. 백성들은 돌아와 여호와 앞에서 울었지만 여호와께서는 백성들의 목소리를 듣지 않으셨습니다(신 1:45). 마침내 이스라엘 백성들은 하나님께서 말씀하신 대로 홍해 길을 따라 광야로 들어가 여러 날 동안 세일 산지 주변을 떠돌아 다녔습니다(신 2:1). 이스라엘 백성

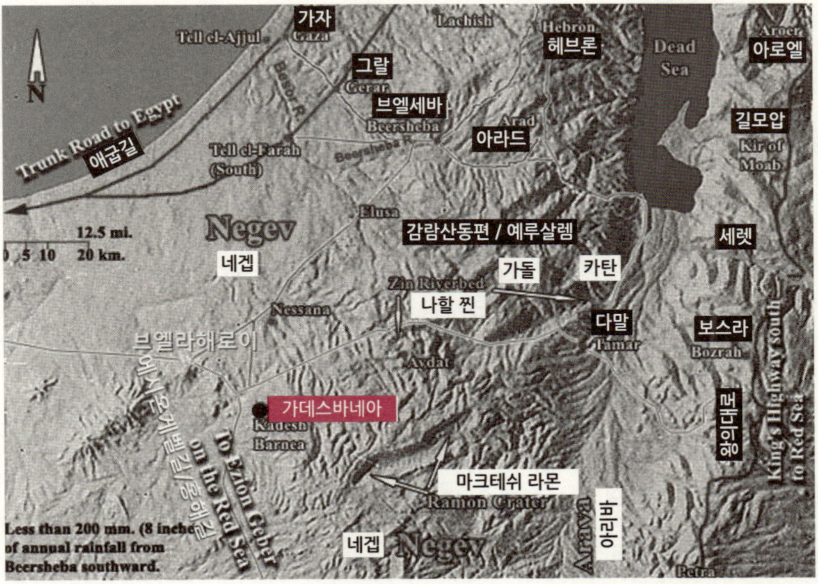

가데스 바네아와 세일 산지 출애굽 당시 에돔이 다스리던 지역은 마크테쉬 라몬을 포함한 네겝 남부지역이고 세일 산지이라고 불렸다.

들이 38년 정도를 떠돌아다닌 곳이 어디인지에 대해 학자마다 주장하는 곳이 다른데 성경에서 말하는 설명에 따르면 출애굽 당시 에돔 족속이 거주하던 세일 산지에 속하는 곳은 약속의 땅 남쪽 지역으로 네겝에 속한 지역임을 알 수 있습니다.

우리가 방향을 돌려 여호와께서 내게 명령하신 대로 홍해 길로 광야에 들어가서 여러 날 동안 세일 산을 두루 다녔더니(신 2:1, 개정)

성경에 등장하는 나라의 경계를 생각할 때 어느 한 시대의 고정된 경계만을 생각하면 안 됩니다. 각 시대 나라들의 경계는 시대 상황을 반영하여 넓어지기도 좁아지기도 했습니다. 출애굽 한 이스라엘 백성들이 방황했던 곳으로 언급되는 세일 산지 곧 에돔 족속이 살던 땅도 마찬가지입니다(민 20:14-17). 모세는 에돔의 왕에게 사자를 보내어 부탁할 때 이스라엘 백성이 '에돔의 변방 모퉁이 한 성읍 가데스'에 있다고 전합니다. 이렇게 볼 때 출애굽 당시 에돔은 아라바 동쪽 산지인 세일산 지역뿐만 아니라 유대 남부 네겝 지역의 마크테쉬*(라몬, 가돌, 카탄)들이 있는 신(찐, Zin)광야 지역까지 통치하였음을 알 수 있습니다. 출애굽 당시 에돔은 이스라엘의 남부지역 네게브에 속한 마크테쉬까지 영향을 미쳤고 이곳도 에돔 땅으로 불렸습니다.

신구약 중간시대가 되면서 에돔이 거주하던 페트라를 중심으로 활동하던 나바티안들도 세일산과 마크테쉬 지역을 함께 통치했는데 이 두 지역은 시나이반도를 지나가는 사막 무역을 관장하기 위해 떼어놓을 수 없는 관계였습니다. 헤롯 대왕은 이두매 출신인데 이두매는 로마인이 에돔을 가리켜 부른 말입니다. 주전 586년 예루살렘이 함락된 후 유대의 남부지역 곧 마크테쉬를 포함한 네게브 지역을 세일 산에 살던 에돔이 압박을 가하며 정착

* 마크테쉬 주변지역은 광야이면서도 고원지대이다. 마크테쉬 라몬(출애굽 경로로 언급되는 림몬 베레스, 민 33:19-20)은 폭이 8km, 길이 37.5km, 깊이는 300m나 됩니다. 마크테쉬 라몬, 가돌(6×14km), 카탄(5×7km)은 에돔이 장악했던 세일 산지에 속한다.

하기 시작했습니다(겔 36:5). 주전 300년경 북아라비아를 지배하던 나바티안들이 페트라를 침공한 후 마크테쉬까지 장악하자 에돔인들은 서쪽으로 쫓겼고 쫓겨난 에돔인들은 주전 1세기 이전에는 유다 남부 유다의 산지 성읍인 벧술까지 점령하여 정착합니다. 마카비시대 힐카누스는 유다의 남부를 차지한 에돔인들을 정복하여 유대 지배하에 두었고 할례를 실시하여 강제로 유대인이 되게 했습니다. 주전 47년 로마 황제 가이사는 이두매 출신 헤롯 안티파터(헤롯 대왕의 아버지)를 유대의 행정관으로 임명하였고 세월이 지나 그의 아들 헤롯 대왕이 세력을 얻어 주전 37년 왕위에 올라 팔레스타인 전 지역을 다스립니다.

❷ 세렛 시내를 건너기 전 계수함을 받은 남자들이 모두 죽음

하나님께서는 광야 여정을 정탐한 40일을 40년으로 환산하여 정하셨습니다. 이스라엘 백성들은 하나님께서 정하신 40년을 채우기 위해 광야와 세일 산지를 돌아다녀야 했는데 이 기간에도 하나님께서는 이들과 함께하시며 부족함이 없게 하셨습니다(신 2:7). 출애굽 40년째 제1월 이스라엘 백성들은 다시 가데스바네아에 이르러 제1월에 미리암이 죽고 제5월 1일에 아론이 죽었습니다. 이후 이스라엘 백성들은 여호와 하나님의 말씀에 따라 가데스바네아를 떠나 아라바를 지나 엘랏과 에시온 게벨 곁을 지나 모압 광야를 지나기 전 세렛 시내에 이르렀습니다(신 2:8).

> **우리가 세일 산에 거주하는 우리 동족 에서의 자손을 떠나서 아라바를 지나며 엘랏과 에시온 게벨 곁으로 지나 행진하고 돌이켜 모압 광야 길로 지날 때에**(신 2:8, 개정)

세렛 시내에 머물 때 하나님께서는 **"이제 너희는 일어나라!**(명령) **세렛 시내를 건너가라!**(명령)**"**고 말씀하셨고 모세와 백성들은 세렛 시내를 건넜습니다(신 2:13). 모세는 이때 **'우리가 가데스바네아를 떠나 세렛 시내를 건너기까지의 기간은 38년이었다.'**라고 말하며 **'그 동안 여호와께서 이스라엘 백성에게 맹세하신 대로 그 세대의 모든 군인들은**(계수함을 입은 남자들) **진 가운데서 다 죽었으니 여호와의 손이 그들을 치셔서 진 가운데서 멸하였으므로 그들이 완전히 멸절되었다.'**(신 2:14-15)고 말했습니다.

시내산에 머물며 하나님의 백성이 되기로 약속했고 성막을 지은 후 하나님의 명령대로 시내산을 떠나기 전 하나님의 군대로 계수함에 들었던 603,550명 중 603548명은 진 가운데에서 죽었습니다. 하나님께서는 38년 동안 광야를 돌아다니는 이스라엘 백성들에게 복을 주시며 입히시고 먹이셨습니다. 하나님께서 약속을 믿지 못하고 순종하지 못해 약속의 땅을 차지하지 못한 광야 1세대에게도 복을 주시고 입히시고 먹이셨지만 그들은 38년 동안 광야를 돌아다니며 언약공동체 안에서 죽을 수밖에 없었습니다. 마침내 때가 되어 요단 동편 땅으로 올라가 세렛 시내를 건너 북으로 올라가 약속의 땅으로 들어가게 되었을 때 하나님의 언약을 믿지 못하고 불평했던 세대 중 계수함을 입었던 사람 중 여호수아와 갈렙을 제외한 어떤 사람도 살지 못했습니다. 하나님께서 말씀하신 대로 계수함을 입었던 모든 군인이 사망하여 백성 중에서 멸망한 후에 여호와 하나님께서는 모세에게 **"너는 일어나 길을 떠나라. 그리고 아르논 시내를 건너라 보아라. 내가 아모리 사람 헤스본 왕 시혼과 그의 땅을 네 손에 넘겨주었으니 그와 싸워서 그것을 차지하여라. 오는 내가 하늘 아래의 모든 백성이 너를 무서워하고 두려워하게 할 것이니 그들에 네 소문을 듣고 떨며 너 때문에 근심할 것이다."** (신 2:24-25)라고 말씀하셨습니다. 세렛 시내를 건넌 후 하나님께서 정하신 때가 되었을 때 38년 전 계수함에 들지 않았던 58-40세 이하의 백성들과 광야에서 태어난 광야 2세대는 모세를 통해 전하신 하나님 말씀을 듣고 새로운 시대를 열어야 했습니다.

모세는 약속의 땅 가나안 지경이 보이는 모압 평지에서 계수함에 들지 않아 살아남았던 39세 이상의 리더 그룹과 광야에서 태어난 2세대에게 약속의 땅에 들어가 땅을 차지하고 하나님의 백성으로 사는 법을 가르치기 전 앞선 세대가 하나님 앞에서 어떤 행동을 했는지 가르치고 있습니다. 앞선 세대는 하나님의 언약공동체의 백성이었지만 하나님의 약속을 믿지 못하고 원망하고 불평하며 순종하지 않았고 약속의 땅에 들어가지 못한다는 하나님의 말씀대로 광야에서 죽어야 했습니다. 광야에서 언약공동체와 함께 살며 하나님께 복을 받고 입고 먹고 살았지만 하나님의 구속사를 감당하지 못하고 공동체에서 죽어갔습니다. 모세는 이 사실을 약속의 땅으로 들어가기 전 리더들과 광야 2세대에게 다시 설교하며 하나님의 말씀에 순종하기를 바라며 설교하고 있다는 것을 기억합시다.

성도 여러분!

하나님을 믿고 하나님의 백성으로 살며 하나님의 언약공동체에 속해있다 하더라도 믿고 행함으로 순종하지 못하면 하나님께서 때를 연장하심으로 하나님의 일을 감당하지 못하는 것을 살펴보았습니다. 그리고 하나님의 때가 연장되었을 때 언약공동체와 함께 살며 복을 받고 입고 먹고 누리며 살 수는 있지만 하나님의 언약을 감당하지 못하는 세대가 되는 것을 기억합시다. 오늘도 앞에서 살펴본 모세의 설교를 통해 이 시대를 사는 하나님의 언약공동체(교회)와 각자 나에게 맡기신 하나님의 일을 잘 감당하기로 다짐하는 하루가 되시길 기도합니다.

4일

모세의 첫 번째 설교 ③

요단동편 땅 정복과 분배

(신 1:1-4:43)

오늘 날짜가 언급된 성경 사건은 없습니다. 오늘 날짜가 포함된 사건은 다음과 같습니다.

사건 1 제2월 10일부터 방주에 들어가 하나님의 명령을 감당하는 265일째이고(노아시대 월력체계는 한 달을 30일로 계산함) 하나님께서 말씀하신 대로 40일 동안 비가 내린 258일째로 방주가 아라랏 산에 머무른 지 108일째

사건 2 라암셋을 떠난 지 284일째(제1월을 30일, 제2월을 29일로 계산함)로 시내산 밑 시내광야에 도착하여(제3월 1일) 거한 지 240일째(출 19:1-2)

사건 3 하나님께서 보여주신 식양대로 성막을 만들기 시작하는 112일째

사건 4 시내광야에 11개월 20일 머물던 이스라엘 백성이 하나님의 명령에 따라 약속의 땅을 향해 떠난 지 250일째

사건 5 에스겔 선지자가 그발 강가에서 꼼짝도 못 하고 두려워 떨며 포로 된 백성과 함께 지내는 206일째이고(겔 1:1-2, 3:14-15) 두 번째 계시받은 지 199일째

사건 6 예루살렘 성이 느브갓네살에 의해 포위된 지 24일째(왕하 25:1, 겔 24:1)

사건 7 시드기야 11년 제4월 9일 예루살렘 성이 바벨론에 의해 함락 후 200일째로 솔로몬 성전과 왕궁 그리고 예루살렘 성벽이 파괴된 지 172일째

사건 8 1차 포로 귀환 한 백성들이 성전 마당에 번제단을 만들고 매일 번제를 드리기 시작한 지 122일째

사건 9 학개 선지자에게 성전을 지으라는 하나님의 계시가 임한 지(제6월 1일) 152일째로

중단되었던 성전 건축이 다시 시작된 지(제6월 24일) 129일째이고 학개 선지자에게 두 번째 계시가 임한 지(제7월 21일) 103일째이고 세 번째, 네 번째 계시가 하루에 임한 지 40일째(학 2:10-23)

사건 10 학개 선지자를 통해 성전 공사를 재개하게 했던 것을 독려하는 계시가 스가랴 선지자에게 임한 지(8월 1일) 93일째(슥 1:1-6)이고 세 번째 계시가 임한 지(제9월 4일) 60일째

사건 11 모르드개가 조서를 써 전국(127도)에 보낸(제3월 23일) 후 219일째

사건 12 주전 458년 2차 포로 귀환하여 예루살렘에 도착한 지 181일째로 백성들이 하나님께 번제와 속죄제를 드린 177일째(스 7:6-9, 8:15-36)

사건 13 2차 포로귀환을 한 에스라가 백성들의 잡혼 문제를 해결하기 위해 조사를 시작한 지 33일째(스 10:16)

사건 14 3차 포로 귀환 한 느헤미야를 중심으로 5월 4일 시작하여 52일 동안 예루살렘 성벽 공사가 완성된(6월 25일) 후 126일째

오늘은 모세의 첫 번째 설교 중 하나님의 말씀에 순종하여 요단 동편 땅을 정복한 것과 두 지파 반의 요구로 땅을 분배한 사건(신 2:24-3:22)에 대해 살펴보겠습니다.

❶ 요단 동편 땅인 길르앗과 바산 골란을 정복함(신 2:24-3:11)

하나님께서 모세에게 **"너희는 일어나라! 행진하라! 아르논 골짜기를 건너라! 보라! 내가 헤스본 왕 아모리 사람 시혼과 그의 땅을 네 손에 붙였다…."**(신 2:24)고 명령하셨습니다. 그데못 광야에 진을 쳤던 모세는 헤스본 왕 시혼에게 사자를 보내어 **"평화롭게 시혼 왕에게 속한 왕의 대로 지나가겠다. 세일에 거주하는 에서 자손과 아르에 거주하는 모압 사람이 내게 행한 것같이 하라. 그리하면 내가 요단을 건너서 우리 하나님 여호와께서 우리에게 주시는 땅에 이르리라."**(신 2:29)고 전했습니다. 하나님 여호와께서 이미 시혼과 그의 땅을 이스라엘 자손에게 넘기시기로 작정하셨기에 시혼의 성품을 완강하게 하셨고 그의 마음을 완고하게 하셨기에 거절한 후 이스라엘 백성과 야

하스에서 싸웠습니다(신 2:30-31). 하지만 이미 하나님 여호와께서 그를 넘기셨기에 이스라엘 백성들이 이기고 그의 모든 성읍을 점령하고 각 성읍의 남녀와 유아를 진멸했습니다(신 2:33-34). 이스라엘 백성들은 암몬 족속의 땅 얍복 강가와 산지의 성읍을 제외하고 아르논 골짜기 북쪽으로 길르앗 산지를 점령했습니다(신 2:36-37).

이후 이스라엘 백성들은 북쪽으로 야르묵 계곡을 넘어 에드레이에서 바산 왕 옥과 전쟁을 벌였습니다(신 3:1). 여호와 하나님께서는 **"그를 두려워하지 말라. 내가 그와 그의 모든 백성과 그의 땅을 네 손에 넘겼으니 네가 헤스본에 거주하던 아모리 족속의 왕 시혼에게 행한 것과 같이 그에게도 행할 것이니라."**(신 3:2)고 말씀하셨습니다. 이스라엘 백성들은 그들을 쳐서 한 사람도 남기지 않고 바산에 있는 옥의 나라 모든 성읍을 빼앗고 그 땅의 남녀와 유아를 진멸했습니다(신 3:3-6). 이스라엘 백성들은 마침내 요단강 동편 땅을 아르논 골짜기에서부터 헤르몬 산까지 아모리 족속의 두 왕에게서 빼앗았습니다(신 3:7-8)

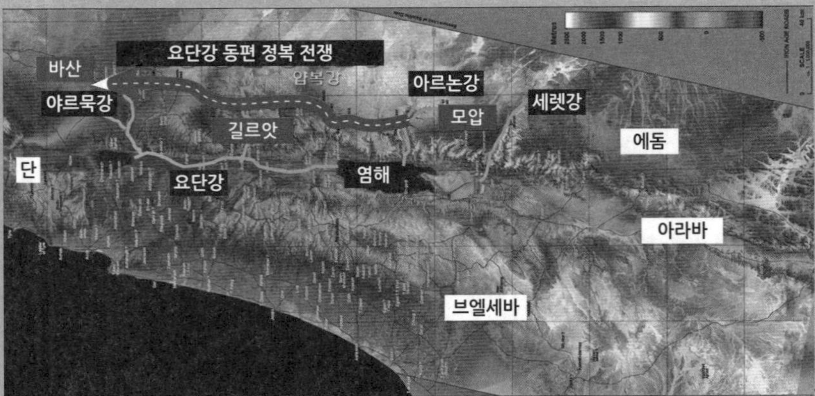

요단강 동편 정복 전쟁 아르논 계곡 북쪽부터 바산 골란까지 아모리 족속의 두 왕 시혼과 옥의 땅을 정복했다.

제
11
月

❷ 두 지파 반의 요구로 땅을 분배해 줌(신 3:12-20, 민 32:1-42)

신명기 3:12-20까지는 전쟁해서 얻은 요단강 동편 땅을 모세가 세 지파의 아무런 요구 없이 르우벤 지파와 갓 지파 그리고 므낫세 반 지파에 나누어 준 것으로 기록합니다(신 3:12-17). 하지만 민수기 32:1-42을 보면 두 지파 반이 먼저 모세에게 정복한 요단 동편 땅을 요구했고 모세는 할 수 없이 그 땅을 분배해 주었음을 알 수 있습니다.

> **그때에 우리가 이 땅을 얻으매 아르논 골짜기 곁의 아로엘에서부터 길르앗 산지 절반과 그 성읍들을 내가 르우벤 자손과 갓 자손에게 주었고**(신 3:12, 개정) **길르앗의 남은 땅과 옥의 나라였던 아르곱 온 지방 곧 온 바산으로는 내가 므낫세 반 지파에 주었노라. 바산을 옛적에는 르바임의 땅이라 부르더니**(신 3:13, 개정)

요단강 동편 땅을 차지했던 헤스본 왕 시혼과 바산 왕 옥을 물리친 후 르우벤, 갓, 므낫세 반 지파의 리더들이 모세에게로 나왔습니다. 왜냐하면 세렛 시내를 건너 모압 땅 변경으로 돌아온 후 아르논 골짜기를 건너 아모리 족속의 땅에서 전쟁하며 땅에 대해 새로운 경험을 했기 때문입니다. 그들은 40여 년을 걸어온 황량한 광야와 대조되는 요단 동편 땅을 체험했습니다. 성경에서도 요단 동편 땅(길르앗, 바산)에 대해 좋은 땅으로 묘사하고 있습니다. 길르앗에 대해서는 모압 땅은 목축하기 좋은 땅(왕하 3:4), 나오미와 가족이 흉년을 피해 갔던 땅(룻 1:2)으로 언급하고 바산에 대해서는 부드럽고 비옥한 땅으로(암 4:1), 상수리나무가 유명한 것으로(사 2:13, 겔 27:6, 슥 11:2), 비옥하고 풍요로운 땅으로(신 33:22, 시 22:12, 겔 39:18) 설명하고 있습니다.

전쟁을 이끌던 40세 이상으로 애굽 땅을 경험했던 리더들은 아르논을 건너면서 정복하기 시작한 요단동편 땅이(길르앗, 바산 골란) 40여 년 전 애굽에 살 때 씨를 뿌리기만 하면 거둘 수 있고 목축할 수 있는 풀이 사방에 있었던 그 시절의 비옥한 애굽 땅을 생각하게 했을 것입니다. 애굽 땅을 경험하지 못

모압 고원지대 초록색으로 덮이기 시작한 모습으로 몇 주가 더 지나면 더욱 푸르른 풀로 뒤덮인다. 이스라엘 백성들이 요단동편지역에서 전쟁하는 시기에 볼 수 있었던 모습이다.

했지만 시내 광야를 경험했던 2세들도 요단동편 땅을 보고 그 비옥함에 놀랐을 것입니다. 이에 르으벤과 갓과 므낫세 반 지파의 두령들은 모세를 찾아가 요구합니다. 두 지파 반의 두령들은 **"여호와께서 이스라엘 회중 앞에서 쳐서 멸하신 땅은 가축에 적당한 곳이요 당신의 종들에게는 가축이 있나이다. 또 가로되 우리가 만일 당신에게 은혜를 입었으면 이 땅을 당신의 종들에게 산업으로 주시고 우리로 요단을 건너지 않게 하소서."**(민 32:4-5)라고 요구하며 가야 할 땅은 요단강 건너 가나안 땅이었으나 자신들의 눈에 좋은 땅을 선택하여 남으려고 했습니다.

이에 모세는 **"너희 형제들은 싸우러 가거늘 너희는 여기 앉았고자 하느냐? 너희가 어찌하여 이스라엘 자손으로 낙심케 하여서 여호와께서 그들에게 주신 땅으로 건너갈 수 없게 하려느냐?"**(민 32:6-7)고 책망하며 38년 전 가데스 바네아에서 10 정탐꾼의 믿음 없는 악평으로 40년 광야를 걸으며 다 죽었던 것을 상기시키며 다른 지파들도 약속의 가나안 땅에 들어가지 못하도록 한다고 책망합니다(민 32:8-15). 하지만 모세는 두 지파 반의 두령들과 절충합니다. 두 지파 반에게 요단 동편 땅을 분배해 주지만 다른 지파보다 먼저 요단강을 건너가서 가나안 땅을 정복하기까지 선두에서 싸우고 정복 전쟁이 끝나면 동편 땅으로 돌아와 두 지파 반이 분배받은 땅에서 머물라고 말했습니다.

가야 할 땅은 요단강 건너편으로 그들의 조상 아브라함과 이삭과 야곱에게 약속하신 땅이었는데 두 지파 반은 지금 요단강을 건너지 않겠다고 말하고 있습니다. 이유는 자신들에게 가축이 많은데 요단동편 길르앗과 바산 땅이 가축들이 거하기가 좋은 땅이란 것입니다. 두 지파 반의 수장들은 과거 애굽에 살 때의 기억을 했음이 틀림없습니다. 40년을 지나오는 동안 보지 못했던 좋은 땅을 경험했고 전쟁에서 패한 아모리 사람들은 쫓겨나야 할 처지이며 아무 주인이 없는 이 땅을 이제 자신들이 차지하겠다는 것입니다. 두 지파 반의 수장은 자신들 눈앞에 놓여 있는 자신의 눈에 보기 좋은 땅에 머물겠다고 말하고 있는데 하나님의 허용하심 속에 비옥한 동편 땅이 그들의 소유가 됩니다.

모세는 얼마 되지 않았던 요단동편 땅을 요구한 사건을(민 32:1-42) 그의 설교에서 다시 언급하는 것은 요단동편 땅이 하나님께서 약속하신 땅이 아니었지만 두 지파 반의 요구로 분배하게 되었음을 강조하기 위한 것으로 생각됩니다. 또한 하나님의 언약공동체로서의 한 족속, 한 나라, 한 민족이 이제 요단강을 중심으로 지리적으로 분리되어 거하게 되어 둘로 나뉘게 되는 것을 생각했기 때문일 것입니다. 이와 같은 염려는 300여 년 후 동족상잔의 비극으로 나타납니다.

두 지파 반이 동편 땅을 분배받고, 나머지 아홉 지파 반이 요단 서편의 땅을 분배받은지 약 300여 년 후 이스라엘 백성끼리의 전쟁하여 4만 2천 명이 죽는 사건이 발생합니다. 입다가 암몬과의 전쟁에서 승리한 것을 트집 잡으려 요단 동편으로 건너온 요단 서편의 에브라임 사람들이 '십볼렛'을 발음하지 못함으로 요단 나루턱에서 죽게 되었습니다. 한 사람 야곱으로부터 출생하였고 애굽에서 430년, 광야 40년을 함께 했는데 약속의 땅에 들어가 거하는 300여 년 동안 요단강을 중심으로 동서의 구음이 바뀐 것입니다(삿 12:6). 요단강, 즉 요단 계곡을 중심으로 동서의 구음이 바뀌게 되는 상황은 그만큼 동서의 교류가 힘들기 때문입니다. 지도에서 보는 바와 같이 요단서편산지와 요단동편산지 중간에는 갈릴리에서 염해(사해)로 연결되는 아라바 지역이 있습니다. 이곳 '요단 계곡의 협곡'(골과 좁 지역)은 동서로의 통행을 가로막습니다. 요단 계곡의 동과 서를 연결하는 도로는 벳산-길르앗 라못 길, 세겜-아담-숙곳 길, 여리고 앞길 세 곳밖에는 없고 그 외에는 동서로 통행할 수 있는 길이 없어 동서의 교류가 힘듭니다. 동서 교류가 없이 살게 되고 서로 전쟁하는 결과를 가져오게 된 것은 300여 년 전 모세시대 정복한 요단동편 땅을 요구했기 때문이었습니다.

성도 여러분!

본문을 통해 믿는 성도들이 깨달아야 할 것은 '가야 할 곳과 머물고 싶은 곳'을 정확하게 분별해야 한다는 것입니다. 신앙생활을 하는 동안 순간순간 결정해야 할 상황이 생깁니다. 예를 들어 가야 할 곳은 예배인데, 머물고 싶은 곳은 친구, 동료, 재미있는 만남입니다. 사람들은 만나 전해야 할 것은 복음이요 예수 그리스도인데, 대화의 주제가 사업이나 재테그, 연예, 연속극은 아닙니까? 오늘도 무엇인가 결정해야 할 순간마다 사람의 경험으로 얻어지는 생각보다는 하나님의 언약을 소유한 성도로서 행해야 할 것이 무엇인가를 생각하고 하나님의 뜻에 맞는 것을 결정하는 하루가 되시길 기도합니다.

5일

모세의 첫 번째 설교 ④

모세의 간청과 하나님의 불허

(신 1:1-4:43)

오늘 날짜가 언급된 성경 사건은 없습니다. 오늘 날짜가 포함된 사건은 다음과 같습니다.

사건 1 제2월 10일부터 방주에 들어가 하나님의 명령을 감당하는 266일째이고(노아시대 월력체계는 한 달을 30일로 계산함) 하나님께서 말씀하신 대로 40일 동안 비가 내린 259일째로 방주가 아라랏 산에 머무른 지 109일째

사건 2 라암셋을 떠난 지 285일째(제1월을 30일, 제2월을 29일로 계산함)로 시내산 밑 시내광야에 도착하여(제3월 1일) 거한 지 241일째(출 19:1-2)

사건 3 하나님께서 보여주신 식양대로 성막을 만들기 시작하는 113일째

사건 4 시내광야에 11개월 20일 머물던 이스라엘 백성이 하나님의 명령에 따라 약속의 땅을 향해 떠난 지 251일째

사건 5 에스겔 선지자가 그발 강가에서 꼼짝도 못 하고 두려워 떨며 포로 된 백성과 함께 지내는 207일째이고(겔 1:1-2, 3:14-15) 두 번째 계시받은 지 200일째

사건 6 예루살렘 성이 느브갓네살에 의해 포위된 지 25일째(왕하 25:1, 겔 24:1)

사건 7 시드기야 11년 제4월 9일 예루살렘 성이 바벨론에 의해 함락 후 201일째로 솔로몬 성전과 왕궁 그리고 예루살렘 성벽이 파괴된 지 173일째

사건 8 1차 포로 귀환 한 백성들이 성전 마당에 번제단을 만들고 매일 번제를 드리기 시작한 지 123일째

사건 9 학개 선지자에게 성전을 지으라는 하나님의 계시가 임한 지(제6월 1일) 153일째로

중단되었던 성전 건축이 다시 시작된 지(제6월 24일) 130일째이고 학개 선지자에게 두 번째 계시가 임한 지(제7월 21일) 104일째이고 세 번째, 네 번째 계시가 하루에 임한 지 41일째(학 2:10-23)

사건 10 학개 선지자를 통해 성전 공사를 재개하게 했던 것을 독려하는 계시가 스가랴 선지자에게 임한 지(8월 1일) 94일째(슥 1:1-6)이고 세 번째 계시가 임한 지(제9월 4일) 61일째

사건 11 모르드개가 조서를 써 전국(127도)에 보낸(제3월 23일) 후 220일째

사건 12 주전 458년 2차 포로 귀환하여 예루살렘에 도착한 지 182일째로 백성들이 하나님께 번제와 속죄제를 드린 178일째(스 7:6-9, 8:15-36)

사건 13 2차 포로귀환을 한 에스라가 백성들의 잡혼 문제를 해결하기 위해 조사를 시작한 지 34일째(스 10:16)

사건 14 3차 포로 귀환 한 느헤미야를 중심으로 5월 4일 시작하여 52일 동안 예루살렘 성벽 공사가 완성된(6월 25일) 후 127일째

요단동편 땅 정복 전쟁이 끝난 후 모세는 하나님께 약속의 땅에 들어갈 수 있도록 허락해 달라고 기도합니다. 하지만 하나님께서는 모세의 요청을 거절하셨습니다. 오늘은 모세의 간청과 하나님의 불허에 대한 내용을 살펴보겠습니다.

❶ 모세의 간구와 하나님의 불허

요단동편 땅 정복을 마치고 두 지파 반의 요구로 땅을 분배한 모세는 여호와께 기도합니다. 모세는 하나님께 **"나의 주 여호와여! 주께서는 주님의 크심과 주님의 손의 강하심을 주님의 종에게 보여 주시 시작하셨습니다. 하늘과 땅에서 주님의 일과 주님의 능력처럼 행할 수 있는 신이 누구입니까? 부디 저를 건너가게 하셔서 요단 건너 아름다운 땅과 아름다운 산과 레바논을 보게 하소서."**라고 간청했습니다(신 3:23-25). 하지만 하나님께서는 모세의 간청을 들어주지 않으셨습니다. 모세는 광야 2세에게 말하기를

"여호와께서는 너희 때문에 내게 진노하셔서 듣지 않으시고 내게 말씀하시기를 '그것으로 네게 족하다. 이 일로 내게 더 이상 말하지 말라. 너는 비스가 산꼭대기에 올라가서 눈을 들어 동서남북을 바라보아라. 네가 이 요단을 건너지 못할 것이기 때문이다. 너는 여호수아에게 명령하고 그를 격려하며 그에게 용기를 주어라. 그가 이 백성 앞에서 건너가 네가 보고 있는 그 땅을 그들이 차지하게 할 것이다.' 하셨다."고 말했습니다.

모세는 이미 약속의 땅에 들어가지 못할 것이라는 말씀을 들었습니다. 출애굽 40년 정월 찐 광야 가데스바네아에 거할 때 원망하는 백성들에게 물을 줄 때 하나님의 말씀대로 반석을 명하여 물을 내지 않고 반석을 두 번 쳐서 물을 냄으로 하나님의 거룩함을 이스라엘 자손에게 나타내지 않음으로 인해 하나님으로부터 약속의 땅으로 들어가지 못하리라는 선고를 받았습니다(민 20:6-13).

> **여호와께서 모세와 아론에게 이르시되 너희가 나를 믿지 아니하고 이스라엘 자손의 목전에서 내 거룩함을 나타내지 아니한 고로 너희는 이 회중을 내가 그들에게 준 땅으로 인도하여 들이지 못하리라 하시니라.**(민 20:12, 개정)

그런데 '제11월 2일 모세의 첫 번째 설교(신 1:1-4:3) ① 가라! 들어가라! 차지하라!'에서도 언급했던 것처럼 모세는 출애굽 2년째 바란 광야 쪽 가데스바네아에 머물 때 약속의 땅을 정탐하고 돌아와 10명의 정탐꾼과 백성들이 믿지 못할 때 이미 약속의 땅에 들어가지 못하리라는 말씀을 들었습니다(신 1:35-38). 하나님의 선언을 들은 모세는 성경에 언급되지는 않지만 하나님 앞에 약속의 땅에 들어가기를 원하는 마음으로 기도를 했던 것으로 생각됩니다. 그리고 마침내 약속의 땅을 눈앞에 두고 광야 2세에게 설교를 한 후 다시 하나님께 간구했고 하나님께서는 **"더 이상 이 일로 나에게 다시 간구하지 말라."**(신 3:26) 말씀하셨던 것입니다.

❷ 약속의 땅 가나안을 보여 주심

모세는 이스라엘 백성들에게 세 편의 설교를 마친 후 느보 산지에 올라 가장 높은 봉우리인 비스가 산꼭대기로 올라갔습니다. 이때 여호와 하나님께서는 거기서 그에게 길르앗에서 단까지 온 땅을 보여 주셨습니다. 또한 온 납달리와 에브라임 땅과 므낫세와 서해에 이르는 유다 온 땅과 네겝과 종려나무의 성읍 여리고 골짜기에서 소알까지 평지를 보여 주셨습니다(신 34:1-3). 그리고 마침내 여호와 하나님께서는 **"이것은 내가 아브라함과 이삭과 야곱에게 맹세하여 그 후손에게 주겠다고 약속한 땅이다. 내가 네 눈으로 그 땅을 보게는 하였으나 네가 그리로 건너가지는 못한다."**(신 34:4)라고 말씀하셨습니다. 성경은 이에 여호와의 종 모세가 여호와의 말씀대로 모압 땅에서 죽어 벳브올 맞은편 모압 땅에 있는 골짜기에 묻혔으며 오늘까지 그 무덤을 아는 사람이 아무도 없다(신 34:5-6)고 말합니다.

혹자는 하나님께서 비스가 산에서 보여주신 약속의 땅에 대해 실제로 단 지역까지 보여주셨다고 말하기도 합니다. 그리고 일 년에 한, 두 번 느보산

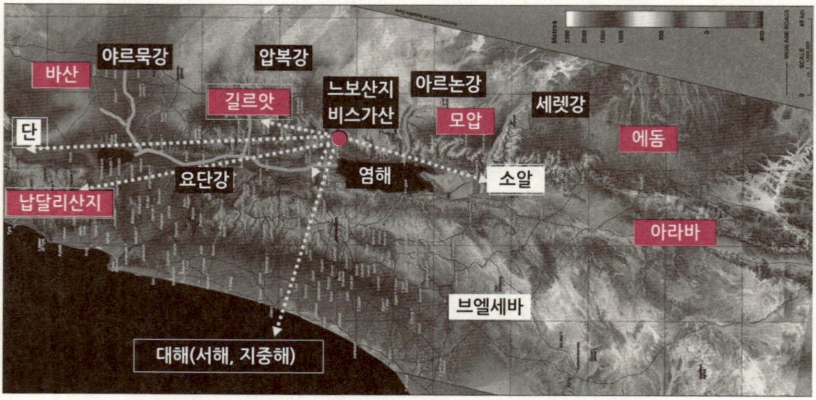

모세가 비스가산에서 바라본 약속의 땅

에서 헬몬산이 보이기도 한다고 합니다. 하지만 느보산지에서 소알은 물리적으로 볼 수 없는 땅이고 유대 산지 넘어 서해(대해)를 보기는 힘듭니다. 그렇다면 하나님께서는 모세의 영안을 열어 주심으로 아브라함에게 약속하셨던 땅 전체를 보게 하셨다고 생각할 수 있습니다. 이것은 아직 약속의 땅으로 들어가지도 않았고 사사시대 말기에 단 지파가 북쪽으로 이주해 차지하게 되는 '단'을 언급하는 것으로도 하나님께서 모세에게 당신의 뜻을 보여주시고 있다는 것을 알 수 있습니다.

❸ 모세의 죽음

하나님께서는 정하신 때가 되었을 때 모세를 데려가셨습니다. 성경은 모세가 120세에 죽을 때에 그 눈이 흐리지 않았고 그리고 기력도 약해지지 않았다(신 34:7)고 말합니다. 부정어 '로-'(לֹא)를 두 번 반복해 씀으로 '눈이 흐리지 않고 그리고 기력도 약해지지 않았다'는 것을 강조하고 있습니다. 이렇게 모세의 눈과 기력에 대해 강조한 것은 물리적인 모세의 육체가 하나님의 일을 더 감당할 수 있었는지 모르지만 하나님께서 정하신 모세의 사명은 끝났다는 것을 보여주는 것입니다. 하나님께서 모세에게 주신 사명은 모압 평지에서 광야 2세를 가르치고 여호수아를 자신의 뒤를 이을 지도자로 세우는 것(신 3:28) 까지였습니다.

> **너는 여호수아에게 명령하고 그를 담대하게 하며 그를 강하게 하라. 그는 이 백성을 거느리고 건너가서 네가 볼 땅을 그들이 기업으로 얻게 하리라 하셨느니라.** (신 3:28)

모세가 죽은 후 이스라엘 자손들은 모압 평지에서 애도의 기간이 차기까지 30일 동안 애곡했습니다. 모세에 대한 후대의 평가는 **'그 뒤에 이스라엘에서 모세와 같은 선지자가 다시 일어나지 않았다.'**(신 34:10a)고 말합니다. 계속해서 **'여호와께서 얼굴을 마주하여 그를**(모세) **아셨으며 그를 애굽 땅으로 보내셔서 바로와 그의 모든 신하들과 그**

의 온 땅에 모든 표적과 놀라운 일들을 하게 하셨다.'고 말합니다(신 34:10b-11). 마침내 **'모세는 온 이스라엘이 보는 앞에서 모든 큰 권능과 큰 위엄을 행했다.'**(신 34:12)고 말합니다. 모세가 하나님의 사람으로 이스라엘 자손 앞에서 자신의 큰 권능과 큰 위엄을 보인 게 아니라 하나님의 대리자로서 하나님의 큰 권능과 큰 위엄을 보여주었던 것을 알 수 있습니다.

성도 여러분!

모압 평지에서 광야 2세에게 설교를 하며 다른 무엇보다도 먼저 40년 동안의 광야 여정에 대해 언급하며 요단강을 건너 약속의 땅에 들어가 하나님의 구속사를 체험해 보려고 하는 모세의 심정이 느껴지십니까? 광야 여정을 마치며 하나님께서 약속하셨고 역사하실 약속의 땅을 본 모세는 하나님께 감사했겠지만 자신이 함께 약속의 땅에 들어가 함께 정복 전쟁을 하지 못하는 것에 아쉬워했습니다. 이렇게 보면 하나님의 일을 감당하는 언약공동체의 리더는 얼마나 행동을 조심하여야 하는지 알 수 있습니다. 모세의 한 번 실수는 약속의 땅에 들어가지 못하리라는 하나님의 선언을 돌이킬 수 없었습니다. 그리고 하나님께서는 모세와 아론의 행동에 대해 **"너희가 나를 믿지 아니하고 이스라엘 자손의 목전에서 내 거룩함을 나타내지 않았다."**는 말씀도 언약공동체의 리더는 정확하게 기억하고 늘 자신의 행동에 비추어 보아야 할 것입니다. 오늘도 크든 작든 하나님의 직분을 맡은 성도라면 하나님의 언약공동체에 늘 하나님의 거룩함을 나타내는 하루가 되시길 기도합니다.

6일

모세의 첫 번째 설교 ⑤

규례와 법도를 들으라!

(듣고 순종하라!)

오늘 날짜가 언급된 성경 사건은 없습니다. 오늘 날짜가 포함된 사건은 다음과 같습니다.

사건 1 제2월 10일부터 방주에 들어가 하나님의 명령을 감당하는 267일째이고(노아시대 월력체계는 한 달을 30일로 계산함) 하나님께서 말씀하신 대로 40일 동안 비가 내린 260일째로 방주가 아라랏 산에 머무른 지 110일째

사건 2 라암셋을 떠난 지 286일째(제1월을 30일, 제2월을 29일로 계산함)로 시내산 밑 시내광야에 도착하여(제3월 1일) 거한 지 242일째(출 19:1-2)

사건 3 하나님께서 보여주신 식양대로 성막을 만들기 시작하는 114일째

사건 4 시내광야에 11개월 20일 머물던 이스라엘 백성이 하나님의 명령에 따라 약속의 땅을 향해 떠난 지 252일째

사건 5 에스겔 선지자가 그발 강가에서 꼼짝도 못 하고 두려워 떨며 포로 된 백성과 함께 지내는 208일째이고(겔 1:1-2, 3:14-15) 두 번째 계시받은 지 201일째

사건 6 예루살렘 성이 느브갓네살에 의해 포위된 지 26일째(왕하 25:1, 겔 24:1)

사건 7 시드기야 11년 제4월 9일 예루살렘 성이 바벨론에 의해 함락 후 202일째로 솔로몬 성전과 왕궁 그리고 예루살렘 성벽이 파괴된 지 174일째

사건 8 1차 포로 귀환 한 백성들이 성전 마당에 번제단을 만들고 매일 번제를 드리기 시작한 지 124일째

사건 9 학개 선지자에게 성전을 지으라는 하나님의 계시가 임한 지(제6월 1일) 154일째로

중단되었던 성전 건축이 다시 시작된 지(제6월 24일) 131일째이고 학개 선지자에게 두 번째 계시가 임한 지(제7월 21일) 105일째이고 세 번째, 네 번째 계시가 하루에 임한 지 42일째(학 2:10-23)

사건 10 학개 선지자를 통해 성전 공사를 재개하게 했던 것을 독려하는 계시가 스가랴 선지자에게 임한 지(8월 1일) 95일째(슥 1:1-6)이고 세 번째 계시가 임한 지(제9월 4일) 62일째

사건 11 모르드개가 조서를 써 전국(127도)에 보낸(제3월 23일) 후 221일째

사건 12 주전 458년 2차 포로 귀환하여 예루살렘에 도착한 지 183일째로 백성들이 하나님께 번제와 속죄제를 드린 179일째(스 7:6-9, 8:15-36)

사건 13 2차 포로귀환을 한 에스라가 백성들의 잡혼 문제를 해결하기 위해 조사를 시작한 지 35일째(스 10:16)

사건 14 3차 포로 귀환 한 느헤미야를 중심으로 5월 4일 시작하여 52일 동안 예루살렘 성벽 공사가 완성된(6월 25일) 후 128일째

이제까지 광야의 여정을 돌이켜 생각하며 설교한 것은 광야 2세에게 꼭 당부할 말이 있었기 때문입니다. 모세는 첫 설교를 마치며 "이제 이스라엘아, 규례와 법도를 들으라!"고 명령하며 당부합니다. 오늘은 첫 설교의 결론에 해당하는 '율법준수와 우상숭배 금지'(신 4:1-40)에 대해 살펴보겠습니다.

❶ 이제 이스라엘아, 규례와 법도를 들으라! 그리하면 너희가 살 것이다

신명기 4:1은 보통 명령형 문장과는 달리 '베아타 이스라엘'(וְעַתָּה יִשְׂרָאֵל, 그리고 이제 이스라엘아~)로 주어가 언급된 명령문으로 시작됩니다. 이것은 이제부터 모세가 당부(명령)할 것을 듣고 순종해야 할 대상이 '이스라엘 백성'임을 강조한 것입니다. 모세는 '이제 이스라엘아~'라고 부른 후 '샤마'(שְׁמַע, 들으라!)라고 명령합니다. 들어야 할 것은 '내가 준행하기 위하여 너희에게 가르치는 규례와 법도'였습니다. 모세는 이전에도 하나님께 받은 '규례와 법도'를 광

야 1세대에게 가르쳤지만 이제 약속의 땅에 들어가려고 준비하는 광야 2세대에게 다시 가르칠 것입니다. 그 '규례와 법도'는 약속의 땅에 들어간 하나님의 언약 백성들이 지켜 행해야 할 것들이었습니다. 모세는 '규례와 법도'를 듣고 지켜야 하는 이유를 **"그리하면 너희가 살 것이다. 그리고 너희들이 들어갈 것이다**(접속사-완료)**. 그리고 너희들이 너희 열조의 하나님 여호와께서 너희에게 주시는 그 땅을 얻게 될 것이다."**(신 4:1b)라고 말합니다. 세 개의 동사로 '너희가 살 것이다.', '너희가 들어갈 것이다.', '너희가 ~ 얻게 될 것이다.'라고 진행되었는데 여호와 하나님의 언약 백성들이 하나님의 말씀을 듣고 순종할 때 먼저 생명을 얻은 후 하나님의 언약을 이루게 된다는 것을 알 수 있습니다. 모세는 아직 요단강을 건너지 않고 모압 평지에서 말씀을 듣는 광야 2세에게 '접속사+완료'(וּבָאתֶ, 그리고 너희들은 들어갔다)를 사용하여 이미 들어간 것과 다름없다는 듯 '너희들이 들어갈 것이다'라고 선언하고 있습니다.

모세는 계속해서 '로 토시푸'(לֹא תֹסִפוּ, 너희들을 더하지 말라), '베로 틱레우'(רְעוּ וְלֹא תִגְ, 그리고 빼지 말라)라고 강하게 말합니다. 신명기 4:2을 직역하면 **"내가 너희에게 명령하는 그 말에 한마디도 더하지 말라. 그리고 그것으로부터 빼지 말라. 너희는 내가 너희에게 명하는 너희 하나님 여호와의 명령을 지킬 것이라."**입니다. 번역 성경들이 '가감하지 말라.'로 번역하고 있는데 '더하지 말고 빼지 말라.'는 말을 분리해서 강조하고 있습니다.

모세는 하나님께서 말씀하신 규례와 법도를 시내산에 머물 때 광야 1세대에게 이미 전했습니다. 하지만 40년이 지나는 동안 하나님의 규례와 법도를 듣고도 순종하지 못했던 계수함을 입었던 세대는 세렛 시내를 건너기 전 다 죽었습니다. 1세대에게 광야 2세대가 하나님의 규례와 법도를 전해 들었을 수 있지만 요단동편 정복 전쟁이 끝난 후 광야 2세대는 하나님 앞에 큰 죄를 저질렀습니다. 그것은 '바알브올의 일'로 여호와 앞에 큰 죄를 범한 것이었습니다. 이스라엘 백성들은 현재 머무는 싯딤(모압 평지)에서 모압의 딸들과 음행을 했습니다. 여호와께서는 이스라엘이 바알브올과 결합함으로 이스라엘에게 진노하심으로 전염병으로 24,000명을 죽이셨습니다(민 25:1-9). 모세는 이 사건을 언급하며(신 4:3-4) 다시는 다른 신이나 우상을 섬기지 않게 하도록 다시 하나님의 규례와 법도를 두 번째 설교에서(신 4:44-26:19) 선포할 것입니다. 모세는 두 번째 설교를 시작하기 전 광야 2세에게 다짐받고 있습니다.

> **여호와께서 바알브올의 일로 말미암아 행하신 바를 너희가 눈으로 보았거니와 바알브올을 따른 모든 사람을 너희의 하나님 여호와께서 너희 가운데에서 멸망시키셨으되**(신 4:3, 개정) **오직 너희의 하나님 여호와께 붙어 떠나지 않은 너희는 오늘까지 다 생존하였느니라.**(신 4:4, 개정)

모세는 첫 번째 설교를 마치며 하나님께서 정하신 '규례와 법도' 잘 듣고 순종하라고 선포했습니다. 이 규례와 법도는 이스라엘 자손들이 약속의 땅에 들어가 차지하고 살면서 지켜야 할 것들이었습니다. 모세는 **"보아라! 여호와 나의 하나님께서 명령하신 규례와 법도를 내가 너희에게 가르쳤으니 이는 너희들이 들어가 차지할 땅에서 행하게 하려는 것이다. 너희는 그 규례와 법도를 지켜 행하라. 그러면 그 민족들의 눈에 그것이 너희의 지혜와 총명이 될 것이며 이 모든 규례를 들은 그들은 '과연 이 위대한 나라 사람들은 지혜롭고 총명한 백성이다'라고 말할 것이다."**(신 4:5-6)라고 선포했습니다. 모세는 **"오직 너는 스스로 조심하고 네 마음을 힘써 지켜서 네 눈으로 본 것들을 잊지 않도록 하며 네가 사는 날 동안 네 마음에서 떠나지 않게 하고 너는 그 일들을 네 아들들과 네 손자들에게 알려 주어라."**라고(신 4:9) 말하며 약속의 땅에 들어가 땅을 차지하고 사는 날 동안 기억하여 지키며 아들들과 손자들 곧 대대 후손에게 가르쳐 하나님의 백성으로 하나님의 주권을 세우며 살 것을 명령했습니다.

❷ 시내산에서 주신 '규례와 법도'를 약속의 땅에서도 지키라!

모세는 시내산(호렙산)에 머물 때 여호와 하나님께서 나타나셔서 말씀하신 것을 언급합니다. 40여 년 전 여호와 하나님께서는 모세에게 **"백성을 내게 불러**

모아라. 내가 내 말을 그들에게 들려주어 그들이 이 땅에 사는 동안 나를 경외하는 법을 배우고 그것을 그들의 아들들에게 가르치게 하겠다."(신 4:10b)고 말씀하셨습니다. 모세는 백성들이 산 아래에 모였고 산에는 불길이 하늘 한가운데까지 치솟았고 어둠과 짙은 구름도 있었는데 여호와께서 불 가운데서 나타나셔서 말씀하셨음을 기억하게 했습니다(신 4:11-12). 그리고 그때 여호와 하나님께서는 언약(십계명)을 선포하셨고 두 돌판에 써 주셨으며 자신에게(모세) 명령하여 **"규례와 법도를 가르치라!"**고 말씀하셨는데 이것은 약속의 땅에 들어가 차지할 그 땅에서 너희가 행하게 하려 하심이었다고 말했습니다(신 4:13-14). 당시 광야 1세대는 불길 속에서 말씀하시는 하나님의 음성은 들었지만 어떤 형상도 보지 못했는데 모세는 이것을 깊이 명심하라고 말합니다(신 4:15). 그리고 **"너희는 스스로 부패하지 말고 너희 자신을 위하여 남자의 형상이나 여자의 형상이나 어떤 형태로든 새긴 우상을 만들지 말라."**고 말합니다(신 4:16-18).

모세는 계속해서 **"여호와께서 너희를 택하시고 쇠 풀무 곧 애굽에서 너희를 이끌어 내셔서 오늘과 같이 자신의 유업의 백성으로 삼으셨다."**(신 4:20)고 말합니다. 하지만 이스라엘 백성의 일로 자신(모세)은 요단을 건너지 못하게 하셨다고 말하며 **"나는 이 땅에서 죽어 요단을 건너가지 못한다."**(신 4:22a)고 말합니다. 그런데 이런 하나님께서 광야 2세대를 약속의 땅으로 인도하셔서 그 땅을 차지하게 할 것이라고 말하며 **"너희는 스스로 조심하여 여호와 너희 하나님께서 너희와 맺은 언약을 잊지 말고 여호와 네 하나님께서 명령하신 대로 어떤 형상의 우상도 만들지 말라. 여호와 너의 하나님께서는 소멸하는 불이시며 질투하는 하나님이시기 때문이다."**(신 4:23-24)라고 강조하며 약속의 땅을 차지하고 규례와 법도를 정확히 지키라고 전합니다. 그러나 약속의 땅에 들어가 차지하고 살면서 오랜 세월이 지나 스스로 부패하거나 자식들 손자들이 여호와 하나님의 '규례와 법도'를 지키지 않으면 '그 땅에서 오래 살지 못하고 완전히 멸망할 것'이며 '여호와께서 여러 민족 중에 흩으실 것'이며 '흩으심으로 여러 민족 중에 남은 수가 많지 못할 것'이고 '흩어진 곳에서 사람의 손으로 만든바 보지도 못하며 듣지도 못하며 먹지도 못하며 냄새도 맡지 못하는 목석의 신들을 섬기리라.'고 선언했습니다(신 4:25-28). 그리고 마치 약속의 땅을 차지하고 사는 이스라엘 후손들이 여호와 하나님을 떠나 다른 신을 섬겨 앗수르와 바벨론으로 잡혀가 흩어질 것을 아는 듯 **"네가 거기서**(흩어져 잡혀간 곳) **네 하나님 여호와를 찾게 되리니 만일 마음을 다하고 뜻을 다하여 그를 찾으면 만나리라. 이 모든 일이 네게 임하여 환난을 당하다가 끝날에 네가 네 하나님 여호와께로 돌아와서 그의 말씀을 청종하리라."**(신 4:29-30)고 선언합니다.

이스라엘의 하나님은 자비하신 하나님이십니다. 그분은 이스라엘을 버리지 아니하시며 멸하지 않으실 것인데 그들의 조상에게 맹세하신 언약을 잊지 않으시기 때문입니다(신 4:31). 모세는 여호와께서 조상들을 사랑하셔서 이스라엘 백성들을 출애굽 하게 하셨고 약속하신 땅을 기업으로 주려 하시기에 **"너는**(이스라엘 백성) **오늘 위로 하늘에나 아래로 땅에 오직 여호와는 하나님이시오 다른 신이 없는 줄을 알아 명심하고 오늘 내가 네게 명령하는 여호와의 규례와 법도를 지키라! 너와 네 후손이 복을 받아 네 하나님 여호와께서 네게 주시는 땅에서 한없이 오래 살리라."**(신 4:39-40)고 하나님 앞에서 약속했습니다.

성도 여러분!

하나님의 언약공동체의 일원으로 현대를 사는 나는 하나님께서 이스라엘 자손들과 맺은 '규례와 법도'와 같은 것을 잘 지키고 있습니까? 구약시대가 아니기에 이스라엘 백성들이 지켰던 '규례와 법도'를 문자적으로 지킬 필요는 없지만 그 뜻이나 하나님의 백성으로서 지켜야 할 기본은 분명히 지금도 존재합니다. 그리고 예수님께서는 새 계명으로 "주 너희 하나님을 사랑하라!", "네 이웃을 네 몸과 같이 사랑하라!"고 말씀하셨습니다. 오늘도 하나님을 사랑하고 이웃을 사랑한다는 증거를 보이고 하나님의 뜻을 이루기 위해 복음을 전파하는 하루가 되시길 기도합니다.

7일

기브온 거민과 화친을 약속하는 여호수아 ①

(수 9:1-27)

오늘 날짜가 언급된 성경 사건은 없습니다. 오늘 날짜가 포함된 사건은 다음과 같습니다.

사건 1 제2월 10일부터 방주에 들어가 하나님의 명령을 감당하는 268일째이고(노아시대 월력체계는 한 달을 30일로 계산함) 하나님께서 말씀하신 대로 40일 동안 비가 내린 261일째로 방주가 아라랏 산에 머무른 지 111일째

사건 2 라암셋을 떠난 지 287일째(제1월을 30일, 제2월을 29일로 계산함)로 시내산 밑 시내광야에 도착하여(제3월 1일) 거한 지 243일째(출 19:1-2)

사건 3 하나님께서 보여주신 식양대로 성막을 만들기 시작하는 115일째

사건 4 시내광야에 11개월 20일 머물던 이스라엘 백성이 하나님의 명령에 따라 약속의 땅을 향해 떠난 지 253일째

사건 5 에스겔 선지자가 그발 강가에서 꼼짝도 못 하고 두려워 떨며 포로 된 백성과 함께 지내는 209일째이고(겔 1:1-2, 3:14-15) 두 번째 계시받은 지 202일째

사건 6 예루살렘 성이 느브갓네살에 의해 포위된 지 27일째(왕하 25:1, 겔 24:1)

사건 7 시드기야 11년 제4월 9일 예루살렘 성이 바벨론에 의해 함락 후 203일째로 솔로몬 성전과 왕궁 그리고 예루살렘 성벽이 파괴된 지 175일째

사건 8 1차 포로 귀환 한 백성들이 성전 마당에 번제단을 만들고 매일 번제를 드리기 시작한 지 125일째

사건 9 학개 선지자에게 성전을 지으라는 하나님의 계시가 임한 지(제6월 1일) 155일째로

중단되었던 성전 건축이 다시 시작된 지(제6월 24일) 132일째이고 학개 선지자에게 두 번째 계시가 임한 지(제7월 21일) 106일째이고 세 번째, 네 번째 계시가 하루에 임한 지 43일째(학 2:10-23)

사건 10 학개 선지자를 통해 성전 공사를 재개하게 했던 것을 독려하는 계시가 스가랴 선지자에게 임한 지(8월 1일) 96일째(슥 1:1-6)이고 세 번째 계시가 임한 지(제9월 4일) 63일째

사건 11 모르드개가 조서를 써 전국(127도)에 보낸(제3월 23일) 후 222일째

사건 12 주전 458년 2차 포로 귀환하여 예루살렘에 도착한 지 184일째로 백성들이 하나님께 번제와 속죄제를 드린 180일째(스 7:6-9, 8:15-36)

사건 13 2차 포로귀환을 한 에스라가 백성들의 잡혼 문제를 해결하기 위해 조사를 시작한 지 36일째(스 10:16)

사건 14 3차 포로 귀환 한 느헤미야를 중심으로 5월 4일 시작하여 52일 동안 예루살렘 성벽 공사가 완성된(6월 25일) 후 129일째

여호수아와 이스라엘 백성은 에발 산에 단을 쌓고 하나님의 백성으로 살아갈 것을 다시 한번 약속했습니다(제10월 30일 날짜 참조). 이 약속은 여호와를 믿고 따르면 축복이 되어 그들의 날이 길 것이지만, 가나안의 거민들과 섞여 살면서 그들이 섬기는 신을 따르며 여호와를 섬기지 않는다면 저주가 되어 약속의 땅에서 살아가기가 힘들 것이라는 내용이었습니다. 그러나 그들의 부모 세대가 시내 산에서 여호와와 약속을 하고도 지키지 못하여 광야에서 죽었듯이 약속의 땅에 들어간 자손들도 에발 산에서 여호와와 언약을 맺었지만 지키지 못하고 가나안 족속과 섞여 살며 그들의 신을 섬기고 여호와를 떠나는 생활을 하게 됩니다. 그 전주곡은 여호와께 묻지 않고 기브온 거민과 화친하게 되는 사건으로부터 시작됩니다. 오늘은 하나님께 묻지 않고 기브온 족속과 화친한 것이 얼마나 잘못된 사건인지 살펴보겠습니다.

❶ 기브온 거민들의 속임수(수 9:1-15)

여호수아 9:1은 **'요단 서편 산지와 세펠라**(해안평야와 산지 사이의 구릉지)**와 레바논 앞에 있는 변에 있는 대해**(지중해) **해안가의 헷 사람과 아모리 사람과 가나안 사람과 브리스 사람과 히위 사람과 여부스 사람의 모든 왕이 이 일을 들었다.'**고 시작합니다. 약속의 땅 팔레스타인에 살던 여러 족속이 여호와 하나님께서 여호수아와 이스라엘 백성을 통해 행하신 일들을 듣고 두려워 떨고 있음을 보여줍니다. 그리고 그들은 여호수아와 이스라엘을 대항하여 한 마음으로 싸우려고 모였습니다(수 9:2). 그런데 정복되어야 할 땅에 살던 사람 중 기브온 거민들은 다른 생각을 했습니다. 여호수아 9:3은 어순 도치하여 '주어+술어(완료)'의 구조로 **'그리고 기브온 거민들이 여호수아가 여리고와 아이에 행한 일을 들었다.'**라고 시작하며 기브온 백성에 대한 새로운 사건을 전개하고 있습니다. 예루살렘 북서쪽 약 8km 지점에 있는 기브온 거민들이 다른 족속들과 같이 여호수아와 이스라엘을 대항하기 위해 함께 모이지 않고 독자적인 행동한 것은 아이 성이 무너진 후 다음 차례가 자신들이었기 때문입니다. 벧엘과 아이를 정복한 후 남쪽이나 서쪽으로 전쟁을 하러 가려면 제일 먼저 지나야 할 곳이 기브온이었습니다.

기브온 거민들도 다른 족속과 마찬가지로 이스라엘 백성들이 요단저편 두 왕 시혼과 옥에게 행한 일, 요단강을 마른 땅으로 건넌 일, 여리고와 아이 성을 진멸한 것 등 모든 것을 들었습니다. 그런데 기브온 족속은 다른 족속

기브온의 위치 오른쪽 화살표는 길갈에 머무는 이스라엘 백성들의 전쟁 경로인데 기브온은 아이와 벧엘 다음 정복되어야 할 대상이었다.

들과 함께 동맹하여 여호와 하나님의 군대에 대항하지 않고 화친하려는 전략을 짰습니다. 이들의 계략은 의외로 간단했습니다.

기브온 사신은 해어진 전대와 해지고 찢어져서 기운 가죽 포도주 부대를 나귀에 싣고 발에는 낡아 기운 신을 신고 낡은 옷을 입고 다 마르고 곰팡이 난 떡을 예비하고 사신의 모양으로 길갈에 있는 여호수아와 이스라엘 백성에게 왔습니다(수 9:4-5). 기브온 사신은 이스라엘 백성에게 어순 도치하여 장소를 나타내는 부사어 '먼 땅에서' 강조하여 **"우리는 먼 땅에서 왔습니다. 그러니 이제 우리와 언약을 맺읍시다."**(수 9:6)라고 말했습니다. 이때 이스라엘 백성은 **"너희가 우리 중에 거하는 듯하다. 그러니 어떻게 우리가 너희와 언약을 맺을 수 있느냐?"**(수 9:7)라고 의심했습니다. 이것은 하나님께서 가나안 사람들이나 그 신들과는 약조를 맺지 말고 그들을 그 땅에 머물게 하지 말라고 명하셨던 것을 기억한 것입니다(출 23:32-33, 34:11-12). 그런데 기브온 사신은 계속해서 여호수아에게 **"우리는 당신의 종이니이다."**라고 말했습니다. 여호수아는 그들에게 **"너희는 누구냐? 어디에서 왔느냐?"**(수 9:8)고 물었고 그들은 어순 도치하여 역시 장소를 나타내는 부사어 '매우 먼 땅에서'를 강조하며 **"당신의 종들은 매우 먼 땅에서 당신의 하나님 여호와의 이름으로 인한 그의 명성을 우리가 들었고 그가 애굽에서 행하신 모든 일을 그리고 그가 요단 동편에 있는 헤스본 왕 시혼과 그리고 아스다롯에 있는 바산 왕 옥 곧 아모리 사람 두 왕에게 그가 행하신 모든 일을 들었기 때문에 왔습니다. 그러므로 우리 장로들과 우리 땅의 모든 거민이 우리에게 말하여 이르되 '너희는 여행할 양식을 손에 가지고 가라! 그들을 만나서 그들에게 이르기를 〈우리는 당신들의 종이다. 그러니 이제 우리와 약속을 맺으소서!**(청유)**〉'라고 말하라 하였나이다."**(수 9:9-11)라고 말했습니다. 그들은 자신들의 말이 사실이라는 것을 증명하겠다며 **"이 떡은 우리가 우리의 떡으로 뜨거운 것을 우리 집에서 우리를 위하여 당신들에게 오려고 떠나던 날에 취한 것입니다. 그런데 이제 보소서! 그것이 말랐습니다. 그리고 그것이 곰팡이나 되었습니다."**(수 9:12)라고 말했습니다. 이때 그들은 어순 도치하여 목적어인 '우리의 떡으로 뜨거운 것을'을 강조하고 자신들이 먼 땅으로부터 왔기에 뜨거웠던 떡이 식었고 그 시간이 많이 지나 곰팡이가 슬었다고 말하고 있습니다. 계속해서 자신들이 먼 땅에서 왔음을 강조하기 위해 **"그리고 우리가 가득하게 포도주를 담은 이 가죽 부대로 새것이었다. 그런데 보십시오! 찢어지게 되었습니다. 그리고 우리의 이 옷과 그리고 신발이 여행이 심히 길었으므로 낡아졌습니다."**(수 9:13)라고 말하는데 마지막 문장이 어순 도치되어 주어인 '우리의 이 옷과 그리고 신발이'가 강조되었습니다.

❷ 기브온 사신과 화친을 약속하는 여호수아와 이스라엘 백성

기브온 사신의 말을 들은 이스라엘 백성들은 그들을 위해 양식을 취했습니다. 그리고 여호와께 어떻게 해야 할 것을 묻지 않았습니다. 이때 저자는 어순 도치하여 간접목적어인 '여호와께'와 직접목적어인 '어떻게 할 것을'을 강조하며 **'그리고 그 무리가**(이스라엘 백성) **그들의 양식을 취했다. 그리고 어떻게 할 것을 여호와께 묻지 않았다.'**(수 9:14)라고 기록하고 있습니다. 이스라엘 백성은 처음에 의심하며 화친 조약을 맺지 않으려 했지만 계속되는 기브온 사신의 거짓말에 들은 후에는 자신들의 판단대로 했고 여호와 하나님께 묻지 않았음을 분명히 하고 있습니다. 결국 이들은 기브온 거민의 속임수에 속아 그들과 약속을 맺게 됩니다. 저자는 와우계속법-미완료로 **'그리고 여호수아가 그들과 평화를 이루었다. 그리고 그들을 살리라는 언약을 그들에게 맺었다. 그리고 회중 족장들이 그들에게 스스로 맹세했다.'**(수 9:15)고 기록하며 여호와 하나님께 묻지 않고 사람의 생각으로 일을 일사천리로 진행하고 있음을 보여주고 있습니다.

성도 여러분!

여호수아와 이스라엘 백성이 기브온 사신과 화친 조약을 맺은 사건은 하나님의 일을 함에 있어 일이 잘 풀리고 잘 되었을 때(아이 성을 진멸한 후) 다음 일을 처리하는 데 조심해야 할 것을 보여줍니다. 사단, 마귀가 작정하고 거짓말을 하며 성도에게 다가올 때 그것을 분별할 능력은 아마도 성도에게 없을 것입니다. 여호수아와 이스라엘 백성도 처음에 의심하며 주의를 기울였지만 자신들을 찾아와 계속해서 거짓말로 설득하는 기브온 사신의 말을 분별하지 못하고 화친 약속을 함으로 문제를 만들었습니다. 본문은 여호수아와 이스라엘 백성이 잘못한 것에 대해 '여호와께 어떻게 할 것을 묻지 않았다'고 기록하고 있습니다. 오늘도 언약공동체(교회)의 일을 감당하고 처리하면서 일이 순조롭게 진행될 때에도 기도하며 선한 길을 만나게 해 달라고 기도하고 한 박자 쉬고 가야 한다는 마음을 주셨을 때는 좀 더 기도하며 하나님의 뜻을 묻고 찾은 후 하나님께서 맡기신 직분을 잘 감당하는 하루가 되시길 기도합니다.

8일

기브온 거민과 화친을 약속하는 여호수아 ②

(수 9:1-27)

오늘 날짜가 언급된 성경 사건은 없습니다. 오늘 날짜가 포함된 사건은 다음과 같습니다.

사건 1 제2월 10일부터 방주에 들어가 하나님의 명령을 감당하는 269일째이고(노아시대 월력체계는 한 달을 30일로 계산함) 하나님께서 말씀하신 대로 40일 동안 비가 내린 262일째로 방주가 아라랏 산에 머무른 지 112일째

사건 2 라암셋을 떠난 지 288일째(제1월을 30일, 제2월을 29일로 계산함)로 시내산 밑 시내광야에 도착하여(제3월 1일) 거한 지 244일째(출 19:1-2)

사건 3 하나님께서 보여주신 식양대로 성막을 만들기 시작하는 116일째

사건 4 시내광야에 11개월 20일 머물던 이스라엘 백성이 하나님의 명령에 따라 약속의 땅을 향해 떠난 지 254일째

사건 5 에스겔 선지자가 그발 강가에서 꼼짝도 못 하고 두려워 떨며 포로 된 백성과 함께 지내는 210일째이고(겔 1:1-2, 3:14-15) 두 번째 계시받은 지 203일째

사건 6 예루살렘 성이 느브갓네살에 의해 포위된 지 28일째(왕하 25:1, 겔 24:1)

사건 7 시드기야 11년 제4월 9일 예루살렘 성이 바벨론에 의해 함락 후 204일째로 솔로몬 성전과 왕궁 그리고 예루살렘 성벽이 파괴된 지 176일째

사건 8 1차 포로 귀환 한 백성들이 성전 마당에 번제단을 만들고 매일 번제를 드리기 시작한 지 126일째

사건 9 학개 선지자에게 성전을 지으라는 하나님의 계시가 임한 지(제6월 1일) 156일째로

중단되었던 성전 건축이 다시 시작된 지(제6월 24일) 133일째이고 학개 선지자에게 두 번째 계시가 임한 지(제7월 21일) 107일째이고 세 번째, 네 번째 계시가 하루에 임한 지 44일째(학 2:10-23)

사건 10 학개 선지자를 통해 성전 공사를 재개하게 했던 것을 독려하는 계시가 스가랴 선지자에게 임한 지(8월 1일) 97일째(슥 1:1-6)이고 세 번째 계시가 임한 지(제9월 4일) 64일째

사건 11 모르드개가 조서를 써 전국(127도)에 보낸(제3월 23일) 후 223일째

사건 12 주전 458년 2차 포로 귀환하여 예루살렘에 도착한 지 185일째로 백성들이 하나님께 번제와 속죄제를 드린 181일째(스 7:6-9, 8:15-36)

사건 13 2차 포로귀환을 한 에스라가 백성들의 잡혼 문제를 해결하기 위해 조사를 시작한 지 37일째(스 10:16)

사건 14 3차 포로 귀환 한 느헤미야를 중심으로 5월 4일 시작하여 52일 동안 예루살렘 성벽 공사가 완성된(6월 25일) 후 130일째

여호수아와 이스라엘 백성은 처음에 기브온 사신을 의심했으나 결과적으로 하나님께 묻지 않고 화친 조약을 맺음으로 문제를 만들었습니다. 기브온 거민이 의도적으로 속여 맺은 언약이지만 여호와 하나님 앞에서 맺은 언약이기에 여호수아와 이스라엘 백성들은 화친 조약을 지켜야만 했습니다. 오늘은 잘못 체결된 화친 조약이지만 그것을 지켜야만 했던 당시의 상황에 대해 살펴보겠습니다.

❸ 기브온 거민의 속임수를 알게 된 후 그들과 함께 거하는 이스라엘 백성들

여호수아와 이스라엘 백성은 기브온 거민과 언약을 맺은 후 삼 일이 지나서야 그들이 가까운 곳에 거주하는 자들이라는 것을 알았습니다(수 9:16). 이스라엘 자손은 삼 일 후 기브온 족속이 거하는 기브온과 그비라와 브에롯과 기랴여아림을 치러 갔으나 여호와 앞에서 맹세한 서약으로 인해 그들을 치

지 못했습니다. 그리고 회중은 족장들을 원망했으나 맹세한 맹약을 어길 경우 자신들에게 임할 진노를 두려워 그들을 살려주게 되었습니다(수 9:17-18). 모든 족장은 이스라엘 온 회중에게 **"우리가 그들에게 이스라엘 하나님 여호와로 맹세하였다. 그러므로 이제 그들을 건드리지 못할 것이다. 이렇게 우리가 그들에게 행할 것이다. 그리고 그들을 살릴 것이다. 그러면 우리가 그들에게 맹세한**('샤바', 맹세하다) **맹세**('세부아', 맹세, 저주)**로 인하여 우리에게 진노가 있지 않을 것이다."**(수 9:19-20)라고 말했습니다. 족장들은 여호수아 9:19에서 어순 도치하여 주어인 '우리가'라고 말하고 있는데 은근히 자신들과 함께 회중들까지 함께 결정한 듯 이야기하고 있습니다. 족장들은 무리에게(이스라엘 백성) **"우리가 그들을 살리리라. 그리고 그들은 족장들이 그들에게 말한 대로 온 회중을 위하여 나무를 패고 그리고 물을 긷는 자가 될 것이다."**(수 9:21)라고 말했습니다.

여호수아는 기브온 족속을 불러 그들에게 **"너희가 어찌하여 '우리는 너희에게서 아주 멀다'라고 속였느냐? 그러나 너희는 우리 가운데 거주하고 있다. 그러므로 너희가 저주를 받을 것이다. 그러니 너희가 종으로서 끊어지지 않을 것이다. 그리고 내 하나님의 집을 위하여 나무 패며 물 긷는 자가 될 것이다."**(수 9:22-23)고 말했습니다.

기브온 족속은 여호수아에게 **"당신의 하나님 여호와께서 그 종 모세에게 명하사 이 땅을 다 당신들에게 주고 이 땅 모든 거민을 당신들의 앞에서 멸하라 하신 것을 당신의 종에게 분명히 알려졌습니다. 그래서 우리들은 당신들로 인하여 우리의 생명을 잃을까 심히 두려워했습니다. 그리고 이 일을 행했습니다."**(수 9:24)라고 고백했습니다. 그리고 마침내 기브온 족속은 **"이제 보소서! 우리가 당신의 손에 있으니 당신의 눈에 좋고 옳은 대로 우리에게 반드시 행하소서!"**(수 9:25)라고 말하며 하나님의 집을 위하여 영원한 종이 될 것을 약속했습니다. 여호수아는 그들의 말대로 이스라엘 자손의 손에서 그들을 살렸고 죽이지 못하게 했고(수 9:26) 그들은 하나님의 집에서 일하는 종이 되었습니다(수 9:27).

그 날에 여호수아가 그들을 여호와께서 택하신 곳에서 회중을 위하며 여호와의 제단을 위

하여 나무를 패며 물을 긷는 자들로 삼았더니 오늘까지 이르니라.(수 9:27, 개정)

기브온 족속이 거짓으로 화친 조약을 맺었지만 그것은 여호와 하나님께서 자신의 땅을 이스라엘 백성에게 주신다는 것을 확신했기 때문입니다. 이렇게 보면 여호와께서 아브라함과 하신 약속을 이루기 위한 출애굽과 가나안 정복에 대한 이야기가 이미 가나안과 주변 여러 나라에 퍼졌으며 그 이야기를 듣는 사람들이 떨었음을 알 수 있습니다. 그러나 정작 조상들에게 하신 하나님의 약속을 믿어 가나안 땅을 소유했어야 할 광야 1세대들은 믿지 못하여 광야에서 죽었고 가나안 땅에 들어온 후손들도 땅을 완전히 소유하는 믿음을 갖지 못했습니다.

❹ 함의 아들 가나안에게 예언된 예언의 성취

기브온 족속은 누구의 후손입니까? 기브온과 그 주변 성읍 그비라와 브에롯과 기럇여아림에는 히위 사람들이 살고 있었습니다. 그런데 이 히위족속은 가나안 일곱 족속 중의 하나로 하나님께서 진멸하라고 하신 족속 중의 하나였습니다. 그런데 그들이 진멸되지 않고 살아남은 것은 하나님의 말씀을 이루는 것이 되었습니다.

노아는 홍수 후 함이 범죄 했을 때 함의 아들 가나안에게 **"형제의 종들의 종이 되기를 원하노라."**(창 9:25)고 선포했습니다. 그런데 이 저주가 여호수아 때에 와서 이루어지고 있음을 볼 때 참으로 하나님의 구원 역사는 정확하고도 분명하게 이루어진다는 것을 알 수 있습니다. 가나안 일곱 족속이 저주를 받은 함의 아들로부터 퍼졌다는 것을 생각하면 하나님께서 왜 그들을 진멸하라고 하셨는지를 알 수 있습니다. 히위는 가나안의 아들로서 히위 족속의 조상이 되었는데 족장시대에 히위 족속은 세겜에 거했고 밧단 아람에서 가나안으로 돌아오던 야곱이 세겜 성 앞에 장막을 쳤을 때 히위 족속 중 하몰

의 아들 세겜이 디나를 강간하는 사건을 모세는 기록하고 있습니다(창 34:2)

이스라엘 자손이 기브온 백성과 화친하게 되어 가나안의 모든 족속을 진멸하라 하신 여호와의 명령을 지키지 못하게 된 것은 여호수아와 회중 족장들이 하나님께 묻지 아니하고 사람의 잔꾀에 속은 결과라 할 수 있습니다(수 9:14). 여호수아와 백성들이 처음에는 기브온 사신의 말을 의심했지만 결국은 기브온 거민들의 잔꾀에 속은 결과입니다. 이처럼 사단 마귀는 믿는 사람들의 틈을 찾아 잔꾀를 부리려고 합니다. 이 작은 실수가 이후 이스라엘 백성 가운데 섞여 사는 가나안 사람들이 이스라엘 백성에게 영향을 주어 그들의 신관을 어지럽히고 끝내는 약속의 땅 가나안을 완전히 정복하지 못하게 했습니다.

성도 여러분!

사건을 돌아보면 기브온과 그 주변에 살던 히위 족속의 선택은 자신이 믿어 왔던 신이 아닌 이스라엘 백성이 섬기는 신 여호와를 참 신으로 선택한 것입니다. 그들은 주변의 성읍들이 인정하듯(수 10:2) 자신들이 강한 성읍임을 알고 있지만 여호와께서 가나안에서 전쟁을 벌이고 있는 이스라엘 백성의 선조 아브라함과 맺은 언약을 확신했기에 여호수아와 이스라엘 백성에게 나와 생명을 구한 것입니다. 히위 족속의 선택은 장차 멸망 받을 성에서 생명을 유지할 수 있었던 여리고 성의 라합처럼 '어떤 신이 참 신이냐?'를 고민하고 여호와 하나님을 선택했습니다. 그러나 정작 이스라엘 백성들은 이러한 사실들을 간과하고 여호와를 떠나 이방신을 섬기게 되는 것을 볼 때 우리의 믿음도 다시 한번 점검해 보아야 할 것입니다. 오늘도 내가 믿는 하나님께서 온 우주의 주인이시며 섭리하시는 분이심을 깨닫고 맡겨 주신 직분을 잘 감당하는 하루가 되시길 기도합니다.

9일

약속의 땅 남부 지역 다섯 왕을 죽이고 정복함 ①

(수 10:1-43)

오늘 날짜가 언급된 성경 사건은 없습니다. 오늘 날짜가 포함된 사건은 다음과 같습니다.

사건 1 제2월 10일부터 방주에 들어가 하나님의 명령을 감당하는 270일째이고(노아시대 월력체계는 한 달을 30일로 계산함) 하나님께서 말씀하신 대로 40일 동안 비가 내린 263일째로 방주가 아라랏 산에 머무른 지 113일째

사건 2 라암셋을 떠난 지 289일째(제1월을 30일, 제2월을 29일로 계산함)로 시내산 밑 시내광야에 도착하여(제3월 1일) 거한 지 245일째(출 19:1-2)

사건 3 하나님께서 보여주신 식양대로 성막을 만들기 시작하는 117일째

사건 4 시내광야에 11개월 20일 머물던 이스라엘 백성이 하나님의 명령에 따라 약속의 땅을 향해 떠난 지 255일째

사건 5 에스겔 선지자가 그발 강가에서 꼼짝도 못 하고 두려워 떨며 포로 된 백성과 함께 지내는 211일째이고(겔 1:1-2, 3:14-15) 두 번째 계시받은 지 204일째

사건 6 예루살렘 성이 느브갓네살에 의해 포위된 지 29일째(왕하 25:1, 겔 24:1)

사건 7 시드기야 11년 제4월 9일 예루살렘 성이 바벨론에 의해 함락 후 205일째로 솔로몬 성전과 왕궁 그리고 예루살렘 성벽이 파괴된 지 177일째

사건 8 1차 포로 귀환 한 백성들이 성전 마당에 번제단을 만들고 매일 번제를 드리기 시작한 지 127일째

사건 9 학개 선지자에게 성전을 지으라는 하나님의 계시가 임한 지(제6월 1일) 157일째로

중단되었던 성전 건축이 다시 시작된 지(제6월 24일) 134일째이고 학개 선지자에게 두 번째 계시가 임한 지(제7월 21일) 108일째이고 세 번째, 네 번째 계시가 하루에 임한 지 45일째(학 2:10-23)

사건 10 학개 선지자를 통해 성전 공사를 재개하게 했던 것을 독려하는 계시가 스가랴 선지자에게 임한 지(8월 1일) 98일째(슥 1:1-6)이고 세 번째 계시가 임한 지(제9월 4일) 65일째

사건 11 모르드개가 조서를 써 전국(127도)에 보낸(제3월 23일) 후 224일째

사건 12 주전 458년 2차 포로 귀환하여 예루살렘에 도착한 지 186일째로 백성들이 하나님께 번제와 속죄제를 드린 182일째(스 7:6-9, 8:15-36)

사건 13 2차 포로귀환을 한 에스라가 백성들의 잡혼 문제를 해결하기 위해 조사를 시작한 지 38일째(스 10:16)

사건 14 3차 포로 귀환 한 느헤미야를 중심으로 5월 4일 시작하여 52일 동안 예루살렘 성벽 공사가 완성된(6월 25일) 후 131일째

여리고과 아이 성을 점령한 후 여호수아와 이스라엘 백성은 세겜에서 제단을 쌓고 여호와 하나님께 제사를 드릴 때 하나님의 백성으로 살 것을 다짐했을 것입니다. 이후 가나안 정복의 거점인 길갈에서 먼 곳에 사는 것으로 위장하여 화친하러 온 히위 족속 기브온 거민과 화친함으로 가나안 땅에서 함께 거할 수 있게 했는데 이 사건은 약속의 땅 가나안 남부지역을 정복하는 데 큰 역할을 합니다. 오늘은 하나님의 언약 백성과 약속의 땅 남부 지역 다섯 왕과의 전쟁에 대해 살펴보겠습니다.

❶ 기브온을 치려는 동맹한 다섯 왕과 기브온을 돕는 여호수아(수 10:1-9)

여호수아가 여리고와 아이를 진멸하고 그 왕들에게 행한 일과 기브온 거민이 이스라엘과 화친한 후 그중에 있다는 소식을 들은 예루살렘 왕 아도니세덱은 크게 두려워합니다(수 10:1). 왜냐하면 기브온 다음으로 이스라엘 백성과 전쟁해야 할 대상이 자신들이었기 때문입니다. 위협을 느낀 아도니세

댁은 헤브론 왕 호함과 야르뭇 왕 비람과 라기스 왕 야비아와 에글론 왕 드빌에게 "내게로 올라오라!(명령) 그리고 나를 도우라!(명령) 그리고 우리가 기브온을 치자. 이는 그가(기브온)이 여호수아와 그리고 이스라엘 자손들과 화친했기 때문이다."라고 말하며 가나안 남부의 왕들과 함께 이스라엘 백성과 화친한 기브온이 잘못 했음을 보여주기 위해 산지로 올라와 기브온 족속과 싸웠습니다(수 10:3-5). 동맹을 맺은 다섯 왕이 기브온을 치려고 한 이유는 기브온이 가나안에서 큰 성읍 중의 하나였고 아이 성 사람들보다 강했는데(수 10:2) 이들이 이스라엘 백성에게 항복하고 화친한 것이 가나안에 거하는 다른 도시와 족속에게는 위협이 되었기 때문입니다.

다섯 왕의 공격을 받게 된 기브온 족속은 길갈에 있는 여호수아에게 사신을 보내어 **"당신의 손은 당신의 종들로부터 떨어지게 하지 마소서. 그리고 우리에게 속히 올라오소서! 그리고 우리를 구원하소서! 그리고 우리를 도우소서! 왜냐하면 아모리 사람의 산지에 거하는 모든 왕들이 우리를 대항해 모였기 때문입니다."**(수 10:6)라고 말하며 자신들을 구원해 달라고 요청했습니다.

예루살렘의 위치 기브온에서 남쪽 길로 진행할 때 우두머리 성읍으로 이스라엘 백성들의 다음 전쟁 대상이다.

길갈에 머물며 기브온 족속의 도움 요청을 받은 여호수아와 이스라엘 백성은 속아서 맺은 화친 조약이었지만 약속을 지키기 위해 기브온과 싸우는 다섯 왕과 전쟁을 하게 됩니다. 여호수아는 모든 백성과 모든 용감한 군사와 함께 길갈에서 유대 산지로 올라갔습니다(수 10:7). 여호수아 10:7은 **'그리고 여호수아가 길갈로부터 그와 그리고 그와 함께 싸우는 모든 백성 그리고 힘이 강한 모든 자와 함께 올라갔다.'**라고 기록하며 여호수아와 모든 백성이 전쟁에 참여하고 있음을 보여줍니다. 여호수아가 기브온을 돕기 위해 모든 백성과 함께 전쟁하러 가는 것은 자신이 결정한 것이 아닌데 여호와 하나님께서 여호수아에게 **"그들을 두려워하지 말라. 왜냐하면 네 손에 내가 그들을 붙였기 때문이다. 그들의 한 사람도 네 앞에서 서지 못할 것이다."**(수 10:8)라고 말씀하시며 승리를 약속하셨습니다. 하나님의 말씀은 어순 도치되어 부사어인 '네 손에'가 강조되었는데 여호수아를 통해 반드시 승리할 것을 보여줍니다.

여호수아와 백성들은 즉시('피트옴', פִּתְאֹם, 갑자기, 돌연히, 별안간) 길갈을 떠나 밤새도록 행군하여 산지로 올라갑니다(수 10:9). 이때 여호수아 10:9a는 **'그리고 여호수아가 갑자기 그들에게 이르렀다.'**로 기록되어 기브온 족속이 공격받는다는 소식을 듣자마자 여호수아가 온 백성과 함께 기브온으로 간 것으로 표현되었습니다. 그런데 여호수아 10:9b는 어순 도치되어 부사어인 '그 모든 밤 동안'(밤새도록, '콜-하라일라', כָּל־ הַלַּיְלָה)을 강조하고 있습니다. 이것은 상황이 급박한 것을 표현하며 여호수아와 이스라엘 백성이 약속을 지키기 위해 지체하지 않는 모습과 쉬지 않고 밤새도록 행군하여 기브온에 도착했음을 강조하는 것입니다.

여기서 잠시 지리적 상황을 생각해 봅시다. 길갈(여리고)과 기브온은 직선거리로 26km나 떨어져 있습니다. 그리고 두 도시의 고도차도 1000m 이상 됩니다. 아마도 길갈(여리고)에서 기브온까지 가려면 걸어서 10시간 정도는 걸립니다. 그런데 기브온 족속이 위험에 처해 있다는 소식을 들은 즉시 그리고 밤새도록 달려갔던 것입니다. 여호수아와 이스라엘 백성은 왜 이렇게 급하게 달려가 도와주었을까요? 생각해 보면 여호수아와 이스라엘 백성은 기브온 족속에게 속아서 화친을 맺게 되므로 여호와 하나님의 명령을 어긴 결과가 되었습니다. 그랬기에 기브온 족속을 돕지 않고 그저 그들이 다섯 왕에게 당하도록 내버려 둘 수 있었을 것입니다. 그런데 왜 여호수아와 이스라엘 백성은 그들을 도와야 했으며 여호와께서는 왜 여호수아에게 승리를 약속하셨을까요?

아마도 이것은 언약(약속)의 소중함을 일깨우려는 방편이었을 것입니다. '하나님께서 가나안 땅을 주겠다.'고 하신 약속은 그들의 조상인 아브라함에게 600여 년 전에 하신 것입니다. 여호와 하나님께서는 그 오랜 세월을 잊지 않으시고 이스라엘 백성을 통해 그 약속을 지키고 계십니다. 그런데 그들이 약속의 땅을 얻기 위해서는 그들의 힘이나 능력으로가 아니라 하나님의 도우심이 있어야 하고 땅을 정복하는 데 하나님의 백성으로 해야 할 도리를 지켜야 합니다. 왜냐하면 이스라엘 백성은 여호와 앞에서 주어진 율법을 그대로 지키며 살기로 약속을 한 상태이기 때문입니다. 이처럼 하나님과의 약속은 너무도 중요합니다. 지키지 못할 약속을 처음부터 안 하는 것이 좋습니다. 그리고 약속한 것은 해로울지라도 지켜야 합니다(신 23:21, 전 5:4-5). 이런 관점에서 본다면 한낮 물 깃는 종이 될 기브온 거민이었지만 여호와 하나님을 신뢰했던 기브온 족속과의 약속은 꼭 지켜져야 했습니다. 그래서 하나님께서는 여호수아와 이스라엘 백성을 통해 그들을 살리고 계십니다.

> **네 하나님 여호와께 서원하거든 갚기를 더디 하지 말라. 네 하나님 여호와께서 반드시 그것을 네게 요구하시리니 더디면 네게 죄라.**(신 23:21)

> **네가 하나님께 서원하였거든 갚기를 더디게 말라. 하나님은 우매자를 기뻐하지 아니하시나니 서원한 것을 갚으라. 서원하고 갚지 아니하는 것보다 서원하지 아니하는 것이 나으니**(전 5:4-5)

성도 여러분!

이스라엘 백성의 입장에서는 보잘것없는 진멸해야 할 대상이었던 기브온 족속이 위험에 처했을 때 그냥 내버려 두어 죽게 만들 수 있었습니다. 그러나 거짓에 속아 화친 조약을 맺었지만 여호와 하나님 앞에서 한 약속이었기 때문에 여호수아와 이스라엘 백성은 기브온 족속을 도와야 했습니다. 이것은 하나님의 언약 백성으로 살려면 사람의 생각은 버리고 하나님께서 주시는 지혜로 그분께서 원하시는 것에 곧 약속에 신실하신 하나님을 믿으며 그 약속을 이루기 위해 말씀에 순종하며 살아야 한다(신 7:9)는 것을 깨닫게 합니다.

그런즉 너는 알라. 오직 네 하나님 여호와는 하나님이시요 신실하신 하나님이시라. 그를 사랑하고 그의 계명을 지키는 자에게는 천 대까지 그의 언약을 이행하시며 인애를 베푸시되(신 7:9)

10일

약속의 땅 남부 지역 다섯 왕을 죽이고 정복함 ②

(수 10:1-43)

오늘 날짜가 언급된 성경 사건은 없습니다. 오늘 날짜가 포함된 사건은 다음과 같습니다.

사건 1 제2월 10일부터 방주에 들어가 하나님의 명령을 감당하는 271일째이고(노아시대 월력체계는 한 달을 30일로 계산함) 하나님께서 말씀하신 대로 40일 동안 비가 내린 264일째로 방주가 아라랏 산에 머무른 지 114일째

사건 2 라암셋을 떠난 지 290일째(제1월을 30일, 제2월을 29일로 계산함)로 시내산 밑 시내광야에 도착하여(제3월 1일) 거한 지 246일째(출 19:1-2)

사건 3 하나님께서 보여주신 식양대로 성막을 만들기 시작하는 118일째

사건 4 시내광야에 11개월 20일 머물던 이스라엘 백성이 하나님의 명령에 따라 약속의 땅을 향해 떠난 지 256일째

사건 5 에스겔 선지자가 그발 강가에서 꼼짝도 못 하고 두려워 떨며 포로 된 백성과 함께 지내는 212일째이고(겔 1:1-2, 3:14-15) 두 번째 계시받은 지 205일째

사건 6 예루살렘 성이 느브갓네살에 의해 포위된 지 30일째(왕하 25:1, 겔 24:1)

사건 7 시드기야 11년 제4월 9일 예루살렘 성이 바벨론에 의해 함락 후 206일째로 솔로몬 성전과 왕궁 그리고 예루살렘 성벽이 파괴된 지 178일째

사건 8 1차 포로 귀환 한 백성들이 성전 마당에 번제단을 만들고 매일 번제를 드리기 시작한 지 128일째

사건 9 학개 선지자에게 성전을 지으라는 하나님의 계시가 임한 지(제6월 1일) 158일째로

제11月

중단되었던 성전 건축이 다시 시작된 지(제6월 24일) 135일째이고 학개 선지자에게 두 번째 계시가 임한 지(제7월 21일) 109일째이고 세 번째, 네 번째 계시가 하루에 임한 지 46일째(학 2:10-23)

사건 10 학개 선지자를 통해 성전 공사를 재개하게 했던 것을 독려하는 계시가 스가랴 선지자에게 임한 지(8월 1일) 99일째(슥 1:1-6)이고 세 번째 계시가 임한 지(제9월 4일) 66일째

사건 11 모르드개가 조서를 써 전국(127도)에 보낸(제3월 23일) 후 225일째

사건 12 주전 458년 2차 포로 귀환하여 예루살렘에 도착한 지 187일째로 백성들이 하나님께 번제와 속죄제를 드린 183일째(스 7:6-9, 8:15-36)

사건 13 2차 포로귀환을 한 에스라가 백성들의 잡혼 문제를 해결하기 위해 조사를 시작한 지 39일째(스 10:16)

사건 14 3차 포로 귀환 한 느헤미야를 중심으로 5월 4일 시작하여 52일 동안 예루살렘 성벽 공사가 완성된(6월 25일) 후 132일째

오늘은 어제에 이어 여호수아와 이스라엘 백성이 기브온 거민과의 화친 조약을 지키기 위해 길갈에서부터 유대광야(산지) 길을 밤새도록 달려 올라온 후 달이 아직 지지 않고 태양이 떠오르는 새벽부터 목숨을 걸고 전쟁하는 사건에 대해 살펴보겠습니다.

❷ 여호수가 다섯 왕을 진멸함(수 10:10-28)

예루살렘의 아도니세덱을 중심으로 한 다섯 도시의 연합군과 싸움은 그리 길지 않은 시간에 끝났습니다. 왜냐하면 여호와 하나님께서 여호수아의 손에 붙이신 전쟁이었기 때문입니다. 기브온 사신들이 와서 전한 소식을 길갈에서 듣고 밤새도록 유대광야를 올라 온(다음 페이지 지도 참조) 여호수아와 이스라엘 백성은 기브온과 싸우기 위해 대치하고 있던 다섯 왕에게 갑자기 나타났습니다. 그리고 이미 여호와 하나님께서 그들을 패하게 하셨기 때문에 이스라엘 백성들은 그들을 크게 도륙했습니다. 생각지도 못할 때 갑자기 새

정복 전쟁 남부 전투 자주색 점선은 밤새도록 유대광야를 올라와 다섯 왕의 군사를 급습하는 이스라엘 백성의 경로이고 흰색 점선은 다섯 왕의 군사들이 이스라엘 백성에게서 등 돌리고 아얄론 골짜기를 비탈길로 내려가다 남서쪽으로 방향을 바꾸어 소렉 골짜기를 지나 엘라골짜기의 아세가 성까지 도망가는 동선이다. 더 내려가면 구브린 골짜기를 지나 라기스 골짜기에 있는 라기스 성에 이르게 된다.

벽부터 들이닥친 전법으로 인해 다섯 왕의 군사들은 전투채비를 하지 못한 채 죽음을 맞이해야 했고 도망가야 했습니다.

동쪽에서 쫓아가는 이스라엘 백성을 등지고 유대 산지 서쪽 길을 내려가며 도망가는 적군은 아얄론 골짜기 벧호론 경사 길을 이용해 내려가다 남서쪽으로 방향을 돌려 소렉 골짜기를 지나 엘라 골짜기의 아세가까지 도망갔습니다(수 10:10). 이때 여호와 하나님께서는 하늘에서 큰 덩이 우박을 대적들이 상부 벧호론에서 도망하여 아세가에 이르기까지 내리셨습니다(수 10:11). 여호수아 10:11b는 어순 도치되어 주어인 '여호와'가 강조되어 **'그리고 여호와께서 그들 위에 큰 돌들을**('에벤', 우박으로 번역함) **하늘로부터 아세가에 이르기까지 내리게 하셨다.'** 라고 기록되었는데 이때 '샬라크'(내던지다, 집어 던지다)의 '히필형'(사역)이 사용되어 여호와께서 '큰 돌들'(큰 돌 같은 우박)을 도망가는 적군에게 하늘로부터 집어 던지게 하셨음을 보여줍니다. 이 상황을 내레이터는 **'그러므로 이스라엘 자손의 칼에 죽은 자보다 그 우박 돌에 죽은 자가 더 많았다.'**고 기록하고 있습니다(수 10:11). 여호수아 10:11b에서는 '아바님 게돌로트'(אֲבָנִים גְּדֹלוֹת, 큰 돌덩이들)로 10:11c에서는 '베아브네 하바라드'(בְּאַבְנֵי הַבָּרָד, 그 우박 돌로)로 표현하여 여호와께서 큰 돌덩어리 같은 우박을 하늘에서 내리게 하셨음을 알 수 있습니다.

여호수아는 한 번의 전투로 적을 진멸하기 위해 여호와께 고하여 이르기를 **"이스라엘의 눈앞에서 태양아 기브온 위에 머무르라!**(명령) **그리고 달아 너도 아얄론 골짜기에**(그리할지어다)**"**(수 10:12)라고 외쳤습니다. 이때 어순 도치되어 부사어인 '이스라엘 눈앞에서'와 주어인 '태양아'가 강조되었습니다. 아마도 여호수아는 동쪽에서 서쪽으로 좇아가며 적들을 치는 상황이었기에 적들이 돌이켜 사울 때 눈이 부셔 싸우지 못하도록 태양이 기브온 위에 머물도록 기도했을 것입니다. 하나님께서는 여호수아의 선포대로 이스라엘 백성이 이기기까지 태양과 달이 하늘에 머물게 하셨는데 거의 종일토록 내려가지 않았고 이 상황은 야살의 책에 기록되었습니다(수 10:13). 적들은 눈이 부셔 등지고 싸우는 이스라엘과 대항 할 수 없었고 죽기 살기로 도망갈 수밖에 없었는데 이들의 경로에 하나님께서는 돌덩이 같은 우박을 내리셨습니다. 여호수아 10:14은 여호와께서 사람의 목소리를 들으신 것이 이 사건뿐이라고 기록하고 있습니다. 다섯 왕을 죽이지는 못했지만 전쟁에 승리한 여호수아는 온 이스라엘과 더불어 길갈 진으로 돌아왔습니다(수 10:15).

> **여호와께서 사람의 목소리를 들으신 이같은 날은 전에도 없었고 후에도 없었나니 이는 여호와께서 이스라엘을 위하여 싸우셨음이니라.**(수 10:14, 개정)

도망한 다섯 왕은 막게다의 굴에 숨었으나 이들을 발견한 사람이 여호수아에게 보고했습니다(수 10:16-17). 보고를 들은 여호수아는 **"굴 어귀에 큰 돌을 굴려라!**(명령) **그리고 그들을 지키도록 그 곁에 사람들을 두어라!**(명령) **그리고 너희는 지체하지 말라!**(명령) **너의 대적의 뒤를 따라가라!**(명령) **그리고 그들의 꼬리를 자르라. 그리하여 자기들의 성읍으로 들어가지 못하게 하라. 왜냐하면 너희 하나님 여호와께서 너희 손에 그들을 붙이셨기 때문이다."**(수 10:18-19)라고 말했습니다. 여호수아는 군사들을 보내 다섯 왕이 숨은

굴 어귀에 큰 돌을 굴려 막아 지키게 했고 그들의 후군을 쳐서 왕들이 자기들의 성읍으로 들어가지 못하게 하는 치밀한 작전을 지시했습니다. 여호수아 10:19a는 어순 도치되어 주어인 '너희는'이 강조되었습니다. 이것은 이스라엘 백성들이 다섯 왕과의 전쟁을 마무리해야 함을 보여줍니다.

이스라엘 백성에게 할 일을 명했지만 여호수아는 이스라엘 백성과 함께 갔고 남은 잔당들을 진멸하기까지 도륙했고 몇몇 사람만 견고한 성으로 들어갔습니다(수 10:20). 그리고 모든 백성이 평안히 막게다의 여호수아 앞에 모였고 이후 이스라엘 자손을 대적하여 혀를 놀리는 자가 없었습니다(수 10:21). 여호수아는 **"굴 어귀를 열라!**(명령) **그리고 그 다섯 왕을 그 굴로부터 내게로 끌어내라!**(명령)**"**(수 10:22)고 말했습니다. 여호수아의 명령을 들은 백성들은 그 굴로부터 예루살렘과 헤브론과 야르뭇과 라기스와 에글론 다섯 왕을 여호수아에게로 끌어냈습니다(수10:23). 여호수아는 모든 이스라엘 백성을 부르고 자기와 함께 갔던 군사들의 지휘관들에게 **"가까이 오라!**(명령) **발로 이 왕들의 목을 밟으라!**(명령)**"**고 말했습니다. 그들은 가까이 왔고 여호수아의 명령에 순종했습니다(수 10:24). 이때 여호수아는 군사들의 지휘관들에게 **"두려워하지 말라. 그리고 놀라지 말라. 마음을 강하게 하라!**(명령) **그리고 담대하라!**(명령) **왜냐하면 너희가 더불어 싸우는 모든 대적에게 여호와께서 다 이와 같이 하시리라."**(수 10:25)고 말했습니다.

여호수아는 여호와께서 함께하심으로 이기는 전쟁을 선포한 후 다섯 왕을 죽여 다섯 나무에 매어 달고 석양까지 나무에 달린 대로 두었습니다. 그리고 해질 때 여호수아가 명하여 시체를 나무에서 내렸고 그들이 숨었던 막게다의 굴에 던져 넣고 굴 어귀를 큰 돌로 막아 두었습니다. 내레이터는 '바로 오늘날까지 (있더라)'고 적고 있습니다(수 10:26-27).

여호수아 10:28은 여호와께서 함께하심으로 승리한 전쟁의 마무리를 할 때 어순 도치하여 목적어인 '막게다를'과 '그 성읍의 왕을'을 강조하며 **'여호**

수아가 그 날에 막게다를 취했다. 그리고 그 성읍을 칼날로 쳤다. 그리고 그 성읍의 왕을 그 성읍과 그 안에 거하는 모든 사람을 진멸했다. 한 사람도 남기지 않았다. 그리고 여리고 왕에게 행한 것처럼 막게다 왕에게 행했다.' (수 10:28)고 기록하고 있습니다. 여호수아와 온 이스라엘은 막게다 굴에 숨었던 다섯 왕을 죽이고 그와 함께 전쟁하러 나왔던 군사들이 각 성읍으로 들어가지 못하게 함으로 1차 전쟁을 마무리 지었습니다. 이제 다섯 왕이 통치하던 각 성을 정복해야 하는 과정이 남았습니다. 만약 여리고 성이나 아이 성처럼 한 성씩 점령했으면 많은 시간이 걸렸을 것입니다. 그런데 기브온 족속과의 화친으로 인해 다섯 왕이 연합해 싸우기 위해 나온 것이 기회가 되었고 여호와 하나님께서는 이스라엘 백성에 앞서 적들의 전력을 돌덩이 같은 우박으로 무너뜨려 주셨습니다. 여호수아와 이스라엘 백성은 막게다의 굴에 숨은 다섯 왕과 나머지 군사들을 제압함으로 일차 전쟁을 마무리했습니다.

성도 여러분!

여호수아는 하나님께서 승리를 주신 전쟁을 최선을 다하며 적을 이기기 위해 하나님께 '태양이 기브온 위에 달이 아얄론 골짜기에 머물게 해 달라'고 요구했고 이 요구는 하나님의 뜻에 맞는 것이었기에 하나님께서 들어주셨고 적들을 진멸하기까지 태양과 달은 온종일 멈춰 있었음을 기억합시다. 이것은 하나님의 일을 하면서 상황에 따른 정확한 판단으로 하나님께 강력히 요구했을 때 하나님께서 들어 주셨음을 깨닫게 합니다. 그리고 다섯 왕과의 전쟁에서 하나님께서 이스라엘 자손들 앞서 돌덩이 같은 우박으로 전력을 무너뜨리셨음도 기억합시다. 이것은 이스라엘 백성이 믿음으로 하나님의 명령에 반응하면 하나님께서 앞서 이기게 하신다는 것을 깨닫게 합니다. 오늘도 하나님의 일을 감당하기 위해 맡겨진 직분을 감당할 때 하나님께서 어떤 승리를 주셨는지 먼저 깨닫고 그것을 이루기 위해 지혜를 동원하여 하나님께 간구하며 하나님의 도우심을 구하는 하루가 되시길 기도합니다.

11일

노아가 창을 열고 까마귀와 비둘기를 내어 보냄

(창 8:6-12)

오늘 날짜가 언급된 성경 사건은 노아가 방주의 창문을 열고 까마귀를 내어보낸 사건이 있습니다. 오늘 날짜가 포함된 사건은 다음과 같습니다.

사건 1 제2월 10일부터 방주에 들어가 하나님의 명령을 감당하는 272일째이고(노아시대 월력체계는 한 달을 30일로 계산함) 하나님께서 말씀하신 대로 40일 동안 비가 내린 265일째로 방주가 아라랏 산에 머무른 지 115일째

사건 2 라암셋을 떠난 지 291일째(제1월을 30일, 제2월을 29일로 계산함)로 시내산 밑 시내광야에 도착하여(제3월 1일) 거한 지 247일째(출 19:1-2)

사건 3 하나님께서 보여주신 식양대로 성막을 만들기 시작하는 119일째

사건 4 시내광야에 11개월 20일 머물던 이스라엘 백성이 하나님의 명령에 따라 약속의 땅을 향해 떠난 지 257일째

사건 5 에스겔 선지자가 그발 강가에서 꼼짝도 못 하고 두려워 떨며 포로 된 백성과 함께 지내는 213일째이고(겔 1:1-2, 3:14-15) 두 번째 계시받은 지 206일째

사건 6 예루살렘 성이 느브갓네살에 의해 포위된 지 31일째(왕하 25:1, 겔 24:1)

사건 7 시드기야 11년 제4월 9일 예루살렘 성이 바벨론에 의해 함락 후 207일째로 솔로몬 성전과 왕궁 그리고 예루살렘 성벽이 파괴된 지 179일째

사건 8 1차 포로 귀환 한 백성들이 성전 마당에 번제단을 만들고 매일 번제를 드리기 시작한 지 129일째

사건 9 학개 선지자에게 성전을 지으라는 하나님의 계시가 임한 지(제6월 1일) 159일째로

중단되었던 성전 건축이 다시 시작된 지(제6월 24일) 136일째이고 학개 선지자에게 두 번째 계시가 임한 지(제7월 21일) 110일째이고 세 번째, 네 번째 계시가 하루에 임한 지 47일째(학 2:10-23)

사건 10 학개 선지자를 통해 성전 공사를 재개하게 했던 것을 독려하는 계시가 스가랴 선지자에게 임한 지(8월 1일) 100일째(슥 1:1-6)이고 세 번째 계시가 임한 지(제9월 4일) 67일째

사건 11 모르드개가 조서를 써 전국(127도)에 보낸(제3월 23일) 후 226일째

사건 12 주전 458년 2차 포로 귀환하여 예루살렘에 도착한 지 188일째로 백성들이 하나님께 번제와 속죄제를 드린 184일째(스 7:6-9, 8:15-36)

사건 13 2차 포로귀환을 한 에스라가 백성들의 잡혼 문제를 해결하기 위해 조사를 시작한 지 40일째(스 10:16)

사건 14 3차 포로 귀환 한 느헤미야를 중심으로 5월 4일 시작하여 52일 동안 예루살렘 성벽 공사가 완성된(6월 25일) 후 133일째

노아 600년 제7월 17일부터 물이 감하기 시작했고 방주는 아라랏 산에 머물렀습니다. 오늘 날짜에 일어난 성경 사건은 노아가 방주의 창문을 열고 까마귀를 내어 보냈고 까마귀는 돌아오지 않은 사건이 있습니다. 또한 같은 날 비둘기를 내보냈는지 정확히 알 수 없지만 비둘기는 방주로 돌아왔습니다. 혹자는 이 일에 대해 방주로 돌아오지 않은 까마귀는 잘못 했고 방주로 돌아온 비둘기는 잘한 것으로 해석합니다. 결국 적용에 들어가서는 까마귀 같은 나쁜 성도와 비둘기 같은 좋은 성도로 비유하여 해석하기도 합니다. 오늘은 방주를 나가 돌아오지 않은 까마귀와 돌아온 비둘기에 대해 살펴보겠습니다.

❶ 노아가 방주의 창문을 열고 까마귀와 비둘기를 내보냄

노아의 방주는 150일 동안 이곳저곳을 떠돌아다니다가 노아 601세 제7월 17일에 아라랏 산에 머물렀습니다. 그러나 아라랏 산에 정착했다고 해도

노아와 가족, 동물들은 방주에서 나올 수 없었습니다. 물이 어느 정도 빠졌는지 알지 못했기 때문입니다. 물은 감하기 시작하여 10월 1일에 주변의 산봉우리들이 보이기 시작했고 40일이 지난 오늘(제11월 11일) 노아는 방주의 창을 열고 까마귀를 내어놓았습니다. 노아가 까마귀를 내어 보낼 때 '물이 감한 여부를 알기 위한 것'이라는 언급은 없습니다. 그런데 노아가 방주 창문으로 내어 보낸 까마귀는 물이 땅에서 마르기까지 날아 왕래하였다(창 8:7)고 기록되었습니다. 일정한 시간이 지나 머물러 살 곳이 없다면 까마귀는 방주로 돌아와야 했는데 돌아오지 않았던 것입니다.

까마귀를 내놓으매 까마귀가 물이 땅에서 마르기까지 날아 왕래하였더라.(창 8:7)

흔히 '물이 감한 여부를 알고자 내보낸 까마귀'가 방주로 돌아오지 않고 물이 마르기까지 땅 위를 왕래했다고 하는 설교를 하곤 합니다. 그리고 '아마도 까마귀는 방주 안에서 답답하게 생활하다가 세상으로 나가자 여기저기 돌아다니며 썩은 고기를 자기 멋대로 취했고 돌아오지 않았으며 이런 모습은 하나님의 구원 은혜를 망각하고 하나님의 사랑에서 벗어나 마음대로 생활하는 타락한 교인을 상징한다고 볼 수도 있다.'(옥스포드 원어 대사전)고 해석하기도 합니다. 이러한 해석은 까마귀가 자신의 사명(물이 감한 여부를 알려주지 않음)을 완성하지 못했고, 그랬기에 노아가 다시 비둘기를 내어 보내야 했다는 취지의 해석이고 설교입니다. 이러한 해석과 설교의 적용은 성도를 까마귀 같은 성도와 비둘기 같은 성도로 나누고 결국 까마귀는 나쁜 새의 상징으로 비둘기는 좋은 새의 상징으로 결론지어집니다. 그러나 조심해야 할 것은 비둘기도 세 번째 나갔을 때는 돌아오지 않았다는 것입니다. 까마귀가 방주를 나가 물이 마르기까지 방주로 돌아오지 않은 것이 잘못된 것이라면 세 번째 방주를 나간 비둘기가 돌아오지 않은 것도 잘못된 것이어야 합니다(창 8:12).

잠시 하나님께서 창조하신 새들의 특성을 생각해 보면 노아가 내보낸 까마귀와 비둘기의 다른 점이 있음을 발견하게 됩니다. 비둘기는 땅 표면에 물이 있으면 살 수 없는 새라고 합니다. 그렇기에 땅 표면이 마르지 않아 첫 번째 방주에서 나간 비둘기는 땅에 발붙여 쉴 곳이 없어서 돌아왔습니다. 본문에서도 노아가 비둘기를 내보낸 이유를 '물이 땅 위에 얼마나 빠졌는지 알아보기 위해서'(창 8:8)라고 언급하는데 이때 '아다마'(אֲדָמָה, 땅, 흙, 토지)란 단어를 쓰고 있습니다. 이것은 노아가 지표면이 말라 하나님의 심판이 끝이 났는지를 확인하기 위한 것임을 알 수 있습니다. 그리고 창세기 8:9은 '**비둘기가 발붙여 쉴 곳을 찾지 못했다. 그리고 그는**(비둘기) **방주에 있는 그에게로**(노아) **돌아왔다. 왜냐하면 물이 온 땅 위에 있었기 때문이다. 그리고 그는**(노아) **손을 내밀어 그를**(비둘기) **자기에게로, 방주로 들어오게 했다.**'고 말합니다. 만약 첫 번째 비둘기도 땅이 말라 접촉할 곳이 있었다면 까마귀처럼 돌아오지 않았을 것입니다. 노아는 7일을 기다려 다시 비둘기를 내보냈고 이때는 '새로 뜯은, 갓 딴' 올리브 잎을 물고 왔습니다(창 8:11). 이에 노아는 '땅'('에레츠', 땅, 지구, 대지, 육지, 영토) 위에서 물이 빠진 줄 알게 되었습니다. 노아는 7일을 더 기다려 세 번째 비둘기를 내보냈고 비둘기는 돌아오지 않았습니다(창 8:12). 비둘기가 돌아오지 않은 것이 노아에게는 기쁨이었을 것입니다. 왜냐하면 비둘기가 땅 표면에 내려 앉아 살아갈 수 있는 상태가 되었기 때문입니다.

> **저녁때에 비둘기가 그에게로 돌아왔는데 그 입에 감람나무 새 잎사귀가 있는지라. 이에 노아가 땅에 물이 줄어든 줄을 알았으며**(창 8:11)
> **또 칠 일을 기다려 비둘기를 내놓으매 다시는 그에게로 돌아오지 아니하였더라.**(창 8:12)

반면 까마귀는 이미 산봉우리들이 보이기 시작하고 40일이 지난 때이기에 산이나 공중을 날아다니며 살 수 있었기에 방주로 돌아오지 않았다고 생각할 수 있습니다. 노아가 까마귀나 비둘기를 내보내는 이유는 하나님의 심판이 끝나가고 있는데 물이 완전히 빠져 방주에 있는 모든 동물이 살 수 있는 환경이 되었는지를 알고자 함이었을 것입니다. 노아가 먼저 까마귀를 내

보낸 이유는 새의 특성을 알았기 때문일 것입니다. 그리고 내보낸 까마귀가 돌아오지 않았다는 것은 물이 많이 줄어들어 까마귀와 같은 특성이 있는 새들은 방주 밖에서도 살 수 있다는 것을 노아는 알았을 것입니다. 까마귀를 내보내고 비둘기를 내보낸 시점이 언제인지 정확히 알 수 없지만 창세기 8:7, 8은 둘 다 '바예살라흐 에트-'(וַיְשַׁלַּח אֶת־, 와우계속법-미완료+대격표시어)를 써서 **'그리고 40일이 지났다. 그리고 노아가 그가 만든 방주의 창을 열었다.'**(창 8:6)는 앞 사건과 시간상으로 연속적인 사건임을 알려 줍니다. 그렇다면 까마귀와 비둘기는 같은 날이거나 비슷한 시기에 내보낸 것임을 알 수 있습니다. 이것은 까마귀와 비둘기의 특성을 이용하여 지면의 물이 얼마나 감했는지 알아보려는 방법이었을 것입니다.

❷ 방주로 돌아오지 않은 까마귀와 비둘기가 주는 기쁨

만약 한 날에 까마귀와 비둘기가 방주를 떠났거나 비슷한 시기에 떠났다면 까마귀와 비둘기는 각각의 사명을 가지고 방주를 떠났다고 생각할 수 있습니다. 그 사명은 둘 다 지면에 물이 얼마나 감했는지 아닌지 곧 하나님의 물 심판이 끝나는 시점이 언제인지를 알기 위한 것이었을 것입니다. 방주를 나간 비둘기는 온 지면에 물이 있어 접촉할 곳을 찾지 못하고 방주로 돌아와 노아에게 아직 물이 땅에 있음을 알게 합니다. 반면 까마귀는 물이 마르기까지 땅 위를 왕래하며 돌아오지 않았습니다. 까마귀 또한 까마귀와 같은 종류의 새들은 방주를 돌아오지 않고도 살 수 있는 환경이 되었음을 노아에게 알려 준 것입니다. 만약 까마귀도 방주로 돌아왔다면 물 심판이 끝나는 시기가 더 멀었다고 생각했을 것입니다.

7일이 지나 비둘기가 올리브 잎을 물고 왔을 때 노아는 물이 더 많이 감해졌다는 사실을 알았을 것입니다. 하지만 아직 땅이 마르지 않아 비둘기가 살아갈 수 없다는 사실도 알았을 것입니다. 노아는 7일을 기다려 세 번째 비둘기를 방주 밖으로 내보냈고 마침내 세 번째 방주를 떠난 비둘기가 돌아오지 않았습니다. 이것은 비둘기가 땅 표면에 접촉하여 살 수 있는 상태가 된 것으로 방주의 모든 동물도 방주에서 나갈 때가 더 가까워졌다는 것입니다.

아모스 선지자는 **'주 여호와께서는 자기의 비밀을 그 종 선지자들에게 보이지 아니하시고는 결코 행하심이 없으시리라.'**(암 3:7)고 선포하며 북이스라엘 백성에게 하나님 심판의 메시지를 선포했습니다. 하나님을 떠나 다른 신들을 섬기는 북이스라엘과 남유다에게 하나님께서는 선지자들을 보내 심판이 있을 것을 선포하셨습니다. 그리고 바벨론 포로로 잡혀간 상태에서 다니엘 선지자를 통해 70년 포로가 끝나갈 것이며 이후 될 일들을 알려 주셨습니다. 이처럼 하나님께서 작정하신 때 곧 심판의 때와 심판이 마쳐지는 때에 대해 먼저 알고, 깨닫고 반응하는 사람들이 있습니다. 이처럼 방주를 나간 까마귀와 비둘기는 모두 하나님 심판의 때가 마치고 새로운 시작을 하실 때가 얼마 남지 않았음을 알려주는 사명을 감당한 것으로 생각합니다. 동물의 세계에서도 까마귀는 '결초보은'하는 아주 효성스러운 새로 알려져 있습니다. 성경에서도 까마귀는 엘리야 선지자에게 빵과 물을 가져다준 것으로 등장합니다. 이런 까마귀를 자신의 사명을 망각하고 땅 위를 왕래하는 잘못된 성도로 해석하는 것은 고민해 보아야 한다고 생각합니다. 아마도 방주를 떠난 까마귀가 방주로 돌아오지 않고 땅 위를 왕래한 사실로 노아는 하나님의 물 심판의 끝이 얼마 남지 않았음을 알았고 감사했을 것입니다.

성도 여러분!

이 시대를 사는 나는 하나님의 메시지에 대해 얼마나 귀를 기울이고 살고 있습니다. 하나님께서는 먼저 하나님의 사람을 통해 당신의 뜻을 알리신다고 말씀하셨습니다. 이 시대 많은 언약공동체(교회)가 하나님의 뜻을 찾기 위해 열심을 내고 많은 사람이 지금은 마지막 때라고 말합니다. 하지만 하나님의 구속사가 이루어지기 위해 각자 내가 감당해야 할 일들에 대해서는 모른 척하고 자기 일에 매진하기도 합니다. 오늘도 하나님의 뜻을 조금이라도 먼저 알게 해주셨다면 그 뜻을 전해야 하는 사명이 있음을 깨닫고 하나님의 구속사 완성을 위해 나에게 맡기신 직분을 잘 감당하는 하루가 되시길 기도합니다.

12일

약속의 땅 남부 지역 다섯 왕을 죽이고 정복함 ③

(수 10:1-43)

오늘 날짜가 언급된 성경 사건은 없습니다. 오늘 날짜가 포함된 사건은 다음과 같습니다.

사건 1 제2월 10일부터 방주에 들어가 하나님의 명령을 감당하는 273일째이고(노아시대 월력체계는 한 달을 30일로 계산함) 하나님께서 말씀하신 대로 40일 동안 비가 내린 266일째로 방주가 아라랏 산에 머무른 지 116일째

사건 2 라암셋을 떠난 지 292일째(제1월을 30일, 제2월을 29일로 계산함)로 시내산 밑 시내광야에 도착하여(제3월 1일) 거한 지 248일째(출 19:1-2)

사건 3 하나님께서 보여주신 식양대로 성막을 만들기 시작하는 120일째

사건 4 시내광야에 11개월 20일 머물던 이스라엘 백성이 하나님의 명령에 따라 약속의 땅을 향해 떠난 지 258일째

사건 5 에스겔 선지자가 그발 강가에서 꼼짝도 못 하고 두려워 떨며 포로 된 백성과 함께 지내는 214일째이고(겔 1:1-2, 3:14-15) 두 번째 계시받은 지 207일째

사건 6 예루살렘 성이 느브갓네살에 의해 포위된 지 32일째(왕하 25:1, 겔 24:1)

사건 7 시드기야 11년 제4월 9일 예루살렘 성이 바벨론에 의해 함락 후 208일째로 솔로몬 성전과 왕궁 그리고 예루살렘 성벽이 파괴된 지 180일째

사건 8 1차 포로 귀환 한 백성들이 성전 마당에 번제단을 만들고 매일 번제를 드리기 시작한 지 130일째

사건 9 학개 선지자에게 성전을 지으라는 하나님의 계시가 임한 지(제6월 1일) 160일째로

중단되었던 성전 건축이 다시 시작된 지(제6월 24일) 137일째이고 학개 선지자에게 두 번째 계시가 임한 지(제7월 21일) 111일째이고 세 번째, 네 번째 계시가 하루에 임한 지 48일째(학 2:10-23)

사건 10 학개 선지자를 통해 성전 공사를 재개하게 했던 것을 독려하는 계시가 스가랴 선지자에게 임한 지(8월 1일) 101일째(슥 1:1-6)이고 세 번째 계시가 임한 지(제9월 4일) 68일째

사건 11 모르드개가 조서를 써 전국(127도)에 보낸(제3월 23일) 후 227일째

사건 12 주전 458년 2차 포로 귀환하여 예루살렘에 도착한 지 189일째로 백성들이 하나님께 번제와 속죄제를 드린 185일째(스 7:6-9, 8:15-36)

사건 13 2차 포로귀환을 한 에스라가 백성들의 잡혼 문제를 해결하기 위해 조사를 시작한 지 41일째(스 10:16)

사건 14 3차 포로 귀환 한 느헤미야를 중심으로 5월 4일 시작하여 52일 동안 예루살렘 성벽 공사가 완성된(6월 25일) 후 134일째

오늘은 제10월 10일에 이어 약속의 땅 남부 지역을 다스리던 다섯 왕을 죽이고 그들에게 속했던 도시와 그 주변 도시를 차례로 정복하는 사건을 살펴보겠습니다.

❸ 가나안 땅 남부 주변 도시를 점령함(수 10:29-43)

다섯 왕을 죽인 후 여호수아는 다섯 왕이 속한 주요 도시를 차례로 점령합니다. 그리고 이후 그 성들 주변의 성들까지 차례로 함락시킵니다. 이 과정은 비슷한 패턴으로 '여호수아와 온 이스라엘이 그와 함께 나아갔다. 그리고 ○○과 싸웠다. 그리고 여호와께서 그 성읍과 그 왕을 이스라엘 손에 붙이셨다. 그리고 그가(이스라엘) 칼날로 그 성읍과 그 성 중의 모든 사람을 쳐서 멸했다. 그 성 중에 한 사람도 남기지 않았다. 그리고 ○○왕에게 행한 것과 같이 그 왕에 행했다.'고 기록되었습니다.

① 립나를 진멸함

막게다에서 다섯 왕을 죽이고 진멸한 후 여호수아는 온 이스라엘과 함께 막게다를 떠나 립나로 향했습니다. 그리고 그 립나와 그 성에 거하던 모든 사람을 한 사람도 남김없이 진멸했습니다. 내레이터는 **'그리고 그가**(이스라엘) **여리고 왕에게 행한 것처럼 그 왕에게 행했다.'**고 언급합니다(수 10:29-30).

② 라기스를 진멸함

립나를 진멸한 여호수아는 온 이스라엘과 함께 립나를 떠나 라기스로 향했습니다. 그리고 그 라기스와 그 성에 거하던 모든 사람을 한 사람도 남김없이 진멸했습니다. 내레이터는 **'그리고 그가**(이스라엘) **립나에 행한 것처럼 칼날로 모든 사람을 진멸했다.'**고 말합니다(수 10:31-32). 이때 게셀 왕 호람이 라기스를 돕기 위해 왔는데 여호수아가 그 백성을 쳐서 한 사람도 남기지 않았습니다(수 10:33).

③ 에글론을 진멸함

라기스를 진멸한 여호수아는 온 이스라엘과 함께 라기스를 떠나 에글론으로 향했습니다. 그리고 그 에글론과 그 성에 거하던 모든 사람을 한 사람도 남김없이 진멸했습니다. 내레이터는 **'그리고 그가**(이스라엘) **당일에 그 성 중에 있는 모든 사람을 칼날로 진멸했다. 그가**(이스라엘) **라기스에 행한 것처럼 진멸했다.'**고 말합니다(수 10:34-35).

④ 헤브론을 진멸함

에글론을 진멸한 여호수아는 온 이스라엘과 함께 에글론을 떠나 헤브론으로 올라갔습니다. 그리고 그 헤브론과 그 성에 거하던 모든 사람을 한 사람도 남김없이 진멸했습니다. 내레이터는 **'그리고 그가**(이스라엘) **그 왕과 그 성 중에 있는 모든 사람을 칼날로 쳤다. 그가**(이스라엘) **에글론에 행한 것처럼 한 사람도 남기지 않았다. 그**

리고 그는(이스라엘) 그 성읍과 그 성 중의 모든 사람을 진멸했다.'고 말합니다(수 10:36-37).

⑤ 드빌을 진멸함

높은 지역에 있던 헤브론을 진멸한 여호수아와 온 이스라엘은 다시 돌아와 드빌에 이르러 싸웠습니다. 그들은 그 왕과 그에게 속한 모든 성읍을 칼날로 진멸했습니다. 내레이터는 '그리고 그가 그 성 중에 있는 모든 사람을 진멸했다. 드빌과 그 왕에게 행한 것이 헤브론에 행한 것과 그리고 립나와 그 왕에 행한 것과 같았는데 하나도 남기지 않았다.'고 말합니다(수 10:38-39).

결국 여호수아는 온 땅 곧 산지와 남방과 평지와 경사지와 그 모든 왕을 쳐서 하나도 남기지 아니하고 무릇 호흡이 있는 자를 모두 진멸했습니다. 여호수아는 가데스 바네아 부터 가사까지 그들을 쳤습니다. 그리고 고센 땅과 기브온까지 쳤습니다(수 10:40-41). 여호수아와 이스라엘 백성은 이스라엘

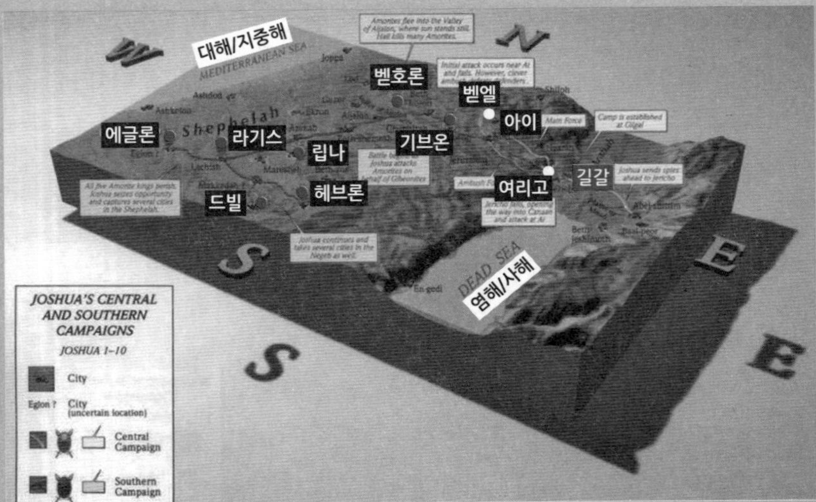

여호수아의 중앙과 남부 지역 정복 by Canaan Conquest in Biblical Archeology

제
11
月

하나님 여호와께서 명하신 그대로 순종하여 승리할 수 있었습니다. 여호수아 10:42은 어순 도치하여 목적어인 '이 모든 왕을 그리고 그 땅을'을 강조하여 **'여호수아가 단번에 이 모든 왕들을 그리고 그 땅을 취했다. 왜냐하면 이스라엘을 위하여 여호와 하나님께서 스스로 싸우셨기 때문이다.'** 라고 승리의 요인을 기록하고 있습니다.

여기서 기억해야 할 것은 다섯 왕 가운데 주도적 역할을 했던 예루살렘 왕 아도니세덱은 죽였지만 예루살렘 성을 점령했다는 언급은 없습니다. 예루살렘(여부스) 성은 정복시대를 지나 사사 시대에도 건재했습니다. 이 예루살렘은 베냐민 지파에 분배되었는데 그들이 정복하지 못했고 다윗이 7년 6개월 동안 헤브론에서 유다 지파의 왕이 되어 다스리다 통일 왕국 이스라엘의 왕으로 선포되었을 때 정복된 후 다윗 성으로 불렸습니다.

마침내 약속의 땅 남부 전투를 끝마친 여호수아와 온 이스라엘은 길갈 진으로 돌아왔습니다(수 10:43). 예루살렘 왕 아도니세덱을 중심으로 한 다섯 왕과 싸우고 그들이 다스리던 성읍과 주변 도시를 정복할 때의 특징은 온 이스라엘이 함께하고 있다는 것입니다. 하나님께서 돌덩이 같은 우박을 내리시며 앞서 싸우던 다섯 왕과의 전쟁이 잠시 소강상태가 되었습니다. 그리고 다섯 왕이 막게다에 숨었다는 보고를 들은 후 여호수아와 온 이스라엘은 그들을 찾아 죽이고 그들이 다스리던 도시와 주변 모든 성읍을 정복했습니다. 이 사건은 여호수아 10:15과 43에서 **'여호수아가 온 이스라엘과 함께 길갈 진영으로 돌아왔더라.'** ('바야샤브 예호슈아 베콜- 이스라엘 임모 엘-하마하네 하길갈라', וַיָּשָׁב יְהוֹשֻׁעַ וְכָל־ יִשְׂרָאֵל עִמּוֹ אֶל־ הַמַּחֲנֶה הַגִּלְגָּלָה׃)는 같은 문장 사이에 기록되었는데 '온 이스라엘'('콜- 이스라엘' כָל־ יִשְׂרָאֵל)이라는 표현은 여호수아 10:15, 29, 31, 34, 36, 38, 43에서 반복되었습니다.

성도 여러분!

동맹한 다섯 왕과의 전쟁에서 기억해야 할 것은 하나님께서 적들을 '이스라엘 백성의 손에 붙이셨다.'고 선언하셨고 그리고 '온 이스라엘'이 지도자 여호수아와 함께하며 하나님의 말씀에 순종함으로 뜻을 이루었다는 것입니다. 이 시대 언약공동체(교회)에 주어진 하나님의 계획도 이미 예수 그리스도를 통해 선포되었기에(행 1:8) 각 언약공동체(교회)의 지도자와 모든 성도가 예수 그리스도의 말씀에 순종하여 이루어야 하는 과정이 남아 있음을 기억합시다. 오늘도 나는 하나님의 뜻을 감당하는 '온 이스라엘', '온 성도' 가운데 한 사람이라는 것을 기억하고 또한 하나님께서 나 하나까지도 참여하여 하나님의 뜻을 이루기 바라고 계신다는 것을 기억하며 맡겨 주신 직분을 잘 마무리하는 하루가 되시길 기도합니다.

13일

하솔을 진멸하고
약속의 땅 북부 지역을 정복함

(수 11:1-15)

오늘 날짜가 언급된 성경 사건은 없습니다. 오늘 날짜가 포함된 사건은 다음과 같습니다.

사건 1 제2월 10일부터 방주에 들어가 하나님의 명령을 감당하는 274일째이고(노아시대 월력체계는 한 달을 30일로 계산함) 하나님께서 말씀하신 대로 40일 동안 비가 내린 267일째로 방주가 아라랏 산에 머무른 지 117일째

사건 2 라암셋을 떠난 지 293일째(제1월을 30일, 제2월을 29일로 계산함)로 시내산 밑 시내광야에 도착하여(제3월 1일) 거한 지 249일째(출 19:1-2)

사건 3 하나님께서 보여주신 식양대로 성막을 만들기 시작하는 121일째

사건 4 시내광야에 11개월 20일 머물던 이스라엘 백성이 하나님의 명령에 따라 약속의 땅을 향해 떠난 지 259일째

사건 5 에스겔 선지자가 그발 강가에서 꼼짝도 못 하고 두려워 떨며 포로 된 백성과 함께 지내는 215일째이고(겔 1:1-2, 3:14-15) 두 번째 계시받은 지 208일째

사건 6 예루살렘 성이 느브갓네살에 의해 포위된 지 33일째(왕하 25:1, 겔 24:1)

사건 7 시드기야 11년 제4월 9일 예루살렘 성이 바벨론에 의해 함락 후 209일째로 솔로몬 성전과 왕궁 그리고 예루살렘 성벽이 파괴된 지 181일째

사건 8 1차 포로 귀환 한 백성들이 성전 마당에 번제단을 만들고 매일 번제를 드리기 시작한 지 131일째

사건 9 학개 선지자에게 성전을 지으라는 하나님의 계시가 임한 지(제6월 1일) 161일째로

중단되었던 성전 건축이 다시 시작된 지(제6월 24일) 138일째이고 학개 선지자에게 두 번째 계시가 임한 지(제7월 21일) 112일째이고 세 번째, 네 번째 계시가 하루에 임한 지 49일째(학 2:10-23)

사건 10 학개 선지자를 통해 성전 공사를 재개하게 했던 것을 독려하는 계시가 스가랴 선지자에게 임한 지(8월 1일) 102일째(슥 1:1-6)이고 세 번째 계시가 임한 지(제9월 4일) 69일째

사건 11 모르드개가 조서를 써 전국(127도)에 보낸(제3월 23일) 후 228일째

사건 12 주전 458년 2차 포로 귀환하여 예루살렘에 도착한 지 190일째로 백성들이 하나님께 번제와 속죄제를 드린 186일째(스 7:6-9, 8:15-36)

사건 13 2차 포로귀환을 한 에스라가 백성들의 잡혼 문제를 해결하기 위해 조사를 시작한 지 42일째(스 10:16)

사건 14 3차 포로 귀환 한 느헤미야를 중심으로 5월 4일 시작하여 52일 동안 예루살렘 성벽 공사가 완성된(6월 25일) 후 135일째

가나안 땅(팔레스타인)은 이스라엘 백성에게 주어진 약속의 땅입니다. 그러나 그 땅에는 이미 많은 족속이 살고 있었기에 원 거주민을 쫓아내야만 얻어지는 땅이었습니다. 그런데 여호수아와 이스라엘 백성은 여호와 하나님이 함께하신다는 것을 믿고 전투에 나가면 하나님께서 앞서 싸우시며 이기게 하셨습니다. 이미 팔레스타인 중앙 전투나 남부 전투에서 보았듯이 전쟁에 임하는 여호수아와 이스라엘 백성들은 여호와께서 함께하시며 '그들을 우리에게 붙이셨다.'는 믿음을 가지고 나갔고 그들의 믿음을 통해 여호와께서 앞서 전쟁하심으로 이기게 하셨습니다. 오늘은 팔레스타인 정복에 있어서 큰 전투 중 마지막 전투인 하솔을 중심으로 한 약속의 땅 북부 지역 정복 전쟁에 대해 살펴보겠습니다.

❶ 하솔와 야빈이 북방의 왕들과 동맹하여 싸우러 나옴(수 11:1-5)

약속의 땅 북쪽 지역의 장악했던 하솔 왕 야빈은 중부와 남부가 이스라엘

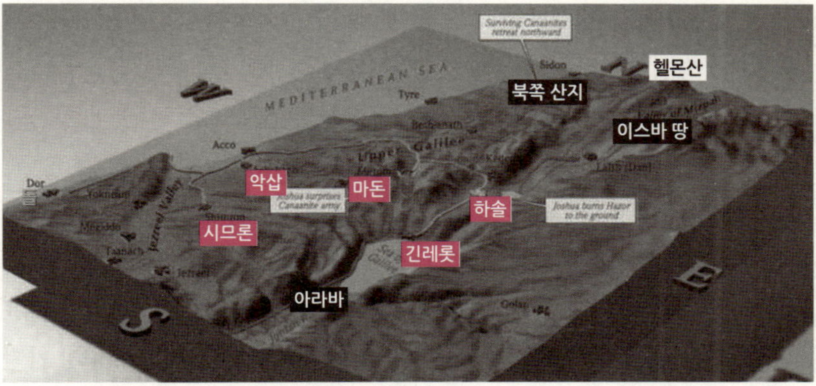

여호수아의 북부 지역 정복 by Canaan Conquest in Biblical Archeology

백성에 의해 정복되었다는 소식을 듣고 주변의 도시 국가 왕들에게 사람들 보내 모이게 했습니다. 하솔은 당시 중요한 무역로의 하나인 메소포타미아로 가는 길인 '해변 길'(Via Maris)에 위치한 가나안 북부의 중심 거점 도시였습니다. 요단계곡지대 갈릴리 호수 북쪽에 있는 훌레 호수 서남쪽 약 8km 지점에 있었으며 당시 주변에 무려 40,000명 정도의 인구가 거주할 수 있었던 곳의 요새였습니다.

하솔 왕 야빈의 전갈을 받고 이스라엘 백성과 싸우기 위해 하솔 왕 야빈과 함께 모인 왕들은 마돈 왕 요밥과 시므론 왕과 악삽 왕과 북방 산지와 아라바 남편 긴네롯과 세펠라와 서쪽(바다 쪽) 돌의 높은 곳에 있는 왕들과 동쪽과 서쪽의 가나안 족속과 아모리 족속과 헷 족속과 브리스 족속과 산지의 여부스 족속 그리고 헤르몬 산 아래 미스바 땅에 있는 히위 족속이었습니다(수 11:1-3). 북부 지역의 왕들은 그들의 모든 백성과 함께 나왔는데 **'수다한 해변의 모래와 같이 많았다. 그리고 말과 병거도 심히 많았다.'**(수 11:5)라고 언급됩니다. 이 모든 왕은 모였고 이스라엘을 대항하여 나와 함께 메롬 물가에 진을 쳤습니다(수 11:5). '함께'를 의미하는 '야하드'(יַחַד, 하나 됨, 연합됨, 함께, 모두 동시에)가 쓰여 그들은 '함께'

하면 이길 것으로 생각했지만 그들이 '함께' 모임으로 한 번의 전투로 북부지역을 정복하게 하시는 하나님의 작전이었음을 알 수 있습니다.

❷ 북부 동맹군을 물리치는 이스라엘(수 11:6-12)

바다의 모래와 같이 많은 군대를 이끌고 나온 북부 동맹군은 메롬 호수 근처 평야 지대에 진을 쳤을 것입니다. 그들은 말과 병거를 이용한 전투이기에 산지가 아닌 평지에서 전쟁하는데 능하기 때문입니다. 아마도 이스라엘 백성은 자신들과 싸우기 위해 해변의 수다한 모래 같은 군사와 그들이 가지고 온 말과 병거(공중 무기가 없는 때 지금의 탱크)가 심히 많다는 것을 들었고 두려워했을지 모릅니다. 이런 상황에서 여호와 하나님께서는 여호수아에게 **"그들을 인하여 두려워 말라. 왜냐하면 내일 이맘때에 내가 그들을 이스라엘 앞에 붙여 몰살시킬 것이기 때문이다. 너는 그들의 말 뒷발의 힘줄을 끊을 것이라. 그리고 그 병거를 불로 사르라."**(수 11:6)고 말씀하셨습니다. 하나님의 말씀 중 어순 도치되어 목적어인 '그들의 말 뒷발의 힘줄을'과 '그 병거를'이 강조되었습니다.

여호와 하나님께 승리를 약속받은 여호수아는 이스라엘 모든 군사와 함께 메롬 물가로 가서 갑자기('피트옴', פִּתְאֹם, 갑자기, 돌연히, 별안간) 습격하여 승리를 하게 됩니다. 이 전투는 여호와께서 함께하신다는 믿음이 없었다면 이스라엘 백성들은 두려움으로 인하여 전쟁에서 승리할 수 없었을 것입니다. 변변한 무기가 없는 이스라엘 백성의 강력한 무기는 여호와께서 함께하신다는 믿음과 적이 생각지도 못하는 기습 작전을 통한 전투였습니다. 이미 여호와께서 그들을 이스라엘의 손에 붙이셨기에 이스라엘 군대는 파죽지세로 큰 시돈과 미스르봇 마임까지와 동편 미스바 골짜기까지 쫓아가 한 사람도 남기지 않고 진멸했습니다(수 11:8). 여호수아는 여호와께서 강조하시며 말씀하신 대로 그들의 말 뒷발의 힘줄을 끊고 불로 병거를 살랐습니다. 여호수아 11:9은 **'그리고 여호수아가 여호와께서 그에게 명하신 대로 그들에게 행했다. 그는 그들의 말 뒷발의 힘줄**

을 끊었다. 그리고 그들의 병거를 불로 살랐다.'라고 언급하는데 하나님의 말씀에서 '티아케르'(תְּעַקֵּר)와 '티세로프'(תִּשְׂרֹף)로 미래형으로 쓰인 동사가 '이케르'(עִקֵּר)와 '샤라프'(שָׂרַף)로 과거를 의미하는 완료형으로 바뀌고 주어인 '너는'이 '그는'으로 바뀌었을 뿐 똑같은 문장을 반복하고 있습니다. 이것은 여호수아와 이스라엘 백성들이 하나님의 말씀대로 순종하여 승리했음을 보여줍니다.

너는 그들의 말 뒷발의 힘줄을 끊을 것이라. 그리고 그 병거를 불로 사르라.(수 11:8)

אֶת־ סוּסֵיהֶם תְּעַקֵּר וְאֶת־ מַרְכְּבֹתֵיהֶם תִּשְׂרֹף בָּאֵשׁ׃

그는 그들의 말 뒷발의 힘줄을 끊었다. 그리고 그들의 병거를 불로 살랐다.(수 11:9)

אֶת־ סוּסֵיהֶם עִקֵּר וְאֶת־ מַרְכְּבֹתֵיהֶם שָׂרַף בָּאֵשׁ׃

메롬 물가에서 하솔로 온 여호수아는 하솔을 취한 후 왕 야빈을 칼날로 죽이고 성에 거하는 모든 사람을 칼날로 진멸한 후 불로 하솔을 살랐는데 하솔은 본래 그 모든 나라의 머리였습니다(수 11:10-11). 하솔을 불사른 여호수아는 산 위에 건축한 성읍은 이스라엘을 위하여 성읍들의 모든 재물과 가축을 취했는데 이는 여호와께서 명하신 대로 순종했습니다(수 11:12). 여호수아 10:12은 어순 도치되어 목적어인 '그 모든 왕을 그리고 그 왕들은 성읍 모두를'이 강조되었습니다.

여호수아가 그 왕들의 모든 성읍과 그 모든 왕을 붙잡아 칼날로 쳐서 진멸하여 바쳤으니 여호와의 종 모세가 명령한 것과 같이하였으되(수 11:12)

하솔을 불태운 이스라엘 백성은 산 위의 성읍은 여호와의 말씀대로 불사르지 않고 그대로 두었고 사람을 제외한 개물과 가축은 이스라엘 백성이 탈

하솔의 가나안 시대 신전 내부 불로 태워져 돌이 타고 금이 간 흔적을 볼 수 있다.

취했습니다(수 11:13-14). 하나님의 말씀에 순종한 여호수아와 이스라엘 백성의 행동은 어순 도치하여 목적어인 '산 위에 건축된 모든 성읍은'(수 11:13)과 '그 성읍들의 재물 모두와 그리고 가축을'(수 11:14)이 강조되었습니다. 이것은 여호수아 11:15에서 **'여호와께서 그의 종 모세에게 명하신 것을 모세는 여호수아에게 그대로 명했다. 그리고 여호수아는 그대로 행했다.'**라고 기록되어 강조되고 있습니다. '그대로'란 의미의 '켄'(כֵּן, 그와 같이, 따라서, 그러므로)이 두 번 '하나님의 말씀대로'라는 의미가 강조되고 있습니다.

> **여호수아가 하솔만 불살랐고 산 위에 세운 성읍들은 이스라엘이 불사르지 아니하였으며**(수 11:13)
> **이 성읍들의 모든 재물과 가축은 이스라엘 자손들이 탈취하고 모든 사람은 칼날로 쳐서 멸하여 호흡이 있는 자는 하나도 남기지 아니하였으니**(수 11:14)

성도 여러분!

모든 가나안 정복 전투가 그랬지만 북부 동맹군과의 전투는 여호와께서 함께하시니 두려워 말라는 말씀을 믿고 싸워 승리한 전투였음을 기억합시다. 그리고 여호와께서 함께하신다는 믿음이 완전하지 못한 채 홍해를 건너 광야를 걷다 죽은 그들의 부모세대와는 달리 요단강을 마른 땅을 밟고 건넌 2세들의 믿음은 약속의 땅을 정복하기 직전까지 순종하고 있음을 기억합시다. 그리고 한 세대가 아닌 이, 삼 세대를 이어 하나님의 뜻이 완성되어 가는 것을 생각하고 내가 속한 언약공동체(교회)에서도 당대가 아닌 여러 세대 믿음의 성도들을 통해 하나님의 뜻이 이루어 진다는 것을 믿읍시다. 오늘도 나와 다음 세대의 믿음을 위해 맡은바 직분에 최선을 다하는 하루가 되시길 기도합니다.

14일

약속의 땅
정복에 대한 결산

오늘 날짜가 언급된 성경 사건은 없습니다. 오늘 날짜가 포함된 사건은 다음과 같습니다.

사건 1 제2월 10일부터 방주에 들어가 하나님의 명령을 감당하는 275일째이고(노아시대 월력체계는 한 달을 30일로 계산함) 하나님께서 말씀하신 대로 40일 동안 비가 내린 268일째로 방주가 아라랏 산에 머무른 지 118일째

사건 2 라암셋을 떠난 지 294일째(제1월을 30일, 제2월을 29일로 계산함)로 시내산 밑 시내광야에 도착하여(제3월 1일) 거한 지 250일째(출 19:1-2)

사건 3 하나님께서 보여주신 식양대로 성막을 만들기 시작하는 122일째

사건 4 시내광야에 11개월 20일 머물던 이스라엘 백성이 하나님의 명령에 따라 약속의 땅을 향해 떠난 지 260일째

사건 5 에스겔 선지자가 그발 강가에서 꼼짝도 못 하고 두려워 떨며 포로 된 백성과 함께 지내는 216일째이고(겔 1:1-2, 3:14-15) 두 번째 계시받은 지 209일째

사건 6 예루살렘 성이 느브갓네살에 의해 포위된 지 34일째(왕하 25:1, 겔 24:1)

사건 7 시드기야 11년 제4월 9일 예루살렘 성이 바벨론에 의해 함락 후 210일째로 솔로몬 성전과 왕궁 그리고 예루살렘 성벽이 파괴된 지 182일째

사건 8 1차 포로 귀환 한 백성들이 성전 마당에 번제단을 만들고 매일 번제를 드리기 시작한 지 132일째

사건 9 학개 선지자에게 성전을 지으라는 하나님의 계시가 임한 지(제6월 1일) 162일째로

중단되었던 성전 건축이 다시 시작된 지(제6월 24일) 139일째이고 학개 선지자에게 두 번째 계시가 임한 지(제7월 21일) 113일째이고 세 번째, 네 번째 계시가 하루에 임한 지 50일째(학 2:10-23)

사건 10 학개 선지자를 통해 성전 공사를 재개하게 했던 것을 독려하는 계시가 스가랴 선지자에게 임한 지(8월 1일) 103일째(슥 1:1-6)이고 세 번째 계시가 임한 지(제9월 4일) 70일째

사건 11 모르드개가 조서를 써 전국(127도)에 보낸(제3월 23일) 후 229일째

사건 12 주전 458년 2차 포로 귀환하여 예루살렘에 도착한 지 191일째로 백성들이 하나님께 번제와 속죄제를 드린 187일째(스 7:6-9, 8:15-36)

사건 13 2차 포로귀환을 한 에스라가 백성들의 잡혼 문제를 해결하기 위해 조사를 시작한 지 43일째(스 10:16)

사건 14 3차 포로 귀환 한 느헤미야를 중심으로 5월 4일 시작하여 52일 동안 예루살렘 성벽 공사가 완성된(6월 25일) 후 136일째

하나님께서 아브람 75세에 하란을 떠나 가나안 땅 세겜을 지날 때 '이 땅을 네 자손에게 주리라.'고 약속하신 말씀은 약 690여 년 후 여호수아와 그를 따르는 이스라엘 백성을 통해 완전하지는 않았지만 가시적으로 이루어졌습니다. 오늘은 여호수아와 이스라엘 백성을 통한 약속의 땅 정복 전쟁에 대한 결산을 살펴보겠습니다.

❶ 온전히 순종한 여호수아와 이스라엘 백성

여호수아 11:15은 **'여호와께서 그 종 모세에게 명하신 것을 모세는 여호수아에게 그대로 명했다. 그리고 여호수아는 그대로 행했다. 그가**(여호수아) **여호와께서 모세에게 명하신 것 모든 것을 하나도 행치 않은 것이 없었다.'**고 기록하고 있습니다. 이때 어순 도치되어 부사어 '그대로'('켄', כֵּן, 그와 같이, 따라서, 그러므로)가 두 문장에서 강조되었습니다. 이처럼 여호수아는 약속의 땅 정복 전쟁을 수행하는 데 여호와께서 모세에게 명하신 대로 모든 것에 순종했음을 보여줍니다.

정복 전쟁을 벌이며 각 도시를 통치하던 왕과 그를 따르던 군사들 그리고 그 성에 살던 사람과 성읍은 진멸할지라도 말과 병거 등은 취하여 다음 전투에 쓸 수 있었습니다. 그런데 여호수아는 여호와의 명령과 같이 말의 힘줄을 끊어 말이 다음 전투에 이용될 수 없게 만들었고 병거 또한 불살라 버렸습니다. 이런 순종은 이스라엘이 약속의 땅 정복 전쟁에서 승리하고 땅을 차지하는 것은 최고의 무기나 백성의 전투력 그리고 어떤 힘센 한 사람을 통해서가 아니라 하나님의 말씀에 순종하는 모든 이스라엘 백성의 순종에 의해서라는 것을 체험하게 했습니다. 출애굽 직후 아말렉과의 싸움에서 처음으로 성경에 등장한 여호수아는 여호와께서 함께하심으로 전쟁에서 승리한다는 것을 확신하였고 모세가 단을 쌓고 '여호와 닛시'(여호와는 나의 기)라고 이름 지은 사건을 잊지 않았을 것입니다(출 17:15). 그리고 여호수아는 이스라엘 백성과 함께 구원하심이 칼이나 창에 있지 않고 여호와 하나님께 속했음을 고백하며 전투하여 승리하고 땅을 차지할 수 있었습니다.

또 여호와의 구원하심이 칼과 창에 있지 아니함을 이 무리로 알게 하리라. 전쟁은 여호와께 속한 것인즉 그가 너희를 우리 손에 붙이시리라.(삼상 17:47)

❷ 짧지 않았던 정복 전쟁 기간

가나안 정복 시 이스라엘의 거점은 여리고 앞 길갈이었습니다. 이 길갈은 7년 정도 약속의 땅의 주요 도시를 정복하는 거점이 되었습니다. 약속의 땅 정복 전쟁이 7년 정도가 된다는 것은 갈렙의 고백을 통해 알 수 있습니다. 갈렙은 이스라엘 백성 전체를 통해 약속의 땅 거점 왕들을 진멸하는 전쟁을 끝내고 유다 지파가 분배받은 땅을 정복할 때 길갈에 있는 여호수아에게 나와 고백할 때 자신이 40세에 약속의 땅을 정탐했고 45년을 보낸 후 85세가 되었다고 말합니다(수 14:6-12).

그때에 유다 자손이 길갈에 있는 여호수아에게 나아오고 그니스 사람 여분네의 아들 갈

렙이 여호수아에게 말하되 여호와께서 가데스 바네아에서 나와 당신에게 대하여 하나님의 사람 모세에게 이르신 일을 당신이 아시는 바라.(수 14:6) 내 나이 사십 세에 여호와의 종 모세가 가데스 바네아에서 나를 보내어 이 땅을 정탐하게 하였으므로 내가 성실한 마음으로 그에게 보고하였고(수 14:7)
이제 보소서. 여호와께서 이 말씀을 모세에게 이르신 때로부터 이스라엘이 광야에서 방황한 이 사십오 년 동안을 여호와께서 말씀하신 대로 나를 생존하게 하셨나이다. 오늘 내가 팔십오 세로되(수 14:10)

이와 같이 갈렙의 고백을 토대로 살펴본 약속의 땅 정복 전쟁은 7년 정도가 되는데 이미 동쪽에서 분배받은 두 지파 반에(르우벤, 갓, 므낫세 1/2) 속했던 백성들은 이 기간에 자신의 거주지로 돌아가지 않고 전쟁에 참여했습니다. 두 지파 반이 돌아가는 내용은 약속의 땅 서편에서 유다와 에브라임 지파가 먼저 분배를 받고 나머지 일곱 지파 반이 분배받은 내용(수 13:-21:) 다음에 여호수아 22:1-6까지의 내용에 나타납니다. 약속의 땅에서 온 이스라엘이 함께 싸운 것은 전체적인 정복 전쟁에 적용되고 지파별 분배받은 땅을 지파별로 정복하며 마무리해야 했다면 동쪽에서 분배받은 두 지파 반도 자신들이 분배받은 땅을 정복해야 했기에 7년이 마치는 시점에서 자신의 땅으로 돌아갔을 것입니다.

그때에 여호수아가 르우벤 사람과 갓 사람과 므낫세 반 지파를 불러서(수 22:1) 그들에게 이르되 여호와의 종 모세가 너희에게 명령한 것을 너희가 다 지키며 또 내가 너희에게 명령한 모든 일에 너희가 내 말을 순종하여(수 22:2) 오늘까지 날이 오래도록 너희가 너희 형제를 떠나지 아니하고 오직 너희의 하나님 여호와께서 명령하신 그 책임을 지키도다.(수 22:3) 이제는 너희의 하나님 여호와께서 이미 말씀하신 대로 너희 형제에게 안식을 주셨으니 그런즉 이제 너희는 여호와의 종 모세가 요단 저쪽에서 너희에게 준 소유지로 가서 너희의 장막으로 돌아가되(수 22:4) 오직 여호와의 종 모세가 너희에게 명령한 명령과 율법을 반드시 행하여 너희의 하나님 여호와를 사랑하고 그의 모든 길로 행하며 그의 계명을 지켜 그에게 친근히 하고 너희의 마음을 다하며 성품을 다하여 그를 섬길지니라 하고(수 22:5) 여호수아가 그들에게 축복하여 보내매 그들이 자기 장막으로 갔더라.(수 22:6)

제
11
月

정복 전쟁의 기간이 7년 정도로 계산되는데 정작 요단강을 마른 땅으로 건너 여리고와 아이 성을 정복하고 남부 전투와 북부 전투를 하는 것은 그리 길지 않은 시간 동안 있었던 사건으로 느껴집니다. 여리고 성 전투는 최소한 7일 이상 걸렸고 아이 성과의 두 번의 전투 사이에도 정탐하고, 첫 번째 전쟁에서 지고, 아간을 심판한 후 두 번째 전투를 벌이는 등 여러 날이 지난 것을 알 수 있습니다. 이 시기가 되면 약속의 땅은 이미 건기로 접어든 시기가 됩니다. 이후 기브온과의 화친이 있고 난 뒤 기브온을 공격하는 다섯 왕과의 전쟁이 우박이 내릴 수 있는 시기에 일어났다면 이것은 최소한 건기가 지나간 때일 것입니다. 또한 한 가지 생각해야 할 것은 여호수아와 이스라엘 백성이 북부 정복 전쟁을 벌일 때 여호와 하나님께서는 **"두려워 말라. 내일 이맘때에 그들을 붙이겠다."**(수 11:6)고 말씀하셨고 여호수아는 그대로 순종했는데 갑자기 급습하는 전략으로 전쟁에서 승리해 금방 끝난 전쟁으로 느껴집니다. 그런데 이스라엘 백성의 본진이었던 길갈과 전쟁이 벌어진 메롬 호수까지의 직선거리는 123km나 됩니다. 적어도 온 백성이 이동하려면 3~4일은 걸리는 거리이기에 이스라엘 군대는 북부 동맹군과 싸우기 위해 메롬 근처, 북부 동맹군이 보이는 곳, 아마도 골짜기를 낀 산지에 진을 쳤을 것입니다. 그랬기에 급습했다는 것이 길갈을 떠나 밤새도록 유대 광야를 지나 기브온을 대적했던 남쪽 다섯 왕과의 전쟁 때와는 달리 메롬 호수 근처에 진을 치고 대치하던 상황에서 하나님께서 정하신 때 그분의 말씀에 따라 순종한 것이 적이 생각지 못한 때였고 이때 급습하여 대군을 물리칠 수 있었음을 알 수 있습니다. 이렇게 보면 북부 정복 전쟁 자체도 단시간에 끝난 것은 아님을 알 수 있습니다. 이처럼 약속의 땅 정복 전쟁이 7년 정도 걸리는 기간인데 단기간에 끝난 것처럼 생각되는 것은 여호수아가 정복하던 시대를 회상하며 요약해서 기록했기 때문일 것입니다.

❸ 약속의 땅 정복 전쟁에 대한 이해

약속의 땅 정복 전쟁 시 여러 민족이 여러 곳에 도시국가 형태를 이루어 살고 있었습니다. 이 도시들을 여리고와 아이처럼 한 도시씩 정복한다면 정복 전쟁은 엄청난 시간이 흘렀을 것입니다. 그런데 가나안 땅 정복에 있어 특기할 만한 것은 팔레스타인 중부 전투(여리고, 아이, 기브온의 화친) 이후 예루살렘을 중심으로 한 남부와 하솔을 중심으로 한 북부 동맹 도시들이 먼저 이스라엘을 치려고 모여서 왔고 이들을 이스라엘이 쳐 승리하게 되었다는 것입니다. 그러나 남부와 북부 지역을 다스리던 도시국가의 왕들은 동맹하여 전쟁하러 나왔고 여호와 하나님께서는 이들을 하나님의 말씀을 믿는 이스라엘 백성의 믿음으로 물리쳐 속히 가나안 땅의 주권을 확보할 수 있게 하셨습니다.

여호수아는 가나안 전쟁을 회고하며 **'히위 족속 기브온 거민 외에는 이스라엘 자손과 화친한 성읍이 없었다. 그들은**(이스라엘 자손) **그 모든 것을 쳐서 취했다. 이는 이스라엘에 대하여 싸우러 오도록 그들의 마음을 강퍅하게 한 것은 여호와로부터 이기 때문이다. 그들로 저주받은 자 되게 하여 그들에게 은혜를 입지 못하게 하셨다. 이는 여호와께서 모세에게 명하신 대로 그들을 진멸하려 하셨기 때문이다.'**(수 11:19-20)라고 기록하고 있습니다. 여호수아 11:19b와 11:20a는 어순 도치되어 각각 목적어인 '그 모든 것을'과 부사어인 '여호와로부터'가 강조되었습니다. 이것은 여호와께서 이미 모세에게 말씀하셨던 것을 모세는 여호수아에게 전했고 여호수아는 이스라엘 백성에게 전하여 하나님의 말씀을 믿고 전쟁을 했다는 것을 보여주고 여호와 하나님께서는 이스라엘 백성을 위해 속히 이기게 하셨다는 것을 알 수 있습니다.

성도 여러분!

주요 거점을 진멸하는 약속의 땅 정복 전쟁이 7년 정도였다면 최소한 그 동안 동쪽의 두 지파 반은 자신들의 땅으로 돌아가지 않고 형제 지파와 함께 정복 전쟁을 벌였다는 것입니다. 단기간에 끝나지 않는 전쟁으로 자신들의 가족이 있는 곳으로 돌아가고자 하는 마음도 있었을 것입니다. 하지만 이들은 모세를 대리자로 체결된 하나님과의 약속을(민 32:29-32) 지키기 위해 주요 정복 전쟁이 끝나기까지 최선을 다해 순종하며 다른 지파들보다 먼저 앞서 전투를 벌였던 것을 알 수 있습니다. 여호수아는 요단강을 건너기 전 다시 한번 모세와의 약속을 상기시키며 두 지파 반이 해야 할 일을 알려 주었습니다(수 1:14-16). 그리고 두 지파 반은 자신들이 해야 할 사명을 완수했습니다. 오늘도 나에게 맡겨진 직분이 언제까지 감당해야 할 것인지 알지 못하지만 끝까지 최선을 다한다는 마음으로 하루하루를 말씀에 순종하며 직분을 잘 감당하는 하루가 되시길 기도합니다.

여호수아가 또 르우벤 지파와 갓 지파와 므낫세 반 지파에 말하여 이르되(수 1:12) **여호와의 종 모세가 너희에게 명령하여 이르기를 너희의 하나님 여호와께서 너희에게 안식을 주시며 이 땅을 너희에게 주시리라 하였나니 너희는 그 말을 기억하라.**(수 1:13) **너희의 처자와 가축은 모세가 너희에게 준 요단 이쪽 땅에 머무르려니와 너희 모든 용사들은 무장하고 너희의 형제보다 앞서 건너가서 그들을 돕되**(수 1:14)
여호와께서 너희를 안식하게 하신 것 같이 너희의 형제도 안식하며 그들도 너희의 하나님 여호와께서 주시는 그 땅을 차지하기까지 하라. 그리고 너희는 너희 소유지 곧 여호와의 종 모세가 너희에게 준 요단 이쪽 해 돋는 곳으로 돌아와서 그것을 차지할지니라.(수 1:15) **그들이 여호수아에게 대답하여 이르되 당신이 우리에게 명령하신 것은 우리가 다 행할 것이요 당신이 우리를 보내시는 곳에는 우리가 가리이다.**(수 1:16)

15일

약속의 땅의 각 지파에 나누어 주시는 하나님

오늘 날짜가 언급된 성경 사건은 없습니다. 오늘 날짜가 포함된 사건은 다음과 같습니다.

사건 1 제2월 10일부터 방주에 들어가 하나님의 명령을 감당하는 276일째이고(노아시대 월력체계는 한 달을 30일로 계산함) 하나님께서 말씀하신 대로 40일 동안 비가 내린 269일째로 방주가 아라랏 산에 머무른 지 119일째

사건 2 라암셋을 떠난 지 295일째(제1월을 30일, 제2월을 29일로 계산함)로 시내산 밑 시내광야에 도착하여(제3월 1일) 거한 지 251일째(출 19:1-2)

사건 3 하나님께서 보여주신 식양대로 성막을 만들기 시작하는 123일째

사건 4 시내광야에 11개월 20일 머물던 이스라엘 백성이 하나님의 명령에 따라 약속의 땅을 향해 떠난 지 261일째

사건 5 에스겔 선지자가 그발 강가에서 꼼짝도 못 하고 두려워 떨며 포로 된 백성과 함께 지내는 217일째이고(겔 1:1-2, 3:14-15) 두 번째 계시받은 지 210일째

사건 6 예루살렘 성이 느브갓네살에 의해 포위된 지 35일째(왕하 25:1, 겔 24:1)

사건 7 시드기야 11년 제4월 9일 예루살렘 성이 바벨론에 의해 함락 후 211일째로 솔로몬 성전과 왕궁 그리고 예루살렘 성벽이 파괴된 지 183일째

사건 8 1차 포로 귀환 한 백성들이 성전 마당에 번제단을 만들고 매일 번제를 드리기 시작한 지 133일째

사건 9 학개 선지자에게 성전을 지으라는 하나님의 계시가 임한 지(제6월 1일) 163일째로

중단되었던 성전 건축이 다시 시작된 지(제6월 24일) 140일째이고 학개 선지자에게 두 번째 계시가 임한 지(제7월 21일) 114일째이고 세 번째, 네 번째 계시가 하루에 임한 지 51일째(학 2:10-23)

사건 10 학개 선지자를 통해 성전 공사를 재개하게 했던 것을 독려하는 계시가 스가랴 선지자에게 임한 지(8월 1일) 104일째(슥 1:1-6)이고 세 번째 계시가 임한 지(제9월 4일) 71일째

사건 11 모르드개가 조서를 써 전국(127도)에 보낸(제3월 23일) 후 230일째

사건 12 주전 458년 2차 포로 귀환하여 예루살렘에 도착한 지 192일째로 백성들이 하나님께 번제와 속죄제를 드린 188일째(스 7:6-9, 8:15-36)

사건 13 2차 포로귀환을 한 에스라가 백성들의 잡혼 문제를 해결하기 위해 조사를 시작한 지 44일째(스 10:16)

사건 14 3차 포로 귀환 한 느헤미야를 중심으로 5월 4일 시작하여 52일 동안 예루살렘 성벽 공사가 완성된(6월 25일) 후 137일째

현재 성경 본문을 묵상하고 있는 여호수아서는 다음과 크게 4단락으로 나눌 수 있습니다. 처음 세 단락은 여호와 하나님께서 여호수아를 통해 명령하시고 조상에게 약속하신 약속의 땅을 차지하고 나누어 거하게 하시는 세 가지 '요단강을 건너라!', '약속의 땅을 취하라!', '약속의 땅을 나누라!'는 명령에 여호수아와 이스라엘 백성이 말씀에 순종하여 하나님의 뜻을 이루는 사건을 기록하고 있습니다. 그리고 마지막 네 번째 단락은 하나님께서 주신 약속의 땅에서 자손 대대로 영원히 거하기 위해서 '여호와 하나님만 섬기라!'라고 고백하고 선포하는 여호수아의 다짐이 기록되어 있습니다. 오늘부터는 지파 별로 그 땅 거민을 쫓아내고 거해야 할 약속의 땅의 범위에 대해 살펴보겠습니다.

주요 주제	성경 본문	핵심단어	선포
1. 요단강을 건너라!	수 1:1-5:12	'아바르'(עָבַר, 건너다)	여호와 하나님
2. 약속의 땅을 취하라!	수 5:13-12:24	'라카흐'(לָקַח, 취하다)	여호와 하나님
3. 약속의 땅을 나누라!	수 13:1-21:45	'할라크'(חָלַק, 나누다)	여호와 하나님
4. 여호와만 섬기라!	수 22:1-24:33	'아바드'(עָבַד, 섬기다)	여호수아

❶ 내가 명한 대로 기업이 되도록 약속의 땅을 나누라! (수 13:1-7)

여호수아 13:1은 **'그리고 여호수아가 늙었다. 그는 많은 날 속으로 지났다.'**(그리고 여호수아가 늙었다. 그는 많은 세월을 보냈다.)로 시작합니다. 여호수아와 이스라엘 백성은 하나님께서 그들의 조상들에게 약속하셨던 땅의 주요 도시와 그곳을 다스리던 왕을 진멸했는데 이 기간이 7년 정도였음을 앞에서 살펴보았습니다. 이후 여호수아가 늙었을 때 여호와 하나님께서는 여호수아에게 **"너는 늙었다. 너는 많은 날 속으로 지났다. 그리고 그 땅은, 정복해야 할 그것이 매우 많이 남았다."**(수 13:1)고 말씀하시며 정복해야 할 남은 땅에 대해 말씀하셨습니다. 하나님께서 말씀하신 정복해야 할 땅을 정리하면 다음과 같습니다(수 13:2-6).

지역	구체적으로 언급된 장소
블레셋 사람의 온 지방	욥바에서 가사를 지나 와디 엘 아리쉬에 이르는 해안 평야의 5대 도시인 가사, 아스돗, 아스글론, 가드, 에그론을 포함한 지역
그술 사람이 거하는 모든 곳	갈릴리 동쪽 헬몬산 근처의 그술이 아니라 약속의 땅과 애굽의 경계지역과 네겝이 포함된 블레셋의 남쪽 부분
가나안 사람의 온 땅	약속의 땅 전체라기보다는 여호수아의 정복 전쟁에 포함되지 않았던 두로와 시돈 쪽에 거하는 가나안 사람들의 땅
아모리 사람의 지경 아벡	성경에 등장하는 세 군데의 아벡 중 아셀 지파가 분배받았던(수 19:30) 대해(지중해) 주변의 도시
그발 사람의 땅	시돈 북쪽에 위치한 항구도시 그발을 중심으로 한 지역
동편 온 레바논	갈릴리 북쪽의 헬몬 산지 동쪽 부분으로 베카 골짜기가 있는 지역
레바논부터 미스르봇마임까지의 산지	모든 거민 곧 모든 시돈사람의 땅

하나님께서는 정복해야 할 지역과 진멸해야 할 족속(사람들)을 나열하여 말씀하신 후 여호수아에게 **"내가 이스라엘 자손 앞에서 그들을 쫓아낼 것이다. 너는 내가 명한 대로 기업이 되도록 이스라엘에게 분배하라!"**(수 13:6bc)고 말씀하셨습니다. 하나님의 말씀은 어순 도치되어 주어인 '내가'가 강조되었습니다. 하나님께서는 다시 한번 **"그리고 지금 너는 아홉 지파와 그리고 므낫세 반 지파에 기업이 되도록 이 땅을 나누라!"**(수 13:7)말씀하셨습니다. 어순 도치되어 부사어인 '지금'이 강조되었습니다.

❷ 요단 동편에서 모세를 통해 분배받은 두 지파 반의 땅

여호수아 13:8-33까지는 모세가 요단강 동편 지역을 두 지파 반에게 나누어 주었던 내용을 기록하고 있는데 **'그**(므낫세 반)**와 함께 르우벤 사람 그리고 갓 사람은 요단 건너편 해 뜨는 쪽에서 여호와의 종 모세가 그들에게 준 것처럼 모세가 그들에게 주었던 그 기업을 받았다.'**(수 13:8)로 시작합니다. 그리고 이후 두 지파 반에게 분배되었던 지역이 언급되는데 남쪽 경계는 아르논 골짜기 그리고 동쪽으로는 암몬 족속의 땅 그리고 북쪽으로는 헬몬산 아래 바산 땅이 모두 분배되는 지역에 포함됩니다(수 13:9-11). 그리고 각 지역에 포함된 도시로는 길르앗의 도시인 아로엘, 디본, 메드바, 헤스본 등과 그술 족속, 마아갓 족속의 도시와 바산 지역의 도시로 르바 족속의 남은 자들이 거하던 아스다롯과 에드레이가 포함되었습니다(수 13:9-12). 하지만 두 지파 반에게 분배되었던 그술 족속과 마아갓 족속의 땅은 두 지파가 쫓아내지 못하므로 오늘날까지(여호수아가 기록될 때) 정복되지 않은 곳으로 남아 있었습니다(수 13:12).

① 르우벤 지파가 분배받은 땅(수 13:15-23)

모세가 르우벤 지파에 가족을 따라 기업을 준 곳은 아로엘, 디본, 메드바, 헤스본, 바못 발알, 벧 바알 므온, 야하스, 그데못, 메바앗, 기랴다임, 십마, 세렛 사할, 벧브올, 비스가 산기슭, 벧여시못, 요단강가의 성읍, 헤스본 등입니다(수 13:15-20). 특이한 것은 헤스본에서 다스리던 아모리 족속의 왕 시혼과 그의 군주들 곧 미디안의 귀족 에위, 레겜, 술, 훌, 레바를 함께 죽인 것과 이스라엘 자손이 그들을 살육하는 중에 브올의 아들 점술가 발람도 죽였다(수 13:21-22)고 기록하고 있습니다. 르우벤의 남쪽 경계는 아르논 계곡이고 동쪽 경계는 암몬 자손이었으며 서쪽 경계는 요단강이었습니다(수 13:23).

르우벤과 갓 지파가 분배받았던 길르앗 지역의 도시

② 갓 지파가 분배받은 땅(수 13:24-28)

모세가 갓 지파에 가족을 따라 기업을 준 곳은 야셀과 길르앗 모든 성읍과 암몬 자손의 땅 절반 곧 랍바 앞의 아로엘까지와 헤스본에서 라맛 미스베와 브도님까지 그리고 마하나임에서 드빌까지와 골짜기에 있는 벧 하람, 벧 니므라, 숙곳, 사본 곧 헤스본 왕 시혼의 나라의 남은 땅 요단과 그 강가에서부터 요단 동쪽 긴네렛 바다 끝까지였습니다.

요단 동편 땅을 분배받은 두 지파 반

③ 므낫세 반 지파가 분배받은 땅(수 13:29-31)

모세가 갓 지파에 가족을 따라 기업을 준 곳은 얍복강가에 있는 마하나임부터 바산에 있는 야일의 60개의 성읍과 상부 길르앗 절반이었습니다. 이 중 바산 왕 옥의 성읍이었던 아스다롯, 에드레이는 므낫세의 아들 마길의 자손 절반이 분배받았습니다.

❸ 레위 지파는 기업을 분배받지 못함

여호수아 13:32은 모세가 요단 동쪽 여리고 맞은편 모압 평지에서 두 지파 반에게 땅을 분배했다고 언급하지만 레위 지파에는 모세가 요단 동편에서도 기업을 주지 않았음을 다시 한번 기록하고 있습니다. 이것은 여호수아 13:14에서 여호수아가 레위 지파에 기업을 주지 않았다는 것을 언급했는데 다시 한번 레위 지파에는 기업이 주어지지 않았음을 강조하고 있음을 알 수 있습니다. 여호수아 13:14과 13:33은 주어인 그가(여호수아)와 모세 그리고 단수와 복수의 형태 그리고 기업에 대한 설명이 '이스라엘의 하나님 여호와께 드리는 화제물이'와 '이스라엘의 하나님 여호와께서'로 차이가 날 뿐입니다. 이때 어순 도치되어 간접목적어인 '레위 지파에는'이 강조되었습니다.

> **오직 레위 지파에게는 그가**(여호수아) **기업으로 준 것이 없었으니 이는 그에게 말씀하신 것과 같이 이스라엘의 하나님 여호와께 드리는 화제물이 그들의 기업이 되었음이더라.** (수 13:14, 개정)
>
> **레위 지파에게는 모세가 기업을 주지 아니하였으니 이는 그들에게 말씀하신 것과 같이 이스라엘의 하나님 여호와께서 그들의 기업이 되심이었더라.** (수 13:33, 개정)

요단 동편에서 정복한 땅을 두 지파 반에게 그리고 요단 서편 지역에서 약속하셨던 땅을 아홉 지파 반에게 나누어 주셨지만 레위 지파에는 땅을 분배해 주지 않으셨습니다. 이것은 그들의 조상인 야곱의 아들 레위가 그의 형 시므온과 같이 하나님께서 영원한 언약을 세우신 증표로 주신 할례를 세겜 사람들을 죽이는 데 이용하여 제외 시키셨기 때문입니다(17년 11월 14일 벧엘로 가지 않고 숙곳과 세겜에 머무르는 야곱 ② 참조). 레위 지파는 모세가 40일 금식기도 할 때 시내산 아래에서 아론과 이스라엘 백성들이 금송아지 우상을 만들어 섬긴 것을 징계하실 대 하나님의 편에 서서 헌신함으로 회복되긴 했지만(17년 4월 18일 잘못을 깨닫고 헌신한 레위 사람들 참조) 약속의 땅에서 분깃을 얻지 못하고 형제 지파들 가운데 거하며 하나님의 일을 감당해야 했습니다(수 13:14).

여호와 하나님께서는 요단강 동편 지역을 르우벤, 갓, 므낫세 반 지파에 분배해 주셨고 요단강 서편 지역을 나머지 아홉 지파 반에게 분배해 주시며 여호수아에게 **"내가 이스라엘 자손 앞에서 그들을**(약속의 땅에 사는 족속들) **쫓아낼 것이다."**(수 13:6b)라고 말씀하셨던 대로 행하려 하셨습니다. 하나님께서 이렇게 먼저 선언하시며 땅을 각 지파에 분배해 주신 것은 지파별로 분배받은 땅에서 지파별로 믿음으로 반응하여 하나님께서 먼저 행하심을 깨닫고 자신의 지역에서 이방 족속을 진멸한 후 자손 대대로 영원히 그 땅에서 살기를 원하셨기 때문입니다. 그러나 결과적으로 각 지파의 믿음 없음 때문에 분배받은 땅에서 이방인을 온전히 내쫓지 못했고 이스라엘 백성은 함께 섞여 살았고 그들의 영향을 받아 여호수아가 분배받은 땅에서 자손 대대로 영원히 살기 위해서는 '여호와 하나님만 섬기라'는 요구에 합당한 삶을 살지 못했습니다.

성도 여러분!

하나님께서는 여호수아와 이스라엘 온 백성을 약속의 땅 각 지역의 우두머리 도시와 왕들을 진멸하셨습니다. 그리고 이제 **"내가 이스라엘 자손 앞에서 그들을**(약속의 땅에 살던 족속들) **쫓아낼 것이다."**라고 선언하시며 여호수아를 통해 지파별로 땅을 분배해 주셨습니다. 이 사건을 통해 깨닫게 되는 것은 전체적으로 하나님의 일을 감당하는 것과 단위별로, 개인별로 하나님의 일을 감당해야 할 분량이 있다는 것입니다. 이것은 전체를 통해 일하실 때 함께하셨던 하나님께서 개별적으로 감당해야 하는 일에도 함께하신다는 것을 깨닫게 하기 위한 과정일 것입니다. 오늘도 언약공동체(교회) 전체를 통해 맡겨 주시는 일이나 개별적으로 나에게 맡겨 주는 일이거나 하나님께서 함께하심으로 이루어진다는 것을 깨닫고 매 순간 나의 능력이 아닌 하나님의 도우심을 구하며 직분을 감당하시길 기도합니다.

16일

유다 지파에 땅이 분배되고 갈렙이 헤브론을 소유함

(수 14:1-15)

오늘 날짜가 언급된 성경 사건은 없습니다. 오늘 날짜가 포함된 사건은 다음과 같습니다.

사건 1 제2월 10일부터 방주에 들어가 하나님의 명령을 감당하는 277일째이고(노아시대 월력체계는 한 달을 30일로 계산함) 하나님께서 말씀하신 대로 40일 동안 비가 내린 270일째로 방주가 아라랏 산에 머무른 지 120일째

사건 2 라암셋을 떠난 지 296일째(제1월을 30일, 제2월을 29일로 계산함)로 시내산 밑 시내광야에 도착하여(제3월 1일) 거한 지 252일째(출 19:1-2)

사건 3 하나님께서 보여주신 식양대로 성막을 만들기 시작하는 124일째

사건 4 시내광야에 11개월 20일 머물던 이스라엘 백성이 하나님의 명령에 따라 약속의 땅을 향해 떠난 지 262일째

사건 5 에스겔 선지자가 그발 강가에서 꼼짝도 못 하고 두려워 떨며 포로 된 백성과 함께 지내는 218일째이고(겔 1:1-2, 3:14-15) 두 번째 계시받은 지 211일째

사건 6 예루살렘 성이 느브갓네살에 의해 포위된 지 36일째(왕하 25:1, 겔 24:1)

사건 7 시드기야 11년 제4월 9일 예루살렘 성이 바벨론에 의해 함락 후 212일째로 솔로몬 성전과 왕궁 그리고 예루살렘 성벽이 파괴된 지 184일째

사건 8 1차 포로 귀환 한 백성들이 성전 마당에 번제단을 만들고 매일 번제를 드리기 시작한 지 134일째

사건 9 학개 선지자에게 성전을 지으라는 하나님의 계시가 임한 지(제6월 1일) 164일째로

중단되었던 성전 건축이 다시 시작된 지(제6월 24일) 141일째이고 학개 선지자에게 두 번째 계시가 임한 지(제7월 21일) 115일째이고 세 번째, 네 번째 계시가 하루에 임한 지 52일째(학 2:10-23)

사건 10 학개 선지자를 통해 성전 공사를 재개하게 했던 것을 독려하는 계시가 스가랴 선지자에게 임한 지(8월 1일) 105일째(슥 1:1-6)이고 세 번째 계시가 임한 지(제9월 4일) 72일째

사건 11 모르드개가 조서를 써 전국(127도)에 보낸(제3월 23일) 후 231일째

사건 12 주전 458년 2차 포로 귀환하여 예루살렘에 도착한 지 193일째로 백성들이 하나님께 번제와 속죄제를 드린 189일째(스 7:6-9, 8:15-36)

사건 13 2차 포로귀환을 한 에스라가 백성들의 잡혼 문제를 해결하기 위해 조사를 시작한 지 45일째(스 10:16)

사건 14 3차 포로 귀환 한 느헤미야를 중심으로 5월 4일 시작하여 52일 동안 예루살렘 성벽 공사가 완성된(6월 25일) 후 138일째

여호수아는 하나님께서 모세를 통해 요단 동편에서 두 지파 반에게 땅을 분배하셨던 것을 기록한 후 약속의 땅 가나안을 아홉 지파 반에게 분배하는 내용을 기록했습니다. 오늘은 여호수아가 여호와께서 모세에게 명령하신 대로 그들의 기업을 제비 뽑아 아홉 지파와 므낫세 반 지파에 분배하는 사건 중 유다 지파에 땅이 분배되고 갈렙이 헤브론을 정복한 사건에 대해 살펴보겠습니다.

여호수아 14:1은 **'그리고 이것들은 이스라엘 자손들이 가나안 땅에서 상속을 받은 것(땅)이다. 곧 제사장 엘르아살과 눈의 아들 여호수아와 지파들의 족장들이 이스라엘의 아들들에게 분배한 것(땅)이다.'**로 시작합니다. 요단 서편 약속의 땅을 엘제사장 엘르아살 그리고 지도자 눈의 아들 여호수아와 각 지파의 족장들이 모여 여호와께서 모세에게 명하신 대로 제비를 뽑아 아홉 지파와 므낫세 반 지파에 땅을 분배하고(수 14:2) 있음을 보여줍니다. 그리고 이미 두 지파 반에게는 요단 동편

에서 모세가 주었기에 요단 서편의 분배에서는 빠졌음을 언급하고 세 번째로(수 13:14, 33, 14:3b) 레위 자손에게는 기업을 주지 않았다는 언급을 어순 도치하여 주어인 '레위 자손에게는'을 강조하며 **'그러나 레위 자손에게는 그들 가운데에 기업을 주지 않았다.'**(수 14:3b)고 언급합니다. 이후 요셉 자손이 므낫세와 에브라임으로 두 지파가 되었음을 언급한 후 다시 한번 **'그러나 이 땅에서 레위 사람에게 아무 분깃도 주지 않았다. 다만 거주할 성읍들과 가축과 재산을 위한 목초지만 주었다.'**고 레위 자손에게는 분배된 땅이 없었음을 네 번째로 언급하고 있습니다. 마침내 이스라엘 자손들은 여호와께서 모세에게 명령하신 것과 같이 행하여 제비뽑아 그 땅을 나누었다(수 14:5) 언급하는데 어순 도치하여 부사어 '여호와께서 모세에게 명하신 것과 같이'를 강조하여 이스라엘 자손이 순종하고 있음을 보여줍니다.

❶ 유다 지파에 땅을 분배함

약속의 땅 가나안에서 제일 먼저 땅을 분배받는 것으로 언급되는 지파는 유다 지파입니다. 유다 지파의 지도자 갈렙은 길갈에 있는 여호수아에게 나아와 **"당신은 여호와께서 하나님의 사람 모세에게 가데스 바네아에서 나와 당신에 대해 이르신 일을 알고 있습니다."**(수 14:6b)라고 말하며 45년 전의 일을 잊지 않고 기억하고 있음을 알렸습니다. 계속해서 갈렙은 **"내가 40세 때에 여호와의 종 모세가 나를 가데스 바네아에서 보내어 이 땅을 정탐하도록 했습니다. 그리고 나는 내 마음에 성실한 대로 그에게 말하려고 돌아왔습니다. 그러나 나와 함께 올라갔던 내 형제들은 백성의 마음을 녹게 했습니다. 그러나 나는 나의 하나님 여호와의 뒤를 온전히 좇았습니다."**(수 14:7-8)라고 말했습니다. 이때 어순 도치하여 주어인 '나와 함께 올라갔던 내 형제들은'과 '나는'을 강조하여 다른 사람들은 하나님의 말씀을 믿지 못해 불평하며 백성의 마음을 녹게 했으나 자신은 하나님의 말씀을 온전히 신뢰하고 약속의 땅을 정복할 수 있음을 강력하게 주장했던 사실을 기억하고 있음을 언급했습니다.

정탐꾼이 보고할 때 갈렙의 보고를 들으신 하나님께서는 모세를 통해 약속해 주셨는데 갈렙은 이 상황을 **"그리고 그날 모세가 맹세를 했습니다. 그가 말하기를 '네 발로 밟은 그 땅은 너에게 그리고 너의 자손들에게 영원히 상속될 것이다. 왜냐하면 너는 나의 하나님 여호와를 온전히 좇았기 때문이다'라고 했습니다."**(수 14:9)라고 회상하며 여호수아에게 말했습니다. 이때 갈렙은 모세의 말을 회상하며 어순 도치하여 주어인 '네 발로 밟은 그 땅은'과 간접목적어인 '너에게'를 강조했습니다.

45년 전의 상황과 모세가 말한 것을 기억해 여호수아도 기억할 수 있도록 말한 갈렙은 **"그리고 이제 보소서! 여호와께서 말씀하신 것과 같이 이스라엘이 광야에서 행할 때에 여호와께서 모세에게 이 말씀을 하신 후부터 나를 이 45년간 살게 하셨습니다. 그리고 이제 보소서! 나는 85세입니다. 오늘도 여전히 나는 모세가 나를 보냈던 날과 같이 나의 힘이 강합니다. 그때나 이제나 나의 힘이** (강합니다) **그리고 전쟁을 위해서나 그리고** (전쟁하러) **나가거나 그리고** (전쟁에서) **돌아올** (힘이 있습니다)**."**(수 14:10-11)라고 말하며 아직 자신이 강건하며 하나님께서 맡기신 가나안 땅 정복을 완성할 수 있다고 강력하게 말했습니다.

45년 전의 일을 회상하며 여호수아도 함께 경험했던 일들을 언급한 갈렙은 마침내 **"이제 그날 여호와께서 말씀하셨던 이 산지를 내게 주소서! 왜냐하면 그날 당신은 '거기에 아낙 사람들이 있고 그 도시들은 크고 방벽이 쌓여 있다'라는 말을 들었기 때문입니다. 분명히 여호와께서 나를 도우실 것입니다. 그리고 여호와께서 그가 말씀하신 대로 내가 그들을 몰아내게 하실까 합니다."**라고 요청했습니다(수 14:12). 갈렙은 어순 도치하여 주어인 '당신은'을 강조하며 여호수아도 분명히 들었는데 강한 아낙 사람들을 이길 사람은 갈렙 자신임을 말하고 있습니다. 갈렙은 분명히 여호와께서 도우실 것이며 자신에게 승리를 주실 것을 확신하고 있습니다.

❷ 갈렙이 헤브론을 정복함

갈렙의 말을 들은 여호수아는 갈렙을 축복했습니다. 그리고 여호수아는 헤브론을 여분네의 아들 갈렙에게 상속으로 주었습니다(수 14:13). 앞에서 제비 뽑아 땅을 분배했다고 말하고 있는데 유다 지파가 제비를 뽑아 분배받은 땅 중 갈렙은 자신이 강력한 아낙 자손이 살고 있는 헤브론을 요구한 것으로 생각됩니다. 그리고 정복하는 과정은 나타나지 않지만 갈렙은 헤브론을 정복했고 여호수아는 헤브론이 오늘날까지 그나스 사람 여분네의 아들 갈렙에게 상속되었다고 말합니다. 왜냐하면 갈렙이 이스라엘의 하나님 여호와를 온전히 좇았기 때문에 그를 통해 하나님께서 이기게 하셨던 것입니다(수 14:14). 여호수아 14:15은 갈렙이 정복한 헤브론에 대해 **'헤브론의 이전 이름은 기럇 아르바바라. 그는**(기럇 아르바) **아낙 사람 중에서 큰 사람이 있었다. 그리고 그 땅은 전쟁으로부터 평화롭게 되었다.'**라고 마칩니다. 마지막 문장은 어순 도치되어 주어인 '그 땅은'(헤브론)이 강조되었습니다.

성도 여러분!

갈렙은 유다 지파의 지도자로 헤브론보다 정복하기 쉽고 더 좋은 땅을 요구할 수도 있었습니다. 하지만 45년 전 하나님께서 모세를 통해서 하신 말씀을 기억하고 자신이 해야 할 일이라고 생각한 갈렙은 자신이 가장 힘든 곳을 신앙으로 정복하겠다고 선언했고 그대로 이루었습니다. 이 사건은 하나님의 뜻을 정확하게 아는 사람은 45년의 세월이 지나도 과거에 가졌던 믿음이 식지 않고 마음이 변하지 않으며 자신이 해야 할 일을 정확하게 알고 끝내는 일을 이루어 하나님의 마음을 시원케 한다는 것을 깨닫게 합니다. 오늘도 갈렙의 신앙처럼 세월이 지나도 변하지 않는 신앙을 소유하기 위해 나의 삶 가운데 동행하시며 이끄시는 하나님을 체험하고 식지 않는 믿음과 변하지 않는 마음으로 맡겨 주신 직분을 잘 감당하는 하루가 되시길 기도합니다.

17일

유다 지파의 경계와 가족대로 받은 기업

(수 15:1-63)

오늘 날짜가 언급된 성경 사건은 없습니다. 오늘 날짜가 포함된 사건은 다음과 같습니다.

사건 1 제2월 10일부터 방주에 들어가 하나님의 명령을 감당하는 278일째이고(노아시대 월력체계는 한 달을 30일로 계산함) 하나님께서 말씀하신 대로 40일 동안 비가 내린 271일째로 방주가 아라랏 산에 머무른 지 121일째

사건 2 라암셋을 떠난 지 297일째(제1월을 30일, 제2월을 29일로 계산함)로 시내산 밑 시내광야에 도착하여(제3월 1일) 거한 지 253일째(출 19:1-2)

사건 3 하나님께서 보여주신 식양대로 성막을 만들기 시작하는 125일째

사건 4 시내광야에 11개월 20일 머물던 이스라엘 백성이 하나님의 명령에 따라 약속의 땅을 향해 떠난 지 263일째

사건 5 에스겔 선지자가 그발 강가에서 꼼짝도 못 하고 두려워 떨며 포로 된 백성과 함께 지내는 219일째이고(겔 1:1-2, 3:14-15) 두 번째 계시받은 지 212일째

사건 6 예루살렘 성이 느브갓네살에 의해 포위된 지 37일째(왕하 25:1, 겔 24:1)

사건 7 시드기야 11년 제4월 9일 예루살렘 성이 바벨론에 의해 함락 후 213일째로 솔로몬 성전과 왕궁 그리고 예루살렘 성벽이 파괴된 지 185일째

사건 8 1차 포로 귀환 한 백성들이 성전 마당에 번제단을 만들고 매일 번제를 드리기 시작한 지 135일째

사건 9 학개 선지자에게 성전을 지으라는 하나님의 계시가 임한 지(제6월 1일) 165일째로

중단되었던 성전 건축이 다시 시작된 지(제6월 24일) 142일째이고 학개 선지자에게 두 번째 계시가 임한 지(제7월 21일) 116일째이고 세 번째, 네 번째 계시가 하루에 임한 지 53일째(학 2:10-23)

사건 10 학개 선지자를 통해 성전 공사를 재개하게 했던 것을 독려하는 계시가 스가랴 선지자에게 임한 지(8월 1일) 106일째(슥 1:1-6)이고 세 번째 계시가 임한 지(제9월 4일) 73일째

사건 11 모르드개가 조서를 써 전국(127도)에 보낸(제3월 23일) 후 232일째

사건 12 주전 458년 2차 포로 귀환하여 예루살렘에 도착한 지 194일째로 백성들이 하나님께 번제와 속죄제를 드린 190일째(스 7:6-9, 8:15-36)

사건 13 2차 포로귀환을 한 에스라가 백성들의 잡혼 문제를 해결하기 위해 조사를 시작한 지 46일째(스 10:16)

사건 14 3차 포로 귀환 한 느헤미야를 중심으로 5월 4일 시작하여 52일 동안 예루살렘 성벽 공사가 완성된(6월 25일) 후 139일째

여호수아 15장은 유다 지파가 그들의 가족대로 제비 뽑은 땅의 경계와 기업에 대해 기록하고 있습니다. 오늘은 유다 지파의 동서남북 사방 경계와 그들이 받은 기업에 대해 살펴보겠습니다.

❶ 유다 지파가 분배받은 땅의 남동북서 사방 경계(수 15:1-12)

유다 지파의 경계 남쪽은 신(찐, Zin)광야와 에돔의 서쪽 경계에 이르고 동쪽은 염해(사해)와 요단강에 이르고 북쪽은 나중에 분배받는 베냐민와 단 지파와 접하게 되고 서쪽은 대해(지중해)와 해안이었습니다. 여호수아서 14:1-12까지는 이 경계에 대해 정확하게 언급하고 있습니다.

① **남쪽경계**(수 14:1-4)

염해, 아그랍빔 비탈 남쪽, 신(찐, Zin)광야, 가데스 바네아 남쪽, 헤스론, 아달, 갈가, 아스몬, 애굽 시내, 대해(지중해)

② **동쪽경계**(수 14:5a) : 염해와 요단강

③ **북쪽경계**(수 14:5b-11)

유다 지파가 분배받은 땅

요단강 끝 해만, 벧 호글라, 벧 아라바 북쪽, 르우벤 자손 보한의 돌, 아골 골짜기, 드빌, 아둠밈 비탈 맞은편 길갈, 엔 세메스 물들, 엔 로겔, 힌놈의 아들 골짜기, 여부스(예루살렘) 남쪽, 힌놈의 골짜기 앞 서쪽에 있는 산, 르바임 골짜기 북쪽 끝, 넵도아 샘물, 에브론 산 성읍, 바알라(기럇 여아림), 여아림 산(그살론 곁 북쪽), 벧세메스, 딤나, 에그론 비탈 북쪽, 식그론, 바알라 산, 얍느엘, 대해(지중해)

④ **서쪽경계**(수 14:12) : 대해(지중해)와 해안

❷ 갈렙이 옷니엘(동생이자 사위)과 악사(딸)를 네겝으로 보냄(수 15:13-19)

여호수아는 여호와의 명령대로 헤브론(기럇 아르바)을 유다 지파 중 여분네의 아들 갈렙에게 주었습니다(수 15:13). 이때 어순 도치되어 간접목적어인 '여분네의 아들 갈렙에게'가 강조되었습니다. 이에 갈렙은 헤브론에서 아낙의 세 아들 세새와 아히만과 달매를 쫓아냈고(수 15:14) 거기서 올라가 드빌(기럇 세벨)에 거하는 주민을 쫓아냈습니다(수 15:15). 이때 갈렙은 **"기럇 세벨을 쳐서 그것을 점령하는 자에게는 내가 내 딸 악사를 아내로 주리라."**(수 15:16)고 선언했고 갈렙의 아우 그나스의 아들인 옷니엘이 그곳을 점령하여 갈렙이 자기 딸 악사를 그

에게 아내로 주었습니다(수 15:17).

이후 갈렙은 유다 지파 남쪽 경계의 땅인 네겝을 지키도록 동생이며 사위인 옷니엘과 딸인 악사를 그곳으로 보냈습니다. 네겝은 이스라엘 백성이 출애굽 할 때 전쟁을 벌인 아말렉 족속이 출몰하는 지역으로 방어하기가 까다로운 곳이고 살기 힘든 곳입니다. 갈렙은 유다 지파의 남쪽을 견고하게 지키기 위해 자신이 사랑하고 믿을 수 있는 가까운 가족을 보내 지키도록 했습니다. 갈렙의 결정에 동생이자 사위가 된 옷니엘과 갈렙의 딸 악사는 아마도 갈렙의 마음을 이해하고 적으로부터 유다 지파를 견고하게 지키기 위해 갈렙이 자신들을 보낸다는 것을 알고 감당했을 것입니다. 갈렙의 딸 악사는 땅을 요구했고 아버지 갈렙은 **"네가 무엇을 원하느냐?"** 물었습니다. 악사는 **"내게 복을 주소서! 아버지께서 나를 네겝 땅으로 보내시오니. 샘물도 내게 주소서."**라고 말했고 갈렙은 윗 샘과 아랫 샘 두 개의 샘을 그녀에게 주었습니다(수 15:18-19).

❸ 유다 자손의 기업(수 15:20-63)

유다 자손의 기업은 지역의 특성을 고려하여 남쪽(네겝 포함)과 세펠라와 산지와 광야로 나뉘어 열거됩니다.

① 남쪽 끝의 29개 성읍

갑스엘, 에델, 야굴, 기나, 디모나, 아다다, 게데스, 하솔, 잇난, 십, 델렘, 브알롯, 하솔 하닷다, 그리욧, 헤스론(하솔), 아맘, 세마, 몰라다, 하살갓다, 헤스몬, 벧 벨렛, 하살 수알, 브엘세바, 비스요댜, 바알라, 이임, 에셈, 엘돌랏, 그실, 홀마, 시글락, 맛만나, 산산나, 르바옷, 실힘, 아인, 림몬

② 세펠라

» 에스다올, 소라, 아스나, 산아, 엔간님, 답부아, 에남, 야르뭇, 아둘

람, 소고, 아세가, 사아라임, 아디다임, 그데라, 그데로다임 14성읍과 마을들

» 스난, 하다사, 믹달갓, 딜르안, 미스베, 욕드엘, 라기스, 보스갓, 에글론, 갑본, 라맘, 기들리스, 그데롯, 벧다곤, 나아마, 막게다 16성읍과 마을들

» 립나, 에델, 아산, 입다, 아스나, 느십, 그일라, 악십, 마레사 9성읍과 마을들

» 에그론, 아스돗, 가사와 그 곁에 있는 모든 성읍과 마을들로 애굽 시내(와디 엘 아리쉬)와 대해의 경계까지

③ 산지

» 사밀, 얏딜, 소고, 단나, 기럇 산나(드빌), 아납, 에스드모, 아님, 고센, 홀론, 길로 11성읍과 마을들

» 아랍, 두마, 에산, 야님, 벧 답부아, 아베가, 훔다, 기럇 아르바(헤브론), 시올 9성읍과 마을들

» 마온, 갈멜, 십, 윳다, 이스르엘, 욕드암, 사노아, 가인, 기브아, 딤나니 10성읍과 마을들

» 할훌, 벧술, 그돌, 마아랏, 벧 아놋, 엘드곤 6성읍과 마을들

» 기럇 바알(기럇 여아림), 랍바 2성읍과 마을들

④ 광야

벧 아라바, 밋딘, 스가가, 닙산, 소금 성읍, 엔 게디 6성읍과 마을들

유다 지파의 기업이 지역별로 나뉘어 기록된 후 예루살렘 곧 여부스 족속에 대한 언급이 나타납니다. 여부스(예루살렘)은 유다 지파에 분배된 곳은 아니었는데 **'예루살렘 주민 여부스 족속을 유다 자손이 쫓아내지 못하였다.'**고 언급되었

고 어순 도치하여 목적어인 '예루살렘 주민 여부스 족속을'이 강조되었습니다. 그래서 **'여부스 족속이 오늘까지**(여호수아서가 기록될 당시) **유다 자손과 함께 예루살렘에 거주했다.'**고 기록되었습니다(수 15:63). 이후 여부스(예루살렘)은 베냐민 지파에 분배되었지만 베냐민 지파도 정복하지 못했고(수 18:28, 삿 1:21) 다윗이 통일왕국의 왕이 된 후 여부스를 정복하고 다윗 성으로 이름 지은 후 통일왕국의 수도로 삼게 됩니다.

> **셀라와 엘렙과 여부스 곧 예루살렘과 기부앗과 기럇이니 열네 성읍이요 또 그 마을들이라. 이는 베냐민 자손이 그들의 가족대로 받은 기업이었더라.**(수 18:28)
> **베냐민 자손은 예루살렘에 거주하는 여부스 족속을 쫓아내지 못하였으므로 여부스 족속이 베냐민 자손과 함께 오늘까지 예루살렘에 거주하니라.**(삿 1:21)

성도 여러분!

성경에는 왜 유다 지파가 분배받은 지역과 기업으로 받은 도시를 장황하게 나열하고 있을까요? 아마도 유다 지파가 분배받은 땅과 기업 곧 하나님께서 그들의 조상에게 약속하셨고 약속대로 이루셨다는 사실을 그리고 후손이 살고 있는 그 지역이 하나님께서 주신 곳임을 분명하게 깨닫도록 하기 위해서였을 것입니다. 그리고 그사이에 갈렙이 동생이자 사위가 된 옷니엘과 딸 악사를 살기 힘들고 적을 막아야 할 경계지역인 네겝으로 보내는 사건을 기록하고 있습니다. 이것은 가장 어렵고 힘든 곳, 가장 힘든 상황을 해결하기 위해 공동체의 지도자가 자신이 믿고 사랑하는 사람들을 보내 감당하게 하는 것을 볼 수 있습니다. 만약 각자 내가 맡은 직분이 언약공동체(교회) 내에 힘든 부서를 감당하는 것이라면 하나님께서 그리고 공동체의 지도자가 믿고 사랑하기에 감당해 달라고 부탁한 것이기에 최선을 다해 직분을 감당하는 성도가 되시길 기도합니다.

제
11
月

18일

요셉 자손 중 에브라임 지파가 받은 기업

(수 16:1-10)

오늘 날짜가 언급된 성경 사건은 없습니다. 오늘 날짜가 포함된 사건은 다음과 같습니다.

사건 1 제2월 10일부터 방주에 들어가 하나님의 명령을 감당하는 279일째이고(노아시대 월력체계는 한 달을 30일로 계산함) 하나님께서 말씀하신 대로 40일 동안 비가 내린 272일째로 방주가 아라랏 산에 머무른 지 122일째

사건 2 라암셋을 떠난 지 298일째(제1월을 30일, 제2월을 29일로 계산함)로 시내산 밑 시내광야에 도착하여(제3월 1일) 거한 지 254일째(출 19:1-2)

사건 3 하나님께서 보여주신 식양대로 성막을 만들기 시작하는 126일째

사건 4 시내광야에 11개월 20일 머물던 이스라엘 백성이 하나님의 명령에 따라 약속의 땅을 향해 떠난 지 264일째

사건 5 에스겔 선지자가 그발 강가에서 꼼짝도 못 하고 두려워 떨며 포로 된 백성과 함께 지내는 220일째이고(겔 1:1-2, 3:14-15) 두 번째 계시받은 지 213일째

사건 6 예루살렘 성이 느브갓네살에 의해 포위된 지 38일째(왕하 25:1, 겔 24:1)

사건 7 시드기야 11년 제4월 9일 예루살렘 성이 바벨론에 의해 함락 후 214일째로 솔로몬 성전과 왕궁 그리고 예루살렘 성벽이 파괴된 지 186일째

사건 8 1차 포로 귀환 한 백성들이 성전 마당에 번제단을 만들고 매일 번제를 드리기 시작한 지 136일째

사건 9 학개 선지자에게 성전을 지으라는 하나님의 계시가 임한 지(제6월 1일) 166일째로

중단되었던 성전 건축이 다시 시작된 지(제6월 24일) 143일째이고 학개 선지자에게 두 번째 계시가 임한 지(제7월 21일) 117일째이고 세 번째, 네 번째 계시가 하루에 임한 지 54일째(학 2:10-23)

사건 10 학개 선지자를 통해 성전 공사를 재개하게 했던 것을 독려하는 계시가 스가랴 선지자에게 임한 지(8월 1일) 107일째(슥 1:1-6)이고 세 번째 계시가 임한 지(제9월 4일) 74일째

사건 11 모르드개가 조서를 써 전국(127도)에 보낸(제3월 23일) 후 233일째

사건 12 주전 458년 2차 포로 귀환하여 예루살렘에 도착한 지 195일째로 백성들이 하나님께 번제와 속죄제를 드린 191일째(스 7:6-9, 8:15-36)

사건 13 2차 포로귀환을 한 에스라가 백성들의 잡혼 문제를 해결하기 위해 조사를 시작한 지 47일째(스 10:16)

사건 14 3차 포로 귀환 한 느헤미야를 중심으로 5월 4일 시작하여 52일 동안 예루살렘 성벽 공사가 완성된(6월 25일) 후 140일째

여호수아 16장은 요셉 자손 중 에브라임 지파가 그들의 가족대로 제비 뽑은 땅의 경계와 기업에 대해 기록하고 있습니다. 유다 지파보다는 땅의 경계나 기업으로 받은 도시들이 자세하게 기록되지 않았습니다. 오늘은 에브라임 지파의 사방 경계와 그들이 받은 기업에 대해 살펴보겠습니다.

❶ 요셉의 아들인 므낫세와 에브라임이 야곱의 아들이 되어 두 지파가 됨

이스라엘(창세기 48장 사건은 야곱이 아닌 이스라엘로 기록됨)은 애굽에서 삶을 마무리하기 전 요셉과 그의 두 아들 므낫세와 에브라임이 병문안을 왔을 때 자신의 손자인 므낫세와 에브라임을 자기 아들로 삼고 축복했습니다. 이것은 이스라엘(야곱)이 자기 마음대로 한 것이 아니라 하나님께서 하실 일에 대해 깨닫고 행한 것입니다.

야곱은 두 아들을 데리고 자신을 찾아온 요셉에게 "**전능한 하나님께서** 가나안

당 루스에서 내게 나타나셨다. 그리고 그분이 내게 복을 주셨다."(창 48:3)라고 말했습니다. 어순 도치해서 주어인 '전능한 하나님께서'가 강조되었고 하나님께서 스스로 자신에게 나타나셨다고 말했습니다. 야곱은 계속해서 "그리고 내게 이르시기를 '내가 너를 많은 자손이 있게 하고 그리고 너를 번성하게 하겠다, 그리고 내가 네게서 많은 백성이 나게 하겠다. 그리고 내가 이 땅을 네 후손에게 영원한 기업으로 줄 것이다.'라고 말씀하셨다."(창 48:4)고 하나님께서 자신에게 하셨던 말씀을 전했습니다. 그리고 "그러니 이제 내가 애굽으로 와서 네게 이르기 전에 애굽에서 네게 낳아진 두 아들 그들은 나에게 속했다. 에브라임과 므낫세는 르우벤과 시므온처럼 나에게 속할 것이다."(창 48:5)라고 선언했습니다. 야곱은 '내가 애굽으로 와서 네게 이르기 전에 애굽에서 네게 낳아진 두 아들'과 같은 의미인 '그들은'을 반복 사용해서 강조했고 또한 어순 도치하여 주어인 '에브라임과 므낫세'를 강조했습니다. 마지막으로 "그리고 이들(에브라임과 므낫세) 이후에 낳아진 네 아이가 너에게 속할 것이다. 그들이(에브라임과 므낫세) 땅을 유산으로 받을 때 그들의 형의 이름 위에(함께) 불리게 될 것이다."(창 48:6)라고 말했습니다. 이때 어순 도치되어 부사어인 '그들의 형의 이름 위에(함께)'가 강조되었습니다.

이스라엘(야곱)의 선포처럼 에브라임과 므낫세의 후손들은 출애굽 할 때 두 지파를 이루었고 시므온과 레위를 제외한 야곱의 열 아들의 후손과 함께하나님께서 약속하신 땅을 상속받게 됩니다. 여호수아 16, 17장은 에브라임과 므낫세 지파가 분배받은 땅과 기업에 대해 기록하고 있습니다.

❷ 작은 아들인 에브라임에게 오른손으로 축복한 이스라엘(야곱)

요셉과 이야기를 끝낸 이스라엘은 요셉의 아들 에브라임과 므낫세를 보고 "이들은 누구냐?"라고 물었습니다(창 48:8). 요셉은 그의 아버지 이스라엘에게 "이들은 이곳에서 하나님께서 나에게 주신 아들들입니다."(창 48:9a)라고 대답했습니다. 이에 이스라엘은 "그들을 취하라!(명령) 원하건대 나에게 (오도록 하라). 그러면 내가 그들에게 축복할 것이다."(창 48:9b)라고 말했습니다. 아버지가 아들에게 축복하는 경우는 있었으나 할아버지가 손자에게 축복하는 경우는 처음입니다. 창세기 48:5-6에서 야곱이 에브라임과 므낫세를 아들의 위치로 만들었기에 아들에게 축복하고 있다고 볼 수 있습니다. 이후 내용을 보면 야곱은 에브라임과 므낫세에게 자신의 손을 얹고 '요셉을 위하여'(창 48:15) 축복하는데 요셉을 대신해서 축복하는 것처럼 보입니다.

요셉은 이스라엘의 말을 듣고 두 아들을 이스라엘 앞으로 데리고 갔습니다. 이스라엘은 그들에게 입 맞추고 그들을 안고(창 48:10) 요셉에게 **"나는 너의 얼굴 보는 것을 기대하지 못했다. 그러나 보라 하나님께서 내게 네 씨를 보이셨다."**라고 말했습니다(창 48:11). 요셉은 이스라엘의 무릎 사이에서 두 아들을 물러나게 하고 땅에 엎드려 절했습니다. 그리고 요셉은 자신의 오른손으로 에브라임을 이스라엘의 왼손을 향하게 하고 자신의 왼손으로는 므낫세를 이스라엘의 오른손을 향하게 하여 야곱에게 이끌고 나갔습니다(창 48:12-13). 요셉은 장자인 므낫세의 머리 위에 이스라엘의 오른손이 머물러 축복을 받게 하려고 했던 것입니다.

이스라엘은 오른손을 펴서 차남 에브라임의 머리에 얹고 왼손을 펴서 므낫세의 머리에 얹었습니다. 이런 행동은 눈이 어두워서 잘못 보고 한 행동이 아니라 의도적인 행동인데 성경은 **'므낫세는 장자일지라도 그는**(이스라엘) **그의 팔을 엇바꾸어 얹었다.'**(창 48:14c)고 말합니다. 이스라엘은 육신의 나이가 들어 죽게 되어 몸도 혼자 가누지 못할 정도가 되었고 눈도 어두워 잘 보지 못했습니다(창48:10). 그러나 영적으로는 정확하게 깨어 있습니다. 하나님의 뜻을 깨달은 이스라엘은 요셉이 자신의 팔을 바꾸려고 할 때 '나도 안다 나도 안다'라고 말하며 육신의 눈이 어두워 못 보고 실수하는 것이 아니라 의도적으로 팔을 엇바꾸어 축복한다고 정확히 말했습니다(창 48:19).

❸ 에스라임 지파가 분배받은 땅의 사방 경계(수 16:1-8)

여호수아 16:1-4에서는 요셉의 자손 므낫세와 에브라임이 받은 기업에 대해 언급하고 있습니다. 그들의 지경은 '여리고 성 동쪽에 있는 요단강으로부터 유대광야로 올라가 벧엘 산지에 이르렀고 벧엘에서 루스를 지나 아렉 족속의 경계를 지나 아다롯에 이르렀으며 서쪽으로 내려가 야블렛 족속의 경계와 아래 벧호론과 게셀을 지나 그 끝이 대해(지중해)까지 이르렀다'(수 16:1-4)라고 기록되었습니다. 이후 에브라임 자손이 그 가족대로 받은 지역에 대해 언급됩니다.

에브라임 지파가 분배받은 기업

① **동쪽 경계** : 아다롯 앗달에서 윗 벧호론

② **북쪽 경계** : 바다 쪽 믹므다에서 다아낫 실로와 야노아 동쪽을 지나 아다롯과 나아라로 내려가 여리고를 만나 요단강까지

③ **남쪽 경계** : 여리고 성 동쪽 요단강부터 유대광야로 올라가 벧엘 산지, 루스를 지나 아렉 족속 경계 아다롯, 서쪽으로 야블렛 족속 경계를 지나 아래 벧호론과 게셀을 지나 바다까지

요셉의 자손 에브라임과 므낫세 지파가 분배받은 땅

④ **서쪽 경계** : 대해(지중해)

에브라임 지파가 분배받은 기업은 자신들의 경내 말고도 므낫세 자손의 기업 가운데에도 있었다고 언급됩니다(수 16:9). 그런데 에브라임 지파는 게셀에 거주하는 가나안 족속을 쫓아내지 못했습니다(수 16:10a). 그래서 **'가나안 족속이 오늘까지**(여호수아서가 기록되는 때) **에브라임 가운데 거주했다. 그리고 그가**(가나안 족속) **노역하는 종이 되었다.'**(수 16:10bc)라고 기록되었습니다.

이스라엘(야곱)은 어려서부터 할아버지 아브라함과 아버지 이삭에게 하나님에 대해 배웠습니다. 그리고 77세 때 벧엘에서 인격적인 하나님을 만났고 107세 정도에 전능하신 하나님에 대해 깨닫고 130세쯤 전능하신 하나님께 자신의 삶을 맡기게 됩니다. 이후 17년을 애굽에 살면서 몸은 쇠해졌지만 영적으로는 하나님의 구속역사를 깨달았습니다. 그리고 요셉의 두 아들 에브라임과 므낫세를 자기 아들로 만들었고 차자였던 에브라임에게 오른손의 축복을 했습니다. 이후 460여 년이 지나 하나님의 약속대로 땅을 정복한 후 에브라임과 므낫세 지파가 이스라엘의 열 아들과 함께 땅을 분배받는 결과로 나타났습니다. 이스라엘의 예언대로 에브라임과 므낫세 지파가 다른 지파들보다 먼저 분배를 받았고 오른손의 축복을 받은 에브라임 지파가 므낫세 지파보다 먼저 분배받고 있음을 알 수 있습니다.

성도 여러분!

이 시대에도 하나님께서는 전능하신 하나님을 깨닫고 믿고 삶 가운데 동행하는 믿는 자를 통해 일하시는 줄 믿습니다. 이스라엘처럼 하나님의 뜻을 깨닫기 위해 하나님의 말씀을 더욱 연구하고 하나님께 더욱 기도하는 생활을 하고 내게 맡겨주신 직분을 잘 감당하시기 성도가 됩시다. 오늘도 하나님 말씀을 기억하고 내 삶 가운데 이루고 더 나아가 나의 믿음의 후배들에게 하나님의 뜻이 전해져 이루어질 수 있도록 다음 세대를 잘 가르치고 그들을 위해 기도하는 하루가 되시길 기도합니다.

19일

요셉 자손 중 므낫세 지파가 받은 기업

(수 17:1-18)

오늘 날짜가 언급된 성경 사건은 없습니다. 오늘 날짜가 포함된 사건은 다음과 같습니다.

사건 1 제2월 10일부터 방주에 들어가 하나님의 명령을 감당하는 280일째이고(노아시대 월력체계는 한 달을 30일로 계산함) 하나님께서 말씀하신 대로 40일 동안 비가 내린 273일째로 방주가 아라랏 산에 머무른 지 123일째

사건 2 라암셋을 떠난 지 299일째(제1월을 30일, 제2월을 29일로 계산함)로 시내산 밑 시내광야에 도착하여(제3월 1일) 거한 지 255일째(출 19:1-2)

사건 3 하나님께서 보여주신 식양대로 성막을 만들기 시작하는 127일째

사건 4 시내광야에 11개월 20일 머물던 이스라엘 백성이 하나님의 명령에 따라 약속의 땅을 향해 떠난 지 265일째

사건 5 에스겔 선지자가 그발 강가에서 꼼짝도 못 하고 두려워 떨며 포로 된 백성과 함께 지내는 221일째이고(겔 1:1-2, 3:14-15) 두 번째 계시받은 지 214일째

사건 6 예루살렘 성이 느브갓네살에 의해 포위된 지 39일째(왕하 25:1, 겔 24:1)

사건 7 시드기야 11년 제4월 9일 예루살렘 성이 바벨론에 의해 함락 후 215일째로 솔로몬 성전과 왕궁 그리고 예루살렘 성벽이 파괴된 지 187일째

사건 8 1차 포로 귀환 한 백성들이 성전 마당에 번제단을 만들고 매일 번제를 드리기 시작한 지 137일째

사건 9 학개 선지자에게 성전을 지으라는 하나님의 계시가 임한 지(제6월 1일) 167일째로

중단되었던 성전 건축이 다시 시작된 지(제6월 24일) 144일째이고 학개 선지자에게 두 번째 계시가 임한 지(제7월 21일) 118일째이고 세 번째, 네 번째 계시가 하루에 임한 지 55일째(학 2:10-23)

사건 10 학개 선지자를 통해 성전 공사를 재개하게 했던 것을 독려하는 계시가 스가랴 선지자에게 임한 지(8월 1일) 108일째(슥 1:1-6)이고 세 번째 계시가 임한 지(제9월 4일) 75일째

사건 11 모르드개가 조서를 써 전국(127도)에 보낸(제3월 23일) 후 234일째

사건 12 주전 458년 2차 포로 귀환하여 예루살렘에 도착한 지 196일째로 백성들이 하나님께 번제와 속죄제를 드린 192일째(스 7:6-9, 8:15-36)

사건 13 2차 포로귀환을 한 에스라가 백성들의 잡혼 문제를 해결하기 위해 조사를 시작한 지 48일째(스 10:16)

사건 14 3차 포로 귀환 한 느헤미야를 중심으로 5월 4일 시작하여 52일 동안 예루살렘 성벽 공사가 완성된(6월 25일) 후 141일째

여호수아 17장은 요셉 자손 중 므낫세 지파가 그들의 가족대로 제비 뽑은 땅의 경계와 기업에 대해 기록하고 있습니다. 오늘은 므낫세 지파의 사방 경계와 그들이 받은 기업에 대해 살펴보겠습니다.

❶ 요단 동편에서 므낫세 반 지파가 분배받은 땅의 사방 경계(수 17:1-6)

여호수아 17장은 먼저 요단 동편에서 분배받은 므낫세 반 지파에 대해 언급합니다. 므낫세는 요셉의 장자였고 므낫세의 장자 마길은 길르앗의 아버지였는데 그가 용사였기에 길르앗과 바산을 분배받았다(수 17:1)고 말합니다. 이후 특별한 사건을 기록하고 있는데 여자 후손들에게 분배된 기업에 대해 언급하고 있습니다.

므낫세의 남은 아들의 자손은 아비에셀, 헬렉, 아스리엘, 세겜, 헤벨 그리고 스미다로 여섯 자손이었습니다(수 17:2). 그런데 므낫세의 자손 중 헤벨

의 아들, 길르앗의 손자, 마길의 증손, 므낫세의 현손(4대손)이었던 슬로브핫은 아들이 없고 딸 말라, 노아, 호글라, 밀가 그리고 디르사 5명이 있었습니다(수 17:3). 여호수아 17:3은 어순 도치되어 주어인 '헤벨의 아들, 길르앗의 손자, 마길의 증손, 므낫세의 4대손이었던 슬로브핫은'이 강조되었습니다. 슬로브핫의 딸들은 제사장 엘르아살과 눈의 아들 여호수아와 지도자들 앞에 나와 **"여호와께서 모세에게 명령하사 '우리 형제 중에서 우리에게 기업을 주라.' 하셨다."** 라고 말하므로 여호와의 명령을 따라 그녀들에게 그녀들의 아버지 형제 중에서 기업을 주게 되어 요단 동쪽 길르앗과 바산 외에 므낫세에게 열 분깃이 돌아갔습니다(수 17:4-5). 므낫세의 여자 자손들은 그의 남자 자손 중에서 기업을 받은 까닭으로 길르앗 땅은 므낫세의 남은 자손들에게 속했습니다(수 17:6). 여호수아 17:6은 어순 도치되어 주어인 '므낫세의 여자 후손들이'가 강조되었는데 슬로브핫의 딸들이 땅을 기업으로 받은 것이 중요 사건이었음을 보여줍니다.

❷ 요단 서편에서 므낫세 반 지파가 분배받은 땅의 사방 경계(수 17:7-13)

여호수아 17:7-13에서는 요단 서편에서 분배받은 요셉 자손 므낫세 반 지파의 경계에 대해 언급하고 있습니다.

ⓠ 요단 서편에서 므낫세 반 지파가 분배받은 기업

① 북쪽 경계

북쪽으로 아셀과 잇사갈과 경계를 이루고 잇사갈과 아셀 지파 땅에도 므낫세의 소유인 벳 스안, 이블르암, 돌, 엔돌, 다아낙, 므깃도와 그 주변 마을이 속합니다. 아셀부터 세겜 앞 믹므닷, 오른쪽으로 엔답부아 경계, 답부아는 므낫세 경계에 있었으나 에브라임 자손에게 속합니다.

② **남쪽 경계** : 가나 시내(북쪽이 므낫세 반 지파 남쪽은 에브라임 지파)

므낫세 반 지파의 경계가 언급되었지만 므낫세 자손은 그 성읍들의 주민을 쫓아내지 못하여 가나안 족속이 결심하고 그 땅에 거주했다고 언급됩니다. 이스라엘 자손이 강성한 후에야 가나안 족속에게 노역을 시켰고 다 쫓아내지 않았다고 말합니다(수 17:12-13).

❸ 더 넓은 땅을 요구하는 요셉 자손들(수 17:16-18)

요셉 자손인 므낫세가 분배받은 지역 이스르엘 골짜기에서 벧 스안(벧산)에 이르는 지역은 아주 비옥하고 농사짓거나 목축하기에 좋은 땅이었습니다. 하지만 그들은 그곳에 사는 가나안 거민을 쫓아내지 못했습니다. 그리고 이스르엘 골짜기와 해안 평야로 내려가지 못하고 산지에 갇혀 살던 에브라임과 므낫세 자손들은 **"그 산지는 우리에게 넉넉하지 못하다. 그리고 골짜기 땅에 거주하는 모든 가나안 족속에게는 벧 스안과 그 마을들에 거주하는 자이든지 이스르엘 골짜기에 거주하는 자이든지 다 철병거가 있습니다."**(수 17:16)라고 말합니다. 에브라임과 므낫세 자손들은 다른 지파보다 넓고 좋은 조건의 땅을 분배받았는데 하나님께서 함께하신다는 믿음이 없고 가나안 족속의 철병거를 두려워했기에 그 땅 거민을 쫓아내지 못하고 오히려 자신들이 거주할 땅이 부족하다고 말하고 있습니다. 에브라임과 므낫세 자손들은 골짜기뿐 아니라 '그 산지'도 다 정복하지 못했습니다. 이에 여호수아는 에브라임과 므낫세 자손들에게 **"너는 큰 민족이다. 그리고 큰 권능이 너에게 있다. 한 분깃만이 너에게 있지 않다. 왜냐하면 비록 삼림이라도 그 산지도 네 것이 될 것이다. 그리고 네가 개척하라.**

므낫세 지파가 분배받았지만 정복하지 못했던 이스르엘 골짜기

그리고 그 끝까지 네 것이 되리라. 비록 가나안 족속이 철 병거를 가졌고 비록 그가 강할지라도 네가 능히 그를 쫓아내리라."(수 17:18)고 말했습니다. 여호수아는 믿음을 가지고 철 병거를 두려워하지 말고 싸워 이기라고 말했고 골짜기와 해안 평야가 아닌 '그 산지'도 거하기에 충분하니 스스로 개척하고 차지하라고 요구했습니다.

성도 여러분!

유다 지파에 속했던 갈렙은 우선권이 있을 때 가장 강력한 족속이 머무는 헤브론을 요구한 후 그들을 진멸했습니다. 그런데 유다 지파보다 더 강하고 지도권을 가졌던 에브라임 지파와 요단 동쪽과 서쪽에서 제일 넓은 땅을 분배받았던 므낫세 지파는 자신들이 분배받은 땅을 정복하지 못하고 오히려 다른 땅을 달라고 요구하고 있습니다. 하나님께서 제비를 뽑게 하셔서 주신 땅은 그것을 받은 지파가 하나님께서 앞서 싸우신다는 믿음으로 반응하여 분배받은 지역에 거는 거민을 쫓아내야 했는데 믿음으로 반응하지 못하고 사람의 눈으로 철병거를 보았기에 정복할 수 없었습니다. 오늘도 내 눈에 보이는 세상의 조건들로 인해 두려워 할 것이 아니라 보이지 않지만 함께하시며 도우시고 먼저 나가 싸워주시는 하나님을 믿음으로 맡겨 주신 직분을 잘 감당하는 하루가 되시길 기도합니다.

20일

실로에 회막이 세워지고 베냐민 지파가 기업을 분배받음

(수 18:1-28)

오늘 날짜가 언급된 성경 사건은 없습니다. 오늘 날짜가 포함된 사건은 다음과 같습니다.

사건 1 제2월 10일부터 방주에 들어가 하나님의 명령을 감당하는 281일째이고(노아시대 월력체계는 한 달을 30일로 계산함) 하나님께서 말씀하신 대로 40일 동안 비가 내린 274일째로 방주가 아라랏 산에 머무른 지 124일째

사건 2 라암셋을 떠난 지 300일째(제1월을 30일, 제2월을 29일로 계산함)로 시내산 밑 시내광야에 도착하여(제3월 1일) 거한 지 256일째(출 19:1-2)

사건 3 하나님께서 보여주신 식양대로 성막을 만들기 시작하는 128일째

사건 4 시내광야에 11개월 20일 머물던 이스라엘 백성이 하나님의 명령에 따라 약속의 땅을 향해 떠난 지 266일째

사건 5 에스겔 선지자가 그발 강가에서 꼼짝도 못 하고 두려워 떨며 포로 된 백성과 함께 지내는 222일째이고(겔 1:1-2, 3:14-15) 두 번째 계시받은 지 215일째

사건 6 예루살렘 성이 느브갓네살에 의해 포위된 지 40일째(왕하 25:1, 겔 24:1)

사건 7 시드기야 11년 제4월 9일 예루살렘 성이 바벨론에 의해 함락 후 216일째로 솔로몬 성전과 왕궁 그리고 예루살렘 성벽이 파괴된 지 188일째

사건 8 1차 포로 귀환 한 백성들이 성전 마당에 번제단을 만들고 매일 번제를 드리기 시작한 지 138일째

사건 9 학개 선지자에게 성전을 지으라는 하나님의 계시가 임한 지(제6월 1일) 168일째로

중단되었던 성전 건축이 다시 시작된 지(제6월 24일) 145일째이고 학개 선지자에게 두 번째 계시가 임한 지(제7월 21일) 119일째이고 세 번째, 네 번째 계시가 하루에 임한 지 56일째(학 2:10-23)

사건 10 학개 선지자를 통해 성전 공사를 재개하게 했던 것을 독려하는 계시가 스가랴 선지자에게 임한 지(8월 1일) 109일째(슥 1:1-6)이고 세 번째 계시가 임한 지(제9월 4일) 76일째

사건 11 모르드개가 조서를 써 전국(127도)에 보낸(제3월 23일) 후 235일째

사건 12 주전 458년 2차 포로 귀환하여 예루살렘에 도착한 지 197일째로 백성들이 하나님께 번제와 속죄제를 드린 193일째(스 7:6-9, 8:15-36)

사건 13 2차 포로귀환을 한 에스라가 백성들의 잡혼 문제를 해결하기 위해 조사를 시작한 지 49일째(스 10:16)

사건 14 3차 포로 귀환 한 느헤미야를 중심으로 5월 4일 시작하여 52일 동안 예루살렘 성벽 공사가 완성된(6월 25일) 후 142일째

여호수아 18-19장은 실로에 회막을 세우고 아직 분배받지 못한 일곱 지파가 약속의 땅을 분배받는 내용이 나타납니다. 오늘은 실로에 회막을 세우는 사건과 베냐민 지파에 분배된 땅의 사방 경계와 그들이 받은 기업에 대해 살펴보겠습니다.

❶ 회막을 세우고 일곱 지파에 땅을 분배하기 위한 준비를 함(수 18:1-10)

약속의 땅 정복 전쟁이 일단락되고 유다와 에브라임 그리고 므낫세 반 지파에 땅이 분배된 후 온 이스라엘 자손은 실로에 모여 회막을 세웠습니다(수 18:1). 정복 전쟁 중에는 길갈에 성막이 있었고 이 길갈은 여호수아와 지도자들이 머물며 이스라엘 백성을 통치하는 중심 장소였습니다. 그런데 정복 전쟁이 일단락되고 땅 분배가 일차로 마쳤을 때 여호수아가 속한 에브라임 지파의 땅인 실로에 여호와의 회막이 옮겨진 후 세워졌습니다. 여호와 하나

님의 임재의 상징인 언약궤가 에브라임 지파의 땅인 실로로 옮겨진 후 에브라임 지파의 주도권은 사사 시대까지 나타납니다. 이스라엘 자손은 실로에 회막을 세웠을 때 **'그리고 그 땅은 그들**(이스라엘 백성) **앞에 복종했다.'**(수 18:1c)고 언급됩니다. 문장은 어순 도치되어 '그 땅이'가 강조되었습니다.

요단 동편에서 르우벤, 갓, 므낫세 반 지파가 땅을 분배받았고 요단 서편에서 유다, 에브라임, 므낫세 반 지파가 땅을 분배받은 사건이 있은 후 실로에 성막을 세우는 사건이 나타납니다. 여호수아 18:2은 성막이 세워졌지만 이스라엘 자손 중 아직 기업의 분배를 받지 못한 일곱 지파가 있다고 말합니다. 아마도 나머지 일곱 지파는 땅을 분배받는데 있어 열심을 내지 않았던 것으로 보입니다.

실로로 여호와의 회막을 옮긴 후 여호수아는 이스라엘 자손에게 **"너희가 너희 조상의 하나님 여호와께서 너희에게 주신 땅을 취하러 가는 것을 어느 때까지 지체할 것이냐? 너희는 매 지파에 삼 인 씩 오라!**(명령) **그러면 내가 그들을 보낼 것이다. 그리고 그들은 일어날 것이다. 그리고 그들은 그 땅을 두루 다닐 것이다. 그리고 그들은 그 기업에 맞게 기록할 것이다. 그리고 그들은 내게도 돌아올 것이다."**(수 18:3-4)고 선포했습니다. 그리고 여호수아는 **"그들은 그 땅을 일곱 부분으로 나눌 것이다. <u>유다는</u> 네겝으로부터 자기의 땅에 거할 것이다. 그리고 <u>요셉 족속은</u> 그 북쪽 자기 땅에 거할 것이다. 그리고 <u>너희는</u> 그 남은 땅을 일곱 부분으로 그려라. 그리고 이곳 내게로 가져오라. 그러면 내가 너희를 위하여 여기 여호와 우리 하나님 앞에서 제비를 뽑을 것이다."**(수 18:5-6)라고 말하며 나머지 지파에 땅을 분배하기 위한 준비를 시켰습니다. 여호수아는 나머지 지파가 땅을 분배받을 때 유다와 요셉 족속이 이미 분배받은 땅에 머물러야 함을 강조하는데 어순 도치하여 주어인 '유다는'과 '요셉 족속은'을 강조하고 남은 땅을 일곱 부분으로 그리는 당사자인 '너희는'을 어순 도치해서 강조했습니다. 여호수아는 계속해서 **"레위 사람들은 너희 가운데 몫이 없을 것이다. 이는 여호와의 제사장 직분이 그들의 기업이기 때문이다. 그리고 <u>갓과 르우벤과 므낫세 반 지파는</u> 그들의 상속을 요단 건너편에서 취했기 때문이**

다."(수 18:7)라고 말하며 일곱 지파 이외에 레위 지파나 이미 요단 동편에서 분배받은 두 지파 반은 참여하지 말 것을 요청했습니다. 이때에도 어순 도치하여 이미 분배받은 '갓과 르우벤과 므낫세 반 지파는'이 강조되었는데 이번에 땅을 나누는 것과 상관이 없음을 강조하고 있습니다.

여호수아의 명령을 들은 사람들은 일어났고 여호수아는 그들에게 **"가라!**(명령) **그리고 그 땅을 스스로 돌아다니라!**(명령) **그리고 그 땅을 그리라!**(기록하라!)(명령) **그리고 내게도 돌아오라!**(명령) **그러면 여기서 내가 너희를 위하여 실로에서 여호와 앞에서 제비를 뽑을 것이다."**(수 18:9)라고 말했습니다. 그 사람들은 가서 그 땅을 두루 돌아다녔고 성읍들을 일곱 부분으로 그렸고 실로 진으로 여호수아에게로 돌아왔습니다(수 18:9). 여호수아는 그들을 위해 실로 여호와 앞에서 제비를 뽑았고 이스라엘 자손의 반열대로 거기서 분배했습니다(수 18:10).

실로로 회막을 옮긴 후 진행되는 일곱 지파에 땅을 분배하는 사건에서 '실로'(수 18:1, 8, 9)와 실로를 의미하는 '여기서'('포', פֹּה)(수 18:6, 8) 그리고 실로에 머무시는 언약궤를 의미하는 '여호와의 앞에서'(수 18:6, 8, 10)가 여러 번 쓰여 사건이 '실로'에서 이루어지고 있음을 강조하고 있습니다.

❷ 베냐민 지파가 분배받은 땅의 사방 경계(수 18:11-28)

일곱 지파 중 제일 먼저 땅을 분배받은 지파는 베냐민 지파였습니다. 베냐민 지파가 분배받은 땅은 유다 자손과 요셉 자손의 중간 부분이었습니다(수 18:11).

ⓠ 베냐민 지파가 분배받은 기업

① 북쪽 경계(수 18:12-13)

요단강, 여리고 북쪽을 지나 유대광야로 올라가 벧아웬 황무지, 루스(벧

엘) 남쪽, 아다롯 앗달, 아래 벧호론 남쪽 산,

② **서쪽 경계**(수 18:14)

벧호론 남쪽 산에서 유다 자손의 성읍 기럇 바알(기럇 여아림) 끝까지

③ **남쪽 경계**(수 18:15-18)

기럇 여아림 끝, 넵도아 물 근원, 르바임 골짜기 북쪽 힌놈의 아들 골짜기 앞산까지, 여부스 남쪽, 엔 로겔, 엔 세메스, 아둠밈 비탈 맞은편 글릴롯, 르우벤 자손 보한의 돌까지, 아라바로 내려가 북으로 벧 호글라 곁, 요단 남쪽 끝 염해의 북쪽 해안까지

④ **동쪽 경계**(수 18:19) : 요단강

❸ 베냐민 자손의 기업(수 18:21-28)

베냐민 자손의 기업은 지역의 특성을 고려하지 않고 나열됩니다. 먼저 요단계곡지대와 유대 광야를 올라 벧엘까지 12 성읍인 '여리고, 벧 호글라, 에멕 그시스, 벧 아바라, 스마라임, 벧엘, 아윔, 바라, 오브라, 그발 암모니, 오브니, 게바'가 언급되고 베냐민 고원지대와 유대 산지 서편 지역의 14 성읍인 '기브온, 라마, 브에롯, 미스베, 그비라, 모사, 레겜, 이르브엘, 다랄라, 셀라, 엘렙, 여부스(예루살렘), 기부앗, 기럇'이 언급됩니다.

성도 여러분!

일곱 지파가 왜 나중에 분배받게 되었는지 이유는 정확하게 나타나지 않습니다. 하지만 일곱 지파가 약속의 땅 분배받는 것에 많은 관심을 가지지 않았던 것은 여호수아의 "너희가 너희 조상의 하나님 여호와께서 너희에게 주신 땅을 취하러 가는 것을 어느 때까지 지체할 것이냐?"라는 말로 분명하게 알 수 있습니다. 이스라엘 백성이 요단강을 마른 땅으로 건너 약속의 땅

에 들어온 것은 여호와 하나님께서 그들의 조상에게 약속하셨던 땅을 취하기 위함이었는데 일곱 지파는 정복 전쟁이 일단락된 후 자신들이 해야 할 일에 대해 잊고 있었음을 알 수 있습니다. 이 시대를 사는 예수를 그리스도라 고백하는 하나님의 언약공동체(교회)의 일원인 나는 이 시대 내가 해야 할 일을 정확히 알고 순종하고 있는지 돌아봅시다. 오늘도 나 자신의 정체성을 확신하고 성도로서 맡겨 주신 직분을 잘 감당할 지도자로서 하나님의 일에 전심전력을 다하는 하루가 되시길 기도합니다.

21일

시므온, 스불론, 잇사갈, 아셀, 납달리, 단 지파가 기업을 분배받음

(수 19:1-31)

오늘 날짜가 언급된 성경 사건은 없습니다. 오늘 날짜가 포함된 사건은 다음과 같습니다.

사건 1 제2월 10일부터 방주에 들어가 하나님의 명령을 감당하는 282일째이고(노아시대 월력체계는 한 달을 30일로 계산함) 하나님께서 말씀하신 대로 40일 동안 비가 내린 275일째로 방주가 아라랏 산에 머무른 지 125일째

사건 2 라암셋을 떠난 지 301일째(제1월을 30일, 제2월을 29일로 계산함)로 시내산 밑 시내광야에 도착하여(제3월 1일) 거한 지 257일째(출 19:1-2)

사건 3 하나님께서 보여주신 식양대로 성막을 만들기 시작하는 129일째

사건 4 시내광야에 11개월 20일 머물던 이스라엘 백성이 하나님의 명령에 따라 약속의 땅을 향해 떠난 지 267일째

사건 5 에스겔 선지자가 그발 강가에서 꼼짝도 못 하고 두려워 떨며 포로 된 백성과 함께 지내는 223일째이고(겔 1:1-2, 3:14-15) 두 번째 계시받은 지 216일째

사건 6 예루살렘 성이 느브갓네살에 의해 포위된 지 41일째(왕하 25:1, 겔 24:1)

사건 7 시드기야 11년 제4월 9일 예루살렘 성이 바벨론에 의해 함락 후 217일째로 솔로몬 성전과 왕궁 그리고 예루살렘 성벽이 파괴된 지 189일째

사건 8 1차 포로 귀환 한 백성들이 성전 마당에 번제단을 만들고 매일 번제를 드리기 시작한 지 139일째

사건 9 학개 선지자에게 성전을 지으라는 하나님의 계시가 임한 지(제6월 1일) 169일째로 중단되었던 성전 건축이 다시 시작된 지(제6월 24일) 146일째이고 학개 선지자에게 두 번째 계시가 임한 지(제7월 21일) 120일째이고 세 번째, 네 번째 계시가 하루에 임한 지 57일째(학 2:10-23)

사건 10 학개 선지자를 통해 성전 공사를 재개하게 했던 것을 독려하는 계시가 스가랴 선지자에게 임한 지(8월 1일) 110일째(슥 1:1-6)이고 세 번째 계시가 임한 지(제9월 4일) 77일째

사건 11 모르드개가 조서를 써 전국(127도)에 보낸(제3월 23일) 후 236일째

사건 12 주전 458년 2차 포로 귀환하여 예루살렘에 도착한 지 198일째로 백성들이 하나님께 번제와 속죄제를 드린 194일째(스 7:6-9, 8:15-36)

사건 13 2차 포로귀환을 한 에스라가 백성들의 잡혼 문제를 해결하기 위해 조사를 시작한 지 50일째(스 10:16)

사건 14 3차 포로 귀환 한 느헤미야를 중심으로 5월 4일 시작하여 52일 동안 예루살렘 성벽 공사가 완성된(6월 25일) 후 143일째

오늘은 어제에 이어 일곱 지파 중 시므온, 스불론, 잇사갈 지파에 분배된 땅의 사방 경계와 그들이 받은 기업에 대해 살펴보겠습니다.

❶ 시므온 지파가 분배받은 기업(수 19:1-9)

일곱 지파 중 두 번째로 기업을 분배받은 지파는 시므온 지파였습니다. 그런데 시므온 지파는 남은 땅 중에서 기업을 분배받지 못하고 이미 분배받은 유다 지파의 땅에서 살게 되었습니다(수 19:1). 다른 지파와 달리 시므온 지파에 대해서는 도시만 나열되었습니다. 브엘세바를 중심으로 한 주변의 세바, 몰라다, 하살 수알, 발라, 에셈, 엘돌랏, 브둘, 호르마, 시글락, 벧 말가봇, 하살수사, 벧 르바옷, 사루헨 13성읍(수 19:2-6) 그리고 아인, 림몬, 에델,

아산 4성읍(수 19:7), 네겝 지역의 라마(바알랏 브엘)까지(수 19:8) 유다 지파의 분깃 중에서 분배받았습니다(18년 2월 2일 유다 지파의 경계와 가족대로 받은 기업 중 지도 참조).

❷ 스블론 지파가 분배받은 기업(수 19:10-)

일곱 지파 중 세 번째로 기업을 분배받은 지파는 스블론 지파였습니다. 스블론 지파는 아셀, 납달리, 잇사갈, 므낫세 반 지파에 둘러 쌓인 남부 갈릴리 지역을 분배받았습니다. 스블론 지파가 분배받은 기업은 잇사갈 지파와의 경계인 사릿에서 서쪽으로 가 마랄라, 답베셋, 욕느암 앞 시내를 만나고(수 19:10-11), 사릿에서 동쪽으로 돌아 해 뜨는 쪽으로 가 기슬롯 다볼, 다브랏, 야비아, 가드헤벨, 가신, 네아, 림몬까지이고(수 19:12-13), 북쪽으로 돌아 한나돈, 입다엘 골짜기까지이며(수 19:14), 갓닷, 나할랄, 시므론, 이달라, 베들레헴을 포함해 12 성읍과 그 마을들이었습니다(수 19:15-16).

❸ 잇사갈 지파가 분배받은 기업(수 19:17-23)

일곱 지파 중 네 번째로 기업을 분배받은 지파는 잇사갈 지파였습니다(수 19:17). 잇사갈 지파가 분배받은 기업은 이스르엘, 그술롯, 수넴, 하바라임, 시온, 아나하랏, 랍빗, 기시온, 에베스, 레멧, 엔 간님, 엔핫다, 벧 바세스이고 그 경계는 다볼 산과 사하수마와 벧 세메스 16성읍과 마을이었는데 동쪽 끝은 요단강에 닿았습니다(수 19:18-23).

❹ 아셀 지파가 분배받은 기업(수 19:24-31)

일곱 지파 중 다섯 번째로 기업을 분배받은 지파는 아셀 지파였습니다(수 19:24). 아셀 지파가 분배받은 기업은 헬갓, 할리, 베덴, 악삽, 알람멜렉, 아맛, 미살이고 서쪽으로 갈멜과 시홀 림낫을 지나 대해(지중해)에 이르고, 동쪽

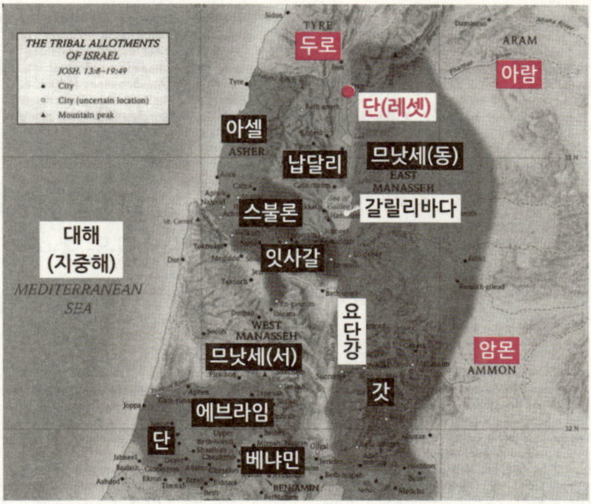

지파 별로 분배받은 땅과 단 지파가 이주한 북쪽의 레센(단)

으로는 벧 다곤에 이르러 스블론 지파의 경계를 만나고 북쪽으로 올라가 입다 엘 골짜기, 벧에멕, 느이엘에 이르고, 북쪽 경계는 가불 왼쪽으로 나가 에브론, 르홉, 함몬, 가나를 지나 시돈, 라마, 두로, 호사 악십 지방을 지나 대해(지중해)에 이르러 움마, 아벡, 르홉이 포함된 22 성읍과 마을들 이었습니다(수 19:25-31).

⑤ 납달리 지파가 분배받은 기업(수 19:32-39)

일곱 지파 중 여섯 번째로 기업을 분배받은 지파는 납달리 지파였습니다(수 19:32). 납달리 지파가 분배받은 기업의 북쪽 경계는 헬렙, 사아난님의 상수리나무, 아다미, 네겝, 얍느엘, 락굼을 지나 요단강까지이고 서쪽으로 돌아 아스놋 다볼, 훅곳을 지나 남쪽은 스블론 지파와 닿고 동쪽은 요단강에 접했습니다. 스블론 지파는 견고한 성읍인 싯딤, 세르, 함맛, 락갓, 긴네렛, 아다마, 라마, 하솔, 게데스, 에드레이, 엔 하솔, 이론, 믹다렐, 호렘, 벧 아낫, 벳 세메스 19 성읍과 그 마을을 차지했습니다(수 19:33-39).

⑥ 단 지파가 분배받은 기업(수 19:40-48)

일곱 지파 중 여섯 번째로 기업을 분배받은 지파는 단 지파였습니다(수

19:40). 단 지파가 분배받은 기업은 소라, 에스다올, 이르세메스, 사알랍빈, 아얄론, 이들라, 엘론, 딤나, 에그론, 엘드게, 깁브돈, 바알랏, 여훗, 브네브락, 가드 림몬, 메얄곤, 락곤, 욥바 맞은편 경계가지 였습니다(수 19:41-46, 48).

다른 여섯 지파와는 달리 단 지파에 대한 특이한 언급이 있습니다. 단 지파는 제비 뽑아 분배받은 곳에서 블레셋을 쫓아내지 못하고 산지로 쫓겨 살다 거할 곳이 부족하여 북쪽으로 이주한 사실을 있는데 이것이 **'그리고 단 자손의 지경이 더욱 확장되었다. 그리고 단 자손이 올라갔다. 그리고 그들이 레센과 싸웠다. 그리고 그들이 그곳을 취했다. 그리고 그들은 칼날로 그곳을 쳤다. 그리고 그곳을 얻었다. 그리고 그들이 거기 거했다. 그리고 그들이 레센을 그들의 조상 단의 이름을 따라 단이라 불렀다.'**(수 19:47)고 언급되었습니다. 단 자손이 '레센'을 취한 사건을 강조하기 위해 '레센'을 의미하는 '그곳'('오타', אוֹתָהּ)이 세 번, '거기'('바', בָּהּ)가 한 번 그리고 '레센'을 바꾸어 부른 '단'이 반복적으로 언급되어 강조되었습니다.

단 지파가 북쪽으로 이주하여 '레센'을 취해 거하며 '단'으로 이름을 바꾼 사건을 마지막으로 일곱 지파에 땅을 분배한 사건은 마무리됩니다. 그리고 모든 이스라엘 자손들에게 땅 분배가 마쳐졌을 때 이스라엘 자손들은 자신들의 기업에서 지도자인 눈의 아들 여호수아에게 기업을 주었습니다(수 19:49). 이곳은 여호와의 명령대로 여호수아가 요구한 성읍인데 에브라임 산지의 딤낫 세라였습니다. 여호수아는 그곳에 성읍을 건축하고 거기 살았습니다(수 19:50). 여호수아 19:50은 어순 도치되어 부사어인 '여호와의 명령대로'가 강조되었습니다.

> **곧 여호와의 명령대로 여호수아가 요구한 성읍 에브라임 산지 딤낫 세라를 주매 여호수아가 그 성읍을 건설하고 거기 거주하였더라.**(수 19:50)

여호수아 19:51은 '이것들은 제사장 엘르아살과 눈의 아들 여호수아와 이스라엘 자손 지파의 족장들이 실로에 있는 외막 문 여호와 앞에서 제비 뽑아 나는 기업니다. 그리고 그 땅을 나누는 일이 마쳤다.'라고 기록하며 지도자인 여호수아가 제일 마지막으로 기업을 받은 후 약속의 땅을 나누는 과정이 마쳐졌음을 보여줍니다.

성도 여러분!

일곱 지파는 늦었지만 여호수아의 말을 듣고 땅을 돌아본 후 지파별로 제비를 뽑아 땅을 분배받았습니다. 그런데 지파별로 땅을 분배받는 것으로 끝나는 것이 아니라 그곳에 사는 가나안 거민을 쫓아내고 거주하며 하나님의 뜻을 이루어야 했습니다. 일곱 지파에 분배되는 내용을 살펴보면 분배된 지역과 기업이 그저 나열되기만 했다는 것입니다. 그리고 특이한 것은 단 지파가 분배받은 곳에 머물지 못하고 자신들 마음대로 북쪽으로 이주한 사실도 기록하고 있습니다. 사사 시대와 사울 왕의 통치 시대 사건을 보면 단지파가 이주하여 공백이 된 곳을 블레셋이 장악하고 이스라엘 백성과 싸웠으며 결과적으로는 그곳을 중심으로 솔로몬이 죽은 후 북이스라엘과 남유다가 갈라지게 됩니다. 이것은 자신이 맡은 곳을 잘 감당하지 못할 때 그곳을 통해 공동체가 위험해진다는 것을 깨닫게 합니다.

끝으로 약속의 땅을 분배하는 사건을 마무리하며 한 가지 더 생각해 볼 것은 지도자인 여호수아가 가장 늦게 기업을 분배받았다는 것입니다. 그리고 여호수아가 원했던 곳은 다시 성을 짓고 거해야 할 곳이었습니다. 하나님의 언약공동체(교회)의 일원으로 만약 지도자라면 '어떠한 선택을 해야 하는가?'를 생각하게 합니다. 오늘도 맡겨 주신 자리를 이탈하지 않고 맡겨 주신 직분을 잘 감당하는 하루가 되시길 기도합니다.

22일

도피성 6개를 지정해 주신 하나님

(수 20:1-9)

오늘 날짜가 언급된 성경 사건은 없습니다. 오늘 날짜가 포함된 사건은 다음과 같습니다.

사건 1 제2월 10일부터 방주에 들어가 하나님의 명령을 감당하는 283일째이고(노아시대 월력체계는 한 달을 30일로 계산함) 하나님께서 말씀하신 대로 40일 동안 비가 내린 276일째로 방주가 아라랏 산에 머무른 지 126일째

사건 2 라암셋을 떠난 지 302일째(제1월을 30일, 제2월을 29일로 계산함)로 시내산 밑 시내광야에 도착하여(제3월 1일) 거한 지 258일째(출 19:1-2)

사건 3 하나님께서 보여주신 식양대로 성막을 만들기 시작하는 130일째

사건 4 시내광야에 11개월 20일 머물던 이스라엘 백성이 하나님의 명령에 따라 약속의 땅을 향해 떠난 지 268일째

사건 5 에스겔 선지자가 그발 강가에서 꼼짝도 못 하고 두려워 떨며 포로 된 백성과 함께 지내는 224일째이고(겔 1:1-2, 3:14-15) 두 번째 계시받은 지 217일째

사건 6 예루살렘 성이 느브갓네살에 의해 포위된 지 42일째(왕하 25:1, 겔 24:1)

사건 7 시드기야 11년 제4월 9일 예루살렘 성이 바벨론에 의해 함락 후 218일째로 솔로몬 성전과 왕궁 그리고 예루살렘 성벽이 파괴된 지 190일째

사건 8 1차 포로 귀환 한 백성들이 성전 마당에 번제단을 만들고 매일 번제를 드리기 시작한 지 140일째

사건 9 학개 선지자에게 성전을 지으라는 하나님의 계시가 임한 지(제6월 1일) 170일째로

중단되었던 성전 건축이 다시 시작된 지(제6월 24일) 147일째이고 학개 선지자에게 두 번째 계시가 임한 지(제7월 21일) 121일째이고 세 번째, 네 번째 계시가 하루에 임한 지 58일째(학 2:10-23)

사건 10 학개 선지자를 통해 성전 공사를 재개하게 했던 것을 독려하는 계시가 스가랴 선지자에게 임한 지(8월 1일) 111일째(슥 1:1-6)이고 세 번째 계시가 임한 지(제9월 4일) 78일째

사건 11 모르드개가 조서를 써 전국(127도)에 보낸(제3월 23일) 후 237일째

사건 12 주전 458년 2차 포로 귀환하여 예루살렘에 도착한 지 199일째로 백성들이 하나님께 번제와 속죄제를 드린 195일째(스 7:6-9, 8:15-36)

사건 13 2차 포로귀환을 한 에스라가 백성들의 잡혼 문제를 해결하기 위해 조사를 시작한 지 51일째(스 10:16)

사건 14 3차 포로 귀환 한 느헤미야를 중심으로 5월 4일 시작하여 52일 동안 예루살렘 성벽 공사가 완성된(6월 25일) 후 144일째

약속의 땅 정복과 지파별로 땅 분배와 각 도시를 기업으로 주신 하나님께서는 모세에게 말했던 도피성을 정해 주셨습니다. 오늘은 하나님께서 정해 주신 도피성 제도와 지정해 주신 위치를 통해 하나님께서 이스라엘 백성을 얼마나 사랑하셨는지 살펴보겠습니다.

❶ 하나님께서 모세에게 말씀하신 도피성 제도

이스라엘 각 지파의 자손 별로 약속의 땅을 분배해 주신 후 하나님께서는 여호수아에게 모세에게 말씀하셨던 도피성을 정하게 하셨습니다. 하나님께서는 여호수아에게 **"너는 이스라엘 백성에게 고하라! 이르기를 내가 모세를 통해 너희에게 말했던 대로 너희를 위해 도피성을 택하라!"**(수 20:2)고 말씀하셨습니다. '도피성'으로 번역된 단어는 '아레 하밐라트'(עָרֵי הַמִּקְלָט)로 '성읍'('이르')과 '도피처'('미크라트', 피난처, 도피처, 보호소) 두 단어가 합성된 용어입니다. 여호와 하나님께서는 이스라엘 백성이 모압 평지에 머물 때 모세를 통해 레위 지파가 거할 42 성읍

을 주시며 도피성으로 지정될 6개의 성읍을 더 주셨습니다(민 35:1-8).

> 이스라엘 자손에게 명령하여 그들이 받은 기업에서 레위인에게 거주할 성읍들을 주게 하고 너희는 또 그 성읍들을 두르고 있는 초장을 레위인에게 주어서(민 35:2)
> 너희가 레위인에게 줄 성읍은 살인자들이 피하게 할 도피성으로 여섯 성읍이요 그 외에 사십이 성읍이라.(민 35:6)

여호와 하나님께서는 이미 모세를 통해 도피성 제도에 대해 말씀하셨습니다. 하나님께서는 모세를 통해 "너희가 요단강을 건너 가나안 땅에 들어갈 것이다. 그러면 너희는 너희를 위하여 성읍을 도피성들로 정할 것이라. 그것들은 너희들을 위한 것이다. 그리고 실수로 생명을 죽인 살인자를 그리로 피하게 할 것이다."(민 35:10-11)고 말씀하시며 6개의 도피성을 지정할 것과 도피성 제도에 대해 말씀하셨습니다(민 35:9-34).

> 이는 너희가 복수할 자에게서 도피하는 성을 삼아 살인자가 회중 앞에 서서 판결을 받기까지 죽지 않게 하기 위함이니라.(민 35:12) 너희가 줄 성읍 중에 여섯을 도피성이 되게 하되(민 35:13) 세 성읍은 요단 이쪽에 두고 세 성읍은 가나안 땅에 두어 도피성이 되게 하라.(민 35:14) 이 여섯 성읍은 이스라엘 자손과 타국인과 이스라엘 중에 거류하는 자의 도피성이 되리니 부지중에 살인한 모든 자가 그리로 도피할 수 있으리라.(민 35:15)

이미 모세를 통해 말씀하셨던 도피성 제도를 여호수아를 통해 다시 한번 백성들에게 알리셨는데 "실수로 생명을 죽인 자가 그곳으로 도망하기 위한 것이다. 그리고 이것들은(도피성 들) 너희에게 피를 찾는 자들로부터 피할 곳이 될 것이다. 그리고 그는(실수로 생명을 죽인 자) 그 성읍들 중 하나로 도망할 것이라. 그리고 그 성읍으로 들어가는 어귀에 서라. 그리고 그 성읍 장로들의 귀에 자신의 일을 고할 것이라. 그리고 그들은 그에게 한 곳을 줄 것이라. 그리고 자신들 중에 거하게 할 것이라."고 말씀하셨습니다(수 20:3-4). 실수로 생명을 죽인 종류는 악의가 없이 우연히 사람을 밀친 경우, 기회를 엿봄이 없이 무엇을 던진 경우, 보지 못하고 사람을 죽일 만한 돌을 던져 죽인 경우로 이런 상황은 악의도 없고 해하려 한 것도 아니기 때문이라(민 35:22-23)고 언급됩니다.

하나님께서는 계속해서 여호수아를 통해 **"그리고 피를 찾는 자가 따라온다 할지라도 그들은 그의 손에 그 살인자를 내어주지 말지라. 왜냐하면 그는 알지 못하는 가운데 그 이웃을 죽였기 때문이다. 그리고 그는 그에게 이전에 미워함이 없었기 때문이다."**(수 20:5)라고 말씀하셨는데 민수기 35장의 도피성 제도에 대한 언급에서는 나타나지 않는 내용입니다. 하나님의 말씀은 어순 도치되어 부사어인 '알지 못하는 가운데'가 강조되었는데 모세를 통해 말씀하실 때와는 달리 이제 도피성을 지정하고 도피성 제도가 시행되는 상황이기에 더욱 강력하게 '실수로 생명을 죽인 자'를 보호하게 하셨습니다. 하나님께서는 마지막으로 **"그리고 그는**(실수로 생명을 죽인 자) **그 성읍에서 재판을 받기 위해 회중 앞에 서기까지, 그 당대에 섬기던 대제사장이 죽기까지 살 것이다. 그 후에 그 살인자는 돌아갈 수 있다. 그리고 그는 자신의 성읍으로 그리고 그의 집으로 그가 거기서부터 도피했던 성읍으로 갈 수 있을 것이다."**(수 20:6)라고 말씀하심으로 도피성 제도가 잘 시행되도록 선포하셨습니다.

❷ 요단 동편과 서편에 각각 세 개씩 정해 주신 도피성의 위치

하나님께서 정해 주신 도피성은 요단 서편 지역에 납달리 산지 갈릴리 게데스와 에브라임 산지 세겜과 유다 산지 기럇 아브라 곧 헤브론이었고 요단 동편 지역에서는 르우벤 지파 영역 중 베셀과 갓 지파 영역 중 길르앗 라못과 므낫세 반 지파 영역 중 바산 골란을 구별하여 지정했습니다(수 20:7-8). 도피성으로 지정된 6개의 성읍은 12지파가 분배받은 각 지역에서 큰 골짜기를 건너지 않고 최소한의 거리로 피할 수 있는 곳입니다. 요단 동편과 서편에 각각 세 곳씩 정해 주신 것은 요단 골짜기가 동서로 왕래하는 데 힘들게 만들었기 때문이고 요단 서편에서 납달리 산지, 에브라임 산지, 유대 산지에 게데스, 세겜, 기럇 아르바(헤브론)를 요단 동편에 르우벤 지파 영역(길르앗 남부), 갓 지파 영역(길르앗 북부), 므낫세 반 지파 영역(바산)에 베셀, 길르앗 라못, 바산 골란을 도피성으로 정하신 것은 깊은 계곡을 넘어 멀리 피하다 실수로 생명을 죽인 자가 잡혀 죽지 않도록 배려하신 것입니다.

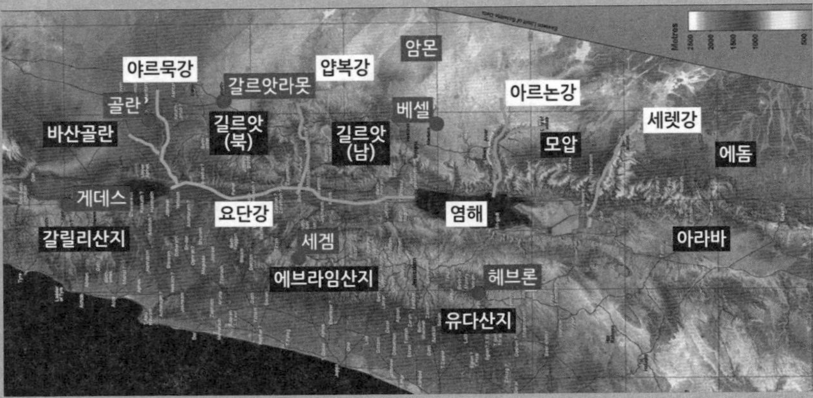

요단 동편과 서편에 지정된 6개의 도피성과 약속의 땅의 지형

성도 여러분!

사람이 태어나 죽기까지 실수하지 않고 사는 사람은 없을 것입니다. 사람을 죽이는 것이 가장 큰 죄이겠지만 하나님께서는 실수로 사람을 죽인 것에 대해 기회를 주셨습니다. 그것이 도피성 제도인데 도피성으로 피하다 잡혀 죽는 것을 최소화하기 위해 팔레스타인의 지형특성을 고려하여 요단 동편과 서편에 3개씩 6개를 지정해 구원을 받게 하셨습니다. 실수지만 잘못을 범했기에 당대의 대제사장이 죽기까지 도피성에 갇혀 떠날 수 없었습니다. 대제사장이 죽으면 도피의 의무가 끝나 자신이 살던 곳, 하던 일로 돌아가 일상을 가질 수 있었습니다. 도피성은 레위 인에게 주어지고 관리되었기에 아마도 다른 지파의 성읍보다는 하나님에 대해 더 가까이 지내며 묵상할 수 있었던 곳이었을 것입니다. 오늘도 알지 못하는 가운데 실수를 범했다면 기회를 주실 때 돌이켜 사함을 받고 자신의 자리로 돌아가 직분을 잘 감당하는 하루가 되시길 기도합니다.

23일

레위 지파에 거할 각 성읍을 분배함

(수 21:1-45)

오늘 날짜가 언급된 성경 사건은 없습니다. 오늘 날짜가 포함된 사건은 다음과 같습니다.

사건 1 제2월 10일부터 방주에 들어가 하나님의 명령을 감당하는 284일째이고(노아시대 월력체계는 한 달을 30일로 계산함) 하나님께서 말씀하신 대로 40일 동안 비가 내린 277일째로 방주가 아라랏 산에 머무른 지 127일째

사건 2 라암셋을 떠난 지 303일째(제1월을 30일, 제2월을 29일로 계산함)로 시내산 밑 시내광야에 도착하여(제3월 1일) 거한 지 259일째(출 19:1-2)

사건 3 하나님께서 보여주신 식양대로 성막을 만들기 시작하는 131일째

사건 4 시내광야에 11개월 20일 머물던 이스라엘 백성이 하나님의 명령에 따라 약속의 땅을 향해 떠난 지 269일째

사건 5 에스겔 선지자가 그발 강가에서 꼼짝도 못 하고 두려워 떨며 포로 된 백성과 함께 지내는 225일째이고(겔 1:1-2, 3:14-15) 두 번째 계시받은 지 218일째

사건 6 예루살렘 성이 느브갓네살에 의해 포위된 지 43일째(왕하 25:1, 겔 24:1)

사건 7 시드기야 11년 제4월 9일 예루살렘 성이 바벨론에 의해 함락 후 219일째로 솔로몬 성전과 왕궁 그리고 예루살렘 성벽이 파괴된 지 191일째

사건 8 1차 포로 귀환 한 백성들이 성전 마당에 번제단을 만들고 매일 번제를 드리기 시작한 지 141일째

사건 9 학개 선지자에게 성전을 지으라는 하나님의 계시가 임한 지(제6월 1일) 171일째로

중단되었던 성전 건축이 다시 시작된 지(제6월 24일) 148일째이고 학개 선지자에게 두 번째 계시가 임한 지(제7월 21일) 122일째이고 세 번째, 네 번째 계시가 하루에 임한 지 59일째(학 2:10-23)

사건 10 학개 선지자를 통해 성전 공사를 재개하게 했던 것을 독려하는 계시가 스가랴 선지자에게 임한 지(8월 1일) 112일째(슥 1:1-6)이고 세 번째 계시가 임한 지(제9월 4일) 79일째

사건 11 모르드개가 조서를 써 전국(127도)에 보낸(제3월 23일) 후 238일째

사건 12 주전 458년 2차 포로 귀환하여 예루살렘에 도착한 지 200일째로 백성들이 하나님께 번제와 속죄제를 드린 196일째(스 7:6-9, 8:15-36)

사건 13 2차 포로귀환을 한 에스라가 백성들의 잡혼 문제를 해결하기 위해 조사를 시작한 지 52일째(스 10:16)

사건 14 3차 포로 귀환 한 느헤미야를 중심으로 5월 4일 시작하여 52일 동안 예루살렘 성벽 공사가 완성된(6월 25일) 후 145일째

레위 지파의 족장들은 실로에 있는 여호수아에게 나와 여호와 하나님께서 모세에게 말씀하셨던 것을 근거로 자신들이 거주할 성읍과 경작을 할 들을 요구했습니다. 오늘은 레위 지파의 요구가 있고 난 뒤 이스라엘 자손이 여호와 하나님의 명대로 각자 자신이 받은 기업에서 레위 인들이 거주할 성읍으로 준 것에 대해 살펴보겠습니다.

❶ 레위 지파 족장이 성읍을 요구하고 이스라엘 자손이 나누어 줌(수 21:1-7)

이스라엘 각 지파에 대한 분배가 끝난 후 레위 지파의 족장들이 여호와 하나님의 성막을 세운 실로에서 제사장 엘르아살과 눈의 아들 여호수아 그리고 이스라엘 자손 각 지파의 족장들에게 나와 **"여호와께서 모세에게 명하여 우리에게 거할 성읍과 우리의 가축 먹일 그것을 우리에게 주라 하셨나이다."**라고 말했습니다(수 21:1-2). 레위 지파 족장들은 어순 도치하여 주어인 '여호와께서'를 강조했고 또한 '차와'(צָוָה, 명령하다, 부과하다, 부탁하다)의 피엘형(강조형)을 써서 '여호와께서

명령하셨다'는 것을 강조했습니다. 레위 지파 족장들의 요구사항을 들은 이스라엘 자손은 여호와의 명령에 따라 자신들의 기업에서 제비를 뽑아 성읍들과 그 주변의 들을 레위 사람들에게 주었습니다.

아론 자손	성읍을 나누어 준 지파	구절
그핫 자손	유다, 시므온, 베냐민 지파 중 13성읍	수 21:4
그핫 남은 자	에브라임, 단, 므낫세 반 지파(요단 서편) 중 13성읍	수 21:5
게르손 자손	잇사갈, 아셀, 납달리, 므낫세 반 지파(요단 동편) 중 13성읍	수 21:6
므라리 자손	르우벤, 갓, 스불론 지파 중 12성읍	수 21:7

❷ 레위 자손이 거주지로 얻은 성읍들(수 21:8-42)

여호수아 21:8은 **'여호와께서 모세에게 제비 뽑으라 명하신 대로 이스라엘 자손이 레위 사람들에게 이 성읍들과 그 들을 주었다.'**고 기록하고 있습니다. 레위 사람들이 가족대로 받은 성읍들은 다음과 같습니다. 레위 사람들이 이스라엘 자손의 기업 중에서 받은 성읍은 그핫 자손이 23성읍, 게르손 자손이 13성읍, 므라리 자손이 12성읍을 받았고 레위 지파 전체로는 모두 48성읍과 그 주변 목초지를 받았습니다(수 21:41). 레위 지파가 받은 48성읍 모두는 성읍 사면에 '성읍 주변의 공유지'('미그라쉬', מִגְרָשׁ)가 있었습니다(수 21:42).

❸ 여호와께서 이스라엘 자손 주위에 안식을 주심(수 21:43-45)

여호와 하나님께서 이스라엘 백성의 조상들에게 주리라고 약속하셨던 온 땅이 12지파(에브라임과 므낫세 포함 레위 제외)와 레위 지파 사람들에게 다 나누어 주셨고 백성들은 그것을 차지한 후 거기 거했습니다(수 21:43). 이후 여호와 하나님께서는 이스라엘 백성들 주위에 그 조상들에게 맹세하셨던 대로 안식을 주셨습니다. 이스라엘의 모든 원수들 중 그들과 맞서 싸우는 자가 하나도 없었는데 여호와 하나님께서 이스라엘의 모든 원수들을 그들의 손에 넘

베냐민 지파가 분배받은 기업

받은 가족	준 지파	성읍	구절
그핫 13성읍	유다 (시므온)	기럇 아르바(헤브론), 립나, 얏딜, 에스드모아, 홀론, 드빌, 아인, 윳다, 벧 세메스 9성읍과 주변 목초지 ※ 성읍의 밭과 촌락은 아들 갈렙의 소유	수 21:9-16
	베냐민	기브온, 게바, 아나돗, 알몬 4성읍과 목초지	수 21:17-19
그핫 남은자 10성읍	에브라임	세겜, 게셀, 깁사임, 벧호론 4성읍과 목초지	수 21:20-22
	단	엘드게, 깁브돈, 아얄론, 가드 림몬 4성읍과 목초지	수 21:23-24
	므낫세 반	다아낙, 가드림몬 2성읍과 목초지	수 21:25-26
게르손 13성읍	므낫세 반	바산 골란, 브에스드라 2성읍과 목초지	수 21:27
	잇사갈	기시온, 다브랏, 야르뭇, 엔 간님 4성읍과 목초지	수 21:28-29
	아셀	미살, 압돈, 헬갓, 르홉 4성읍과 목초지	수 21:30-31
	납달리	게데스, 함못 돌, 가르단 3성읍과 목초지	수 21:32-33
므라리 12성읍	스불론	욕느암, 가르다, 딤나, 나할랄 4성읍과 목초지	수 21:34-35
	르우벤	베셀, 야하스, 그데못, 므바앗 4성읍과 목초지	수 21:36-37
	갓	르우벤, 갓, 스불론 지파 중 12성읍	수 21:38-40

겨 주셨기 때문입니다(수 21:44). 여호수아 21:44의 마지막 문장은 어순 도치되어 목적어인 '그들의 대적 모두를'이 강조되어 **'그들의 대적 모두를 여호와께서 그들의 손에 붙이셨다.'**라고 기록되었습니다. 여호수아 21:45은 정복한 약속의 땅을 나누어 준 후 **'여호와께서 이스라엘 족속에게 말씀하신 선한 말씀이 하나도 남음이 없었다. 그 모든 것이 응하였더라.'**고 선언하며 마칩니다. 마지막 문장은 어순 도치하여 주어인 '그 모든 것이'가 강조되었습니다.

성도 여러분!

하나님께서는 아브람이 75세 때 하란을 떠나 약속하신 땅에 들어와 세겜을 지날 때 '이 땅을 네 자손에게 주리라.'(창 12:7)고 말씀하심으로 아브람에게 처음으로 자손과 땅에 대해 약속을 하셨습니다. 이후 야곱과 그의 가족 70명을 애굽으로 보내시어 큰 민족이 되게 하셨고 430년 만에 출애굽 하게 하신 후 40년이 지나 약속의 땅으로 오게 하셔서 땅을 나누어 주셨습니다. 여호수아는 여호와 하나님의 말씀대로 순종하여 약속의 땅을 정복하고 제비 뽑아 이스라엘 자손들에게 나누어 준 후 '여호와께서 그들의 열조에게 맹세하신 대로 그들(이스라엘) 사방에 안식을 주셨다.', '여호와께서 이스라엘 족속에게 말씀하신 선한 말씀이 다 이루어졌다.'고 고백하는데 이 말씀은 이 시대를 사는 우리에게도 적용되는 말씀임을 잊지 맙시다. 오늘도 하나님께서 이미 말씀하신 것은 그 말씀을 믿고 순종하는 자를 통해 이루어진다는 것을 믿고 내게 맡겨주신 직분을 잘 감당하여 하나님의 구속사를 이루는 믿음의 성도가 되시길 기도합니다.

24일

스가랴 선지자에게 두 번째 계시가 임함 ①

(슥 1:7-6:15)

오늘 날짜가 언급된 성경 사건은 스가랴 선지자에게 두 번째 계시가 임한 것이 있습니다. 오늘 날짜가 포함된 사건은 다음과 같습니다.

사건 1 제2월 10일부터 방주에 들어가 하나님의 명령을 감당하는 285일째이고(노아시대 월력체계는 한 달을 30일로 계산함) 하나님께서 말씀하신 대로 40일 동안 비가 내린 278일째로 방주가 아라랏 산에 머무른 지 128일째

사건 2 라암셋을 떠난 지 304일째(제1월을 30일, 제2월을 29일로 계산함)로 시내산 밑 시내광야에 도착하여(제3월 1일) 거한 지 260일째(출 19:1-2)

사건 3 하나님께서 보여주신 식양대로 성막을 만들기 시작하는 132일째

사건 4 시내광야에 11개월 20일 머물던 이스라엘 백성이 하나님의 명령에 따라 약속의 땅을 향해 떠난 지 270일째

사건 5 에스겔 선지자가 그발 강가에서 꼼짝도 못 하고 두려워 떨며 포로 된 백성과 함께 지내는 226일째이고(겔 1:1-2, 3:14-15) 두 번째 계시받은 지 219일째

사건 6 예루살렘 성이 느브갓네살에 의해 포위된 지 44일째(왕하 25:1, 겔 24:1)

사건 7 시드기야 11년 제4월 9일 예루살렘 성이 바벨론에 의해 함락 후 220일째로 솔로몬 성전과 왕궁 그리고 예루살렘 성벽이 파괴된 지 192일째

사건 8 1차 포로 귀환 한 백성들이 성전 마당에 번제단을 만들고 매일 번제를 드리기 시작한 지 142일째

사건 9 학개 선지자에게 성전을 지으라는 하나님의 계시가 임한 지(제6월 1일) 172일째로

중단되었던 성전 건축이 다시 시작된 지(제6월 24일) 149일째이고 학개 선지자에게 두 번째 계시가 임한 지(제7월 21일) 123일째이고 세 번째, 네 번째 계시가 하루에 임한 지 60일째(학 2:10-23)

사건 10 학개 선지자를 통해 성전 공사를 재개하게 했던 것을 독려하는 계시가 스가랴 선지자에게 임한 지(8월 1일) 113일째(슥 1:1-6)이고 세 번째 계시가 임한 지(제9월 4일) 80일째

사건 11 모르드개가 조서를 써 전국(127도)에 보낸(제3월 23일) 후 239일째

사건 12 주전 458년 2차 포로 귀환하여 예루살렘에 도착한 지 201일째로 백성들이 하나님께 번제와 속죄제를 드린 197일째(스 7:6-9, 8:15-36)

사건 13 2차 포로귀환을 한 에스라가 백성들의 잡혼 문제를 해결하기 위해 조사를 시작한 지 53일째(스 10:16)

사건 14 3차 포로 귀환 한 느헤미야를 중심으로 5월 4일 시작하여 52일 동안 예루살렘 성벽 공사가 완성된(6월 25일) 후 146일째

오늘 살펴볼 사건은 스가랴 선지자에게 두 번째 계시가 임한 내용입니다. 두 번째 계시는 중단되었던 제2 예루살렘 성전(스룹바벨 성전) 공사가 재개된 후 149째 되는 날이며, 스가랴 선지자에게 첫 번째 계시가(다리오 2년 제8월)임한 지 113일 지난 때이고(8월 1일 스가랴 선지자에게 계시가 임함 참조) 성전 건축을 시작하게 했던 학개 선지자의 첫 번째 계시(다리오 2년 제6월 1일) 이후 4번째 계시가(다리오 2년 제9월 24일) 임한 지 두 달이 지난 때(다리오 2년 제11월 24일)입니다.

성전 재건이 시작되고 149일째가 된 때 스가랴 선지자에게 두 번째 임한 스가랴 1:7-6:15은 **'다리오 왕 이년 십일월 곧 스밧월 이십 사일에 잇도의 손자 베레갸의 아들 선지자 스가랴에게 여호와의 말씀이 임하여 이르시니라.'**(슥 1:7)로 시작하여 8가지의 이상(환상)이 보였습니다. 이날은 서기력으로 주전 519년 2월 9일(마이모니데스 연대) 또는 16(바벨론 연대기)일입니다.

DARIUS I

Nebuchadnezzar IV = year 1 of Darius I

1	521	4/14	5/13	6/12	7/11	8/10	9/8		10/8	11/6	12/6	520 1/4	2/2	3/4
2	520	4/3	5/2	6/1	6/30	7/30	8/29		9/27	10/27	11/25	12/25	519 1/23	2/21
3	519	3/23	4/22	5/21	6/20	7/19	8/18	9/17	10/16	11/15	12/14	518 1/12	2/11	3/12

바벨론 연대기에서 다리오 2년 11번째 달은 주전 519년 1월 23일에 시작한다. 다리오 2년 11번째 달 24일은 주전 519년 2월 16일에 해당한다.

	Hebrew 4279 - 4280							Roman year A.D. 519							
			14	15	16	17	18			1	2	3	4	5	January
	19	20	21	22	23	24	25	6	7	8	9	10	11	12	
	26	27	28	29	1	2	3	13	14	15	16	17	18	19	
(11) Shebet	4	5	6	7	8	9	10	20	21	22	23	24	25	26	
	11	12	13	14	15	16	17	27	28	29	30	31	1	2	February
	18	19	20	21	22	23	24	3	4	5	6	7	8	9	
	25	26	27	28	29	30	1	10	11	12	13	14	15	16	
(12) Adar	2	3	4	5	6	7	8	17	18	19	20	21	22	23	
	9	10	11	12	13	14	15	24	25	26	27	28	1	2	March

바벨론 연대기에서 다리오 2년 11번째 달은 주전 519년 1월 23일에 시작한다. 다리오 2년 11번째 달 24일은 주전 519년 2월 16일에 해당한다.

스가랴 선지자가 본 8가지 이상(환상)은 ❶ 붉은색 말을 타고 골짜기 속 화석류 나무 사이에 선 사람(1:8-17), ❷ 네 뿔과 네 명의 장인(조각가, 기능공, 대장장이)(1:18-21), ❸ 척량 줄을 손에 잡은 사람(2:1-13), ❹ 여호와의 앞에 선 대제사장 여호수아와 그의 우편에 서서 그를 참소하는 사탄(3:1-10), ❺ 순금 등대와 등대 곁의 두 올리브나무(4:1-14), ❻ 날아가는 두루마리(5:1-4), ❼ 에바 가운데 앉아 있는 한 여인(5:5-11), ❽ 두 놋(구리) 산 사이에서 나온 네 병거(6:1-8)입니다.

❶ 붉은색 말을 타고 골짜기 속 화석류 나무 사이에 선 사람(슥 1:8-17)

첫 번째 환상은 성전을 재건하고 있는 백성들에 관한 말씀입니다. 붉은 말을 탄 사람은 세상을 돌아다니며 조사하고 돌아온 하나님의 천사들로부터 **"우리가 땅에 두루 다녀보니 온 땅이 평안합니다."**(슥 1:11)라는 보고를 받습니다. 이어 하나님의 사자가 **"만군의 여호와여! 여호와께서 언제까지 예루살렘과 유다 성읍들을 긍휼히 여기지 아니하시려나이까? 이를 노하신 지 칠십 년이 되었나이다."**(슥 1:12)라고 중재하는 간구를 합니다. 이 말은 이미 하나님께서 정하신 바벨론 70년은 지났는데 예루살렘과 유다 성읍들을 긍휼히 여기지 않고 계신다는 것입니다. 그런데 하나님께서 긍휼히 여기지 않으셨던 이유는 하나님의 성전을 짓기 위해 바벨론에서 돌아온 백성들이 자신들의 집을 짓고 살며 하나님의 성전에는 관심이 없었기 때문이었습니다(제9월 24일 학개 선지자에게 세 번째 계시가 임함 참조). 성전 공사가 재개되었지만 아직도 전체가 하나님의 집을 재건하는데 마음을 두지 않은 상태였습니다. 하나님의 사자의 중재하는 간구를 여호와 하나님께서는 들으셨습니다.

여호와께서는 스가랴 선지자에게 말하는 천사를 통해 위로하는 말씀으로 대답하셨습니다. 하나님께서는 **"내가 예루살렘을 위하며 시온을 위하여 크게 질투하며 안일한 열국을 심히 진노하나니 나는 조금만 노하였거늘 그들을 힘을 내어 고난을 더하였음이라. 그러므로 여호와가 이처럼 말하노라. 내가 긍휼히 여기므로 예루살렘에 돌아왔은즉 내 집이 그 가운데 건축되리니. 예루살렘 위에 먹줄이 치어지리라. 나 만군의 여호와의 말이니라."**(1:14-16)고 말씀하셨습니다. '코-아마르 아도나이 체바오트'(כֹּה אָמַר יְהוָה צְבָאוֹת, 만군의 여호와가 이같이 말한다, 1:14), '코-아마르 아도나이'(כֹּה אָמַר יְהוָה, 여호와가 이같이 말한다, 1:16a), '네움 아도나이 체바오트'(נְאֻם יְהוָה צְבָאוֹת, 만군의 여호와의 말이니라, 1:16b)등 여호와 하나님께서 말씀하시는 것을 강조하는 수식어들을 많이 사용해 하나님께서 직접 행하셨고 행하실 것을 강조하고 있습니다.

스가랴 1:15은 1인칭 단수 대명사 '아니'(אֲנִי)를 두 번 사용하여 여호와 하나님께서 직접 행하셨음을 강조합니다. 스가랴 1:15a는 명사문장으로 선언하시며 어순 도치하여 강조하셨는데 직역하면 **"내가 평안한 열국에게 심히 분노하여 진노했다."**입니다. 또한 심히 진노하신 이유를 말하는 스가랴 1:15b도 어순 도치하여 주어인 '나'를 강조하여 **"나는**('아니', אֲנִי) **조금 진노했다."**고 말씀하셨고 1:15c도 어순 도치하여 주어인 '그들'을 강조하여 **"그런데 그들이** (나의) **재앙에** (그들의 재앙을) **더 가했다."**라고 말씀하시며 하나님께서 예루살렘과 시온에 진노하실 때 징계의 도구로 사용된 그들이(열국) 하나님께서 진노하신 것에 더하여 자신들의 진노를 행음을 책망하셨습니다. 이렇게 열국을 책망하실 때 곧 스가랴 선지자가 이상(환상)을 보는 때는 학개 선지자의 선포가 있고 난 뒤 성전을 재건하고 있던 때입니다.

여호와 하나님께서는 스가랴 1:16에서 **"내가 긍휼히 여기므로 예루살렘으로 돌아왔다."**라고 말씀하셨는데(슥 1:16a) 이미 바벨론 포로에서 돌아온 것을 말합니다. 계속해서 어순 도치하여 주어인 '내 집이'(성전, 하나님의 집)을 강조하시며 **"내 집이 그 가운데 건축될 것이다."**(1:16b)라고 말씀하셨는데 현재 성전 재건 공사를 다시 시작했기에(제6월 24일부터 시작된 성전 공사가 149일째 진행되고 있음) 하나님의 집 곧 성전이 완성될 것을 말씀하셨습니다. 마침내 하나님께서는 **'네움 아도나이 체바오트'**(נְאֻם יְהוָה צְבָאוֹת, 만군의 여호와의 말이니라, 1:16b)라고 선포하시며 **"예루살렘 위에 먹줄이 치어지리라."**(1:16c)고 말씀하셨습니다. 이 말씀도 어순 도치되어 주어인 '먹줄이'가 강조되었고 수동형('니팔')이 사용되어 '치어지리라'고 말씀하셨는데 예루살렘 성벽이 여호와 하나님에 의해 반드시 세워질 것을 나타냅니다.

스가랴가 천사를 통해 들은 것은 현재 지어지고 있는 '내 집' 곧 '성전'인 '하나님의 집'이 분명히 건축될 것이며 이후 백성들이 머무는 예루살렘 성에 성벽이 세워져 보호될 것이라는 하나님의 말씀이었습니다. 하나님께서는 다시 **"만군의 여호와의 말씀에 나의 성읍들이 넘치도록 다시 풍부할 것이라. 여호와가 다시 시온을 안위하며 다시 예루살렘을 택하리라 하셨다."**(1:17)고 선언하셨습니다. 이때에도 '코-아마르 아도나이 체바오트'(만군의 여호와가 이같이 말한다, 1:17)로 선언하시며 말씀하셨는데 예루살렘과 백성들의 회복 그리고 하나님께서 언약(바벨론 포로 70년)과 긍휼하심으로 백성들을 기억하심으로 다시 번성하게 하실 것을 약속하신 것입니다.

❷ 네 뿔과 네 명의 장인(조각가, 기능공, 대장장이)(1:18-21)

두 번째 환상 또한 성전을 재건하고 있는 백성들에 관한 말씀인데 이방인들(나라들)에 대한 하나님의 진노가 나타납니다. 스가랴 선지자가 눈을 들어 보았을 때 네 뿔이 보였고 이 네 뿔이 무엇이냐고 물었을 때 천사는 **"이들은 유다와 이스라엘과 예루살렘을 헤친 뿔이니라."**(1:19b)고 대답했습니다. 이 네 뿔은 바벨론, 메데와 바사(페르시아), 헬라(그리스), 로마로 이해됩니다. 어떤 학자들은 앗수르, 애굽, 바벨론, 메데와 바사(페르시아)라고 말하기도 합니다. '유다와 이스라엘을 헤쳤다'라고 과거형으로 말하고 있기에 후자일 가능성이 큽니다. 이후 여호와께서는 네 명의 장인(조각가, 기능공, 대장장이)을 스가랴 선지자에게 보이셨습니다(1:20). 스가랴 선지자는 **"그들이 무엇하러 왔나이까?"**라고 물었고(1:21a) 여호와께서는 **"그 뿔들이 유다를 헤쳐 사람으로 능히 머리를 들지 못하게 하매 이 공장들이 와서 그것들을 두렵게 하고 이전에 뿔들을 들어 유다 땅을 헤친 열국의 뿔을 떨어치려 하느니라."**(1:21b)고 말씀하셨습니다. 여호와 하나님께서는 네 장인을 통해 유다를 헤친 네 뿔을 꺾어버리겠다는 내용입니다. 이처럼 두 번째 환상도 여호와께서 그의 백성들을 위해서 위로하시고 회복하실 것을 약속하고 있습니다.

성도 여러분!

스룹바벨 성전이 지어지다 16년 정도 중단된 후 다시 지어지는 때 스가랴 선지자에게 임한 하나님의 말씀은 언약 백성들이 무엇을 먼저 해야 하는지를 분명하게 보여줍니다. 하나님께서는 우선 당신의 집 곧 성전이 우선 지어져야 할 것을 말씀하셨습니다. 그리고 그렇게 된다면 언약 백성들이 머무는 예루살렘 성의 성벽은 지어질 것이라고 말씀하셨습니다. 예수님께서도 **"그런즉 너희는 먼저 그의 나라와 그의 의를 구하라 그리하면 이 모든 것을 너희에게 더하시리라."**(마 6:33)고 말씀하셨는데 일의 우선순위가 무엇인지 정확히 알 수 있습니다. 역사적으로 스가랴 선지자에게 임한 말씀은 다리오 6년 제12월 3일에 성전이 완성되고 3차 포로귀환 한 느헤미야에 의해 성벽이 52일 만에 세워지므로 이루어졌습니다. 오늘도 먼저 하나님의 나라와 의를 구하며 맡기신 직분을 잘 감당하는 하루가 되시길 기도합니다.

25일

스가랴 선지자에게 두 번째 계시가 임함 ②

(슥 1:7-6:15)

오늘 날짜가 언급된 성경 사건은 없습니다. 오늘 날짜가 포함된 사건은 다음과 같습니다.

사건 1 제2월 10일부터 방주에 들어가 하나님의 명령을 감당하는 286일째이고(노아시대 월력체계는 한 달을 30일로 계산함) 하나님께서 말씀하신 대로 40일 동안 비가 내린 279일째로 방주가 아라랏 산에 머무른 지 129일째

사건 2 라암셋을 떠난 지 305일째(제1월을 30일, 제2월을 29일로 계산함)로 시내산 밑 시내광야에 도착하여(제3월 1일) 거한 지 261일째(출 19:1-2)

사건 3 하나님께서 보여주신 식양대로 성막을 만들기 시작하는 133일째

사건 4 시내광야에 11개월 20일 머물던 이스라엘 백성이 하나님의 명령에 따라 약속의 땅을 향해 떠난 지 271일째

사건 5 에스겔 선지자가 그발 강가에서 꼼짝도 못 하고 두려워 떨며 포로 된 백성과 함께 지내는 227일째이고(겔 1:1-2, 3:14-15) 두 번째 계시받은 지 220일째

사건 6 예루살렘 성이 느브갓네살에 의해 포위된 지 45일째(왕하 25:1, 겔 24:1)

사건 7 시드기야 11년 제4월 9일 예루살렘 성이 바벨론에 의해 함락 후 221일째로 솔로몬 성전과 왕궁 그리고 예루살렘 성벽이 파괴된 지 193일째

사건 8 1차 포로 귀환 한 백성들이 성전 마당에 번제단을 만들고 매일 번제를 드리기 시작한 지 143일째

사건 9 학개 선지자에게 성전을 지으라는 하나님의 계시가 임한 지(제6월 1일) 173일째로

중단되었던 성전 건축이 다시 시작된 지(제6월 24일) 150일째이고 학개 선지자에게 두 번째 계시가 임한 지(제7월 21일) 124일째이고 세 번째, 네 번째 계시가 하루에 임한 지 61일째(학 2:10-23)

사건 10 학개 선지자를 통해 성전 공사를 재개하게 했던 것을 독려하는 계시가 스가랴 선지자에게 임한 지(8월 1일) 114일째(슥 1:1-6)이고 세 번째 계시가 임한 지(제9월 4일) 81일째

사건 11 모르드개가 조서를 써 전국(127도)에 보낸(제3월 23일) 후 240일째

사건 12 주전 458년 2차 포로 귀환하여 예루살렘에 도착한 지 202일째로 백성들이 하나님께 번제와 속죄제를 드린 198일째(스 7:6-9, 8:15-36)

사건 13 2차 포로귀환을 한 에스라가 백성들의 잡혼 문제를 해결하기 위해 조사를 시작한 지 54일째(스 10:16)

사건 14 3차 포로 귀환 한 느헤미야를 중심으로 5월 4일 시작하여 52일 동안 예루살렘 성벽 공사가 완성된(6월 25일) 후 147일째

오늘은 어제에 이어 스가랴 선지자에게 임한 두 번째 계시의 내용을 살펴보겠습니다.

❸ 척량 줄을 손에 잡은 사람(슥 2:1-13)

세 번째 이상(환상)은 여호와 하나님께서 성전 재건 공사가 진행되고 있는 예루살렘에 행하실 회복과 그 회복으로 누리게 될 기쁨을 말하고 있습니다. 전체는 5절의 '페투하'(פ)와 7, 9, 13절의 '세투마'(ס)로 네 개의 단락으로 나누어집니다. 1-5절은 이상(환상)을 보는 상황이 기록되었습니다. 6-9절은 바벨론 포로 70년이 끝났음에도 약속의 땅으로 돌아오지 않고 포로지에 남아 있는 백성들을 향한 말씀으로 6-7절은 바벨론에서 도망하라는 격려가 나타나고 8-9은 바벨론에서 떠나야 하는 이유를 언급하고 있습니다. 10-13절은 하나님께서 회복시키신 예루살렘 백성들이 기뻐할 것을 요구하고 하나님께서 그들 가운데 함께 거하실 것을 예언하고 있습니다.

① 스가랴 선지자가 '척량 줄을 잡은 한 사람'을 봄(슥 2:1-5)

스가랴 2:1은 **'그리고 내가 나의 눈을 들었다. 그리고 보았다. 보라!-한 사람이다. 그리고 그의 손에는 척량 줄이 있다.'**로 시작합니다. 스가랴 선지자는 '척량 줄을 잡은 한 사람'을 보고 **"당신은 어디로 갑니까?"**라고 물었고 그 사람은 **"예루살렘을 척량하여 그 장광을 보고자 하노라."**고 말했습니다(슥 2:2). 이때 스가랴 선지자는 또 다른 천사를 보게 되는데 **"보라! 내게 말하는 천사가 나갔다. 그리고 다른 천사가 그를 맞으며 나왔다."**(슥 2:3)라고 말하는데 두 문장 모두 명사문장으로 상황을 설명해 주고 있습니다. 그리고 그는(다른 천사) 그에게(척량 줄을 잡은 한 사람) **"달려가라! 그 소년에게 고하라! 이르기를 예루살렘에 사람이 거하리니 그 가운데 사람과 육축이 많으므로 그것이 성곽 없는 촌락과 같으리라. 여호와의 말씀에 내가 그 사면에서 불 성곽이 되며 그 가운데서 영광이 되리라."**고 말하여 여호와 하나님의 말씀이 선포되게 합니다.

하나님께서는 예루살렘에 많은 사람과 육축이 거하는데 '성곽이 없는 촌락'('페라자', פְּרָזָה)과 같다고 말씀하십니다. 그런데 이 말씀은 성곽이 없어도 안전하실 것이라는 말씀입니다. 왜냐하면 하나님께서 성 사면에서 불성곽이 되실 것이기 때문입니다. 스가랴 2:5a은 어순 도치되어 주어인 '내가'(하나님)를 강조하여 **"내가 그에게**(예루살렘) **사면에서 불 성곽이 될 것이다."**라고 강조하셨는데 말씀하시는 중에 '네움-아도나이'(נְאֻם יְהוָה, 여호와가 말하느니라)를 사용하셔서 더욱 강조하셨습니다. 계속해서 2:5b도 어순 도치하여 주어인 '영광'이 강조되어 **"그 가운데서 영광이**(내가) **되리라."**고 말씀하셨습니다.

② 바벨론을 떠나라(슥 2:6-9)

하나님의 말씀은 계속해서 선포됩니다. 스가랴 2:6은 **'오!**(감탄사) **오! 북쪽 땅으로부터 도망하라!**(명령) **여호와의 말씀이니라 여호와의 말씀에 내가 너를 하늘의 사방 바람 같이 흩어지게 하였다.'**라고 말합니다. 그리고 바벨론 포로 70년이 끝났기에 돌아오라고 말씀하셨습니다. 포로에서 놓였고 예루살렘에 성전을 짓기 위해 고

레스 왕이 자유를 주어 가라고 허락했지만 약속의 땅으로 돌아오지 않고 포로지에 남아 있는 백성들을 향해 말씀하시고 있습니다. 계속해서 **"오!**(감탄사) **바벨론 성에 거하는 시온아 피하라!**(명령)**"**(슥 2:7)고 말씀하셨습니다. 명령형 문장임에도 주어인 바벨론 성에 거하는 '시온'을 명시하셨고 '스스로('니팔'형) 피하라.'고 격려하고 계십니다.

하나님께서는 천사를 통해 바벨론을 떠나야 하는 이유에 대해 말씀하셨습니다(슥 2:8-9). 하나님의 말씀을 전하는 천사는 먼저 **"그 영광 후에 그분이**(하나님) **너희를 약탈한 민족들에게 나를 보내셨다."**고 말한 후 **"너희를 치는 자는 곧 그의**(하나님의) **눈동자를 치는 자이다. 보라! 내가 그들 위에 나의 손을 흔들면 그들은 자기 종들에게 약탈 거리가 될 것이다."**라고 선언했습니다. 천사는 이런 일이 있고 난 뒤에 **"그때에 너희는 만군의 여호와께서 나를 보내신 줄 알게 될 것이다."**라고 말하며 바벨론에서 떠날 것을 선포했습니다.

③ 노래하라! 기뻐하라! 하나님께서 함께 거하실 것이다(슥 2:10-13)

하나님께서는 **"노래하라!**(명령) **그리고 기뻐하라**(명령) **시온의 딸아 왜냐하면 내가 임할 것이다. 그리고 너희 가운데 내가 거할 것이다."**(슥 2:10)고 선언하셨습니다. 천사는 '네움-아도나이'(נְאֻם־יְהוָה, 여호와의 말씀이니라)를 사용하여 강조했습니다. 계속해서 천사는 **"그 날에 많은 이방 민족이 여호와께 연합되어 그분의 백성이 될 것이고 그분은 너희 가운데 거하실 것이며 그때에 너는 만군의 여호와께서 나를 네게 보내셨음을 알게 될 것이다."**(슥 2:11)라고 선포합니다. 천사는 하나님께서 **"너희 가운데 내가**(하나님) **거할 것이다."**(슥 2:10)라고 말씀하셨던 것을 다시 한번 강조하여 **"그분은 너희 가운데 거하실 것이다."**라고 말하며 예루살렘이 서고 많은 사람이 거하며 이방 민족도 함께 할 것인데 그때 하나님께서 언약의 백성들과 함께하실 것임을 강조하고 있습니다. 마침내 천사는 **"여호와께서 장차 유다를 취하여 거룩한 땅에서 자기 소유를 삼으실 것이다. 그리고 다시 예루살렘을 택하실 것이다. 무릇 혈기 있는 자들이 여호와 앞에서 잠잠하여라."**(슥 2:12-13a)

라고 선포합니다. 모든 육체가 꼼짝 못 하고 잠잠해야 할 것은 '여호와께서 그 거룩한 처소에서 일어나실 것'(슥 2:13b)이기 때문입니다.

④ 여호와의 앞에 선 대제사장 여호수아와 그의 우편에 서서 그를 참소하는 사탄(3:1-10)

세 가지 이상(환상)이 백성들과 시온(예루살렘)을 향한 메시지였다면 네 번째와 다섯 번째는 새 시대를 이끌 지도자에 대한 선포입니다. 네 번째 환상은 대제사장 여호수아(슥 3:1-10)에 대해, 다섯 번째 환상은 다윗의 후손으로 1차 포로 귀환의 지도자였던 스룹바벨(슥 4:1-14)에 대한 선포입니다.

여호와 하나님께서는 스가랴 선지자에게 '대제사장 여호수아가 여호와의 사자 앞에 섰고 사탄은 그의 오른쪽에 서서 그를(여호수아) 대적하는 것'을 보여주셨습니다(슥 3:1). 여호와께서는 사탄에게 **"사탄아, 여호와가 너를 책망하노라. 그리고 예루살렘을 선택한 여호와가 너를 책망하노라. 이 사람은 불에서 꺼낸 그슬린 나무토막이 아니냐?"**(슥 3:2)라고 말씀하셨습니다. 하나님께서는 '여호와가 너를(사탄) 책망하노라'를 두 번 말씀하시며 사탄을 책망하셨습니다. 이때 여호수아는 더러운 옷을 입고 그 천사 앞에 서 있었습니다(슥 3:3). 스가랴 3:3은 어순 도치하여 주어인 '여호수아'를 강조하며 더러운 옷을 입고 하나님의 사자 앞에 서 있는 여호수아의 상태를 언급합니다.

여호와께서는 계속해서 앞에 선 자들에게 **"그가(여호수아) 입고 있는 더러운 옷을 벗겨라!(명령)"**고 말씀하셨습니다. 그리고 여호수아에게는 **"보라!(명령) 내가 너의 죄를 제거하여 버렸으니 이제 너에게 예복을 입혀 주겠다."**라고 말씀하셨습니다(슥 3:4). 이때 스가랴 선지자는 **"그의 머리에 정결한 관을 씌우게 하소서."**라고 말했고 그들은 그의(여호수아) 머리에 정결한 관을 씌우고 옷을 입혔고 여호와의 사자는 곁에 서 있었습니다(슥 3:5).

이후 여호와의 사자는 여호수아에게 하나님의 말씀을 전합니다. 먼저 '만군의 여호와께서 말씀하셨다'(코-아마르 아도나이 체바오트, כֹּה אָמַר יְהוָה צְבָאוֹת)라고 선언하며 **"네가 나의 길을 걸으며 나의 명령을 지키면 네가 나의 집을 다스릴 것이요 나의 뜰을 지킬 것이며 여기서 있는 자들 사이에서 네가 통행할 수 있게 하겠다."**(슥 3:7)고 전합니다. 조건을 말씀하실 때 어순 도치하여 목적어인 '나의 길('데레크', דֶּרֶךְ, 길, 도로, 여행, 태도, 방식)'과 '나의 명령('미쉬메레트', מִשְׁמֶרֶת, 경계, 주의, 감시, 책무, 명령)'이 강조되었고 조건을 지킨다면 **"네가 나의 집을 다스릴 것이다."**라고 말씀하실 때 어순 도치하여 주어인 '네가'(여호수아)를 강조해 말씀하셨습니다. 하나님께서는 사자를 통해 **"대제사장 여호수아야! 너와 네 앞에 앉아 있는 너의 동료들은 나의 말을 잘 들어라!**(명령) **그들은 징조**(예표)**의 사람들이다 보라 이제 내가 나의 종 새싹을 보내겠다."**(슥 3:8)고 말씀하셨습니다. '징조'(예표)는 '모페트'(מוֹפֵת, 이적, 기사, 표시, 징조, 전조)를 번역한 것으로 장차 도래할 메시야 시대로 해석됩니다. 지금은 성전이 재건되고 있는 상태로 제사를 드릴 수 없어 제사장의 직무가 행해지지 못하고 있지만 성전이 재건되고 사독 계열인 대제사장 여호수아를 통해 성전 제의가 회복되고 징조의 사람들을 통해 여호와 하나님을 섬기는 종교 제의가 회복되고 하나님께로 나아가는 길이 열릴 것을 보여줍니다. 이 일은 마침내 오실 메시야 곧 하나님께서 보내실 '나의 종', '새싹'을 통해 완성될 것입니다.

여호와의 사자는 '만군의 여호와의 말이니라'라고 선포한 후 **"보라! 이제 내가 여호수아 앞에 둔 한 돌이 있는데 그 돌에는 일곱 눈이 있다. 내가 그것에 새길 것을 새기며 이 땅의 죄악을 하루 만에 제거하겠다."**(슥 3:9)고 선언합니다. 하나님께서는 8에서 장차 '새싹'을 보내겠다고 말씀하셨는데 9절에서는 '한 돌'로 메시야를 언급하셨습니다. 하나님께서는 '일곱 눈'을 가진 돌을 통해 이 땅의 죄악을 하루 만에 제거하실 것입니다. 마침내 '바로 그 날이'되면 백성들은 서로 이웃을 포도나무와 무화과 아래로 초대할 것이라고 선언하는데(슥 3:10) 어순 도치되어 때를 나타내는 부사어 '바로 그 날에'가 강조되었습니다. 이 말씀 또한 '만군의 여호와의 말이니라'가 언급되며 하나님께서 분명히 행하실 것을 보여줍니다. 그 날이 되면 백성들은 '포도나무와 무화과 아래로' 서로 초대할 것인데 '포도나무와 무화과 아래'라는 표현은 평화한 때를 묘사하는데 사용됩니다. 하나님께서는 죄악이 제거된 땅에서 약속의 땅에서 주시겠다고 하신 대표적 과실수(신 8:8) 아래에서 서로를 초대하여 잔치를 벌이는 기쁨을 누리는 때가 있을 것을 선언하고 계십니다.

성도 여러분!

현재 성전 재건에 참여하고 있는 백성들의 삶은 평안하고 안전한 상태가 아닙니다. 먹고 사는 문제나 주변 민족들로부터 안전한 상태가 아니지만 하나님의 성전 재건하는데 동참하고 있습니다. 하나님께서는 이들에게 성전 재건에 동참한 결과 성전이 지어지고 예루살렘 성이 하나님을 섬기는 많은 백성들이 사는 곳으로 변하며 마침내 하나님께서 약속하신 메시야를 통해 죄악이 하루에 해결되고 모든 백성이 기쁨을 누릴 것을 선포하고 계십니다. 나의 삶을 돌아보면 문제투성이요, 불안하고 불안정한 상태일지라도 하나님의 구속사의 완성을 위해 내게 맡기신 직분에 충실해야 하는 이유가 여기 있습니다. 하나님의 일에 우선하는 것이 모든 문제를 해결하는 키이기 때문입니다. 오늘도 무엇보다도 하나님의 일에 우선하며 언약 백성으로서 맡기신 직분을 잘 감당하는 하루가 되시길 기도합니다.

26일

스가랴 선지자에게 두 번째 계시가 임함 ③

(슥 1:7-6:15)

오늘 날짜가 언급된 성경 사건은 없습니다. 오늘 날짜가 포함된 사건은 다음과 같습니다.

사건 1 제2월 10일부터 방주에 들어가 하나님의 명령을 감당하는 287일째이고(노아시대 월력체계는 한 달을 30일로 계산함) 하나님께서 말씀하신 대로 40일 동안 비가 내린 280일째로 방주가 아라랏 산에 머무른 지 130일째

사건 2 라암셋을 떠난 지 306일째(제1월을 30일, 제2월을 29일로 계산함)로 시내산 밑 시내광야에 도착하여(제3월 1일) 거한 지 262일째(출 19:1-2)

사건 3 하나님께서 보여주신 식양대로 성막을 만들기 시작하는 134일째

사건 4 시내광야에 11개월 20일 머물던 이스라엘 백성이 하나님의 명령에 따라 약속의 땅을 향해 떠난 지 272일째

사건 5 에스겔 선지자가 그발 강가에서 꼼짝도 못 하고 두려워 떨며 포로 된 백성과 함께 지내는 228일째이고(겔 1:1-2, 3:14-15) 두 번째 계시받은 지 221일째

사건 6 예루살렘 성이 느브갓네살에 의해 포위된 지 46일째(왕하 25:1, 겔 24:1)

사건 7 시드기야 11년 제4월 9일 예루살렘 성이 바벨론에 의해 함락 후 222일째로 솔로몬 성전과 왕궁 그리고 예루살렘 성벽이 파괴된 지 194일째

사건 8 1차 포로 귀환 한 백성들이 성전 마당에 번제단을 만들고 매일 번제를 드리기 시작한 지 144일째

사건 9 학개 선지자에게 성전을 지으라는 하나님의 계시가 임한 지(제6월 1일) 174일째로

중단되었던 성전 건축이 다시 시작된 지(제6월 24일) 151일째이고 학개 선지자에게 두 번째 계시가 임한 지(제7월 21일) 125일째이고 세 번째, 네 번째 계시가 하루에 임한 지 62일째(학 2:10-23)

사건 10 학개 선지자를 통해 성전 공사를 재개하게 했던 것을 독려하는 계시가 스가랴 선지자에게 임한 지(8월 1일) 115일째(슥 1:1-6)이고 세 번째 계시가 임한 지(제9월 4일) 82일째

사건 11 모르드개가 조서를 써 전국(127도)에 보낸(제3월 23일) 후 241일째

사건 12 주전 458년 2차 포로 귀환하여 예루살렘에 도착한 지 203일째로 백성들이 하나님께 번제와 속죄제를 드린 199일째(스 7:6-9, 8:15-36)

사건 13 2차 포로귀환을 한 에스라가 백성들의 잡혼 문제를 해결하기 위해 조사를 시작한 지 55일째(스 10:16)

사건 14 3차 포로 귀환 한 느헤미야를 중심으로 5월 4일 시작하여 52일 동안 예루살렘 성벽 공사가 완성된(6월 25일) 후 148일째

오늘은 어제에 이어 스가랴 선지자에게 임한 두 번째 계시의 내용을 살펴보겠습니다.

⑤ 순금 등대와 등대 곁의 두 올리브나무(슥 4:1-14)

다섯 번째 환상은 다윗 왕의 후손이고 1차 포로 귀환 때의 지도자였던 스룹바벨에 대한 말씀입니다. 스가랴 4:1-7은 스가랴 선지자와 여호와의 사자가 대화하는 내용이고 4:8-14은 여호와 하나님께서 스가랴 선지자에게 하신 말씀입니다. 스가랴 선지자에게 말하던 여호와의 사자가 다시 스가랴 선지자를 깨웠습니다. 스가랴 선지자는 마치 잠을 자던 중 깨어난 것 같은 느낌을 받았습니다(슥 4:1). 잠을 자던 것이 아니라 환상을 받고 있었던 스가랴 선지자는 여호와의 사자와 대화를 나누었습니다.

하나님의 사자 "네가 무엇을 보느냐?"(슥 4:2a)

스가랴 선지자 "보라! 제가 순금으로 만든 등잔대를 보고 있습니다. 그 꼭대기에는 주발이 있고 그 등잔대에는 일곱 개의 등잔이 있는데 등잔대 꼭대기에 있는 각 등잔으로 연결되는 일곱관이 있고 등잔대 곁에는 올리브 나무 두 그루가 서 있는데 하나는 주발 오른쪽에 있고 다른 하나는 주발 왼쪽에 있습니다."(슥 4:2b-3)

스가랴 선지자 "나의 주님 이것들이 무엇입니까?"(슥 4:4)

하나님의 사자 "너는 그것들이 무엇인지 알지 못하느냐?"(슥 4:5a)

스가랴 선지자 "나의 주님! 저는 알지 못합니다."(슥 4:5b)

하나님의 사자 "이것은 여호와께서 스룹바벨에게 하신 말씀이다. '힘으로 되지 아니하고 권력으로도 되지 아니하며 오직 나의 영으로만 될 것이다' 만군의 여호와께서 말씀하신다. '큰 산아 네가 무엇이냐? 네가 스룹바벨 앞에서 평지가 될 것이다. 그가 머릿돌을 내어놓을 때에 사람들이 은총 은총이 그 돌에 있다고 외칠 것이다.'"(슥 4:6-7)

스가랴 선지자는 순금 등잔대를 보았습니다. 그런데 그가 본 것은 성막이나 솔로몬 성전에 있던 등잔대와는 다른 것이었습니다. 스가랴 선지자가 본 등잔대는 꼭대기에 주발(기름 그릇)이 있고 그것과 일곱 개의 관으로 연결된 일곱 개의 등잔이 있고 등잔대 양쪽에 두 올리브 나무가 서 있는 모습이었습니다. 스가랴 선지자는 순금 등잔대의 모양이나 구조를 보았지만 그것이 무엇인지 알지 못했습니다. 아마도 스가랴 선지자가 본 환상 속 순금 등잔대는 두 올리브 나무에서 공급되는 기름이 기름 그릇을 통해 일곱 개의 관으로 흘러 일곱 개의 등잔에 공급되는 구조였을 것입니다. 이것은 성막시대나 솔로몬 성전시대의 제사장들이 저녁과 아침에 등불을 보살피며 기름을 공급했던(출 27:21) 성막과 성전의 등잔대와는 달리 등불이 영원히 꺼지지 않는 형태였을 것입니다.

> **아론과 그의 아들들로 회막 안 증거궤 앞 휘장 밖에서 저녁부터 아침까지 항상 여호와 앞에 그 등불을 보살피게 하라 이는 이스라엘 자손이 대대로 지킬 규례이니라.**(출 27:21)

환상을 보고도 그것이 무슨 뜻인지 알지 못하는 스가랴 선지자에게 여호와의 사자는 **"이것은 여호와께서 스룹바벨에게 하신 말씀이다."**라고 선언합니다. 1차 포로귀환의 지도자였고 현재 성전 재건공사 전체 지휘를 맡고 있는 스룹바벨에게 **"힘으로 되지 아니하고 권력으로도 되지 아니하며 오직 나의 영으로만 될 것이다."**라고 하신 말씀이며 '아마르 아도나이 체바오트'(אָמַר יְהוָה צְבָאוֹת, 만군의 여호와께서 말씀하셨다)라고 선포했습니다(슥 4:6). 여호와의 사자는 계속해서 **"'큰 산아 네가 무엇이냐? 네가 스룹바벨 앞에서 평지가 될 것이다. 그가 머릿돌을 내어놓을 때에 사람들이 은총 은총이 그 돌에 있다'고 외칠 것이다."**라고 하나님의 말씀을 전했습니다. 지도자 스룹바벨이 기억해야 할 것은 '오직 하나님의 영으로 된다'는 것이었습니다. 이것을 믿을 때 성전 공사를 방해하는 모든 것들은 사라질 것입니다. 뒤에서 하나님의 사자는 하나님의 영이 임한 지도자(스룹바벨과 여호수아)를 통해 모든 어려움(큰 산, 모든 방해)이 사라질 것이며 현재 진행되는 성전 재건 공사가 완성될 것을 선언합니다(슥 4:14).

이후 여호와의 말씀이 스가랴 선지자에게 임했습니다(슥 4:8). 여호와께서는 **"스룹바벨의 손이 이 성전의 기초를 놓았은즉 그의 손이 또한 그 일을 마치리라."**(슥 4:9a), **"스룹바벨의 손에 다림줄이 있음을 보고 사람들이 기뻐할 것이다."**(슥 4:10b)라고 말씀하시며 스룹바벨을 통해 반드시 성전이 완성될 것임을 선포하셨습니다. 스가랴 4:9a, b는 어순 도치되어 주어인 '스룹바벨의 손'이 강조되어 **'스룹바벨의 손이 이 전의 지대를 놓았다.'**, **'그리고 그 손이 그것을 마칠 것이다.'**라고 선포되었습니다. 여호와의 사자는 스룹바벨의 손을 통해 성전이 완성될 것을 전할 때 이 말씀을 전하기 위해 자신을 보내신 '만군의 여호와'를 강조합니다. **"만군의 여호와께서 나를 너희에게 보내셨다."**(슥 4:9c)고 말할 때 어순 도치해서 주어인 '만군의 여호와께서'를 강조하고 있습니다.

스가랴 선지자는 하나님의 사자에게 **"등잔대의 오른쪽과 왼쪽에 있는 이 두 올리브 나무는 무엇입니까?"**(슥 4:11), **"금빛 기름이 흘러 내리는 두 금 대롱 옆에 올리브 나무가지 둘이 있는데 무엇입니까?"**(슥 4:12)라고 물었습니다. 이에 하나님의 사자는 **"너는 이것들이 무엇인지 알지 못하느냐?"** 물었고 스가랴 선지자는 **"나의 주님 저는 모릅니다."**라고 대답했습니다. 마침내 하나님의 사자는 **"이들은 기름 부음을 받은 두 사람이니 온 땅의 주님 앞에 서 있는 자들이다."**라고 대답했습니다. 정확히 언급된 이름이 없지만 이 두 사람은 당시 성전 재건을 지휘하는 다윗 왕의 후손인 지도자 스룹바벨과 대제사장 여호수아를 의미하는 것이 분명합니다.

⑥ 날아가는 두루마리(5:1-4)

스가랴 선지자는 다시 눈을 들어 보았을 때 '날아가는 두루마리'가 있었습니다. 하나님의 사자는 **"너는 무엇을 보느냐?"**고 물었고 스가랴 선지자는 **"내가 날아가는 두루마리를 보니 그 길이는 이십 규빗이고 넓이는 십 규빗입니다."**라고 대답했습니다. 스가랴 선지자가 본 두루마리는 보통 두루마리하고는 달랐습니다. 먼저 크기가 장광이 20×10 규빗(약 9.2×4.6m)으로 상당히 컸습니다. 그리고 보통의 두루마리는 완전히 펼쳐진 상태로 보관하거나 사용하지 않습니다. 두루마리를 읽을 때도 한쪽은 풀고 한쪽은 감으며 사용하는데 '날아가는 두루마리'는 완전히 펼쳐진 상태로 날아가고 있었습니다. 크기가 크고 활짝 펼쳐져서 날아가고 있었던 것은 모든 사람이 읽을 수 있고 내용을 알 수 있다는 것을 알려주기 위해 펼쳐져 있었던 것으로 생각됩니다.

하나님의 사자는 **"이것은 온 땅으로 나가는 저주이다. 왜냐하면 모든 도둑질하는 자들은**

이편에 기록된 대로 추방당하기 때문이다. 그리고 모든 거짓 맹세하는 자들은 저편에 기록된 대로 추방당하기 때문이다."(슥 5:3)라고 선포했습니다. 보통의 두루마리는 한쪽에 글을 써 둘둘 말아 놓은 상태로 사용하는데 날아가는 두루마리는 양쪽에 글이 쓰여 있었고 활짝 펼쳐져 있어서 이쪽과 저쪽의 모든 내용을 볼 수 있었습니다. 그런데 그 내용은 온 땅에 내릴 하나님의 저주에 관한 내용이었습니다. 과거 바벨론으로 끌려갔던 에스겔 선지자가 보았던 두루마리도 안과 밖에 애곡과 재앙과 애가의 말이 기록되어 있었습니다(겔 2:9-10). 물론 스가랴 선지자가 본 환상이기에 다른 사람들이 양쪽에 쓰인 글을 알 수는 없었지만 백성들에게 가르치고 선포해야 할 스가랴 선지자가 본 것은 확실했습니다.

> 내가 보니 보라. 한 손이 나를 향하여 펴지고 보라. 그 안에 두루마리 책이 있더라.(겔 2:9)
> 그가 그것을 내 앞에 펴시니 그 안팎에 글이 있는데 그 위에 애가와 애곡과 재앙의 말이 기록되었더라.(겔 2:10)

마침내 하나님의 사자는 '네움 아도나이 체바오트'(נְאֻם יְהוָה צְבָאוֹת, 만군의 여호와의 말이니라, 5:4a)라고 선언하며 "내가 그 저주를 보낼 것이다. 그리고 그 저주가 도둑의 집에도 들어가고 그리고 내 이름으로 거짓 맹세하는 자의 집에도 들어갈 것이다. 그리고 그 저주가 그 집안의 가운데에 거할 것이다. 그리고 그 저주가 그의 나무와 돌들을 파괴해 버릴 것이다."(슥 5:4)라고 선포했습니다. 하나님께서 보내시는 저주는 '도둑이나 거짓 맹세하는 자의 집으로 들어가 그 집안의 가운데에 거하며 파괴한다.'고 말씀하셨습니다. 이 말씀은 출애굽 때 10번째 장자 재앙 때 여호와의 사자가 피를 바르지 않은 집에 들어가 그 집안의 모든 처음 난 것을 죽였던 것을 생각나게 합니다. 만약 도둑질

보통의 두루마리 성경

한 자나 거짓 맹세한 자가 있다면 하나님의 저주는 빠짐없이 그들의 집에 들어가 나무와 돌을 파멸시킬 것이라고 말하는데 당시 집을 건축하는 재료가 나무와 돌이었기에 집의 모든 것을 파괴하신다는 말로 아주 두려운 말씀입니다. 집이 파멸에 이르지 않기 위해서는 장자재앙을 피하듯이 여호와 하나님의 말씀을 믿고 순종하는 길밖에 없습니다. 현재 성전 재건이 이루어지고 있지만 아직도 도둑질하거나 거짓말하는 자들이 있었기에 하나님께서는 스가랴 선지자가 환상을 보게 하셨고 백성들에게 선포되게 하셨습니다.

성도 여러분!

하나님께서 보여주시는 환상은 무시무시한 것이었습니다. 하지만 파멸에 이르는 사람들이 하나님의 언약을 기억하고 지키는 사람들이 아니기에 성전 재건에 열심을 다하고 하나님의 뜻에 따르는 사람이라면 두려워 할 것이 없었습니다. 하나님께서는 당신의 구속사가 진행되는 가운데 순종하지 못하는 사람들에게 회개할 기회를 주십니다. 오늘도 집안의 모든 것이 파멸되는 도둑이나 거짓 맹세하는 자가 되지 않고 하나님께서 맡겨 주신 직분에 충성하시는 하루가 되시길 기도합니다.

27일

스가랴 선지자에게 두 번째 계시가 임함 ④

(슥 1:7-6:15)

오늘 날짜가 언급된 성경 사건은 없습니다. 오늘 날짜가 포함된 사건은 다음과 같습니다.

사건 1 제2월 10일부터 방주에 들어가 하나님의 명령을 감당하는 288일째이고(노아시대 월력체계는 한 달을 30일로 계산함) 하나님께서 말씀하신 대로 40일 동안 비가 내린 281일째로 방주가 아라랏 산에 머무른 지 131일째

사건 2 라암셋을 떠난 지 307일째(제1월을 30일, 제2월을 29일로 계산함)로 시내산 밑 시내광야에 도착하여(제3월 1일) 거한 지 263일째(출 19:1-2)

사건 3 하나님께서 보여주신 식양대로 성막을 만들기 시작하는 135일째

사건 4 시내광야에 11개월 20일 머물던 이스라엘 백성이 하나님의 명령에 따라 약속의 땅을 향해 떠난 지 273일째

사건 5 에스겔 선지자가 그발 강가에서 꼼짝도 못 하고 두려워 떨며 포로 된 백성과 함께 지내는 229일째이고(겔 1:1-2, 3:14-15) 두 번째 계시받은 지 222일째

사건 6 예루살렘 성이 느브갓네살에 의해 포위된 지 47일째(왕하 25:1, 겔 24:1)

사건 7 시드기야 11년 제4월 9일 예루살렘 성이 바벨론에 의해 함락 후 223일째로 솔로몬 성전과 왕궁 그리고 예루살렘 성벽이 파괴된 지 195일째

사건 8 1차 포로 귀환 한 백성들이 성전 마당에 번제단을 만들고 매일 번제를 드리기 시작한 지 145일째

사건 9 학개 선지자에게 성전을 지으라는 하나님의 계시가 임한 지(제6월 1일) 175일째로

중단되었던 성전 건축이 다시 시작된 지(제6월 24일) 152일째이고 학개 선지자에게 두 번째 계시가 임한 지(제7월 21일) 126일째이고 세 번째, 네 번째 계시가 하루에 임한 지 63일째(학 2:10-23)

사건 10 학개 선지자를 통해 성전 공사를 재개하게 했던 것을 독려하는 계시가 스가랴 선지자에게 임한 지(8월 1일) 116일째(슥 1:1-6)이고 세 번째 계시가 임한 지(제9월 4일) 83일째

사건 11 모르드개가 조서를 써 전국(127도)에 보낸(제3월 23일) 후 242일째

사건 12 주전 458년 2차 포로 귀환하여 예루살렘에 도착한 지 204일째로 백성들이 하나님께 번제와 속죄제를 드린 200일째(스 7:6-9, 8:15-36)

사건 13 2차 포로귀환을 한 에스라가 백성들의 잡혼 문제를 해결하기 위해 조사를 시작한 지 56일째(스 10:16)

사건 14 3차 포로 귀환 한 느헤미야를 중심으로 5월 4일 시작하여 52일 동안 예루살렘 성벽 공사가 완성된(6월 25일) 후 149일째

오늘은 어제에 이어 스가랴 선지자에게 임한 두 번째 계시의 내용을 살펴보겠습니다.

❼ 에바 가운데 앉아 있는 한 여인(슥 5:5-11)

하나님의 사자는 다시 스가랴 선지자에게 나와 **"너의 눈을 들어라! 그리고 보라! 나오고 있는 이것이 무엇이냐?"**라고 말했습니다. 이제까지의 환상은 스가랴 선지자가 스스로 보거나(슥 1:8, 3:1, 4:2) 눈을 들어 본 것으로 표현된다면(슥 1:18, 2:1, 5:1) 이번에는 '너의 눈을 들어라! 그리고 보라!'고 명령하심으로 시작됩니다. '사! 나 에네카 우레에!'(שָׂא נָא עֵינֶיךָ וּרְאֵה, 너의 눈을 들어라! 그리고 보라!')는 명령은 하나님께서 하실 일을 보여주시는 것입니다. **'사! 나 에네카 우레에!'**(너의 눈을 들어라! 그리고 보라!)라는 명령은 하나님께서는 롯이 떠난 후 아브람에게(창 13:14), 밧단 아람에 거하던 야곱에게 약속의 땅으로 돌아갈 때라고 말씀하실 때(창 31:12), 모세를 느보산에 오르게 하셔서 하나님께서 약속의 땅 동서남북

을 보게 하실 때(신 3:27), 이사야 선지자(사 40:26, 49:18, 60:4)와 예레미야 선지자(렘 3:2, 13:20)와 에스겔 선지자(겔 8:5)를 통해 하나님의 하실 일을 보여 주실 때 사용하신 표현입니다.

> 롯이 아브람을 떠난 후에 여호와께서 아브람에게 이르시되 너는 눈을 들어 너 있는 곳에서 북쪽과 남쪽 그리고 동쪽과 서쪽을 바라보라.(창 13:14)
> 이르시되 네 눈을 들어 보라. 양 떼를 탄 숫양은 다 얼룩무늬 있는 것, 점 있는 것과 아롱진 것이니라 라반이 네게 행한 모든 것을 내가 보았노라.(창 31:12)
> 너는 비스가 산꼭대기에 올라가서 눈을 들어 동서남북을 바라고 네 눈으로 그 땅을 바라보라. 너는 이 요단을 건너지 못할 것임이니라.(신 3:27)
> 너희는 눈을 높이 들어 누가 이 모든 것을 창조하였나 보라. 주께서는 수효대로 만상을 이끌어 내시고 그들의 모든 이름을 부르시나니 그의 권세가 크고 그의 능력이 강하므로 하나도 빠짐이 없느니라.(사 40:26)
> 너는 눈을 들어 북방에서 오는 자들을 보라. 네게 맡겼던 양 떼, 네 아름다운 양 떼는 어디 있느냐?(렘 13:20)
> 그가 내게 이르시되 인자야 이제 너는 눈을 들어 북쪽을 바라보라 하시기로 내가 눈을 들어 북쪽을 바라보니 제단문 어귀 북쪽에 그 질투의 우상이 있더라.(겔 8:5)

스가랴 선지자는 눈을 들어 보고 "그것이 무엇입니까?"라고 물었고 사자는 명사문장으로 "나오는 이것은 에바이다.", "이것은 온 땅에 있는 그들의 모양이다."라고 상황을 설명했습니다. 하나님 사자의 말이 끝나자 납 뚜껑이 들렸고 에바 안에는 한 여자가 앉아 있었습니다. 이때 하나님의 사자는 명사문장으로 "이 여자는 죄악이다."라고 선언한 후 그 여자를 에바 속으로 던져 넣고 납 조각을 에바 아귀 위로 던져 덮었습니다(슥 5:5-8).

에바는 부피를 재는 그릇으로 주로 곡식(보리와 밀)을 측정하는 데 쓰였습니다. 에바의 환상은 어쩌면 당시의 죄악 중 가장 근본적인 것이 이 에바로 물건을 통용할 때 사람들의 눈을 속이는 속임과 거짓을 드러내신다고 생각됩니다. 하나님을 믿는 언약공동체 사이에 서로를 속이는 백성들의 악을 가장 기본이 되는 생활 속 약속을 지키지 않는 것(부피를 재는 에바로 속이고 무게를 재는 저울 추를 속이는 것)으로 비유하고 계십니다. 에바 안에는 한 여자가 앉아 있었는데 하나님의 사자는 그 여인이 죄악이라고 알려 주었습니다.

다시 스가랴 선지자는 눈을 들어 보았는데 두 여자가 날아오고 있었습니다. 그들은 학의 날개 같은 날개를 가졌고 그들의 날개에서 바람이 일어났으며 그들이 그 에바를 땅과 하늘 사이로 들어 올렸습니다. 스가랴 선지자는 하나님의 사자에게 "저 여자들이 에바를 어디로 가져가는 것입니까?"라고 물었고 그는 "시날 땅으로 가서 그녀를 위하여 집을 지을 것이다. 그리고 세워질 것이다. 그러면 그녀가 거기 제자리에 머물게 될 것이다."라고 말했습니다(슥 5:9-11).

하나님께서 학의 날개 같은 날개를 가진 두 여인을 통해 죄악을 시날 땅으로 옮기셨습니다. 하나님께서는 더러운 악을 통째로 들어 옮기셨습니다. 스가랴 5:11b는 명사문장으로 '시날 땅에 그녀를 위한 집을 지으려 함이라.'라고 상황을 설명하고 있는데 죄악을 시날 땅으로 옮겨 그곳에 두려는 것입니다. 시날 땅은 창세기 사건 중 노아 홍수 이후 사람들이 동쪽으로 옮기다 시날 평지를 발견하고 거주하며 진흙 벽돌을 구워 성읍과 탑을 건축하여 꼭대기가 하늘에 닿게 하여 이름을 내고 흩어짐을 면하려 했을 때 하나님께서 심판하셨던 것을 생각나게 합니다. 여섯 번째 환상에서 하나님의 말씀을 듣지 않은 자들의 죄악을 지적하시고 심판을 예고하신 하나님께서는 일곱 번째 환상에서 그 죄악이 하나님의 언약공동체가 사는 땅에 머물지 못할 것이며 통째로 들어 시날 땅으로 옮겨 버리실 것을 선포하셨습니다. 대부분 이 에바 안에 앉은 여인은 요한계시록 17:3-5절의 음녀와 같다고 생각합니다.

⑧ 두 놋(구리) 산 사이에서 나온 네 병거(슥 6:1-8)

스가랴 6:1은 '그리고 내가 돌이켰다. 그리고 나의 눈을 들어 보았다.'로 시작하는데

7번째 환상과 연결되어 명령이 생략되고 눈을 들어 보는 것처럼 느껴집니다. 스가랴 선지자가 마지막으로 본 환상은 구리로 된 두 산 사이에서 네 대의 병거가 나오는 것이었습니다. 그 산은 구리산이었습니다. 첫째 병거는 붉은 말들이, 둘째 병거는 검은 말들이, 셋째 병거는 흰 말들이, 넷째 병거는 건장하고 얼룩진 말들이 끌고 있었습니다. 스가랴 선지자는 하나님의 사자에게 **"나의 주님 이것들이 무엇입니까?"**라고 물었고 사자는 **"이것들은 하늘의 네 영들인데, 온 땅의 주님 앞에 서 있다가 떠나가는 것들이다. 검은 말들은 북쪽 땅으로 떠나고 흰 말들은 그 뒤를 따르고 얼룩진 말들은 남쪽 땅으로 떠난다."**라고 말했습니다(슥 6:1-6). '네 병거'는 하나님의 백성인 언약공동체를 지키기 위한 하나님의 '아르바 루호트'(אַרְבַּע רֻחוֹת, 네 영, 네 바람)이고 세상을 심판하시는 하나님의 명령을 수행합니다. 네 병거는 북쪽과 남쪽 땅으로 떠났는데 북쪽은 메소포타미아 지역으로 앗수르와 바벨론 제국이 있었고 스가랴 선지자에게 환상이 임하는 현재는 페르시아가 장악하고 있는 땅이며 남쪽은 대대로 애굽이 장악하고 있었던 곳입니다. 하나님께서는 약속의 땅 북쪽과 남쪽에 있었던 제국들을 이스라엘 백성들을 심판하는 도구로 사용하셨고 사용하신 후에는 그들을 다시 심판하셨습니다.

그 강한 말들이 나가 땅을 두루 다니려고 할 때 하나님의 사자는 **"너희는 떠나 땅을 두루 돌아다녀라."**고 말했고 스가랴 선지자는 그 말들이 땅을 두루 돌아다니는 것을 보았습니다. 이때 하나님의 사자는 스가랴 선지자에게 **"보라! 북쪽 땅으로 나간 말들이 북쪽 땅에서 나의 영혼을 쉬게 하였다."**라고 말했습니다(슥 6:7-8). 스가랴 6:7a는 어순 도치되어 주어인 '그 강한 말들'('하아무침', הָאֲמֻצִּים, 그 강한 것들)을 강조하고 있는데 이 말들은 하나님의 일을 수행하는 모든 말이고 이들이 수행하는 하나님께서 일이 반드시 이루어질 것을 나타냅니다. 북쪽으로 나간 말들에 대해서 언급하고 있는 것은 일차적으로 당시 페르시아 제국을 통해 하나님께서 일하고 계시기 때문일 것입니다. 페르시아의 고레스의 칙령을 통해 바벨론에게 끌려갔던 하나님의 백성들이 1차로 돌아와 성전을 건축하고 있는 상황입니다. 그리고 앞에서 성전과 예루살렘 성벽이 세워질 것을 약속하셨는데 1차 포로귀환으로 성전이 세워지고 3차 포로귀환 후 52일 만에 예루살렘 성벽이 세워집니다. 이때 페르시아의 왕들이 많은 도움을 주었습니다.

성도 여러분!

성전 재건공사가 이루어지는 중에 아직 하나님의 일에 참여하지 못하고 여전히 죄를 짓고 있었던 백성들에게 선포할 환상을 스가랴 선지자를 통해 보여주셨던 내용을 살펴보았습니다. 하나님께서는 죄 속에서 멸망하지 말고 돌이켜 하나님의 일에 참여하라고 기회를 주시고 계시는 것을 깨달을 수 있습니다. 그리고 마침내 언약공동체 안에 있었던 죄악을 빼 시날 땅으로 옮기셔서 죄악이 없게 만드셨습니다. 그리고 이 모든 일을 감당하도록 하나님께서는 강한 말들을 보내셔서 일하게 하셨는데 이것은 하나님의 구속사를 담당하는 사람들에게 능력을 주셔서 일을 완성하게 하신다는 것을 깨닫게 합니다. 오늘도 하나님의 구속사역의 한 모퉁이를 감당하도록 부르시고 직분을 맡겨주신 것을 감사하고 작으나마 주신 직분을 최선을 다해 감당하는 하루가 되시길 기도합니다.

28일

여호수아가 요단 동쪽의 두 지파 반을 돌려보냄 ①

(수 22:1-34)

오늘 날짜가 언급된 성경 사건은 없습니다. 오늘 날짜가 포함된 사건은 다음과 같습니다.

사건 1 제2월 10일부터 방주에 들어가 하나님의 명령을 감당하는 289일째이고(노아시대 월력체계는 한 달을 30일로 계산함) 하나님께서 말씀하신 대로 40일 동안 비가 내린 282일째로 방주가 아라랏 산에 머무른 지 132일째

사건 2 라암셋을 떠난 지 308일째(제1월을 30일, 제2월을 29일로 계산함)로 시내산 밑 시내광야에 도착하여(제3월 1일) 거한 지 264일째(출 19:1-2)

사건 3 하나님께서 보여주신 식양대로 성막을 만들기 시작하는 136일째

사건 4 시내광야에 11개월 20일 머물던 이스라엘 백성이 하나님의 명령에 따라 약속의 땅을 향해 떠난 지 274일째

사건 5 에스겔 선지자가 그발 강가에서 꼼짝도 못 하고 두려워 떨며 포로 된 백성과 함께 지내는 230일째이고(겔 1:1-2, 3:14-15) 두 번째 계시받은 지 223일째

사건 6 예루살렘 성이 느브갓네살에 의해 포위된 지 48일째(왕하 25:1, 겔 24:1)

사건 7 시드기야 11년 제4월 9일 예루살렘 성이 바벨론에 의해 함락 후 224일째로 솔로몬 성전과 왕궁 그리고 예루살렘 성벽이 파괴된 지 196일째

사건 8 1차 포로 귀환 한 백성들이 성전 마당에 번제단을 만들고 매일 번제를 드리기 시작한 지 146일째

사건 9 학개 선지자에게 성전을 지으라는 하나님의 계시가 임한 지(제6월 1일) 176일째로

중단되었던 성전 건축이 다시 시작된 지(제6월 24일) 153일째이고 학개 선지자에게 두 번째 계시가 임한 지(제7월 21일) 127일째이고 세 번째, 네 번째 계시가 하루에 임한 지 64일째(학 2:10-23)

사건 10 학개 선지자를 통해 성전 공사를 재개하게 했던 것을 독려하는 계시가 스가랴 선지자에게 임한 지(8월 1일) 117일째(슥 1:1-6)이고 세 번째 계시가 임한 지(제9월 4일) 84일째

사건 11 모르드개가 조서를 써 전국(127도)에 보낸(제3월 23일) 후 243일째

사건 12 주전 458년 2차 포로 귀환하여 예루살렘에 도착한 지 205일째로 백성들이 하나님께 번제와 속죄제를 드린 201일째(스 7:6-9, 8:15-36)

사건 13 2차 포로귀환을 한 에스라가 백성들의 잡혼 문제를 해결하기 위해 조사를 시작한 지 57일째(스 10:16)

사건 14 3차 포로 귀환 한 느헤미야를 중심으로 5월 4일 시작하여 52일 동안 예루살렘 성벽 공사가 완성된(6월 25일) 후 150일째

오늘은 제11월 23일에 이어 정복 전쟁을 마무리하고 동쪽에서 분배받은 두 지파 반을 여호수아가 돌려보내는 사건을 살펴보겠습니다. 요단 서편에서 정복 전쟁이 일단락된 후 여호수아는 요단 동편에서 분배받았던 르우벤, 갓, 므낫세 반 지파를 불러 분배받은 땅으로 돌아가 여호와 하나님만 잘 섬기라고 부탁한 후 돌려보냅니다. 이에 분배받은 땅으로 돌아가던 두 지파 반은 요단강을 건너기 전 큰 제단을 쌓았고 이것이 빌미가 되어 요단 서쪽에 거하는 아홉 지파 반과 전쟁을 벌이게 되는 상황을 맞게 됩니다. 여호수아아 두 지파 반을 돌려보내며 한 말과 돌아가는 두 지파가 큰 제단을 요단강가에 쌓은 이유에 대해 살펴보겠습니다.

❶ 여호수아가 요단 동편에서 분배받은 두 지파 반에게 당부함

여호수아는 약속의 땅 정복 전쟁에서 앞서 싸웠던 요단 동편의 두 지파 반

을 불러 **"여호와의 종 모세가 너희에게 명한 것을 너희가 다 지켰다. 그리고 또 내가 너희에게 명령한 모든 일에 너희가 내 말을 순종했다. 오늘까지 날이 오래도록 너희가 너희 형제를 떠나지 않았다. 그리고 오직 너희 하나님 여호와께서 명령하신 그 책임을 지켰다."**(수 22:2-3)라고 말했습니다. 여호수아는 두 지파 반이 모세로부터 약속의 땅을 분배받으며 약속했던 모든 것에 순종했고 약속의 땅에 들어와 전쟁하며 지도자인 자신이 명한 것을 다 지켰다고 과거형으로 말하며 두 지파 반을 칭찬하고 있습니다. 그리고 정복 전쟁이 끝나기까지 형제 지파를 떠나지 않고 끝까지 최선을 다하며 여호와 하나님께서 명령하신 책임을 지켰음을 정확하게 언급했습니다.

두 지파 반이 행동으로 옮겼던 과거에 대해 언급한 여호수아는 이제 그들이 미래에 행할 일에 대해 알려주었습니다. 여호수아는 **"이제는 너희의 하나님 여호와께서 이미 말씀하신 대로 너희 형제에게 안식을 주셨다. 그러니 이제 너희는 돌이켜라! 그리고 여호와의 종 모세가 요단 저편에서 너희에게 준 소유지로 너희의 장막으로 가라!"**(수 22:4)라고 말하는데 '아타'(עַתָּה, 지금, 이제)를 두 번 사용하여 두 지파 반이 자신의 가족과 장막과 기업이 있는 땅으로 돌아갈 때가 되었음을 보여줍니다. 여호수아는 계속해서 **"그리고 오직 너희들은 여호와의 종 모세가 너희에게 명령한 명령과 율법을 반드시 행하는 것을 그리고 너희 하나님 여호와를 사랑하는 것을 그리고 그의 모든 길로 걷는 것을 그리고 그에게 굳게 붙어 있는 것을 그리고 너희의 마음을 다하며 성품을 다하여 그를 섬기는 것을 준수하라!"**(수 22:5)라고 말했습니다. 히브리어로 보면 '라크 쉼루 메오드'(רַק שִׁמְרוּ מְאֹד, 오직 너희들은 확실하게 준수하라!)가 먼저 나오고 다섯 개의 동사 '아사'(행하다), 아헤브(사랑하다), '얄라크'(걷다), '다바크'(달라붙다, 굳게 붙어 있다, 밀착하다), '아바드'(섬기다)가 접속사와 부정사 연계형으로 '샤마르'(지키다)의 명령형 '쉼루'(너희들은 준수하라!)에 연결된 문장입니다. 마침내 여호수아는 그들을 축복했고 보냈습니다. 그리고 여호수아의 말을 들은 두 지파 반의 군사들은 자기 장막으로 돌아갔습니다(수 22:6).

❷ 돌아가던 두 지파 반이 요단강가에 큰 제단을 세움

여호수아 22:7-8에는 여호수아가 두 지파 반을 돌려보내는 사건을 기록된 후 므낫세 지파가 반씩 나누어져 요단강 동편과 서편에 땅을 분배받은 내용이 언급됩니다. 어순 도치되어 부사어 '므낫세 반 지파에는'과 '반 지파에는'이 강조되어 **'그리고 모세가 므낫세 반 지파에게는 바산에서** (기업을) **주었다. 그리고** (남은) **반 지파에게는 여호수아가 요단 이편 서쪽**(바다 방향)**에서** (기업을) **주었다. 그리고 그때에 여호수아가 그들의 장막으로 돌려보냈다. 그리고 그들을 축복했다.'**(수 22:7)고 언급합니다. 여호수아는 요단 동편으로 돌아가는 사람들에게 전쟁에서 이기고 얻은 많은 전리품들을 나누어 가지라고 말했습니다(수 22:8).

> **말하여 이르되 너희는 많은 재산과 심히 많은 가축과 은과 금과 구리와 쇠와 심히 많은 의복을 가지고 너희의 장막으로 돌아가서 너희의 원수들에게서 탈취한 것을 너희의 형제와 나눌지니라 하매**(수 22:8)

요단 동편에서 기업을 분배받은 두 지파 반에 대해 다시 언급하며 한 지파였던 므낫세 지파가 반반으로 나누어져 모세와 여호수아에게 요단강 저편(동편)과 이편(서편) 각각 기업을 받았음을 강조하고 있습니다. 이것은 한사람 이스라엘(야곱)의 12 아들의 후손이었던 이스라엘 백성이 지리적으로 분리되어 동서로 왕래하기 힘든 요단강을 중심으로 서편에 아홉 지파 반이 동편에 두 지파 반이 나누어져 살게 되었음을 강조하여 보여주기 위한 것입니다. 더욱이 므낫세 지파는 한 지파였는데 반반씩 나누어져 요단 이편과 저편에 거하게 되었습니다. 한 민족, 한 백성이었던 이스라엘 후손들이 약속의 땅에 거주하며 300년이 지난 후에는 동서의 지파가 서로 왕래가 잦지 않았기에 단어의 발음까지 달라졌습니다. 입다가 사사로 세워졌을 때 서쪽의 에브라임 지파와 동쪽의 지파가 전쟁을 벌이게 되었는데 '쉽볼렛'을 '십볼렛'으로 발음하여 42000명이 요단 나루터에서 죽는 사건이 있었습니다. 이처럼 동쪽과 서쪽으로 나누어져 거하게 된 것은 문제가 있는 것임을 알 수 있습니다.

> **그에게 이르기를 쉽볼렛이라 발음하라 하여 에브라임 사람이 그렇게 바로 말하지 못하고 십볼렛이라 발음하면 길르앗 사람이 곧 그를 잡아서 요단강 나루턱에서 죽였더라. 그때에 에브라임 사람의 죽은 자가 사만 이천 명이었더라.**(삿 12:6)

여호수아의 명령과 부탁이 다 끝난 후 두 지파 반인 르우벤 자손과 갓 자손과 므낫세 반 지파가 가나안 땅 실로에서 이스라엘 자손을 떠나 여호와께서 모세에게 명령하신 대로 받은 땅 곧 그들의 소유지 길르앗으로 돌아가는 장면이 다시 기록됩니다(수 22:9). 그런데 이들은 요단강에 이르러 큰 단을 쌓고(수 22:10) 분배받은 동편 땅으로 돌아갔습니다. 이들은 왜 요단강 서쪽 강가에 큰 제단을 쌓았을까요?

> **르우벤자손과 므낫세 반 지파가 가나안 땅 요단 언덕 가에 이르자 거기서 요단 가에 제단을 쌓았는데 보기에 큰 제단이었더라.**(수 22:10)

두 지파 반인 르우벤, 갓, 므낫세 반 지파는 이미 모세를 통해 약속의 땅 동편에서 땅을 분배받았습니다. 그때는 요단강 동편에서 아모리 왕 시혼과 바산 왕 옥과 전쟁을 한 후로 전쟁을 하며 본 땅이 목축하기에 좋아 요구해 얻은 땅이었습니다. 그런데 요단강을 마른 땅으로 건너가 약속의 땅에서 정복 전쟁 마친 후 아홉 지파 반이 땅을 분배받은 후에 걱정이 생겼습니다. 아마도 약속의 땅에서 전쟁하며 본 땅은 자신들이 먼저 분배받은 요단 동편 땅과 크게 다르지 않았음을 보았고 또한 요단계곡지대를 중심으로 요단 서편이 하나님께서 그들의 조상 아브라함에게 약속하셨던 땅임을 깨달았을 것입니다. 그리고 지리적으로 요단계곡을 중심으로 요단 동편과 서편은 서로 왕래하기가 어려웠음을 직감했을 것입니다. 이런 상황을 알게 된 두 지파 반은 자신들이 분배받은 땅으로 돌아가며 아마도 후회했을 것입니다. 지금은 동편 지역과 서편 지역에 사는 사람들이 정복 전쟁과 모세와 여호수아를 통해 땅을 분배받았음을 아는 세대이지만 후대에 가서는 서로 왕래가 없어 동편에 사는 후손들이 여호와 하나님과 관련이 없다고 생각되는 게 걱정이 되었습니다. 그래서 그들은 요단강을 건너기 전에 큰 제단을 세웠습니다. 그리고 이 제산을 세우는 사건으로 서쪽의 아홉 지파 반과 동쪽의 두 지파 반이 전쟁하게 되는 상황이 벌어지는데 그때 두 지파 반은 제단을 세운 이유에 대해 다음과 같이 말합니다(수 22:24-26).

> **우리가 목적이 있어서 주의하고 이같이 하였노라. 곧 생각하기를 후일에 너희의 자손이 우리 자손에게 말하여 이르기를 너희가 이스라엘 하나님 여호와와 무슨 상관이 있느냐?** (수 22:24) **너희 르우벤 자손 갓 자손아 여호와께서 우리와 너희 사이에 요단으로 경계를 삼으셨나니 너희는 여호와께 받을 분깃이 없느니라 하여 너희의 자손이 우리 자손에게 여호와 경외하기를 그치게 할까 하여**(수 22:25) **우리가 말하기를 우리가 이제 한 제단 쌓기를 준비하자 하였노니 이는 번제를 위함도 아니요 다른 제사를 위함도 아니라.**(수 22:26)

성도 여러분!

오늘은 요단 동편 땅에서 자신들의 선택으로 모세에게 기업을 분배받은 두 지파 반이 자신들이 머물 땅으로 돌아가며 요단강가에 큰 제단을 세운 사건에 대해 살펴보았습니다. 이들은 자신들의 선택이 잘못되었음을 늦게 깨달았고 그 잘못된 선택이 자신들의 후손에게 가져올 상황을 생각한 후 후회가 섞인 마음으로 큰 제단을 세우는 행동을 했습니다. 이것은 하나님의 언약을 이루기 위해 살아가는 사람들이 자신의 시대에 선택하는 선택이 얼마나 중요함을 알 수 있습니다. 성경은 각 시대 하나님의 언약을 이어갈 자로 선택된 믿는 자들이 자신의 눈에 보이는 상황과 이익 그리고 하나님의 뜻을 생각하지 않은 선택을 하면 그들의 다음 세대와 후손들에게는 아주 엄청난 비극이 될 수 있다는 것을 생각하게 합니다. 오늘도 나에게 주신 직분을 감당하며 내가 선택하는 결정으로 다른 사람들이나 다음 세대가 힘든 상황에 부닥쳐 질 수 있다는 것을 기억하고 하나님의 뜻에 맞는 결정을 하는 하루가 되시길 기도합니다.

29일

여호수아가 요단 동쪽의 두 지파 반을 돌려보냄 ②

(수 22:1-34)

오늘 날짜가 언급된 성경 사건은 없습니다. 오늘 날짜가 포함된 사건은 다음과 같습니다.

사건 1 제2월 10일부터 방주에 들어가 하나님의 명령을 감당하는 290일째이고(노아시대 월력체계는 한 달을 30일로 계산함) 하나님께서 말씀하신 대로 40일 동안 비가 내린 283일째로 방주가 아라랏 산에 머무른 지 133일째

사건 2 라암셋을 떠난 지 309일째(제1월을 30일, 제2월을 29일로 계산함)로 시내산 밑 시내광야에 도착하여(제3월 1일) 거한 지 265일째(출 19:1-2)

사건 3 하나님께서 보여주신 식양대로 성막을 만들기 시작하는 137일째

사건 4 시내광야에 11개월 20일 머물던 이스라엘 백성이 하나님의 명령에 따라 약속의 땅을 향해 떠난 지 275일째

사건 5 에스겔 선지자가 그발 강가에서 꼼짝도 못 하고 두려워 떨며 포로 된 백성과 함께 지내는 231일째이고(겔 1:1-2, 3:14-15) 두 번째 계시받은 지 224일째

사건 6 예루살렘 성이 느브갓네살에 의해 포위된 지 49일째(왕하 25:1, 겔 24:1)

사건 7 시드기야 11년 제4월 9일 예루살렘 성이 바벨론에 의해 함락 후 225일째로 솔로몬 성전과 왕궁 그리고 예루살렘 성벽이 파괴된 지 197일째

사건 8 1차 포로 귀환 한 백성들이 성전 마당에 번제단을 만들고 매일 번제를 드리기 시작한 지 147일째

사건 9 학개 선지자에게 성전을 지으라는 하나님의 계시가 임한 지(제6월 1일) 177일째로

중단되었던 성전 건축이 다시 시작된 지(제6월 24일) 154일째이고 학개 선지자에게 두 번째 계시가 임한 지(제7월 21일) 128일째이고 세 번째, 네 번째 계시가 하루에 임한 지 65일째(학 2:10-23)

사건 10 학개 선지자를 통해 성전 공사를 재개하게 했던 것을 독려하는 계시가 스가랴 선지자에게 임한 지(8월 1일) 118일째(슥 1:1-6)이고 세 번째 계시가 임한 지(제9월 4일) 85일째

사건 11 모르드개가 조서를 써 전국(127도)에 보낸(제3월 23일) 후 244일째

사건 12 주전 458년 2차 포로 귀환하여 예루살렘에 도착한 지 206일째로 백성들이 하나님께 번제와 속죄제를 드린 202일째(스 7:6-9, 8:15-36)

사건 13 2차 포로귀환을 한 에스라가 백성들의 잡혼 문제를 해결하기 위해 조사를 시작한 지 58일째(스 10:16)

사건 14 3차 포로 귀환 한 느헤미야를 중심으로 5월 4일 시작하여 52일 동안 예루살렘 성벽 공사가 완성된(6월 25일) 후 151일째

오늘은 어제에 이어 두 지파 반이 요단 동편으로 돌아가다 요단강 서편 강가에 만든 큰 제단으로 아홉 지파 반과 전쟁을 하게 된 사건이 어떻게 마무리되는지에 대해 살펴보겠습니다.

① 요단 서쪽의 아홉 지파 반이 두 지파 반과 싸우려고 모여 11명을 먼저 보내 상황을 파악함(수 22:11-29)

요단 서쪽의 아홉 지파 반은 자신들의 기업이 있는 땅으로 돌아간 두 지파 반이 '가나안 땅 맨 앞쪽 요단 언덕 가 이스라엘 자손이 속한 쪽에 제단을 쌓았다.' 하는 소식을 듣고 온 백성이 실로에 모여 두 지파 반과 싸우러 가려고 했습니다(수 22:11-12). 이스라엘 자손들은 먼저 제사장 엘르아살의 아들 비느하스와 아홉 지파 반에서 한 사람씩 지도자 곧 천부장 열 명을 택해 길르앗 땅 두 지파 반에게 보냈습니다(수 22:13-14). 요단 동편 길르앗 땅으로 보냄을 받은 11명은 두 지파 반에게 가 '여호와의 온 회중의 말'을 전했습니

다. 그들은 먼저 **"여호와의 온 회중이 이렇게 말하기를"**이라고 운을 뗀 후 **"너희가 어찌 하여 오늘 여호와를 따르는 데서 돌아서기 위해 너희를 위하여 제단을 쌓기 위해 너희가 오늘 여호와를 배반하기 위해 반역하고자 하느냐?"**(수 22:16)고 말했습니다. 이때 '슈브'(돌아서다), '바나'(세우다, 짓다, 건축하다), '마라드'(반역하다, 반항하다)의 부정사 연계형 세 개를 나열하여 두 지파 반의 잘못된 행동을 지적하고 있습니다. 그리고 이에 더하여 **"브올의 죄악으로 말미암아 오늘까지 우리가 그 죄에서 정결함을 받지 못했다. 그리고 여호와의 회중에게 재앙이 내렸다. 우리에게 아직 그 죄악이 부족하냐? 그리고 오늘 너희가 여호와를 따르지 않는 것으로부터 돌아설 것이다. 그러나 너희가 오늘 여호와를 배역했다. 그러면 내일 그가 이스라엘 온 회중에게 진노하실 것이다."**(수 22:17-18)고 말했습니다. 여호수아 22:18은 어순 도치되어 주어인 '너희가'와 부사어인 '내일', '온 회중에게'가 강조되었습니다. 아홉 지파 반을 대표해서 말하고 있는 11명은 두 지파 반이 이미 범죄를 저질렀는데 회개하지 않으면 온 이스라엘에게 재앙이 임할 것이라고 강조해 말하고 있습니다. 그리고 계속해서 **"그런데 만일 너희의 소유지가 깨끗하지 아니하거든 여호와의 성막이 있는 여호와의 소유지 우리에게로 건너오라! 그리고 우리 중에서 소유지를 취하라! 그리하여 오직 우리 하나님 여호와의 단 외에 너희들을 위해 다른 단을 쌓음으로 너희는 여호와께 패역 하지 말라. 그리고 우리에게도 패역 하지 말라."**(수 22:19)고 말했습니다. 어순 도치하여 목적어인 '여호와께'를 강조하며 요단 동편에서 분배받은 것이 잘못된 것이고 그것을 깨닫는다면 요단강 서편으로 건너와 함께 땅을 소유하고 거하자고 제안하고 있습니다. 마침내 **"세라의 아들 아간이 온전히 바친 물건에 대하여 범죄하지 않았느냐? 그리하여 이스라엘 온 회중에게 진노가 임했다. 그리고 그의 죄악으로 멸망한 자가 그는 한 사람만이 아니었다."**(수 22:20)고 말했습니다. 마지막 말은 어순 도치되어 주어인 '세라의 아들 아간'과 부사어인 '이스라엘 온 회중에게' 그리고 주어인 '그는 한 사람만이'(망한 자)가 강조되었습니다.

아홉 지파 반 대표의 말을 들은 르우벤, 갓, 므낫세 반 지파는 먼저 '엘 엘로힘 아도나이'(אֵל אֱלֹהִים יְהוָה)를 두 번 반복하여 강조하며 **"전능하신 자 하나님 여호와, 전능하신 자 하나님 여호와께서 아신다. 그리고 그 이스라엘도 장차 알 것이다."**라고 말합니다. 이때 어순 도치하여 아홉 지파 반을 의미하는 주어인 '이스라엘' 그리고 '그'(인칭대명사로 이스라엘을 지시함)를 반복해 써 강조하며 자신들의 결백을 말하려고 합니다. 그리고 "이 일이 만일 여호와를 거역함이거나 범죄함이거든 주께서는 오늘 우리를 구원하지 마시옵소서."라고 고백합니다. 이때도 어순 도치하여 부사어 '이 일이 여호와를 거역함이거나 범죄함이거든'을 강조하며 자신들의 행동이 여호와 하나님께 범죄하기위해 한 것이 아니라고 말하고 있습니다. 두 지파 반은 마침내 "여호와를 따르는 것으로부터 돌이키기 위해 우리가 우리를 위하여 제단을 쌓거나 그리고 만일 그 위에 번제나 소제를 드리려 함이거나 또는 화목제를 드리려 함이거든 여호와 그는 친히 벌하실 것입니다."(수 22:22-23)라고 고백했습니다. 두 지파 반은 자신들의 목적이 잘못되지 않았음을 어순 도치하여 길게 나열하며 강조하고 있습니다. 그리고 두 지파 반은 단을 쌓은 목적을 말합니다. 그들은 "염려하지 말라. 우리가 목적이 있어 이같이 행했다. 곧 생각하기를 후일에 너희의 자손이 우리 자손에게 말하여 이르기를 '너희가 이스라엘 하나님 여호와와 무슨 상관이 있느냐? 너희 르우벤 자손 갓 자손아 여호와께서 우리와 너희 사이에 요단으로 경계를 삼으셨다. 그러니 너희는 여호와께 받을 분깃이 없느니라'하여 너희의 자손이 우리 자손에게 여호와 경외하기를 그치게 할까 했다. 이에 우리가 말하기를 우리가 이제 한 제단을 쌓기를 준비하자 하였다. 이는 번제를 위함도 아니다. 그리고 다른 제사를 위함도 아니다. 우리가 여호와 앞에서 우리의 번제와 우리의 다른 제사와 우리의 화목제로 섬기는 것을 우리와 너희 사이와 우리의 후대 사이에 증거가 되게 할 뿐이다. 너희 자손들이 후일에 우리 자손들에게 이르기를 너희는 여호와께 받을 분깃이 없다 하지 못하게 하려 함이라."(수 22:24-27)고 말했습니다. 그리고 마침내 두 지파 반은 "우리가 말하였거니와 만일 그들이 후일에 우리에게나 우리 후대에게 이같이 말하면 우리가 말하기를 '우리 조상이 지은 여호와의 제단 모형을 보라! 이는 번제를 위한 것도 아니요 다른 제사를 위한 것도 아니라. 오직 우리와 너희 사이에 증거만 되게 할 뿐이라. 우리가 번제나 소제나 다른 제사를 위하여 우리 하나님 여호와의 성막 앞에 있는 제단 외에 제단을 쌓음으로 여호와를 거역하고 오늘 여호와를 따르는 데에서 돌아서려는 것은 결단코 아니라' 하리라."(수 22:28-29)고 말함으로 자신들이 단을 쌓은 이유를 설명했습니다.

❷ 오해를 풀고 기뻐하며 찬송하는 요단 서편 백성들(수 22:30-34)

제사장 비느하스와 그와 함께 한 10명의 지도자 곧 이스라엘 천천의 수령들은 두 지파 반의 말을 듣고 좋게 여겼습니다(수 22:30). 그리고 그들에게 **"우리가 바로 오늘 여호와께서 우리 중에 계신 줄을 안다. 이는 너희가 이 죄를 여호와께 범하지 아니하였음이니라. 너희가 이제 이스라엘 자손을 여호와의 손에서 건져 내었느니라."**(수 22:31)라고 말했습니다. 어순 도치되어 때를 나타내는 부사어 '하욤'(הַיּוֹם, 그 날, 바로 오늘)이 강조되었습니다. 요단 서편의 아홉 지파 반은 두 지파 반이 제단을 쌓음으로 그들만 징계를 받는 것이 아니라 요단 동편과 서편에 사는 모든 이스라엘 자손이 심판받을 것을 두려워해 두 지파 반과 싸우려고 했었습니다. 그런데 오해가 풀렸기에 오해가 풀린 날을 강조하며 여호와의 손에서 건져졌음을 고백하고 기뻐하고 있음을 알 수 있습니다.

이후 비느하스와 10명의 지도자는 길르앗 땅을 떠나 가나안 땅 이스라엘 자손에게 돌아와 온 회중에게 보고했습니다(수 22:32). 보고를 들은 온 회중은 두 지파 반이 제단을 쌓은 것에 대한 오해를 풀었고 마음이 즐거워 하나님을 찬송하고 두 지파 반이 거하는 길르앗 땅에 가서 싸워 그들을 멸하자 하는 말을 다시는 하지 않았습니다(수 22:23). 두 지파 반은 그 제단을 '엣'이라 불렀는데 '우리 사이에 이 제단은 여호와께서 하나님이 되시는 증거라.'는 뜻이었습니다(수 22:34).

성도 여러분!

한 사건에 대해 다른 견해가 있을 때 상대방의 의도를 들어 보는 것이 얼마나 중요한지 생각하게 하는 사건입니다. 그런데 먼저 자신을 위해 좋은 의도로 행한 것이라 하더라도 상대방에게는 좋지 않은 상황으로 전개될 수 있다는 것을 잊지 맙시다. 그리고 근본적으로 생각해 볼 것은 이러한 오해가 생기게 된 원인은 하나님께서 원하지 않으셨던 요단 동편 땅을 두 지파 반이 분배받았기 때문입니다. 아홉 지파 반의 말처럼 잘못된 것을 깨달았으면 돌이켜 하나님께서 원하시는 땅으로 가 함께 거주했어야 함이 옳았을 것입니다. 본문은 두 지파 반이 얻은 기업의 땅과 하나님께서 약속의 땅으로 주신 곳을 구분하고 있습니다. 가나안 땅과 길르앗 땅을 구분하고 두 지파 반과 아홉 지파 반을 구분하며 르우벤과 갓 지파를 반복해서 언급하고 있음을 볼 수 있습니다. 이 사건을 통해 과거에 잘못한 행동이나 일을 인식하면 그 상황에서 다른 것으로 문제를 덮어 해결하려 하지 않고 잘못된 근본 원인을 해결하기 위해 회개하고 돌이켜야 한다는 것을 잊지 맙시다. 오늘도 나의 선택이 다른 사람에게 어떠한 영향을 줄 것인지 생각하고 모든 결정이 하나님의 뜻 안에서 결정될 수 있도록 기도하고 올바른 선택을 하는 하루가 되시길 기도합니다.

30일

여호수아가 이스라엘 백성의 지도자들에게 마지막으로 부탁함

(수 23:1-11)

오늘 날짜가 언급된 성경 사건은 없습니다. 오늘 날짜가 포함된 사건은 다음과 같습니다.

사건 1 제2월 10일부터 방주에 들어가 하나님의 명령을 감당하는 291일째이고(노아시대 월력체계는 한 달을 30일로 계산함) 하나님께서 말씀하신 대로 40일 동안 비가 내린 284일째로 방주가 아라랏 산에 머무른 지 134일째

사건 2 라암셋을 떠난 지 310일째(제1월을 30일, 제2월을 29일로 계산함)로 시내산 밑 시내광야에 도착하여(제3월 1일) 거한 지 266일째(출 19:1-2)

사건 3 하나님께서 보여주신 식양대로 성막을 만들기 시작하는 138일째

사건 4 시내광야에 11개월 20일 머물던 이스라엘 백성이 하나님의 명령에 따라 약속의 땅을 향해 떠난 지 276일째

사건 5 에스겔 선지자가 그발 강가에서 꼼짝도 못 하고 두려워 떨며 포로 된 백성과 함께 지내는 232일째이고(겔 1:1-2, 3:14-15) 두 번째 계시받은 지 225일째

사건 6 예루살렘 성이 느브갓네살에 의해 포위된 지 50일째(왕하 25:1, 겔 24:1)

사건 7 시드기야 11년 제4월 9일 예루살렘 성이 바벨론에 의해 함락 후 226일째로 솔로몬 성전과 왕궁 그리고 예루살렘 성벽이 파괴된 지 198일째

사건 8 1차 포로 귀환 한 백성들이 성전 마당에 번제단을 만들고 매일 번제를 드리기 시작한 지 148일째

사건 9 학개 선지자에게 성전을 지으라는 하나님의 계시가 임한 지(제6월 1일) 178일째로

중단되었던 성전 건축이 다시 시작된 지(제6월 24일) 155일째이고 학개 선지자에게 두 번째 계시가 임한 지(제7월 21일) 129일째이고 세 번째, 네 번째 계시가 하루에 임한 지 66일째(학 2:10-23)

사건 10 학개 선지자를 통해 성전 공사를 재개하게 했던 것을 독려하는 계시가 스가랴 선지자에게 임한 지(8월 1일) 119일째(슥 1:1-6)이고 세 번째 계시가 임한 지(제9월 4일) 86일째

사건 11 모르드개가 조서를 써 전국(127도)에 보낸(제3월 23일) 후 245일째

사건 12 주전 458년 2차 포로 귀환하여 예루살렘에 도착한 지 207일째로 백성들이 하나님께 번제와 속죄제를 드린 203일째(스 7:6-9, 8:15-36)

사건 13 2차 포로귀환을 한 에스라가 백성들의 잡혼 문제를 해결하기 위해 조사를 시작한 지 59일째(스 10:16)

사건 14 3차 포로 귀환 한 느헤미야를 중심으로 5월 4일 시작하여 52일 동안 예루살렘 성벽 공사가 완성된(6월 25일) 후 152일째

여호수아는 나이 들었을 때 이스라엘의 장로들과 수령들과 재판장들과 관리들을 불러 모은 후 약속의 땅 가나안에서 거하며 남아 있는 가나안 족속을 몰아내고 여호와 하나님만을 섬기라고 당부합니다. 오늘은 여호수아가 이스라엘 자손에게 가나안 땅에서 영원히 살 수 있는 방법을 제시하는 내용에 대해 살펴보겠습니다.

❶ 여호와 하나님께서 차지하게 하신 땅을 정복하라!

여호수아 23:1은 '(이스라엘을) **둘러싼 모든 대적으로부터 여호와께서 안식을 주신 지 오랜 후였다. 그리고 여호수아가 늙었다. 그는 나이가 많았다.**'로 시작합니다. 두 번째 문장은 어순 도치되어 주어인 '여호수아가'가 강조되었습니다. 이때 여호수아는 이스라엘 장로들, 수령들, 재판장들, 관리들을 부른 후 "**나는 나이가 많아 늙었도다. 그리고 너희가 너희의 하나님 여호와께서 너희를 위하여 이 모든 나라에 행하신 모든 일을 보았다. 너희의 하나님 여호와 그는 너희를 위하여 싸우신 이시니라.**"(수 23:2-3)라고 선포하며 하나

님 여호와께서 약속의 땅 정복을 위해 앞서 싸우셨고 안식을 주셨음을 먼저 선포하고 있습니다. 이때 어순 도치하여 주어인 '너희가'를 강조하고 있고 이스라엘을 위해 싸우신 여호와를 '너희 하나님 여호와 그는'이라고 반복하여 여호와를 지칭하며 강조하고 있습니다.

여호와 하나님께서 먼저 싸우셨음을 강조한 여호수아는 이제 자신을 통해 하나님께서 각 지파에 땅을 분배해 주셨음을 기억하게 합니다. 여호수아는 **"보라!**(명령) **내가 너희의 지파에 기업이 되게 하도록 너희를 위하여 제비 뽑아 주었다. 요단에서부터 내가 이미 멸한 모든 나라 그리고 해 지는 쪽 대해까지의 남아 있는 나라들이다."**(수 23:4)고 말합니다. 그 땅은 아직 완전히 정복되지 않았는데 여호수아는 **"여호와 너희 하나님 그가 너희 앞에서 그들을 쫓아내실 것이다. 그리고 그는 너희 목전에서 그들을 떠나게 하실 것이다. 그리고 너희는 너희의 하나님 여호와께서 너희에게 말씀하신 대로 그 땅을 차지할 것이다."**(수 23:5)라고 선포했습니다. 이때 여호수아는 어순 도치하여 앞에서 한 번 사용했던(수 23:3) 형태로 주어인 '여호와 너희 하나님 그가'를 강조하고 있습니다.

'너희는 여호와께서 말씀하신 대로 약속의 땅을 차지할 것이다.'라고 선언한 여호수아는 계속해서 이스라엘의 여호와 하나님께서 주신 땅을 차지하고 그곳에 거하기 위해 이스라엘 백성이 지켜야 할 것에 대해 언급합니다. 여호수아는 먼저 **"너희는 모세의 율법 책에 기록된 것을 다 지키기 위해 그리고 행하기 위해 크게 힘쓸 것이라."**고 말한 후 '~하지 말라.'는 의미의 '벨티'(בִּלְתִּי)를 2번 써서 **"그것으로부터**(율법) **우로나 좌로나 떠나지 말라."**(수 23:6), **"너희 중에 남아 있는 이 민족들 중에 들어가지 말라."**(수 23:7)고 말합니다. 이후 부정을 강조하는 의미의 '로'(לֹא)를 네 번 써서 **"너희는 그들 신들의 이름을 부르지 말라."**, **"너희는 그것들을 가리켜 맹세하지 말라."**, **"너희는 그것을 섬기지 말라."**, **"너희는 그것들에게 절하지 말라."**고 말하는데(수 23:7) 맨 처음에는 어순 도치하여 목적어인 '그들 신들의 이름을'을 강조하였습니다.

여호수아는 계속해서 **"오직 너희는 너희의 하나님 여호와를 너희가 오늘날까지 행한 것**

같이 가까이할 것이라."고 말합니다. 이때 어순 도치하여 목적어인 '너희 하나님 여호와를'을 강조했습니다. 계속해서 **"그리고 여호와께서 강대한 나라들을 너희의 앞에서 쫓아내셨다. 그리고 한 사람도 오늘까지 너희 앞에서 너희를 맞선 자가 없었다."**(수 23:8-9)고 말하는데 어순 도치하여 목적어인 '너희를'을 강조했습니다. 마지막으로 여호와 하나님께서 이미 약속의 땅을 차지할 것이라 말씀하셨기에 **"너희 중 한 사람이 천 명을 쫓을 것이다. 이는 너희의 하나님 여호와 그가 너희에게 말씀하신 것 같이 너희를 위하여 싸우심이라. 그러므로 너희 하나님 여호와를 사랑하기 위해 스스로 매우 조심하라."**(수 23:10-11)고 말했습니다. 여호수아는 약속의 땅에서 가나안 족속을 몰아내고 차지해야 할 당사자가 이스라엘 백성 각자 한 사람 한 사람임을 강조하기 위해 어순 도치하여 주어인 '너희 중 한 사람이'를 강조했습니다.

여호수아의 이스라엘 백성들을 향한 마지막 선포는 모세를 통해 주신 율법을 지키지 않고 만일 여호와 하나님을 섬기는 것에서 돌아선다면 하나님께서 심판 하실 것이라는 말이었습니다. 여호수아는 **"너희가 만일 정녕 돌아선다면 그리고 너희가 너희 중에 남아 있는 이 민족들을 가까이한다면 그리고 너희가 그들과 더불어 혼인한다면 그리고 너희가 그들과 서로 왕래한다면, 너희의 하나님 여호와께서 이 민족들을 너희 목전에서 다시는 쫓아내지 아니하실 것이요 그리고 그들이 너희에게 올무가 되며 덫이 되며 너희의 옆구리에 채찍이 되며 너희의 눈에 가시가 되어서 너희가 마침내 너희의 하나님 여호와께서 너희에게 주신 이 아름다운 땅에서 멸하리라는 것을 확실히 알라."**(수 23:12-13)고 선포했습니다. 여호수아는 같은 동사를 반복하여 사용하는 동족목적어를 써서 '만일 정녕 돌아선다면'('임-쇼브 타슈부', אִם־שׁוֹב תָּשׁוּבוּ)과 '확실히 알라'('야도아 텔우', יָדֹעַ תֵּדְעוּ)로 강조하고 있습니다.

❷ 여호수아의 다짐

여호수아는 여호와 하나님께서 차지하게 하신 땅을 정복하고 영원히 사는 방법에 대해 선포한 후 자신이 어떻게 살겠다는 다짐을 합니다. 여호수아는

"보라! 나는 오늘 온 세상이 가는 길로 간다. 그리고 너희의 하나님 여호와께서 너희에게 대하여 말씀하신 모든 선한 말씀이 하나도 틀리지 않고 다 너희에게 응하여 그중에 하나도 어김이 없음을 너희 모든 사람은 마음과 뜻으로 알 것이다. 그리고 그가(여호와) 너희의 하나님 여호와께서 너희에게 말씀하신 모든 선한 말씀이 너희에게 임한 것 같이 여호와께서 모든 불길한 일도 너희에게 여호와께서 너희에게 주신 이 아름다운 땅에서 너희를 멸절하기까지 임하게 하실 것이다."(수 23:14-15)고 선포했습니다. 마침내 여호수아는 "만일 너희가 너희의 하나님 여호와께서 너희에게 명령하신 언약을 범하고 그리고 너희가 가고 그리고 너희가 다른 신들을 섬기고 그리고 너희가 그들에게 절하면 여호와의 진노가 너희에게 미칠 것이다. 그리고 너희가 너희에게 주신 아름다운 땅에서 속히 멸망할 것이다."(수 23:16)는 심판의 내용으로 이스라엘 백성을 향해 하나님의 뜻을 이루지 못했을 때 심판이 임한다는 것으로 마무리했습니다.

성도 여러분!

여호와 하나님께서는 이미 이스라엘 백성이 약속의 땅을 차지할 수 있도록 하셨습니다. 다만 이스라엘 백성이 여호와 하나님을 섬기는 데서 떠나 다른 신을 섬기지만 않으면 되었습니다. 이 모든 것을 아는 여호수아는 이스라엘 백성의 지도자를 불러 다짐을 받았습니다. 하지만 여호수아가 마지막으로 여호와 하나님의 말씀에 순종하지 못할 때 하나님께서 주신 아름다운 땅에서 속히 멸망할 것이라는 예언대로 이스라엘 백성은 약속의 땅에서 가나안 족속을 다 쫓아내지 못해 결국 망하게 됩니다. 이미 선포된 하나님의 말씀이 순종하지 못한 이스라엘 백성에 의해 이루어지지 않았다는 사실은 이 시대를 사는 언약공동체(교회)에도 똑같이 적용됩니다. 이스라엘 백성을 향한 하나님의 뜻이 이루어지지 못했지만 여자의 후손으로 오신 예수 그리스도를 통해 완성된 후 이 시대를 사는 성도들에게까지 하나님의 구속사는 이어졌습니다. 그리고 오늘을 사는 성도들을 통해 하나님의 구속사는 완성될 것입니다. 오늘도 하나님의 구속사를 나의 삶에 이루기 위해 여호수아가 이스라엘 백성에게 선포했던 말씀을 잘 기억하고 하나님의 뜻을 떠나 다른 것에 마음을 두지 않는 하루가 되시길 기도합니다.

12월의 성경 사건

1일

애굽 왕 바로에 대한 슬픈 노래를 부르게 하신 하나님

오늘 날짜가 언급된 사건은 바벨론 2차 포로로 잡혀간 후 12년째가 되는 해 제12월 1일에(주전 585년 3월 3일) 여호와의 말씀이 에스겔 선지자에게 임한 사건이 있습니다(겔 32:1-16).

사건 1 제2월 10일부터 방주에 들어가 하나님의 명령을 감당하는 292일째이고(노아시대 월력체계는 한 달을 30일로 계산함) 하나님께서 말씀하신 대로 40일 동안 비가 내린 285일째로 방주가 아라랏 산에 머무른 지 135일째

사건 2 라암셋을 떠난 지 311일째(제1월을 30일, 제2월을 29일로 계산함)로 시내산 밑 시내광야에 도착하여(제3월 1일) 거한 지 267일째(출 19:1-2)

사건 3 하나님께서 보여주신 식양대로 성막을 만들기 시작하는 139일째

사건 4 시내광야에 11개월 20일 머물던 이스라엘 백성이 하나님의 명령에 따라 약속의 땅을 향해 떠난 지 277일째

사건 5 에스겔 선지자가 그발 강가에서 꼼짝도 못 하고 두려워 떨며 포로 된 백성과 함께 지내는 233일째이고(겔 1:1-2, 3:14-15) 두 번째 계시받은 지 226일째

사건 6 예루살렘 성이 느브갓네살에 의해 포위된 지 51일째(왕하 25:1, 겔 24:1)

사건 7 시드기야 11년 제4월 9일 예루살렘 성이 바벨론에 의해 함락 후 227일째로 솔로몬 성전과 왕궁 그리고 예루살렘 성벽이 파괴된 지 199일째

사건 8 1차 포로 귀환 한 백성들이 성전 마당에 번제단을 만들고 매일 번제를 드리기 시작한 지 149일째

사건 9 학개 선지자에게 성전을 지으라는 하나님의 계시가 임한 지(제6월 1일) 179일째로 중단되었던 성전 건축이 다시 시작된 지(제6월 24일) 156일째이고 학개 선지자에게 두 번째 계시가 임한 지(제7월 21일) 130일째이고 세 번째, 네 번째 계시가 하루에 임한 지 67일째(학 2:10-23)

사건 10 학개 선지자를 통해 성전 공사를 재개하게 했던 것을 독려하는 계시가 스가랴 선지자에게 임한 지(8월 1일) 120일째(슥 1:1-6)이고 세 번째 계시가 임한 지(제9월 4일) 87일째

사건 11 모르드개가 조서를 써 전국(127도)에 보낸(제3월 23일) 후 246일째

사건 12 주전 458년 2차 포로 귀환하여 예루살렘에 도착한 지 208일째로 백성들이 하나님께 번제와 속죄제를 드린 204일째(스 7:6-9, 8:15-36)

사건 13 2차 포로귀환을 한 에스라가 백성들의 잡혼 문제를 해결하기 위해 조사를 시작한 지 60일째(스 10:16)

사건 14 3차 포로 귀환 한 느헤미야를 중심으로 5월 4일 시작하여 52일 동안 예루살렘 성벽 공사가 완성된(6월 25일) 후 153일째

30개월 동안 포위되었던 예루살렘 성이 함락되고 세 번째로 바벨론 포로로 잡혀간 후 유대 땅에 남아 있던 백성 가운데 애굽으로 내려가려는 사람이 있었습니다. 하나님께서는 이들에게 예레미야 선지자를 통해 '애굽으로 가지 말라!'고 말씀하셨는데 백성 가운데 고집을 부리고 애굽으로 내려간 사람이 있었습니다. 오늘은 나라가 망한 후 '바벨론을 섬기라!'는 하나님의 명령을 듣지 않고 목숨을 유지하기 위해 선택한 애굽이 바벨론에 의해 정복되고 멸망할 것이라는 에스겔 선지자에게 임한 하나님의 말씀을 살펴보겠습니다.

❶ 예루살렘 성이 정복된 후 애굽으로 향하는 사람들(렘 42:1-7)

바벨론에 의해 백성들이 세 번째로 끌려간 후 유대 땅에 남은 백성 중 모든 장군과 가레아의 아들 요하난과 호사야의 아들 여사냐와 작은 자로부터

큰 자에 이르기까지 모든 백성이 예레미야 선지자에게 와 앞으로 어떻게 살아야 할지 물었습니다(렘 42:1). 그들은 **"제발 우리의 간청이 당신 앞에 노여지게 해 주십시오. 그리고 우리를 위해 이 모든 남은 자를 위해서 당신의 하나님 여호와께 기도하여 주십시오. 왜냐하면 당신이 눈들이 우리를 보고 계신 것과 같이 우리의 남은 자들은 많은 무리들 중에서 조금 남았기 때문입니다. 그리고 당신의 하나님 여호와께서 우리가 가야 할 그 길을 우리에게 말씀해 주시기를 원합니다. 그리고 우리가 행해야 할 것을 말하게 해주십시오."**(렘 42:2-3)라고 말했습니다. 예레미야 선지자는 **"내가 너희의 말을 들었다. 나를 보라! 내가 여호와 너희 하나님께 너희 말대로 기도할 것이다. 그리고 여호와께서 너희에게 응답하시는 모든 것을 너희에게 이야기할 것이다. 내가 너희에게 아무것도 감추지 아니할 것이다."**(겔 42:4)라고 대답했습니다. 이에 그들은 **"여호와께서 우리들 사이에 참되고 진실한 증인이 되게 해 주십시오. 우리가 당신의 하나님 여호와께서 당신을 통해 우리에게 보내는 모든 말씀대로 행하겠습니다. 우리가 우리 하나님 여호와의 음성을 그것이 좋든지 나쁘든지 듣겠습니다. 우리가 우리의 하나님 여호와의 음성을 들을 때 그분이 우리에게 선을 행하게 하기 위해서입니다."**(렘 42:5-6)라고 다짐했습니다.

열흘 후에 여호와의 말씀이 예레미야 선지자에게 임했습니다(렘 42:7). 하나님께서는 **"만일 너희가 이 땅에서 계속 머물러 있으면, 그러면 내가 너희를 세울 것이다. 그리고 헐지 않겠다. 그리고 내가 너희들 심을 것이다. 그리고 내가 뿌리를 뽑지 않을 것이다. 왜냐하면 내가 너희에게 내린 재앙에 대해 마음 아파하기 때문이다. 너희는 지금 너희가 두려워하는 바벨론 왕을 두려워하지 말라. 여호와의 말이니라. 왜냐하면 내가 너희를 구원하기 위해서 그리고 그의 손으로부터 너희를 건져내기 위해서 너희들과 함께하기 때문이다."**(렘 42:10-11)고 말씀하셨습니다. 계속해서 하나님께서는 **"그리고 내가 너희에게 긍휼을 베풀 것이다. 그리고 그가(바벨론 왕) 너희를 긍휼히 여길 것이다. 그리고 그가 너희를 너희의 땅으로 돌아가게 할 것이다. 그러나 만일 너희가 '우리가 이 땅에 거하지 않겠습니다.'라고 말한다면, 너희의 하나님 여호와의 음성을 듣지 않는다면 그리고 '아닙니다. 우리가 오히려 전쟁도 보이지 않고 나팔 소리도 들리지 않고 양식으로 굶주리지도 않는 애굽으로 가겠습니다.'라고 말한다면"**(렘 42:12-14)이라는 말씀을 하시며 그들이 애굽으로 가려는 마음을 접고 유대 땅에 머무르라는 말씀을 하셨습니다. 그러나 그들은 애굽으로 가려고 생각했기에 하나님께서는 애굽으로 내려간 결과에 대해 강력하게 말씀하셨습니다. 하나님께서는 **'그러므로 이제 유다의 남은 자들아! 너희는 여호와의 말을 들어라! 이스라엘의 하나님 만군의 여호께서 이같이 말씀하신다.'**라고 선언하시며 **"만일 너희가 애굽으로 들어가기 위해서 고집하면, 그리고 너희들이 거기서 살기 위해 간다면 그러면 이런 일이 있을 것이다. 너희가 두려워하는 칼이 거기 애굽 땅까지 이르러 너희의 뒤를 따를 것이다. 그리고 너희는 거기서 죽을 것이다. 그리고 애굽으로 거기 살기 위해 가려고 고집하는 모든 사람은 칼과 기근과 전염병으로 죽을 것이다. 그리고 그들에게 내가 그들 위에 가져오는 재앙으로부터 피하여 살아남는 자가 없을 것이다."**(렘 42:15-17)라고 선언하셨습니다. 하나님께서는 **"만군의 여호와 이스라엘의 하나님이 이같이 말씀하신다."**('키 코 아마르 아도나이 체바오트 엘로헤이 이스라엘', צְבָאוֹת :אֱלֹהֵי יִשְׂרָאֵל כִּי כֹה אָמַר יְהוָה)라고 선언하신 후 **"나의 진노와 나의 분노가 예루살렘 주민에게 쏟아졌던 것과 똑같이 너희가 애굽에 들어갈 때에는 똑같이 나의 분노가 너희 위에 쏟아질 것이다. 그리고 너희는 저주의 대상으로, 정죄 받는 자로 그리고 비난받는 자로 될 것이다. 그리고 너희는 다시 이곳을 보지 못할 것이다."**(렘 42:18)라고 말씀하셨습니다.

예레미야 선지자는 **"유다의 남은 자들아! 여호와께서 너희에게 말씀하신다."**라고 선언하며 **"'너희는 애굽으로 가지 말라!'고 하셨고 나도 오늘 너희에게 경고했다는 것을 분명히 기억하라! 너희가 나를 여호와 너희 하나님께 보냈을 때 너희는 자신의 마음을 속이며 말하기를 '우리를 위해 여호와 우리 하나님께 기도해 주십시오. 여호와 우리 하나님께서 말씀하시는 모든 것을 그대로 우리에게 알려주시면 우리가 행하겠습니다.'라고 했다. 그리고 여호와 너희 하나님께서 너희에게 전하신 모든 것을 내가 오늘 너희에게 알렸으나 너희가 그분의 음성을 듣지 않았다. 그러므로 이제 너희는 분명히 알아라! 너희는 가고 싶은 장소에서 그리고 살고 싶은 그곳에서 칼과 기근과 전염병으로 죽게 될 것이다."**(렘 42:19-22)라고 선포했습니다.

하지만 여호와 하나님의 말씀을 듣고도 호사야의 아들 아사랴와 가레아의 아들 요하난과 모든 거만한 사람들은 예레이야 선지자에게 **"당신은 거짓말을 하고 있습니다. 우리의 하나님 여호와께서 '너희는 애굽으로 거기서 거하기 위해 가지 말라.'고 말하도록 당신을 보내지 않았습니다. 왜냐하면 네리야의 아들 바룩이 당신을 부추겨 우리를 대적하**

게 하고 우리를 갈대아인의 손에 넘겨주어 그들이 우리를 죽이고 또 우리를 바벨론에 포로로 잡아 가게 하려는 것이기 때문입니다."(렘 43:2-3)라고 말했습니다. 그들은 유대 땅에 머물라는 여호와의 음성을 듣지 않았습니다. 가레아의 아들 요하난과 모든 장군이 쫓겨났던 나라들로부터 유대 땅에 머물기 위해 돌아온 유다의 모든 남은 자 곧 남자와 여자와 아이와 공주들과 경호 대장 느부사라단이 사반의 손자요 아히감의 아들인 그달랴에게 맡긴 모든 사람과 선지자 예레미야와 네리야의 아들 바룩을 데리고 애굽으로 내려갔습니다. 이들은 여호와의 음성을 따르지 않았기 때문에 다바네스까지 가게 되었습니다.

❷ 바벨론에 머무는 에스겔 선지자에게 임한 애굽의 멸망에 대한 말씀

에스겔 32:1에 언급된 '열두째 해 열두째 달'은 유대의 왕이었던 여호야긴이 포로로 잡혀간 제2차 바벨론 포로 사건이 일어난 597년 제1월을 기준으로 계산된 것입니다. 이날 임한 계시는 에스겔에게 주어진 여섯 번째 계시로 다섯 번째 계시가 주어진 십일 년 제3월 1일(겔 31:1) 후 1년 8개월 10일이 지난 때입니다. 다섯 번째 계시와 여섯 번째 계시 사이에 일어난 사건은 30개월 동안 포위되었던 예루살렘 성이 함락되고(주전 586년 제4월) 성전이 파괴된(주전 586년 제5월) 사건이 있었습니다. 그렇기에 본문에 언급된 제12월 1일에 임한 여섯 번째 계시는 예루살렘 성이 함락되고 9개월이 지나는 때이며, 바벨론에 거하는 에스겔 선지자가 예루살렘 함락 소식을 들은 지(제10월 5일) 56일이 지난 때입니다(겔 33:21, 제10월 5일 예루살렘 성이 정복된 후 도망한 자가 에스겔 선지자에게 소식을 전함 참조).

이때 예언이 주어진 것은 아마도 유대 땅에 남아 있던 백성들이 애굽으로 이주하려고 또는 이주했기 때문일 것입니다. 하나님께서는 백성들에게 애굽으로 가지 말라고 말씀하셨지만 백성들은 끝내 바벨론에게 항복하라는 여호와 하나님의 뜻을 거역하고 약속의 땅을 떠나 애굽으로 이주했던 것입니다.

하나님께서는 **"인자야! 너는 애굽 왕 바로에 대한 애가를 부르라! 그리고 그에게 말하라!"** 라고 말씀하시며 애굽에 대한 계시를 하게 하셨습니다. **"너는**(애굽) **여러 민족들 중 젊은 사자와 같다. 그리고 너는 바다 가운데 있는 괴물과 같다. 그리고 너는 너의 강들에서 물 기둥을 일으키고 나왔다. 그리고 너는 너의 발들로 물을 휘저었다. 그리고 너는 그 강들을 더럽혔다."**(겔 32:2)고 말씀하시고 **"주 여호와가 이같이 말한다."**(32:3, 11, '코 아마르 아도나이 아도나이', כֹּה אָמַר אֲדֹנָי יְהוִה), **"주 여호와의 말이다."**(32:8, 14, 16, '네움 아도나이 아도나이', נְאֻם אֲדֹנָי יְהוִה)라고 선언하시며 애굽의 멸망에 대해 선포하셨습니다. 하나님께서 바벨론을 들어 애굽을 치실 때 그들은 "내가 여호와인 것을 알 것이다." 라고 선언하셨습니다.

"주 여호와가 이같이 말한다."

"내가 많은 백성과 함께 내 그물을 네 위에 펼칠 것이니, 그들이 내 그물로 너를 끌어올릴 것이며, 너를 땅에 내버리고, 너를 들판에 내던져서, 공중의 모든 새로 네 위에 깃들게 하고, 온 땅의 짐승이 너를 먹어 배부르게 할 것이다. 내가 네 고기를 여러 산에 널어 두어 네 시체로 골짜기들을 채울 것이며, 네 흘러나온 피를 산들에 이르기까지 땅에 적시게 할 것이니, 계곡들이 네 피로 가득 채워질 것이다. 내가 너를 불 끄듯 할 때 하늘을 가려서 그 별들을 어둡게 하며, 내가 구름으로 해를 가리고 달로 그 빛을 비추지 못하게 할 것이다. 하늘의 모든 빛나는 광채들을 내가 네 위에서 어둡게 하며 흑암을 네 땅에 베풀 것이다."

"주 여호와의 말이다."

"내가 열국, 곧 네가 알지 못했던 나라에게 네 멸망의 소식을 전하여, 내가 많은 백성의 마음을 요동케 할 것이다. 내가 너로 말미암아 많은 민족을 경악케 하며, 내가 그들 앞에서 내 칼을 휘두를 때 그들의 왕들이 너 때문에 심히 두려워 할 것이다. 네가 스러지는 날에 그들 각자는 자기 목숨을 위해 계속 떨 것이다."

"참으로 주 여호와가 이같이 말한다."

"바벨론 왕의 칼이 네게 닥칠 것이다. 내가 네 무리를 용사들의 칼로 쓰러뜨릴 것이니 그들 모두는 민족들 중 가장 잔인한 자들이다. 그들이 애굽의 교만을 멸할 것이니 그 모든 무리를 멸할 것이다. 내가 그 모든 짐승을 많은 물가에서 죽일 것이니, 사람의 발이 다시는 물을 흐리게 하지 못하며, 들짐승의 굽들이 다시는 더럽히지 못하게 할 것이다. 그때 내가 그들의 물을 맑게 하고, 그들의 강들이 기름같이 흐르게 할 것이다."

"주 여호와의 말이다."

"내가 애굽 땅을 황폐하게 만들며 그 땅에 가득하던 것들이 사라지게 하고, 내가 그 땅의 모든 주민을 칠 때 그들이 내가 여호와인 것을 알 것이다. 이것은 슬피 부를 애가이니 여러 민족의 딸들이 그 노래를 슬피 부를 것이다. 그들이 애굽과 그 모든 무리를 위하여 애가를 부를 것이다."

"주 여호와의 말이다."

성도 여러분!

바벨론 포로 3차가 끝난 후 유대 땅에 남아있던 백성들은 끝까지 하나님의 말씀을 듣지 않고 살기 위해 애굽으로 내려갔습니다. 이사야 선지자는 애굽을 의지하지 말라고 했고, 예레미야 선지자는 바벨론 70년 포로는 정해졌다고 외쳤지만 백성들은 듣지 않았고 말씀하신 대로 이루어졌지만 끝까지 정신을 차리지 못했습니다. 혹시 이 시대 예수를 그리스도라 고백하고 하나님의 구속사를 이루기 위해 살아가고 있지만 혹시 하나님께서 원하시는 길이 아니라 내가 선택하고 원하는 길로 가고 있지는 않습니까? 오늘도 하나님의 뜻을 잘 분별할 수 있는 지혜와 힘들지만 주어진 하나님의 계획에 순종하고 맡기신 직분을 잘 감당하기로 다짐하며 순종하는 하루가 되시길 기도합니다.

2일

여호와 하나님만 섬기라! ①

(수 24:1-33)

오늘 날짜가 언급된 성경 사건은 없습니다. 오늘 날짜가 포함된 사건은 다음과 같습니다.

사건 1 제2월 10일부터 방주에 들어가 하나님의 명령을 감당하는 293일째이고(노아시대 월력체계는 한 달을 30일로 계산함) 하나님께서 말씀하신 대로 40일 동안 비가 내린 286일째로 방주가 아라랏 산에 머무른 지 136일째

사건 2 라암셋을 떠난 지 312일째(제1월을 30일, 제2월을 29일로 계산함)로 시내산 밑 시내광야에 도착하여(제3월 1일) 거한 지 268일째(출 19:1-2)

사건 3 하나님께서 보여주신 식양대로 성막을 만들기 시작하는 140일째

사건 4 시내광야에 11개월 20일 머물던 이스라엘 백성이 하나님의 명령에 따라 약속의 땅을 향해 떠난 지 278일째

사건 5 에스겔 선지자가 그발 강가에서 꼼짝도 못 하고 두려워 떨며 포로 된 백성과 함께 지내는 234일째이고(겔 1:1-2, 3:14-15) 두 번째 계시받은 지 227일째

사건 6 예루살렘 성이 느브갓네살에 의해 포위된 지 52일째(왕하 25:1, 겔 24:1)

사건 7 시드기야 11년 제4월 9일 예루살렘 성이 바벨론에 의해 함락 후 228일째로 솔로몬 성전과 왕궁 그리고 예루살렘 성벽이 파괴된 지 200일째

사건 8 1차 포로 귀환 한 백성들이 성전 마당에 번제단을 만들고 매일 번제를 드리기 시작한 지 150일째

사건 9 학개 선지자에게 성전을 지으라는 하나님의 계시가 임한 지(제6월 1일) 180일째로

중단되었던 성전 건축이 다시 시작된 지(제6월 24일) 157일째이고 학개 선지자에게 두 번째 계시가 임한 지(제7월 21일) 131일째이고 세 번째, 네 번째 계시가 하루에 임한 지 68일째(학 2:10-23)

사건 10 학개 선지자를 통해 성전 공사를 재개하게 했던 것을 독려하는 계시가 스가랴 선지자에게 임한 지(8월 1일) 121일째(슥 1:1-6)이고 세 번째 계시가 임한 지(제9월 4일) 88일째

사건 11 모르드개가 조서를 써 전국(127도)에 보낸(제3월 23일) 후 247일째

사건 12 주전 458년 2차 포로 귀환하여 예루살렘에 도착한 지 209일째로 백성들이 하나님께 번제와 속죄제를 드린 205일째(스 7:6-9, 8:15-36)

사건 13 2차 포로귀환을 한 에스라가 백성들의 잡혼 문제를 해결하기 위해 조사를 시작한 지 61일째(스 10:16)

사건 14 3차 포로 귀환 한 느헤미야를 중심으로 5월 4일 시작하여 52일 동안 예루살렘 성벽 공사가 완성된(6월 25일) 후 154일째

여호수아는 마지막으로 이스라엘 모든 지파를 세겜에 모은 후 여호와 하나님께서 주신 약속의 땅에서 영원히 살아가기 위해 오직 여호와 하나님을 섬기라는 다짐을 받습니다. 오늘은 여호와 하나님께서 아브라함에게 약속하셨던 것이 이루어진 약속의 땅에서 어떻게 하면 영원히 살 수 있었는지에 대해 살펴보겠습니다.

❶ 여호수아를 통한 여호와 하나님의 선포

여호수아는 이스라엘 모든 지파를 세겜에 모은 후 이스라엘 장로들, 수령들, 재판장들, 관리들을 불러 하나님 앞에 서게 했습니다. 그리고 모든 백성에게 하나님 여호와께서 하셨던 말씀을 기억하도록 선포 했습니다(수 24:1-2a). 여호수아가 전한 하나님의 말씀은 다음과 같습니다.

① "옛적에 너희의 조상들 곧 아브라함의 아버지, 나홀의 아버지 데라가 그 강 저쪽에 거주했다. 그리고 그들은 다른 신들을 섬겼다."(수 24:2) 어순 도치되어 장소를 나타"내는 부사어 '그 강 저쪽에'가 강조되었습니다.

② "내가 너희의 조상 아브라함을 강 저쪽에서 이끌어 냈다. 그리고 가나안 온 땅에 두루 행하게 했다. 그리고 내가 번성케 했다. 그리고 그의 씨를 번성케 했다. 그리고 내가 그에게 이삭을 주었다. 그리고 내가 이삭에게는 야곱과 에서를 주었다. 그리고 에서에게는 세일 산을 그에게 소유로 주었다. 그러나 야곱과 그의 자손들은 애굽으로 내려갔다."(수 24:3-4) 이때 어순 도치되어 주어인 '야곱과 그 자손들은'이 강조되었습니다.

③ "내가 모세와 아론을 보냈다. 그리고 내가 그 가운데 행한 것과 같이 내가 애굽에 재앙을 내렸다. 그리고 그 후에 너희를 인도해 냈다."(수 24:5)

④ "내가 너의 조상들을 애굽에서 인도했다. 그리고 그들은 그 바다에 이르렀다. 그리고 애굽 사람들이 병거와 마병을 거느리고 너희의 조상들을 홍해까지 쫓아왔다. 그러므로 너희 조상들이 나 여호와께 부르짖었다. 그리고 내가 너희와 애굽 사람들 사이에 흑암을 두었다. 그리고 그가 바다를 그 위에 이끌었다. 그리고 그것이(바다) 그들을 덮었다. 그리고 너희의 눈이 내가 애굽에서 행한 일을 보았다. 그리고 너희가 많은 날을 광야에 거주했다."(수 24:6-7)

⑤ "내가 너희를 요단 저쪽에 거주하는 아모리 족속의 땅으로 이끌었다. 그리고 그들이 너희와 싸웠다. 그래서 내가 그들을 너희 손에 붙였다. 그리고 너희가 그 땅을 점령했다. 그리고 나는 너희 앞에서 그들을 멸절시켰다. 그리고 모압 왕 십볼의 아들 발락이 일어났다. 그리고 그가 이스라엘을 대적했다. 그리고 그가 사람을 보냈다. 그리고 너희를 저주하기 위해 브올의 아들 발람을 불렀다. 그러나 내가 발람을 위해 듣기를 원하지 않았다. 그리고 그가 오히려 너희를 축복했다. 내가 너희를 그 손에서 건져냈다."(수 24:8-10)

⑥ "너희가 요단을 건넜다. 그리고 여리고에 이르렀다. 여리고 사람과 아모리 족속과 브리스 족속과 가나안 족속과 헷 족속과 기르가스 족속과 히위 족속과 여부스 족속이 너희와 싸웠다. 그

래서 내가 그들을 너희 손에 주었다. 그리고 내가 너희 앞에 왕벌을 보냈다. 그리고 그 아모리 족속 두 왕을 너희 앞에서 쫓아냈다. 너희의 칼로 한 것이 아니다. 그리고 너희의 활로 한 것이 아니다."(수 24:11-12)

⑦ **"내가 너희가 수고하지 않은 땅과 너희가 건설하지 않은 성읍들을 너희에게 주었다. 그리고 너희가 그 가운데 거주했다. 그리고 너희가 심지 않은 포도원과 올리브를 먹는다."**(수 24:13) 이때 마지막 말씀은 명사문장으로 상황을 설명하셨고 어순 도치하여 목적어인 '너희가 심지 않은 포도원과 올리브를'이 강조되었습니다.

❷ 이스라엘 백성을 향한 여호수아의 당부와 백성들의 다짐

하나님의 말씀을 전한 여호수아는 여호와만 섬기라고 강조합니다. 그는 **"그러므로 이제는 여호와를 경외하라!**(명령) **그리고 온전함과 진실함으로 그를 섬기라!**(명령) **너희의 조상들이 강 저쪽과 애굽에서 섬기던 신들을 제하라!**(명령) **그리고 여호와만을 섬기라!**(명령)**"**(수 24:14)고 말합니다. 그리고 이어 **"만일 여호와를 섬기는 것이 너희에게 좋지 않게 보인다면 너희들은 너희 조상들이 강 저쪽에서 섬기던 신이든지 또는 너희가 거주하는 땅에 있는 아모리 족속의 신이든지 너희들을 위해 오늘 너희가 섬길 자를 택하라!**(명령) **그러나 나와 내 집은 여호와를 섬길 것이다."**(수 24:15)라고 말하며 강하게 다짐합니다. 마지막 다짐은 어순 도치되어 주어인 '나와 내 집은'이 강조되었습니다.

여호수아의 당부를 들은 이스라엘 백성들은 **"**(우리가) **결단코 우리를 위하여 다른 신들을 섬기기 위해 여호와를 버리지 아니 하리이다. 이는 우리 하나님 여호와 그분은 우리와 우리 조상들을 인도하여 애굽 땅 종 되었던 집에서 올라오게 하셨고 그리고 우리 목전에서 그 큰 이적들을 행하셨기 때문입니다. 그리고 그는 우리가 행한 모든 길과 우리가 지나온 모든 백성들 중에서 우리를 보호하셨기 때문입니다."**(수 24:16-17)라고 대답했습니다. 백성들은 '우리 하나님 여호와 그분은'이라고 하나님에 대해 반복하며 강조했습니다. 마침내 백성들은 **"그리고 여호와께서 또 모든 백성들과 이 땅에 거주하던 아모리 족속을 우리 앞에서 쫓아**

내셨습니다. 그러므로 우리는 여호와를 섬길 것입니다. 왜냐하면 그분은 우리 하나님이시기 때문입니다."(수 24:16-18)라고 말하며 '그러므로 우리는 여호와를 섬길 것입니다.'라고 다짐했습니다. 이때 어순 도치되어 주어인 '우리는'이 강조되었습니다.

제
12
月

여호수아서는 여호와 하나님의 세 가지 명령인 '건너라!', '취하라!', '나누라!'라는 명령대로 순종하여 하나님의 말씀을 이룬 여호수아와 이스라엘 백성의 행적이 기록된 후 여호수아 23-24장에서 여호수아의 여호와만을 '섬기라!'라는 말씀으로 마칩니다. 여호수아의 다짐과 이스라엘 백성들을 향한 당부를 들은 이스라엘 백성들은 일차적으로 '우리는 여호와를 섬길 것입니다'라고 다짐하지만 여호수아와 함께 했던 장로들과 그 시대 사람들이 죽은 후 그들의 신앙은 다음 세대에게 제대로 전해지지 않았습니다(수 24:31).

이스라엘이 여호수아가 사는 날 동안과 여호수아 뒤에 생존한 장로들 곧 여호와께서 이스라엘을 위하여 행하신 모든 일을 아는 자들이 사는 날 동안 여호와를 섬겼더라.(수 24:31)

성도 여러분!

하나님께서는 이스라엘 백성의 조상인 아브라함에게 약속하셨던 대로 그의 자손들을 약속의 땅으로 이끄셨고 기업으로 주셔서 차지하여 영원히 거할 수 있도록 하셨습니다. 그런데 이스라엘 백성들은 약속의 땅에 들어와 거하며 제비를 뽑아 맡겨 주셨던 각 지파의 땅을 믿음으로 정복하지 못했습니다. 여호수아와 여호와 하나님께서 함께하심을 경험했던 세대까지는 여호와를 섬겼지만 그 후 세대는 여호와만 섬기지 못했고 하나님께서 여호수아를 통해 말씀하신 대로 심판 받을 수밖에 없었습니다. 하나님께서는 지금도 신실하게 역사하시는 분입니다. 오늘도 나에게 맡겨 주신 직분을 하나님께서 원하시는 만큼 잘 감당하여 하나님의 구속사를 나의 삶에 이루는 한 날이 되시길 기도합니다.

3일

여호와 하나님만 섬기라! ②

(수 24:1-33)

오늘 날짜가 언급된 사건은 바벨론 2차 포로로 잡혀간 후 12년째가 되는 해 제12월 1일에(주전 585년 3월 3일) 여호와의 말씀이 에스겔 선지자에게 임한 사건이 있습니다(겔 32:1-16).

사건 1 제2월 10일부터 방주에 들어가 하나님의 명령을 감당하는 294일째이고(노아시대 월력체계는 한 달을 30일로 계산함) 하나님께서 말씀하신 대로 40일 동안 비가 내린 287일째로 방주가 아라랏 산에 머무른 지 137일째

사건 2 라암셋을 떠난 지 313일째(제1월을 30일, 제2월을 29일로 계산함)로 시내산 밑 시내광야에 도착하여(제3월 1일) 거한 지 269일째(출 19:1-2)

사건 3 하나님께서 보여주신 식양대로 성막을 만들기 시작하는 141일째

사건 4 시내광야에 11개월 20일 머물던 이스라엘 백성이 하나님의 명령에 따라 약속의 땅을 향해 떠난 지 279일째

사건 5 에스겔 선지자가 그발 강가에서 꼼짝도 못 하고 두려워 떨며 포로 된 백성과 함께 지내는 235일째이고(겔 1:1-2, 3:14-15) 두 번째 계시받은 지 228일째

사건 6 예루살렘 성이 느브갓네살에 의해 포위된 지 53일째(왕하 25:1, 겔 24:1)

사건 7 시드기야 11년 제4월 9일 예루살렘 성이 바벨론에 의해 함락 후 229일째로 솔로몬 성전과 왕궁 그리고 예루살렘 성벽이 파괴된 지 201일째

사건 8 1차 포로 귀환 한 백성들이 성전 마당에 번제단을 만들고 매일 번제를 드리기 시작한 지 151일째

사건 9 학개 선지자에게 성전을 지으라는 하나님의 계시가 임한 지(제6월 1일) 181일째로 중단되었던 성전 건축이 다시 시작된 지(제6월 24일) 158일째이고 학개 선지자에게 두 번째 계시가 임한 지(제7월 21일) 132일째이고 세 번째, 네 번째 계시가 하루에 임한 지 69일째(학 2:10-23)

사건 10 학개 선지자를 통해 성전 공사를 재개하게 했던 것을 독려하는 계시가 스가랴 선지자에게 임한 지(8월 1일) 122일째(슥 1:1-6)이고 세 번째 계시가 임한 지(제9월 4일) 89일째

사건 11 모르드개가 조서를 써 전국(127도)에 보낸(제3월 23일) 후 248일째

사건 12 주전 458년 2차 포로 귀환하여 예루살렘에 도착한 지 210일째로 백성들이 하나님께 번제와 속죄제를 드린 206일째(스 7:6-9, 8:15-36)

사건 13 2차 포로귀환을 한 에스라가 백성들의 잡혼 문제를 해결하기 위해 조사를 시작한 지 62일째(스 10:16)

사건 14 3차 포로 귀환 한 느헤미야를 중심으로 5월 4일 시작하여 52일 동안 예루살렘 성벽 공사가 완성된(6월 25일) 후 155일째

오늘은 어제에 이어 여호수아가 이스라엘 백성에게 '여호와 하나님만 섬기라'고 말한 후 그렇지 못할 경우 심판을 내리실 것이라고 선포하는 내용에 대해 살펴보겠습니다.

❸ 여호수아가 이스라엘 백성과 언약을 맺고 율례와 법도를 제정함

여호와 하나님을 섬기겠다고 다짐하는 이스라엘 백성에게 여호수아는 **"너희는 여호와를 능히 섬기지 못할 것이다. 왜냐하면 그는 거룩하신 하나님이시요 질투하시는 하나님이시기 때문이다. 그는**(여호와) **너희의 잘못과 죄들을 사하지 아니하실 것이다."**(수 24:19)라고 말합니다. 이어 **"너희가 여호와를 버릴 것이다. 그리고 이방 신들을 섬길 것이다. 그러면 그는**(여호와) **돌이키실 것이다. 그리고 그는 너희에게 화를 내시실 것이다. 그리고 그는 너희에게 복을 내리신 후라도 너희를 멸하실 것이다."**(수 24:20)라고 경고합니다.

ⓠ 여호수아의 경고를 들은 백성들과 여호수아의 대화(수 24:21-24)

백성들 "아니라. 우리가 여호와를 섬기겠나이다."〈어순 도치되어 목적어인 '여호와를'이 강조됨〉

여호수아 "너희는 스스로 증인이 되었다. 왜냐하면 너희가 너희들을 위해 그를 섬기려고 여호와를 택했다."〈어순 도치되어 주어인 '너희가'가 강조됨〉

백성들 "우리가 증인이 되었나이다."

여호수아 "그러면 이제 너희 중에 있는 이방 신들을 치워 버리라!(명령) 그리고 너희의 마음을 이스라엘의 하나님 여호와께로 향하라!(명령)"

백성들 "우리 하나님 여호와를 우리가 섬길 것이다. 그리고 그의 목소리를 우리가 듣겠습니다."〈어순 도치되어 목적어인 '우리 하나님 여호와를'과 '그의 목소리를'이 강조됨〉

여호수아는 이날 세겜에서 이스라엘 백성들과 언약을 맺고 그들을 위해 율례와 법도를 제정했습니다(수 24:25). 그리고 여호수아는 모든 말씀을 하나님의 율법책에 기록하고 큰 돌을 가져다가 거기 여호와의 성소 곁에 있는 상수리나무 아래에 세웠습니다(수 24:26). 그리고 모든 백성에게 **"보라! 이 돌이 우리에게 증거가 되리니 이는 여호와께서 우리에게 하신 모든 말씀을 이 돌이 들었음이니라. 그런즉 너희가 너희의 하나님을 부인하지 못하도록 이 돌이 증거가 되리라."**(수 24:27)고 선포하고 백성을 보내 각자의 기업으로 돌아가게 했습니다(수 24:28).

❹ 여호수아의 죽음에 대한 기록

여호수아 24장에는 여호수아의 죽음에 대해 기록하고 있습니다. 이것은 이스라엘 백성들이 여호와를 떠난 시대 한 후대의 기록자가 첨가한 것으로 생각합니다. 후대 기록자에 의하면 여호수아는 110세에 생을 마쳤고 이스라엘 백성들은 여호수아를 그의 기업인 딤낫 세라(에브라임 산지 가아스 산 북쪽)에 장사했습니다(수 24:29-30). 그리고 후대의 기록자는 여호수아의 죽음 이후 이스라엘 백성의 신앙에 대해 **'여호수아가 사는 모든 날 동안과 여호수아 뒤에 생존한 장로들과 여호와께서 이스라엘을 위하여 해하신 모든 일을 아는 자들이 사는 모든 날 동안에 여호와를 섬겼다.'**(수 24:31)고 기록하며 평가하고 있습니다. 기록자는 '콜'(모든)이란 단어를 세 번 사용하여 강조하고 있습니다.

❺ 요셉을 세겜에 장사함

이스라엘 자손은 애굽에서 가져온 요셉의 뼈를 세겜에 장사했습니다. 기록자는 어순 도치하여 목적어인 '이스라엘 자손이 애굽에서 이끌어 낸 요셉의 뼈를'을 강조하고 있습니다. 요셉을 장사한 세겜의 장소는 **'야곱이 백 크시타를 주고 세겜의 아버지 하몰의 자손에게서 산 밭이다. 그리고 그것이 요셉의 기업이 되었다.'**(수 24:32)고 기록하고 있습니다.

❻ 아론의 아들 엘르아살이 죽음

여호수아서의 마지막 기록은 아론의 아들 엘르아살의 죽음입니다. 엘르아살은 여호수아와 함께 이스라엘 자손의 지도자(대제사장)으로 세워진 자로 여호와 하나님께서 행하신 역사를 경험한 자였습니다. 아론의 아들 엘르아살이 죽자 엘르아살의 아들 비느하스는 에브라임 산지에서 기업으로 받은 산에 장사했습니다(수 24:33). 기록자는 어순 도치하여 주어인 '아론의 아들 엘르아살이'를 강조하고 있습니다. 아마도 여호와 하나님의 역사를 경험한 자였던 그가 죽음으로 하나님을 섬기는 것에서 떠나게 될 것을 암시하고 있는 듯합니다.

아론의 아들 엘르아살도 죽으매 그들이 그를 그의 아들 비느하스가 에브라임 산지에서 받은 산에 장사하였더라.(수 24:33)

성도 여러분!

여호수아는 이스라엘 백성이 얼마 가지 못해 여호와 하나님을 섬기는 것에서 떠나게 될 것이라고 말했습니다. 이것은 그렇게 되길 바란 것이 아니라 그렇게 되지 않길 바라는 마음으로 했던 말입니다. 하지만 여호수아와 그 시대의 지도자들 그리고 여호와 하나님의 역사를 경험했던 자들이 죽고 난 후 그들의 가르침이 후대에 전해지지 못했을 때 여호수아가 바라지 않은 일들 곧 이스라엘 백성이 여호와 하나님을 떠나 다른 신을 섬기는 일들이 벌어집니다. 오늘도 나에게 나를 돌아볼 수 있는 말을 해주는 사람이 있다면 미워하거나 우습게 여기지 말고 생각해 본 후 행동하는 하루가 되시길 기도합니다.

4일

여호수아의 등장과 아말렉과의 전쟁에서 승리한 요인

(출 17:1-13)

제 12 月

오늘 날짜가 언급된 성경 사건은 없습니다. 오늘 날짜가 포함된 사건은 다음과 같습니다.

사건 1 제2월 10일부터 방주에 들어가 하나님의 명령을 감당하는 295일째이고(노아시대 월력체계는 한 달을 30일로 계산함) 하나님께서 말씀하신 대로 40일 동안 비가 내린 288일째로 방주가 아라랏 산에 머무른 지 138일째

사건 2 라암셋을 떠난 지 314일째(제1월을 30일, 제2월을 29일로 계산함)로 시내산 밑 시내광야에 도착하여(제3월 1일) 거한 지 270일째(출 19:1-2)

사건 3 하나님께서 보여주신 식양대로 성막을 만들기 시작하는 142일째

사건 4 시내광야에 11개월 20일 머물던 이스라엘 백성이 하나님의 명령에 따라 약속의 땅을 향해 떠난 지 280일째

사건 5 에스겔 선지자가 그발 강가에서 꼼짝도 못 하고 두려워 떨며 포로 된 백성과 함께 지내는 236일째이고(겔 1:1-2, 3:14-15) 두 번째 계시받은 지 229일째

사건 6 예루살렘 성이 느브갓네살에 의해 포위된 지 54일째(왕하 25:1, 겔 24:1)

사건 7 시드기야 11년 제4월 9일 예루살렘 성이 바벨론에 의해 함락 후 230일째로 솔로몬 성전과 왕궁 그리고 예루살렘 성벽이 파괴된 지 202일째

사건 8 1차 포로 귀환 한 백성들이 성전 마당에 번제단을 만들고 매일 번제를 드리기 시작한 지 152일째

사건 9 학개 선지자에게 성전을 지으라는 하나님의 계시가 임한 지(제6월 1일) 182일째로

중단되었던 성전 건축이 다시 시작된 지(제6월 24일) 159일째이고 학개 선지자에게 두 번째 계시가 임한 지(제7월 21일) 133일째이고 세 번째, 네 번째 계시가 하루에 임한 지 70일째(학 2:10-23)

사건 10 학개 선지자를 통해 성전 공사를 재개하게 했던 것을 독려하는 계시가 스가랴 선지자에게 임한 지(8월 1일) 123일째(슥 1:1-6)이고 세 번째 계시가 임한 지(제9월 4일) 90일째

사건 11 모르드개가 조서를 써 전국(127도)에 보낸(제3월 23일) 후 249일째

사건 12 주전 458년 2차 포로 귀환하여 예루살렘에 도착한 지 211일째로 백성들이 하나님께 번제와 속죄제를 드린 207일째(스 7:6-9, 8:15-36)

사건 13 2차 포로귀환을 한 에스라가 백성들의 잡혼 문제를 해결하기 위해 조사를 시작한 지 63일째(스 10:16)

사건 14 3차 포로 귀환 한 느헤미야를 중심으로 5월 4일 시작하여 52일 동안 예루살렘 성벽 공사가 완성된(6월 25일) 후 156일째

어제까지 여호수아서를 통해 모세를 이어 이스라엘 백성의 지도자가 되어 요단강을 건너 약속의 땅에 들어가 땅을 정복하고, 12 지파에 땅을 분배하고, 하나님만을 섬기며 영원히 거라라고 당부했던 여호수아의 삶을 살펴보았습니다. 그런데 성경에 여호수아가 처음으로 등장하는 것은 아말렉과의 전쟁을 위해 모세가 여호수아를 불러 **"우리를 위하여 사람들을 택하여 나가서 아말렉과 싸우라."**(출 17:9)고 명령할 때입니다. 아마도 여호수아가 출애굽 이전부터 모세를 수종 하는 자였을 것으로 생각되지만 그의 첫 등장은 하나님의 백성 이스라엘을 괴롭힌 아말렉을 징계하시는 하나님의 계획 속에 등장합니다. 하나님께서는 '아말렉과 싸우라.'고 모세에게 말씀하셨고 모세는 여호수아를 선택하여 아말렉을 무찌르는 모세의 대리자, 하나님의 대리자로 세웠습니다. 여호수아의 첫 등장에 대해서 살펴봅시다.

❶ 르비딤에서 물이 없어 모세와 다투는 백성들

신광야를 떠난 이스라엘 백성들은 시내산으로 가기 위해 시나이반도 내륙으로 가기 위해 와디를 통해 점점 오르막으로 진행하여 르비딤에 이르러 장막을 쳤습니다. 그런데 르비딤에 진을 쳤지만 마실 물이 없었습니다. 이로 인해 백성들은 모세에게로 몰려와 **"우리에게 물을 주시오! 그러면 우리가 마실 것입니다."**(출 17:2)라고 말했습니다. 백성들은 모세에게 말하기를 '주어라!(명령) + 우리에게 + 물을"이라고 말합니다. 이에 모세는 **"너희가 어찌하여 나와 다투느냐? 너희가 어찌하여 여호와를 시험하느냐?"**(출 17:2)고 말했습니다. 모세의 말을 들은 백성들은 물이 없어 목말랐기에 모세를 원망했습니다. 그리고 모세에게 **"당신이 어찌하여 우리를 애굽에서 인도해 내어서 우리와 우리 자녀와 우리 가축이 목말라 죽게 하느냐?"**라고 말했습니다(출 17:3). 마실 물이 없어 목마른('차메', 목마르다, 갈증 나다) 상황은 이해되지만 모세에게 책임을 전가하며 "물을 주어라!"고 명령하고 **"우리를 애굽에서 인도해 내어 목말라 죽게 하느냐?"**(출 17:3)고 말하는 것은 쓴 물을 달게 만들어 마시게 했던 마라의 체험과 신광야 이후 매일매일 만나를 거두는 체험을 한 이스라엘 백성이 아직 하나님의 백성으로서의 삶을 살지 못하는 모습을 보여줍니다.

백성들의 원망 소리를 들은 모세는 하나님께 **"이 백성에게 내가 어떻게 하리이까? 조금 있으면 돌로 죽이겠나이다."**(출 17:4)라고 부르짖으며 해결책을 구했습니다. 모세의 부르짖음을 들으신 하나님께서는 모세에게 명령하셨습니다. 첫 번째는 **"그 백성 앞을 지나가라!**(명령) **그리고 이스라엘 장로들을 이끌라!**(명령)**"고 말씀하셨고 두 번째는 "너는 하수를 치던 지팡이를 손에 잡으라!**(명령)**. 그리고 너는 갈 것이다."**라고 말씀하셨습니다(출 17:5). 두 번째 말씀은 어순 도치되어 목적어인 '하수(애굽의 나일강)를 치던 네 지팡이를'을 강조하셨습니다. 계속해서 하나님께서는 **"보라! 내가 호렙산 반석 위 거기서 네 앞에 설 것이다. 그리고 너는 반석을 치라. 그러면 그것에서 물이 날 것이다. 그리고 백성이 마실 것이다."**라고 말씀하셨습니다. 하나님의 말씀이 끝나자 모세는 이스라엘 장로들의 목전에서 하나님의 말씀 그대로 행했습니다(출 17:6).

하나님께서 말씀하신 내용을 보면 먼저 모세는 자신을 죽이려고 하는 백성들 앞을 지나가야 했습니다. 그런데 이때 나일강을 피로 물들였던 지팡이 곧 하나님의 지팡이를 손에 잡고 갔기에 두려움이 없었을 것입니다. 그리고 모세는 지팡이로 반석을 내리쳤을 것이며 하나님께서는 약속대로 물을 주어 백성들이 마시게 하셨습니다. 모세는 이 장소를 '맛사 또는 므리바'라 불렀습니다. 이유는 이스라엘 자손이 '우리 중에 여호와께서 계신가 그렇지 않은가'를 시험했기 때문이었습니다(출 17:7).

❷ 아말렉과의 전쟁에서 승리한 요인

르비딤에 머물며 물이 없어 불평했지만 하나님께서 주신 반석의 물을 먹은 이스라엘 백성들을 대열에서 떨어져 뒤에 처진 노약자와 어린아이들을 기다리며 르비딤에서 쉬고 있었습니다. 이때 아말렉 족속이 나타나 이스라엘 백성들을 괴롭혔고 이스라엘 백성들은 르비딤에서 아말렉과 전쟁을 벌였습니다(출 17:8). 이 전쟁에서 여호수아가 처음으로 등장합니다.

모세는 아말렉과의 전쟁을 할 때 하나님께서 말씀하신 대로 행했습니다. 먼저 모세는 여호수아를 불러 **"우리를 위하여 사람들을 택하라!**(명령) **그리고 나가라!**(명령) **그리고 아말렉과 싸우라!**(명령)**"**고 말한 후 자신은 하나님의 말씀대로 **"내일 내가 하나님의 지팡이를 손에 잡고 산꼭대기에 서리라."**(출 17:9)고 말했습니다. 모세는 실전에서 아말렉과 싸우는 것은 여호수아이지만 이기게 하시는 분은 하나님이시라는 것을 알았고 하나님께서 이미 아말렉을 이스라엘 백성들에게 붙이셨다는 것을 깨달았기에 여호수아를 불러 이렇게 말했을 것입니다.

다음날 여호수아는 모세의 말대로 아말렉과 싸우러 나갔고 모세와 아론과 훌은 산꼭대기로 올라갔습니다(출 17:10). 출애굽기 17:10b는 어순 도치되어 주어인 '모세와 아론과 훌은'이 강조되었습니다. 모세는 하나님께서 정하신 전쟁에서 이기는 방법에 대해 자신의 혼자 힘으로 행할 수 없다고 생각했을 것입니다. 모세는 아론과 훌이 자신과 동행하게 했고 세 명은 함께 산꼭대기에 올라갔습니다. 이어 전투는 시작되었고 모세가 손을 들어 이스라엘 백성들이 이기기 시작했으나 모세가 힘들어 하며 든 팔이 내려올 때는 아말렉이 이겼습니다(출 17:11). 이것은 전쟁의 승패가 사람 수, 사람이 가진 무기나, 힘, 능력에 있는 것이 아니라 하나님의 주권에 속했음을 의미합니다(삼상 17:47, 대하 20:15, 호 1:7).

제
12
月

또 여호와의 구원하심이 칼과 창에 있지 아니함을 이 무리에게 알게 하리라. 전쟁은 여호와께 속한 것인즉 그가 너희를 우리 손에 넘기시리라. (삼상 17:47)
야하시엘이 이르되 온 유다와 예루살렘 주민과 여호사밧 왕이여 들을지어다. 여호와께서 이같이 너희에게 말씀하시기를 너희는 이 큰 무리로 말미암아 두려워하거나 놀라지 말라. 이 전쟁은 너희에게 속한 것이 아니요 하나님께 속한 것이니라. (대하 20:15)
그러나 내가 유다 족속을 긍휼히 여겨 그들의 하나님 여호와로 구원하겠고 활과 칼이나 전쟁이나 말과 마병으로 구원하지 아니하리라 하시니라. (호 1:7)

아말렉과의 전쟁은 온종일 계속되었습니다. 전쟁에서 이기는 방법은 하나님께서 정하셨는데 80세가 된 모세가 온종일 손을 들고 있어야 이스라엘 백성들이 이길 수 있었습니다. 모세는 피곤했기에 들었던 손을 점점 내릴 수밖에 없었고 그렇게 되면 아말렉이 이기고 이스라엘 백성들은 전쟁에서 열세에 몰렸습니다. 결과적으로 이 전쟁에서 이기는 것은 모세가 손을 드는 것인데 혼자서는 이루어 낼 수 없었습니다. 이에 아론과 훌은 돌을 가져다가 모세 아래에 놓고 앉게 했으며 양쪽에서 모세의 손을 붙들고 올려 해가 질 때까지 내려오지 않게 했습니다(출 17:12).

출애굽기 17:12은 5문장으로 되어 있는데 직역하면 **'모세의 팔이 피곤했다. 그러자 그들이**(아론과 훌) **돌을 취했다. 그리고 모세의 아래에 놓았다. 그리고 그 위에 그가**(모세) **앉**

았다. 그리고 아론과 훌이 그의(모세) 손을 하나는 이편과 하나는 저편에서 붙들어 올렸다. 그리고 그의 손이 해가 지도록 내려오지 않았다.'입니다. 첫 문장은 명사 문장으로 상황을 설명해 주고 이어지는 4문장은 와우계속법-미완료 문장으로 사건이 연속해서 진행되는 것을 보여주고 있는데 네 번째 문장에서 어순 도치되어 주어가 강조되는 '접속사-완료'가 쓰여 주어인 '아론과 훌이' 강조되고 있습니다. 결과적으로 아론과 훌의 도움으로 모세의 손은 내려오지 않았고 하나님께서 정하신 전쟁의 승리 방법은 지켜졌고 여호수아는 칼날로 아말렉과 그 백성을 무찔렀습니다.

한글성경이 출애굽기 17:11에서 손을 '내리면'으로 번역한 '내리면'은 히브리어 '누아흐'(휴식하다, 쉬다)가 쓰였습니다. 이 단어는 홍수로 인해 150일간 떠돌던 방주가 제7월 17일 날 아라랏 산에 '머물렀다'('누아흐')에 쓰였습니다(창 8:4). 이것은 모세가 팔을 단순히 '내릴 때' 상황이 바뀌는 것이라기보다는 힘이 들어 '휴식하려는, 쉬려는' 생각을 가질 때 전투에서 지게 되었다고 볼 수 있습니다. 아마도 아론과 훌이 옆에서 도와 팔을 들어 올린 상태가 되었을 때도 모세는 의지적으로 팔을 들고 있는 행동을 했을 것으로 생각됩니다. 아론과 훌이 양쪽에서 팔을 들어 주고 있기에 자신은 힘을 빼고 있는 것이 아니라 의지를 다지고 쉬지 않았을 것입니다. 물리적으로는 아론과 훌이 옆에서 들어주고 있기에 힘을 빼고 있을 수 있습니다. 하지만 단순히 팔을 들고 있는 상황, 곧 '휴식하거나 쉬면' 전세가 열세로 변했을 것으로 생각되기에 모세는 쉬지 않고 의지를 가진 상태로 아론과 훌의 도움을 받아 손을 들고 있었음이 분명합니다.

이처럼 하나님께서 승리를 주시기로 되어 있는 아말렉과의 전쟁에서 이기는 방법은 직접 전쟁터에 나간 여호수아와 백성들이 잘 싸워야 했고 아론과 훌이 모세를 도와 모세의 팔이 내려오지 않도록 해야 했지만 제일 근본적인 것은 모세가 쉬지 않고 손을 들어야 했음을 기억합시다. 이것은 하나님의 일을 함에 있어 혼자서 할 수 없다는 것을 보여준다고 말할 수 있습니다. 또한 전쟁에 나간 여호수아와 백성들의 입장에서는 전세가 유리해지거나 불리해지는 것이 자신의 능력과 상관이 없었음을 알지 못하고 열심히 싸워야 했습니다. 전쟁에 나간 여호수아와 백성들이 열심히 싸운 그 이면에 아론과 훌의 도움으로 모세의 손이 내려오지 않았고 그러므로 전쟁에서 이기게 하셨던 하나님의 방법이 있었습니다.

성도 여러분!

아말렉과 전쟁은 각자의 위치에서 모든 사람이 각자의 일에 최선을 다했기에 승리했습니다. 누구 하나라도 최선을 다하지 않았다면 승리할 수 없었을 것입니다. 하지만 제일 중요한 임무를 맡은 사람이 전쟁터에서 직접 싸우는 사람이 아니라 하나님의 말씀을 듣고 믿음으로 의지를 갖추고 쉬지 않고 손을 들었던 모세에게 있음을 잊지 말아야 합니다. 하나님의 언약공동체(교회)가 함께 일하면서 가장 중요한 것이 하나님과의 소통이며 하나님의 방법대로 하는 것임과 하나님의 일은 혼자 하는 것이 아니라 협력하며 모든 사람이 최선을 다해야 한다는 것을 잊지 맙시다. 오늘도 사람의 생각으로는 이해되지 않지만 하나님의 방법으로 하나님께서 일하신다는 것을 기억하고 맡겨 주신 직분을 하나님의 방법대로 잘 감당하는 하루가 되시길 기도합니다.

5일

대대로 외워 들리라

(출 17:14-16)

오늘 날짜가 언급된 성경 사건은 없습니다. 오늘 날짜가 포함된 사건은 다음과 같습니다.

사건 1 제2월 10일부터 방주에 들어가 하나님의 명령을 감당하는 296일째이고(노아시대 월력체계는 한 달을 30일로 계산함) 하나님께서 말씀하신 대로 40일 동안 비가 내린 289일째로 방주가 아라랏 산에 머무른 지 139일째

사건 2 라암셋을 떠난 지 315일째(제1월을 30일, 제2월을 29일로 계산함)로 시내산 밑 시내광야에 도착하여(제3월 1일) 거한 지 271일째(출 19:1-2)

사건 3 하나님께서 보여주신 식양대로 성막을 만들기 시작하는 143일째

사건 4 시내광야에 11개월 20일 머물던 이스라엘 백성이 하나님의 명령에 따라 약속의 땅을 향해 떠난 지 281일째

사건 5 에스겔 선지자가 그발 강가에서 꼼짝도 못 하고 두려워 떨며 포로 된 백성과 함께 지내는 237일째이고(겔 1:1-2, 3:14-15) 두 번째 계시받은 지 230일째

사건 6 예루살렘 성이 느브갓네살에 의해 포위된 지 55일째(왕하 25:1, 겔 24:1)

사건 7 시드기야 11년 제4월 9일 예루살렘 성이 바벨론에 의해 함락 후 231일째로 솔로몬 성전과 왕궁 그리고 예루살렘 성벽이 파괴된 지 203일째

사건 8 1차 포로 귀환 한 백성들이 성전 마당에 번제단을 만들고 매일 번제를 드리기 시작한 지 153일째

사건 9 학개 선지자에게 성전을 지으라는 하나님의 계시가 임한 지(제6월 1일) 183일째로

중단되었던 성전 건축이 다시 시작된 지(제6월 24일) 160일째이고 학개 선지자에게 두 번째 계시가 임한 지(제7월 21일) 134일째이고 세 번째, 네 번째 계시가 하루에 임한 지 71일째(학 2:10-23)

사건 10 학개 선지자를 통해 성전 공사를 재개하게 했던 것을 독려하는 계시가 스가랴 선지자에게 임한 지(8월 1일) 124일째(슥 1:1-6)이고 세 번째 계시가 임한 지(제9월 4일) 91일째

사건 11 모르드개가 조서를 써 전국(127도)에 보낸(제3월 23일) 후 250일째

사건 12 주전 458년 2차 포로 귀환하여 예루살렘에 도착한 지 212일째로 백성들이 하나님께 번제와 속죄제를 드린 208일째(스 7:6-9, 8:15-36)

사건 13 2차 포로귀환을 한 에스라가 백성들의 잡혼 문제를 해결하기 위해 조사를 시작한 지 64일째(스 10:16)

사건 14 3차 포로 귀환 한 느헤미야를 중심으로 5월 4일 시작하여 52일 동안 예루살렘 성벽 공사가 완성된(6월 25일) 후 157일째

아말렉과의 전쟁이 끝나자 하나님께서는 모세에게 이번 전쟁이 얼마나 중요했는가에 대해 말씀하셨습니다. 이번 전쟁 이후 이스라엘 백성들은 아말렉에 대한 하나님의 말씀을 기억해야 했습니다. 오늘은 아말렉과의 전쟁 후 하나님께서 무엇을 기억하게 하셨는지 이스라엘 백성은 무엇을 기억해야 했는가에 대해 살펴보겠습니다.

① 여호수아의 귀에 두어라!

아말렉에게 승리한 후 여호와 하나님께서는 모세에게 **"이것을 책에 기록하여 기념하게 하고 여호수아의 귀에 외워 들리라."**(출 17:14)고 말씀하셨습니다. 하나님의 말씀을 직역하면 **"이것을 기념하도록 책에 기록하라!**(명령) **그리고 여호수아의 귀에 두어라!**(명령)**"**입니다. 하나님께서 '기록하라!'고 명령하신 것은 아말렉과의 전쟁이 있었음을 분명하게 남기기 위한 것이고 '두어라!'('외워 들리라'로 번역)고 명령하신

제12月

것은 여호수아뿐 아니라 대대로 사람들의 귀에 알려 아말렉과의 전쟁을 기억하게 하시려는 것을 넘어서 절대로 잊지 말라는 말씀이었습니다. 그런데 하나님께서는 아말렉 사건을 절대 잊지 말라고 하신 이유를 **"내가**(하나님) **천하에서 아말렉에 대한 기억을 완전히 닦아 낼 것이다."**(출 17:14)라고 말씀하셨습니다. 하나님께서는 '마하'(씨다, 닦아내다, 지워 없애다, 도말하다, 제거하다)라는 단어를 절대부정사와 미완료동사를 반복해 사용함으로('마호 엠헤', מָחֹה אֶמְחֶה) '완전히 닦아 낼 것'임을 분명히 하셨습니다. 하나님께서는 언젠가 아말렉을 하늘 아래에서 지우실 계획이셨습니다.

하나님의 명령이 있고 난 뒤 모세는 제단을 쌓고 그 이름을 '여호와 닛시'라고 불렀습니다. 이유는 **'여호와께서 맹세하시기를 여호와가 아말렉과 더불어 대대로 싸우리라.'**고 하셨기 때문입니다(출 17:15-16). '대대로'는 '시대, 세대'를 의미하는 '도르'(명사)를 두 번 반복하여('미도르 도르') 사용함으로 강조되었습니다. 아말렉 사건은 이스라엘 자손 대대로 기억해야 하는 사건이었습니다.

❷ 아말렉과의 2차 전쟁

아말렉과의 전쟁이 있고 난 뒤(주전 1446년 제3월 이전) 1년 6개월 정도 지나 아말렉은 다시 이스라엘 백성과 전쟁을 합니다(민 14:40-45). 시내광야에 11개월 20일을 머물며 여호와 하나님의 백성으로 태어난 이스라엘 백성들은 약속의 땅 가나안을 향해 떠났고 마침내 가나안 땅 남쪽 경계인 가데스 바네아에 진을 쳤습니다. 이곳에서 하나님께서는 **"너희는 올라가라! 너희 조상의 하나님 여호와께서 너희에게 이르신 대로 차지하라! 두려워하지 말라. 그리고 놀라지 말라."**(신 1:21)고 말씀하셨으나 이스라엘 백성들은 가나안 땅을 정탐하기를 원했고 정탐한 후 10명의 정탐꾼이 믿지 못하고 불평함으로 죽임을 당하고 하나님께서는 40일을 40년으로 환산하여 광야를 걷게 하셨습니다.

하나님 말씀을 듣지 않은 이스라엘 백성들은 아침에 일찍 일어나 산꼭대기(북쪽으로) 올라가며 **"보소서 우리가 여기 있습니다. 그리고 우리가 여호와께서 허락하신 곳으로 올라가겠습니다. 왜냐하면 우리가 범죄했기 때문입니다."**(민 14:40)라고 말하며 전쟁을 하겠다고 나섰습니다. 모세는 **"어찌하여 이제 너희가 여호와의 명령을 범하느냐? 그리고 이 일은 형통치 못할 것이다."**(민 14:41)라고 말했습니다. 그리고 이어서 **"너희는 올라가지 말라. 왜냐하면 여호와께서 너희 중에 계시지 않기 때문이다. 그리고 너희들이 너희 대적 앞에서 멸망되지 않기를 원한다. 아말렉인과 가나안 인이 너희 앞에 있으니 너희가 그 칼에 말할 것이다. 너희가 여호와를 배반했기 때문에 여호와께서 너희와 함께하지 아니하시리라."**(민 14:42-43) 고 말했습니다.

하지만 이스라엘 백성들은 모세의 말을 듣지 않고 산꼭대기로 올라갔고 여호와의 언약궤와 모세는 진을 떠나지 않았습니다(민 14:44). 민수기 14:44b는 어순 도치되어 주어인 '여호와의 언약궤와 모세는'이 강조되어 진에 머무르며 전쟁하러 나가는 이스라엘 백성들과 분리되었음을 보여주고 있습니다. 아말렉과 산간지대에 사는 가나안 인은 전쟁하러 올라오는 이스라엘 백성들과 싸웠고 호르마까지 따라가며 이겼습니다(민 14:45).

❸ 40년 후 광야 2세에게 '아말렉을 기억하라!'고 당부하는 모세

하나님의 말씀대로 광야 40년을 걸으며 계수함을 받은 광야 1세대가 다 죽은 후 모세는 모압평지에 진을 친 광야 2세대에게 아말렉에 대해 잊지 말 것을 가르쳤습니다(주전 1406년, 신 25:17-19).

> **너희는 애굽에서 나오는 길에 아말렉이 네게 행한 일을 기억하라.**(신 25:17) **곧 그들이 너를 길에서 만나 네가 피곤할 때에 네 뒤에 떨어진 약한 자들을 쳤고 하나님을 두려워하지 아니하였느니라.**(신 25:18) **그러므로 네 하나님 여호와께서 네게 기업으로 주어 차지하게 하시는 땅에서 네 하나님 여호와께서 사방에 있는 모든 적군으로부터 네게 안식을 주실 때에 너는 천하에서 아말렉에 대한 기억을 지워버리라. 너는 잊지 말지니라.**(신 25:19)

아말렉 사건이 있고 난 뒤 39년이 지나 모세를 통해 전해진 하나님의 말씀은 아말렉 사건을 분명하게 기억해야 함을 보여줍니다. 모세의 당부에 의하면 약속의 땅에 거하며 사방 적으로부터 평안함을 얻을 때 하나님께서 천하에서 아말렉에 대한 기억을 지워버리시기 위해 '아말렉을 진멸하라!'는 명령을 하실 것이기 때문입니다. 모세가 광야 40년째 '아말렉을 기억하라!'는 당부를 한 후 360년이 지나 사울을 왕으로 세우신 하나님께서는 사방의 모든 적군으로부터 안식을 주셨습니다(삼상14:47-48). 그리고 사울 왕에게 "아말렉을 진멸하라!"고 명령하셨습니다(삼상15:1-3). 이 사건은 내일 살펴보겠습니다.

성도 여러분!

'아말렉을 기억하라!'는 명령은 하나님께서 정하신 계획이 이루어진 후 하나님의 뜻을 후손들에게 가르치고 전달하는 것이 중요함을 깨닫게 합니다. 구약시대 있었던 사건으로만 생각하지 말고 이 시대 하나님께서는 언약 공동체(교회)를 통해 하나님의 구속사를 이루시기 위해 예수를 그리스도라고 고백하는 믿는 자들이 예수님께서 당부하신 말씀을 기억하기를 바라고 계신다는 것을 잊지 맙시다. 예수님께서는 이 땅에서 하늘로 가시며 **"오직 성령이 너희에게 임하시면 너희가 권능을 받고 예루살렘과 온 유대와 사마리아와 땅끝까지 이르러 내 증인이 되리라."**(행 1:8)고 말씀하셨습니다. 오늘도 예수 그리스도의 말씀을 기억하고 하나님의 나라 확장을 위해 내 주변의 사람들에게 복음을 전하는 하루가 되시길 기도합니다.

6일

아말렉을 진멸하라! &
듣는 것이 제사보다 낫다 ①

(삼상 15:1-33)

오늘 날짜가 언급된 성경 사건은 없습니다. 오늘 날짜가 포함된 사건은 다음과 같습니다.

사건 1 제2월 10일부터 방주에 들어가 하나님의 명령을 감당하는 297일째이고(노아시대 월력체계는 한 달을 30일로 계산함) 하나님께서 말씀하신 대로 40일 동안 비가 내린 290일째로 방주가 아라랏 산에 머무른 지 140일째

사건 2 라암셋을 떠난 지 316일째(제1월을 30일, 제2월을 29일로 계산함)로 시내산 밑 시내광야에 도착하여(제3월 1일) 거한 지 272일째(출 19:1-2)

사건 3 하나님께서 보여주신 식양대로 성막을 만들기 시작하는 144일째

사건 4 시내광야에 11개월 20일 머물던 이스라엘 백성이 하나님의 명령에 따라 약속의 땅을 향해 떠난 지 282일째

사건 5 에스겔 선지자가 그발 강가에서 꼼짝도 못 하고 두려워 떨며 포로 된 백성과 함께 지내는 238일째이고(겔 1:1-2, 3:14-15) 두 번째 계시받은 지 231일째

사건 6 예루살렘 성이 느브갓네살에 의해 포위된 지 56일째(왕하 25:1, 겔 24:1)

사건 7 시드기야 11년 제4월 9일 예루살렘 성이 바벨론에 의해 함락 후 232일째로 솔로몬 성전과 왕궁 그리고 예루살렘 성벽이 파괴된 지 204일째

사건 8 1차 포로 귀환 한 백성들이 성전 마당에 번제단을 만들고 매일 번제를 드리기 시작한 지 154일째

사건 9 학개 선지자에게 성전을 지으라는 하나님의 계시가 임한 지(제6월 1일) 184일째로

중단되었던 성전 건축이 다시 시작된 지(제6월 24일) 161일째이고 학개 선지자에게 두 번째 계시가 임한 지(제7월 21일) 135일째이고 세 번째, 네 번째 계시가 하루에 임한 지 72일째(학 2:10-23)

사건 10 학개 선지자를 통해 성전 공사를 재개하게 했던 것을 독려하는 계시가 스가랴 선지자에게 임한 지(8월 1일) 125일째(슥 1:1-6)이고 세 번째 계시가 임한 지(제9월 4일) 92일째

사건 11 모르드개가 조서를 써 전국(127도)에 보낸(제3월 23일) 후 251일째

사건 12 주전 458년 2차 포로 귀환하여 예루살렘에 도착한 지 213일째로 백성들이 하나님께 번제와 속죄제를 드린 209일째(스 7:6-9, 8:15-36)

사건 13 2차 포로귀환을 한 에스라가 백성들의 잡혼 문제를 해결하기 위해 조사를 시작한 지 65일째(스 10:16)

사건 14 3차 포로 귀환 한 느헤미야를 중심으로 5월 4일 시작하여 52일 동안 예루살렘 성벽 공사가 완성된(6월 25일) 후 158일째

아말렉과의 전쟁이 있고 난 뒤 하나님께서는 '아말렉을 기억하라!'고 모세와 여호수아와 이스라엘 백성들에게 명령하셨습니다. 그리고 광야 여정을 끝내는 40년째 되는 해 제11월(신 1:3) 모압 평지에서 모세를 통해 다시 한번 '너희는 애굽에서 나오는 길에 아말렉이 네게 행한 일을 기억하라!'(신 25:17)고 당부하며 **"네 하나님 여호와께서 네게 기업으로 주어 차지하게 하시는 땅에서 네 하나님 여호와께서 사방에 있는 모든 적군으로부터 네게 안식을 주실 때에 너는 천하에서 아말렉에 대한 기억을 지워버리라. 너는 잊지 말지니라."**(신 25:19)고 하나님의 말씀을 전했습니다. 오늘은 이 말씀이 어떻게 이루어졌는지 살펴보겠습니다.

❶ 약속의 땅에서 안식을 주신 하나님

약속의 땅에 들어와 살던 이스라엘 백성들은 사무엘이 늙었을 때 **"보소서, 당신은 늙었다. 그리고 당신의 아들들은 당신의 행위를 따르지 않는다. 이제 모든 나라와 같이 우리**

를 다스리는 왕을 우리에게 세우라!(명령)"(삼상 8:5)고 말했습니다. 백성들은 어순 도치하여 주어인 '당신은(사무엘)'과 '당신의 아들들은'을 강조하고 있습니다. 백성들이 왕을 요구할 때 강조한 것은 '사무엘이 늙었다.'는 것과 '그의 아들들이 사무엘의 행위를 따르지 않는다.'는 것이며 그렇기에 세상의 나라들과 같은 통치를 강력하게 할 수 있는 왕을 달라는 것이었습니다. 백성들은 여호와 하나님께서 그들의 왕이시며 그들에게 구원을 주시는 분이라는 것을 잊고 세상 나라들처럼 보이는 왕을 요구했습니다. 그러나 이런 백성의 요구는 이미 하나님께서 말씀하셨던 대로 이루어진 것입니다. 하나님께서는 약속의 땅에 사는 이스라엘 후손들이 왕을 구할 것이라고 말씀하셨고 모세를 통해 왕을 세우는 방법에 대해 말씀하셨습니다(신 17:14).

> 네가 네 하나님 여호와께서 네게 주시는 땅에 이르러 그 땅을 차지하고 거주할 때에 만일 우리도 우리 주위의 모든 민족들 같이 우리 위에 왕을 세워야겠다는 생각이 나거든(신 17:14) 반드시 네 하나님 여호와께서 택하신 자를 네 위에 왕으로 세울 것이며 네 위에 왕을 세우려면 네 형제 중에서 한 사람을 할 것이요 네 형제 아닌 타국인을 네 위에 세우지 말 것이며(신 17:15)

사무엘 통치 말 이스라엘 백성들이 왕을 구한 것은 잘못이었지만 하나님께서는 사무엘 선지자를 통해 그들에게 사울을 왕으로 세워주셨습니다(삼상 10:1, 17-21, 11:14-15, 12:12-13). 사울을 왕으로 세울 때 사무엘 선지자는 "이제 보라! 너희가 구한 왕, 너희가 택한 왕이다. 그리고 보라! 여호와께서 너희 위에 왕을 세우셨다. 만일 너희가 여호와를 경외한다면 그리고 그를 섬기면 그리고 그의 목소리를 듣는다면 그리고 여호와의 명령을 거역하지 않는다면 그러면 너희와 또한 너희를 다스리는 그 왕이 너희들의 하나님 여호와를 좇을 수 있을 것이다. 그러나 만일 너희가 여호와의 목소리를 듣지 않는다면 그리고 너희가 여호와의 명령을 거역하면 그리하면 너희의 조상들을 치신 것 같이 여호와의 손이 너희를 칠 것이다."(삼상 12:13-15)라고 선포했습니다. 요점은 왕을 요구한 것이 잘못된 것이지만 요구대로 사울을 왕으로 세워 주셨으니 왕과 이스라엘 백성들이 여호와의 말씀에 대해 거역하지 말고 순종하라는 것이었습니다. 그러나 왕이 된 사울이 왕이 된 지 2년 만에 블레셋과의 전쟁에서 사무엘을 기다리지 않고 자신이 제사를 드리며 하나님 앞에 잘못을 범하여 사무엘 선지자로부터 **"당신은 스스로 어리석었다. 당신이 당신의 하나님 여호와께서 명하신 명령을 지키지 않았다.** (그리했다면) **이제 여호와께서 이스라엘 위에 당신의 나라를 영원히 세우셨을 것입니다. 그러나 지금은 당신의 나라가 길지 못할 것입니다. 여호와께서 그를**(여호와) **위하여 그의**(여호와) **마음에 맞는 사람을 찾아내셨다. 그리고 여호와께서 그를**(마음에 맞는 사람) **그의**(여호와) **백성의 지도자로 명령하셨다. 왜냐하면 당신이 여호와께서 당신에게 명하신 것을 지키지 않았기 때문입니다."**(삼상 13:13-14)라는 말을 들었습니다.

하지만 하나님께서는 사울 왕에게 기회를 주셨습니다. 그 기회는 약 400년 전 조상들에게 말씀하셨던 '아말렉을 진멸하라!'는 명령이었습니다. 하나님께서는 사울 왕이 '아말렉을 진멸하라!'는 명령을 받을 때 모세를 통해 선언하셨던 말씀을 기억할 수 있도록 이스라엘 백성이 사는 약속의 땅 주변의 나라들을 사울 왕이 이기게 하셨습니다(삼상 14:47-48). 이것은 모세를 통해 약속하셨던 말씀을(신 25:19) 이루시는 것이었습니다.

> **사울이 이스라엘 왕위에 오른 후에 사방에 있는 모든 대적 곧 모압과 암몬 자손과 에돔과 소바의 왕들과 블레셋 사람들을 쳤는데 향하는 곳마다 이겼고**(삼상 14:47) **용감하게 아말렉 사람들을 치고 이스라엘을 그 약탈하는 자들의 손에서 건졌더라.**(삼상 14:48)

❷ 아말렉을 진멸하라

하나님께서는 사울 왕을 통해 주변 나라를 이기게 하신 후 사무엘 선지자를 통해 사울 왕에게 명령하셨습니다. 사무엘 선지자는 사울 왕에게 **"여호와께서 그의 백성 이스라엘 위에 당신을 한 왕으로서 기름을 붓기 위해 나를 보내셨다. 그러니 이제 당신은 여호와의 말씀을 들으소서! 만군의 여호와께서 이같이 말씀하시기를 '아말렉이 이스라엘에게 행한 일, 곧 애굽에서 올라올 때에 길에서 그에게**(이스라엘 백성들) **행한 일로 내가 그들을 벌**

하겠다. 지금 가라! 그리고 너는 아말렉을 치라. 그리고 그의(아말렉) 모든 소유를 진멸할 것이라. 그리고 그의(아말렉) 것에 대해 불쌍히 여기지 말라. 그리고 너는 남자로부터 여자에 이르기까지 아이로부터 그리고 젖 먹는 아이에 이르기까지 소로부터 그리고 양에 이르기까지 낙타로부터 당나귀에 이르기까지 다 죽여라."(삼상 15:1-3)고 전했습니다. 하지만 사울 왕은 400여 년 전 하나님께서 '하늘 아래에서 아말렉을 지워 기억하지도 못하겠다.'고 말씀하신 이유를 알지 못했기에 나름대로 순종을 했습니다.

사울 왕은 아말렉과의 전쟁에서 승리한 후 돌아와 사무엘 선지자에게 "나는 여호와의 목소리를 들었습니다. 그리고 나는 여호와께서 나를 보내신 길로 갔습니다. 그리고 내가 아말렉 왕 아각을 (끌고) 왔습니다. 그리고 내가 아말렉 사람을 진멸시켰습니다. 그리고 백성이 그 바쳐진 것 중 가장 좋은 것으로 당신의 하나님 여호와께 길갈에서 제사하려고 양과 소를 노획물로 취했습니다."(삼상 15:20-21)라고 말했습니다. 사울 왕은 어순 도치하여 목적어인 '아말렉 사람을'을 강조하며 진멸시켰다(삼상 15:20)고 말합니다. 이에 사무엘 선지자는 사울 왕에게 "여호와께서 여호와의 목소리를 듣는 것보다 번제와 희생제를 기뻐하시겠습니까? 보라! 듣는 것은('샤마', 듣다) 희생보다 낫다. 듣는 것은('카샤브', 듣다, 기울이다, 청종하다, 주의하다) 수양들의 기름보다 낫다. 왜냐하면 거역하는 것은 점치는 죄와 같고 그리고 거만한 것은 악한 것이고 우상들이기 때문이다. 당신이 여호와의 말씀을 거절했다. 그러므로 그가(여호와) 당신을 왕으로부터 거절하셨다."(삼상 15:22-23)라고 선포했습니다. 사무엘 선지자는 '듣는다'는 단어인 '샤마'와 '카샤브' 두 개를 사용하여 여호와 하나님의 목소리(말씀)을 듣는 것이 가장 우선해야 할 일임을 강조하고 있습니다.

하나님께서는 '아말렉을 진멸하라!'고 선포하셨고 400여 년을 기다리셨습니다. 그러나 이스라엘 백성의 지도자로 세워진 사울 왕은 하나님께서 정하신 때가 되어 하나님께서 당신의 계획을 이루시기 위해 사무엘을 통해 명령하신 하나님의 목소리를 듣지 않았고 하나님의 계획을 이루어 드리지 못했습니다. 이것은 하나님께서 모세를 통해 왕이 된 자가 지켜야 할 일을(신 17:18) 행하지 않음으로 하나님의 말씀을 기억하지 못했기 때문이라고 생각합니다. 왕이 되어 하나님의 율법서를 평생에 자기 옆에 두고 읽고 하나님 여호와 경회하기를 배웠다면 '아말렉을 진멸하라!'는 명령이 주어졌을 때 그 의미가 무엇인지 알 수 있었을 것입니다.

> **그가 왕위에 오르거든 이 율법서의 등사본을 레위 사람 제사장 앞에서 책에 기록하여**(신 17:18) **평생에 자기 옆에 두고 읽어 그의 하나님 여호와 경외하기를 배우며 이 율법의 모든 말과 이 규례를 지켜 행할 것이라.**(신 17:19)

성도 여러분!

성경의 사건들을 살펴보면 하나님께서는 당신의 계획을 이미 선지자를 통해 알려 주시고(암 3:7) 때가 되어 그 일을 감당할 조건을 만드신 후 믿는 자를 통해 이루십니다. 사울 왕은 모든 조건이 갖추어진 상태에서 하나님께서 주신 기회, 자신이 잘못했던 것을 만회할 기회를 놓쳤습니다. 이것은 왕이 된 자가 행해야 할 규례대로 하나님의 말씀을 깊이 묵상하지 않았던 결과였다고 생각합니다. 하나님의 때가 되지 않아 감당하지 못하는 것은 할 수 없지만 모든 조건을 갖추어 주시고 당신의 계획을 이루려 하실 때 믿음으로 반응하지 못하고 순종하지 못하면 당사자가 기회를 놓칠 뿐 아니라 하나님의 계획이 다음 세대로 미루어지는 것을 알 수 있습니다. 오늘도 하나님께서 주신 특별계시인 성경을 읽고 연구하여 당대 신앙의 선배들에게 하나님께서 원하시는 바가 무엇이었는지를 잘 깨달아 이 시대 나에게 주실 하나님의 일이 무엇인지 깨닫고 하나님께서 모든 조건을 만들어 주신 후 나에게 기회를 주셨을 때 그 기회를 놓치지 않고 하나님의 계획을 이루어드릴 수 있는 준비를 하는 하루가 되시길 기도합니다.

> **주 여호와께서는 자기의 비밀을 그 종 선지자들에게 보이지 아니하시고는 결코 행하심이 없으시리라.**(암 3:7)

7일

아말렉을 진멸하라! &
듣는 것이 제사보다 낫다 ②

(삼상 15:1-33)

오늘 날짜가 언급된 성경 사건은 없습니다. 오늘 날짜가 포함된 사건은 다음과 같습니다.

사건 1 제2월 10일부터 방주에 들어가 하나님의 명령을 감당하는 298일째이고(노아시대 월력체계는 한 달을 30일로 계산함) 하나님께서 말씀하신 대로 40일 동안 비가 내린 291일째로 방주가 아라랏 산에 머무른 지 141일째

사건 2 라암셋을 떠난 지 317일째(제1월을 30일, 제2월을 29일로 계산함)로 시내산 밑 시내광야에 도착하여(제3월 1일) 거한 지 273일째(출 19:1-2)

사건 3 하나님께서 보여주신 식양대로 성막을 만들기 시작하는 145일째

사건 4 시내광야에 11개월 20일 머물던 이스라엘 백성이 하나님의 명령에 따라 약속의 땅을 향해 떠난 지 283일째

사건 5 에스겔 선지자가 그발 강가에서 꼼짝도 못 하고 두려워 떨며 포로 된 백성과 함께 지내는 239일째이고(겔 1:1-2, 3:14-15) 두 번째 계시받은 지 232일째

사건 6 예루살렘 성이 느브갓네살에 의해 포위된 지 57일째(왕하 25:1, 겔 24:1)

사건 7 시드기야 11년 제4월 9일 예루살렘 성이 바벨론에 의해 함락 후 233일째로 솔로몬 성전과 왕궁 그리고 예루살렘 성벽이 파괴된 지 205일째

사건 8 1차 포로 귀환 한 백성들이 성전 마당에 번제단을 만들고 매일 번제를 드리기 시작한 지 155일째

사건 9 학개 선지자에게 성전을 지으라는 하나님의 계시가 임한 지(제6월 1일) 185일째로

중단되었던 성전 건축이 다시 시작된 지(제6월 24일) 162일째이고 학개 선지자에게 두 번째 계시가 임한 지(제7월 21일) 136일째이고 세 번째, 네 번째 계시가 하루에 임한 지 73일째(학 2:10-23)

사건 10 학개 선지자를 통해 성전 공사를 재개하게 했던 것을 독려하는 계시가 스가랴 선지자에게 임한 지(8월 1일) 126일째(슥 1:1-6)이고 세 번째 계시가 임한 지(제9월 4일) 93일째

사건 11 모르드개가 조서를 써 전국(127도)에 보낸(제3월 23일) 후 252일째

사건 12 주전 458년 2차 포로 귀환하여 예루살렘에 도착한 지 214일째로 백성들이 하나님께 번제와 속죄제를 드린 210일째(스 7:6-9, 8:15-36)

사건 13 2차 포로귀환을 한 에스라가 백성들의 잡혼 문제를 해결하기 위해 조사를 시작한 지 66일째(스 10:16)

사건 14 3차 포로 귀환 한 느헤미야를 중심으로 5월 4일 시작하여 52일 동안 예루살렘 성벽 공사가 완성된(6월 25일) 후 159일째

'아말렉을 진멸하라!'는 하나님의 명령에 순종하지 못한 사울 왕은 이제 하나님께서 다윗에게 기름 부으심으로 그에게 주어졌던 왕권이 끝나게 됩니다. 그런데 하나님께서 정하신 계획을 사울 왕이 감당하지 못한 결과는 그의 개인과 가정의 재앙으로 끝나게 되지 않았습니다. 오늘은 사울이 하나님의 말씀을 듣고 순종하지 못했을 때 어떤 일이 벌어졌는지 살펴보겠습니다.

❶ 하나님의 명령을 듣지 않은 사울

하나님께서는 사무엘 선지자를 통해 사울 왕에게 **"가라!**(명령) **그리고 죄인들을, 아말렉 사람을 진멸하여라. 그리고 너는 그 안에서 그들을 완전해지기까지 치라."**(삼상 15:18) 고 명령하셨습니다. 그러나 사울이 하나님의 말씀을 듣는 것 보다 백성의 말을 듣고 좋은 것을 남겨 제사 드리려 했기에 아각 왕을 포함하여 많은 것을 살렸습니다. 이것은 아말렉에 대한 하나님의 심정을 헤아리지 못한 것이

었고 전리품을 취하려고 했던 것으로 좋은 것을 남겨 하나님께 제사 드리려 했다는 것은 변명에 불과합니다. 사무엘 선지자는 사울 왕이 아말렉 사람들의 물건을 '탈취하기에만 급했다.'(삼상 15:19)라고 말하는데 하나님의 말씀대로 진멸하려니 좋은 것이 눈에 들어와 없애지 못하고 전리품으로 취했던 것입니다.

> **어찌하여 왕이 여호와의 목소리를 청종하지 아니하고 탈취하기에만 급하여 여호와께서 악하게 여기시는 일을 행하였나이까?**(삼상 15:19)

400여 년을 기다려 아말렉을 진멸하려고 하셨던 하나님의 계획은 하나님의 말씀을 기억하지 못하고 자신들의 이익을 취하기에 급급하여 순종하지 못한 사울 왕과 이스라엘 백성들에 의해 그르치게 되었습니다. 하나님은 '아말렉을 진멸하라!'고 이미 선포하셨고 기억하셨지만 사울 왕과 백성들은 하나님의 기억하라고 하신 명령을 잊어버렸습니다. 반드시 아말렉을 진멸할 것이기에 기억하라고 하셨지만 사람들은 그 말씀을 기억하지 못했습니다. 이것은 약속의 땅에 살면서 왕을 구할 것을 미리 아셨고 이스라엘 백성들이 왕을 구할 때 왕을 주실 것이지만 왕이 하지 말아야 할 일 세 가지(신 17:16-17)와 반드시 해야 할 한 가지(신 17:18-19)를 사울이 기억하지 못했기 때문이기도 합니다.

왕이 된 자가 하지 말아야 할 일(신 17:17-18)

① 말을 많이 두지 말라. 말을 많이 얻으려고 그 백성을 애굽으로 돌아가게 말라.

② 아내를 많이 두어서 그 마음이 미혹되게 말라.

③ 은금을 자기를 위하여 많이 쌓지 말라.

ⓠ 왕이 된 자가 해야 할 일(신 17:19)

> 레위 사람 제사장 앞에 보관한 이 율법서를 등사하여 평생에 자기 옆에 두고 읽어서 그 하나님 여호와 경외하기를 배우며 이 율법의 모든 말과 이 규례를 지켜 행하라.

사울의 순종하지 못함은 개인의 실수이며 개인의 실수를 통해 말씀하시는 하나님의 가르침을 생각할 수 있게 하는 사건이기도 하지만 하나님의 구속의 역사의 측면에서 보면 실로 엄청난 일입니다. 당시 사울 왕과 백성들이 생각지 못한 것은 무엇입니까? 얼마나 중요한 일이었기에 **"보라! 듣는 것은 희생보다 낫다. 듣는 것은 숫양들의 기름보다 낫다."**고 말씀하시며 사울의 왕권까지도 다른 사람에게 주신다고 말씀하셨습니다.

❷ 순종하지 못한 결과

사울이 순종하지 못한 것은 하나님의 구속사에 있어 큰 걸림돌이 되었습니다. 사울이 순종하지 못했던 것으로 인해 다음 세대 많은 후손들이 아말렉을 통해 괴로움을 당하게 됩니다. 아말렉 족속은 사울 왕 이후 다윗 시대에도 나타납니다(삼하8:12). 사울이 죽이지 않고 사로잡은 아각 왕을 사무엘이 죽이기는 했지만 아말렉 족속이 그 이후 시대까지 살아남았음이 분명합니다. 사울이 순종하지 못함으로 나타난 결과를 이후 역사를 통해 살펴봅시다.

① 사울 왕이 아말렉 소년에게 죽었다는 내용이 나타남

먼저 기억해야 할 것은 하나님의 명령에 순종하지 못한 사울은 결국 아말렉 사람에게 죽었다고 기록되었다는 것입니다. 사울이 왕이 된 초기에 아말렉을 진멸하지 못했습니다. 그리고 아말렉의 후손들은 사울 왕에게 악감정을 품고 번성했을 것입니다. 세월이 지나 사울 왕은 통치 말기 블레셋과 전

제
12
月

쟁을 하게 되었는데 이 전쟁에서 아들을 모두 잃고 자신은 상처를 입어 블레셋 군사에게 쫓기게 되었습니다. 사울 왕은 적의 손에 죽기는 싫었고 자살도 하지 못하는 상황에서 자신의 병기 맡은 자에게 자신을 죽이라고 명령했지만 듣지 않자 자신의 칼에 엎드려 죽었습니다(삼상 31:4). 그런데 사울의 죽음에 대해 한 아말렉 사람이 사울을 죽이고 그 내용을 다윗에게 보고하는 내용도 기록되었습니다(삼하 1:8-10). 사울이 아말렉 사람에게 죽는 내용이 아말렉 사람에 의해 조작된 것이라고 하더라도 이 내용이 기록된 것은 사울이 아말렉을 진멸하지 못한 것을 드러내기 위한 것으로도 생각됩니다.

② 다윗과 그를 따르던 가족들이 아말렉 족속에게 잡혔다 풀려남

블레셋 편으로 위장하여 시글락을 다스리던 다윗은 사울 왕과 블레셋의 전투에 참여하기 위해 아벡으로 갔던 다윗은 블레셋 장수들의 반대로 전쟁에 참여하지 않고 시글락으로 다시 돌아옵니다. 그런데 시글락에 왔을 때 아말렉 사람들이 네겝과 시글락을 침략하여 불사르고 다윗과 함께하는 사람들의 가족들을 한 사람도 죽이지 않고 다 사로잡아 갔습니다(삼상 30:1-3). 이에 다윗은 아히멜렉의 아들 제사장 아비아달을 통해 에봇으로 여호와께 **"내가 이 군대를 추격하면 따라잡겠습니까?"**라고 물었고 여호와께서는 **"그를 좇아가라!** (명령) **왜냐하면 네가 반드시 따라잡을 것이다. 그리고 반드시 도로 찾으리라."**고 대답하셨습니다(삼상 30:8). 하나님의 말씀대로 끝까지 아말렉을 쫓아간 다윗과 400명은 새벽부터 이튿날 저물 때까지 아말렉을 쳤고 아말렉 사람 중 400명 만이 낙타를 타고 도망갔습니다(삼상 30:17). 다윗은 아말렉 사람들이 빼앗아 갔던 모든 것을 도로 찾았지만(삼상 30:18) 이때에도 아말렉 족속은 멸절되지 않고 남았습니다.

ⓠ 이스라엘과 아말렉과의 전쟁

연대	장소	싸운사람	내용	성경
주전 1446	르비딤	여호수아 백성	**결과** 출애굽 한 백성의 승리 **비고** 책에 기록하여 기억하게 함.	출 17:8-16
주전1444	호르마	순종하지 않은 백성	**결과** 아말렉의 승리 **비고** 여호와의 명령에 따르지 않음으로 전쟁에서 짐.	민 14:40-45
사사시대	이스르엘 골짜기	기드온	**결과** 기드온 300용사의 승리 **비고** 이스라엘 파종기에 미디안, 아말렉, 동방 사람이 치러옴.	삿 6:1-7:25
사울시대 1048이후	아말렉성 (하윌라 에서 술)	사울	**결과** 사울은 승리했으나 말씀에 순종치 않음으로 사울을 버리심. **비고** 사울이 진멸지 않고 좋은 것을 남김으로 '순종이 제사보다 낫다.'는 말씀을 하심.	삼상 15:1-23
사울시대	시글락	다윗	**결과** 다윗이 승리하여 두 아내를 구원하고 탈취당한 모든 것을 찾아옴. **비고** 다윗은 여호와께 묻고 쫓아가서 400인으로 승리를 이끌어 아말렉을 멸절함.	삼상 30:1-30

③ 사울이 아말렉을 진멸하지 못한 것에 대한 더 큰 일은 580여 년 후 바사 왕 아하수에로(크세르크세스, 주전 486-465) 때에 발생합니다. 이미 모든 사람이 잘 알고 있는 모르드개와 하만과의 대립 이로 인해 바사 제국 전체에 살던 유대인이 다 죽게 되었을 때 에스더의 '죽으면 죽으리라.'는 믿음으로 해결되었던 사건과 관련됩니다(에 3:1-10:3). 이 사건에 등장하는 하만이 아말렉 족속인 아각 사람입니다(에 3:1). 아말렉의 후손인 하만은 유대인이었던 모르드개를 미워하여 전국에 사는 유대인들을 죽일 계획을 세웠습니다. 누구든지 유대인들을 죽이고 그들의 재산을 차지할 수 있었기에 하만의 조서가 진행되었다면 살아남을 유대인은 아마도 없었을 것입니다. 에스더의 '죽으면 죽으리라.'는 믿음과 모르드개와 수산성에 있는 유대인들의 금식기도를 들으신 하나님께서 유대인들이 구원을 주셨지만 사울의 순종하지 못함이 얼마나 큰 것인가를 생각하게 합니다. 만

약 하만의 계략에 의해 바사제국 전국에 사는 유대인들이 다 죽임을 당했다면 유대인을 통한 하나님의 구속역사는 어떻게 전개되었을까요?

성도 여러분!

이제 '듣는 것(순종)이 제사보다 낫다'라는 의미가 사울과 연관된 사건으로만 설교 되고 순종과 제사와 비교되어서 순종의 의미를 찾기보다는 개인의 불순종이 하나님의 구속사 전체를 어긋나게 할 수 있었음을 생각해야 할 것입니다. 또한 더 나아가 오랫동안 기다리신 하나님의 구속역사가 하나님의 말씀을 기억하는 한 사람의 순종함을 통해 이루어진다는 것도 깨달아야 할 것입니다. 2000여 년 전 십자가로 구원을 완성하시고 예수를 그리스도라고 믿고 고백하는 자들에게 구원을 주시고 성령을 주심으로, 믿고 순종하는 자 한 사람 한 사람을 기다리시는 하나님의 기다리심을 생각합시다. 400여 년을 기다려 사울을 찾으셨던 하나님께서 그에게 순종하기를 바라며 일을 맡기셨던 것처럼, 2000여 년을 기다리신 하나님께서 저와 여러분을 통해 일하시기를 기다리고 계십니다. 오늘도 하나님의 말씀을 읽고 연구하며 주시는 깨달음에 전력을 다해 순종함으로 하나님의 구속사를 나의 삶에 이루는 언약공동체(교회)의 일꾼이 되시길 기도합니다.

8일

40년 동안 모세를 도와 섬긴 여호수아

(출 24:12-18, 32:16-17, 33:7-11)

오늘 날짜가 언급된 성경 사건은 없습니다. 오늘 날짜가 포함된 사건은 다음과 같습니다.

사건 1 제2월 10일부터 방주에 들어가 하나님의 명령을 감당하는 299일째이고(노아시대 월력체계는 한 달을 30일로 계산함) 하나님께서 말씀하신 대로 40일 동안 비가 내린 292일째로 방주가 아라랏 산에 머무른 지 142일째

사건 2 라암셋을 떠난 지 318일째(제1월을 30일, 제2월을 29일로 계산함)로 시내산 밑 시내광야에 도착하여(제3월 1일) 거한 지 274일째(출 19:1-2)

사건 3 하나님께서 보여주신 식양대로 성막을 만들기 시작하는 146일째

사건 4 시내광야에 11개월 20일 머물던 이스라엘 백성이 하나님의 명령에 따라 약속의 땅을 향해 떠난 지 284일째

사건 5 에스겔 선지자가 그발 강가에서 꼼짝도 못 하고 두려워 떨며 포로 된 백성과 함께 지내는 240일째이고(겔 1:1-2, 3:14-15) 두 번째 계시받은 지 233일째

사건 6 예루살렘 성이 느브갓네살에 의해 포위된 지 58일째(왕하 25:1, 겔 24:1)

사건 7 시드기야 11년 제4월 9일 예루살렘 성이 바벨론에 의해 함락 후 234일째로 솔로몬 성전과 왕궁 그리고 예루살렘 성벽이 파괴된 지 206일째

사건 8 1차 포로 귀환 한 백성들이 성전 마당에 번제단을 만들고 매일 번제를 드리기 시작한 지 156일째

사건 9 학개 선지자에게 성전을 지으라는 하나님의 계시가 임한 지(제6월 1일) 186일째로

중단되었던 성전 건축이 다시 시작된 지(제6월 24일) 163일째이고 학개 선지자에게 두 번째 계시가 임한 지(제7월 21일) 137일째이고 세 번째, 네 번째 계시가 하루에 임한 지 74일째(학 2:10-23)

사건 10 학개 선지자를 통해 성전 공사를 재개하게 했던 것을 독려하는 계시가 스가랴 선지자에게 임한 지(8월 1일) 127일째(슥 1:1-6)이고 세 번째 계시가 임한 지(제9월 4일) 94일째

사건 11 모르드개가 조서를 써 전국(127도)에 보낸(제3월 23일) 후 253일째

사건 12 주전 458년 2차 포로 귀환하여 예루살렘에 도착한 지 215일째로 백성들이 하나님께 번제와 속죄제를 드린 211일째(스 7:6-9, 8:15-36)

사건 13 2차 포로귀환을 한 에스라가 백성들의 잡혼 문제를 해결하기 위해 조사를 시작한 지 67일째(스 10:16)

사건 14 3차 포로 귀환 한 느헤미야를 중심으로 5월 4일 시작하여 52일 동안 예루살렘 성벽 공사가 완성된(6월 25일) 후 160일째

출애굽 원년(주전 1446년) 르비딤에서 아말렉과 전쟁에서 처음으로 등장한 여호수아는 광야 여정 40년 동안 모세의 옆에 머물며 섬기는 인물로 등장합니다. 모세가 시내산에서 여호와 하나님께 두 돌판을 받는 곳까지 산꼭대기까지 혼자만 따라갔고, 가나안 땅을 정탐하는 12명 중 에브라임 지파의 대표로 함께 한 후 하나님께서 가나안 땅을 이스라엘 백성에게 주셨음을 확신했고, 불평하는 10명의 정탐꾼과 그들의 의견에 동조하여 가나안 땅에 들어가지 못하고 40년 동안 광야를 이리저리 돌아다닐 동안에도 모세의 옆에서 모세가 하는 일을 지켜보았습니다. 가나안 땅에 들어가지 못하는 모세를 이어 이스라엘 백성을 이끌었던 여호수아의 광야 40년 행적을 살펴보겠습니다.

① 모세가 시내산에 올라 하나님께 두 돌판을 받을 때 함께 한 여호수아

이스라엘 백성은 출애굽 한 후 3월 1일 시내산이 있는 시내 광야에 도착

했습니다. 여러 날을 지낸 후 하나님께서는 모세를 산으로 부르셨습니다(출 24:12). 모세는 그를 따르며 섬기는 여호수아와 함께 일어나 하나님의 산으로 올라가며(출 24:13) 장로들에게 **"너희는 여기서 우리가 너희에게로 돌아오기까지 기다리라. 아론과 훌이 너희와 함께할 것이다. 무릇 일이 있는 자는 그들에게로 나아갈지니라."**(출 24:14)라고 말했습니다. 한글성경은 출애굽기 24:13절에서 '샤라트'(섬기다, 봉사하다)의 분사형 '메샤라트'를 쓰고 있는데 '부하(개역개정), 종자(개역), 보좌관(바른성경), 부관(표준새번역), 시종(공동번역)'이라고 번역하고 있습니다. 그런데 이 단어는 '사역자, minister'라고 번역하는 것이 좋다고 생각합니다. 모세는 여호수아를 부하나 시종 개념보다는 함께 일하는 동역자로 생각했을 것입니다. 모세는 젊은이들 가운데 눈의 아들 여호수아를 택해 함께 섬기게 했는데(민 11:28) 여호수아의 두 번째 등장은 모세가 십계명을 받기 위해 시내산에 올라갈 때 동행하는 것으로 나타납니다. 그리고 모세가 산에 머물며 40일을 금식한 후 하나님께서 친히 깎으시고 친히 기록하신 두 돌판을 가지고 내려오는 과정에서 동행한 사람이 여호수아입니다(출 24:12-18).

모세가 40일을 금식하며 두 증거판을 받기 위해 머무는 동안 산 아래에서는 아론과 백성들이 금송아지를 만들고 **"이스라엘아 이는 너희를 애굽 땅에서 인도하여 낸 너희의 신이로다."**(출 32:4)라고 외쳤습니다. 하나님께서는 모세에게 **"너는 내려가라. 네가 애굽 땅에서 인도하여 낸 네 백성이 부패하였도다."**(출 32:7)라는 말씀하셨습니다. 모세는 두 증거판을 손에 들고 산에서 내려왔고 여호수아는 동행했습니다. 산 아래로 내려왔을 때 여호수아는 진중에서 백성들이 외치며 소리치는 것을 듣고 모세에게 "진중에서 싸우는 소리가 나나이다."라고 말했습니다. 이것은 아론과 백성들이 금송아지를 만들고 번제와 화목제를 드리고 앉아서 먹고 마시며 일어나서 뛰노는 소리였습니다(출 32:6). 모세는 진에 가까이 이르러 금송아지와 춤추는 것들을 보고 크게 노하여 손에서 그 판들을 산 아래로 던져 깨뜨렸습니다.

제
12
月

❷ 모세가 하나님을 만나는 성막을 지키는 여호수아

모세는 성막을 짓기 전 진과 멀리 떨어진 곳에 임시로 장막(오헬)을 만들고 회막('오헬 모에드')이라 불렀습니다. 여호와 하나님께서는 이 회막에서 모세와 대면하여 말씀하셨는데 끝나면 모세는 진으로 돌아갔습니다. 그러나 모세를 섬기던 여호수아는 진으로 돌아가지 않고 회막에 머물렀습니다(출 33:7). 장막을 회막('오헬 모헤드' 정한 때, 장소, 모임)이라 불렀는데 이곳에서 여호와께서 모세를 만나셨습니다. 진에 거하던 모세가 회막으로 나갈 때 백성들은 다 일어나 자기 장막 문에 서서 모세가 회막에 들어가기까지 바라보았습니다(출 33:8). 모세가 회막에 들어갈 때 구름 기둥이 내려 회막 문에 섰고 여호와께서 모세와 말씀하셨습니다(출 33:9). 모세는 회막을 떠나 진으로 들어갔지만 여호수아는 회막에 머물렀습니다. 모세를 수종 하던 여호수아는 회막에 머물며 여호와께서 모세와 대화하는 것을 목격하였고 항상 회막에 머물며 다른 백성들과는 달리 많은 경험을 하였습니다.

❸ 에브라임 지파의 대표로 약속의 땅을 정탐하고 믿음의 고백을 한 여호수아

여호수아의 본명은 호세아입니다. 여호수아라는 이름은 모세가 지어준 이름입니다(민 13:16). 여호수아는 약속의 땅을 정탐할 때 에브라임 지파의 대표로 뽑혔고 약속의 땅을 정탐하고 돌아와 보고할 때 10명이 정탐꾼은 땅을 악평하여 백성들이 동요하게 했지만 여호수아는 믿음에 근거한 발언과 행동을 했습니다. 정탐꾼 중 눈의 아들 여호수아와 갈렙은 나머지 10명의 정탐꾼이 믿음 없는 보고를 할 때 자기들의 옷을 찢었습니다(민 14:6). 옷을 찢는 것은 분노의 표현이었는데 거룩한 분노로 생각됩니다. 민수기 14:6은 어순 도치되어 주어인 '눈의 아들 여호수아와 여분네의 아들 갈렙이'을 강조하고 있습니다.

여호수아는 10명의 정탐꾼과는 달리 **"우리가 두루 다니며 정탐한 땅은 심히 아름**

다운 땅이다. 여호와께서 우리를 기뻐하시면 우리를 그 땅으로 인도하여 들이시고 그 땅을 우리에게 주실 것이다. 이는 과연 젖과 꿀이 흐르는 땅이라. 다만 여호와를 거역하지는 말라! 또 그 땅 백성을 두려워하지 말라! 그들은 우리의 먹이라. 그들의 보호자는 그들에게서 떠났다. 그리고 여호와는 우리와 함께 하시느니라. 그들을 두려워하지 말라."고 외쳤습니다(민 14:7-9). 여호수아와 갈렙의 보고를 들은 백성들은 여호수아와 갈렙을 돌로 치려고 했습니다. 이때 여호와의 영광이 회막에서 이스라엘 모든 자손에게 나타나 그만두게 했습니다. 민수기 14:10b절는 어순 도치되어 주어인 '여호와의 영광이'가 강조되었는데 여호수아와 갈렙을 치려 했던 백성들의 행동을 막아 주셨습니다.

❹ 하나님께서 약속하신 대로 약속의 땅에 들어간 여호수아

약속의 땅을 정탐한 12명 중 10명은 믿음으로 보고하지 못해 보고 하던 자리에서 즉사했습니다. 이후 여호와께서는 '여분네의 아들 갈렙과 눈의 아들 여호수아는 약속의 땅에 들어가리라.'고 말씀하셨습니다(민 14:30, 38, 신 1:38). 하나님께서는 여호수아와 갈렙을 제외한 약속의 땅을 악평하는 보고를 듣고 함께 불평한 이스라엘 백성들 곧 20세 이상으로 계수함을 받고 원망한 자 전부가 약속의 땅에 들어가지 못한다고 말씀하셨는데 모세는 여러 번 기록하고 있습니다(민 14:29-30).

① 민수기 14:30은 '불변화사('임', 결단코-못하리라) + 주어(너희는) + 술어('보', 칼미완료, 들어가다)'라고 강조하고 있습니다. 하나님께서는 약속의 땅을 정탐하고 돌아와 믿지 못하고 땅을 악평하며 보고한 10명의 정탐꾼을 그 자리에서 죽이셨습니다(민 14:36-37).

② 민수기 14:38은 약속의 땅을 정탐한 12명의 정탐꾼 중 여호수아와 갈렙만이 살았는데 어순 도치하여 주어인 '여호수아와 갈렙은'을 강조하여

'여호수아와 갈렙은 생존했다.'라고 강조합니다.

③ 민수기 32:12은 갈렙과 여호수아가 여호와를 온전히 따랐다고 말하는데 어순 도치하여 주어인 '그나스 사람 여분네의 아들 갈렙과 눈의 아들 여호수아는'를 강조하고 있습니다. 여호와께서는 **"애굽에서 나온 자들이 20세 이상으로 한 사람도 내가 아브라함과 이삭과 야곱에게 맹세한 땅을 결코 보지 못할 것이다. 이는 그들이 나를 온전히 따르지 아니하였음이니라. 그러나 그나스 사람 여분네의 아들 갈렙과 눈의 아들 여호수아는 여호와를 온전히 따랐느니라."**고 말씀하셨습니다.

④ 신명기1:38에서 하나님께서는 어순 도치하여 주어인 '너의 종자 눈의 아들 여호수아 그는('후', 인칭대명사)'을 강조하시며 여호수아가 분명히 약속의 땅에 들어갈 것을 언급하시며 모세에게 여호수아를 '담대하게 하라.'고 말씀하셨습니다. 20세 이상으로 계수함을 받은 603,550명 중 출애굽 40년째 되는 해 여호수아와 갈렙을 제외한 모든 백성이 하나님의 말씀대로 광야에서 죽었습니다(민 26:65).

성도 여러분!

약속의 땅을 정탐한 여호수아와 갈렙은 자신들의 눈으로 보고 만지고 체험하고 확신한 것을 믿음으로 보고 했습니다. 그 결과 하나님께서는 여호수아와 갈렙 만이 약속의 땅 가나안에 들어갈 것이라고 선언하셨습니다. 이후 여호수아는 38년을 한결같은 믿음으로 광야 생활을 하며 모세를 섬기며 따랐고 많은 것을 배웠습니다. 그리고 마침내 모세를 이어 여호수아를 택하셨고 마침내 약속의 땅을 정복하고 하나님의 뜻을 이루는 지도자로 사용하셨습니다. 오늘도 하나님께서 언약공동체(교회) 믿음의 선배들을 통해 행하시는 일들을 믿음의 눈으로 보고 체험하고 또한 하나님께서 나를 통해 일하시는 것을 체험하며 하나님께서 믿는 자를 통해 현재에도 당신의 구속사를 이루어 가시는 것을 체험하며 기뻐하는 하루가 되시길 기도합니다.

9일

여호와 하나님의 말씀을 순종하지 못한 사사 시대

(삿 17:6, 21:25)

오늘 날짜가 언급된 성경 사건은 없습니다. 오늘 날짜가 포함된 사건은 다음과 같습니다.

사건 1 제2월 10일부터 방주에 들어가 하나님의 명령을 감당하는 300일째이고(노아시대 월력체계는 한 달을 30일로 계산함) 하나님께서 말씀하신 대로 40일 동안 비가 내린 293일째로 방주가 아라랏 산에 머무른 지 143일째

사건 2 라암셋을 떠난 지 319일째(제1월을 30일, 제2월을 29일로 계산함)로 시내산 밑 시내광야에 도착하여(제3월 1일) 거한 지 275일째(출 19:1-2)

사건 3 하나님께서 보여주신 식양대로 성막을 만들기 시작하는 147일째

사건 4 시내광야에 11개월 20일 머물던 이스라엘 백성이 하나님의 명령에 따라 약속의 땅을 향해 떠난 지 285일째

사건 5 에스겔 선지자가 그발 강가에서 꼼짝도 못 하고 두려워 떨며 포로 된 백성과 함께 지내는 241일째이고(겔 1:1-2, 3:14-15) 두 번째 계시받은 지 234일째

사건 6 예루살렘 성이 느브갓네살에 의해 포위된 지 59일째(왕하 25:1, 겔 24:1)

사건 7 시드기야 11년 제4월 9일 예루살렘 성이 바벨론에 의해 함락 후 235일째로 솔로몬 성전과 왕궁 그리고 예루살렘 성벽이 파괴된 지 207일째

사건 8 1차 포로 귀환 한 백성들이 성전 마당에 번제단을 만들고 매일 번제를 드리기 시작한 지 157일째

사건 9 학개 선지자에게 성전을 지으라는 하나님의 계시가 임한 지(제6월 1일) 187일째로

중단되었던 성전 건축이 다시 시작된 지(제6월 24일) 164일째이고 학개 선지자에게 두 번째 계시가 임한 지(제7월 21일) 138일째이고 세 번째, 네 번째 계시가 하루에 임한 지 75일째(학 2:10-23)

사건 10 학개 선지자를 통해 성전 공사를 재개하게 했던 것을 독려하는 계시가 스가랴 선지자에게 임한 지(8월 1일) 128일째(슥 1:1-6)이고 세 번째 계시가 임한 지(제9월 4일) 95일째

사건 11 모르드개가 조서를 써 전국(127도)에 보낸(제3월 23일) 후 254일째

사건 12 주전 458년 2차 포로 귀환하여 예루살렘에 도착한 지 216일째로 백성들이 하나님께 번제와 속죄제를 드린 212일째(스 7:6-9, 8:15-36)

사건 13 2차 포로귀환을 한 에스라가 백성들의 잡혼 문제를 해결하기 위해 조사를 시작한 지 68일째(스 10:16)

사건 14 3차 포로 귀환 한 느헤미야를 중심으로 5월 4일 시작하여 52일 동안 예루살렘 성벽 공사가 완성된(6월 25일) 후 161일째

오늘부터는 여호와 하나님만을 섬기라는 여호수아의 다짐을 지키지 못한 사사 시대에 대해서 살펴보겠습니다. 오늘은 사사기의 역사적 배경에 대해 살펴보겠습니다.

❶ 성경이 침묵하는 사사 시대 역사적 배경

여호수아의 죽음 이후 시작되는 것으로 기록된 사사기의 내용에는 이스라엘 민족을 둘러싸고 있는 주변 강대국에 대한 사건이 언급되지 않습니다. 아마도 주변 강대국들은 아직 확실한 통치체제가 갖추어지지 않았고 작은 민족이었던 이스라엘 민족에 관해 관심을 두지 않았던 것으로 생각됩니다. 그리고 사사기 저자도 당시의 국제 정세나 주변 강대국에 대해 별 관심이 없고 이스라엘 민족이 여호와 하나님을 섬기는 것에서 떠났을 때 징계하시고 회개하면 다시 구원해 주시는 반복적인 상황을 기록하고 있습니다. 이로

써 세상 역사까지도 주관하시는 여호와 하나님께서는 이스라엘 민족과 관련이 있을 때 강대국이었던 애굽, 바벨론, 앗수르를 관련시키셨고 하나님의 구속사와 관련될 경우 언급하게 하셨음을 볼 수 있습니다.

여호수아를 통한 약속의 땅 정복 시기는 주전 14세기 초 마쳤고 이후 주전 11세기 중반까지 사사 시대가 진행되었습니다. 이때 애굽은 아마르나 시대를 전후하여 세력이 약화하여 팔레스타인(약속의 땅, 가나안 땅)에 대한 원정이 뜸해졌고 이로 인해 주전 13세기 초 팔레스타인은 메소포타미아 지역과 애굽을 연결하는 국제 무역로인 '비아 마리스'(Via Maris, 해변 길)를 차지하기 위한 주변 강대국의 관심과 경쟁이 시작되었습니다. 또한 주전 13세기 말경 해양민족이 애굽에서 쫓겨나 가나안 남쪽 해안에 정착하게 됩니다.

❷ 사사기에 나타난 중복 연대

주전 14세기 초 여호수아의 죽음 이후 삼손의 죽음까지(주전 11세기 초) 사사기에는 300여 년의 역사가 기록되어 있습니다. 그런데 사사기에 나타난 여호와 하나님의 징계 연수와 구원을 주신 연수를 단순 합산하면 410년이 됩니다. 그렇기에 사사기에 나타난 12명의 사사인 옷니엘, 에훗, 삼갈, 드보라, 기드온, 돌라, 야엘, 입다, 입산, 엘론, 압돈, 삼손의 통치 시기를 앞선 사사가 죽고 다음 사사가 통치하는 직선연대로 볼 수 없습니다. 사사 시대는 겹치는 중복연대가 있고 사사들은 전체 팔레스타인을 대표해 치려고 한 것이 아니라 자신의 지파를 중심으로 주변 지파에 영향을 주었으며 동시에 여러 지역에서 사사들이 통치했던 것을 알 수 있습니다.

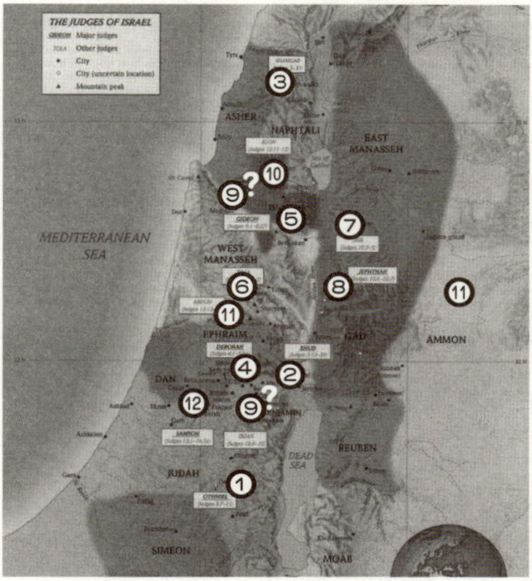

① 옷니엘(드빌)
② 에훗(여리고)
③ 삼갈(벧아낫)
④ 드보라(벧엘)
⑤ 기드온(오브라)
⑥ 돌라(사밀)
⑦ 야일(갈몬)
⑧ 입다(길르앗)
⑨ 입산(베들레헴)
⑩ 엘론
⑪ 압돈
⑫ 삼손

사사가 살던 성읍과 각 지파의 영역

❸ 사사기의 구조

① 전체 구조

사사기는 신학적 메시지를 전달하기 위해 세 부분으로 나뉘어 배열되었음을 볼 수 있습니다. 사사기의 첫 부분은 '각 지파의 정복 실패와 배교'(삿 1:1-3:6), 둘째 부분은 주요 내용으로 6명의 대 사사와 6명의 소 사사가 활동하는 '배교에 대한 하나님의 징계와 사사를 통한 구원'(삿 3:7-16:31), 셋째 부분은 부록으로 '여호와 하나님을 떠난 종교적 혼란과 이어지는 도덕적 부패'(삿 17:1-21:25)에 대해 기록하고 있습니다.

② 사건이 순환 반복 구조

사사기에 나타난 사건에 대한 기록은 대사사를 통해 구원을 주시고 통치하는 사건에서 각각 같은 형태를 보이는 6개의 '배교, 징계, 간구, 구원, 승리, 안식'으로 진행되는 순환 반복 구조를 보입니다.

① **배교** 이스라엘 백성은 여호와 앞에서 악을 행함.(삿 2:11, 3:7, 12, 4:1, 10:6, 14, 13:1)

② **징계** 여호와 하나님께서 악을 행한 이스라엘 백성을 적의 손에 파심.(삿 2:14, 3:12)

③ **간구** 이스라엘 백성이 여호와께 부르짖음.(삿 2:18, 3:9, 15, 4:3, 6:6, 7, 10:10, 12, 15:18, 16:28)

④ **구원** 여호와께서 이스라엘의 구원자로 사사를 세우심.(삿 2:18, 3:9, 15)

⑤ **승리** 여호와께서 이스라엘 대적을 사사의 손에 붙여 이기게 하심.(삿 3:10, 30, 4:23, 8:28, 11:33, 36)

⑥ **안식** 사사를 통해 승리를 얻은 후 이스라엘이 안식을 누림.(삿 3:11, 30, 5:31, 8:28)

❹ 사사기의 결론

대부분의 학자는 사사기의 결론이 '그때에 이스라엘에 왕이 없었다. 각 사람이 자기 보기에 옳은 대로 행했다.'(삿 17:6, 21:25)라는 것에 동의합니다. 두 번째 문장은 어순 도치되어 주어인 '각 사람이'와 부사어 '자기 보기에 옳은 대로'가 강조되었습니다.

> **그때에는 이스라엘에 왕이 없었으므로 사람마다 자기 소견에 옳은 대로 행하였더라.**(삿 17:6, 21:25)

성도 여러분!

사사 시대에는 이스라엘 백성의 왕이셨던 여호와 하나님을 떠나 다른 신을 섬기며 자기 생각에 옳은 대로 행하는 시대였습니다. 그런데 잘못된 것을 깨닫고 회개하면 여호와 하나님께서는 돌이켜 그들을 구원하셨습니다. 문제는 다음 세대로 신앙이 전수되지 못해 반복되는 배교와 심판이 문제였습니다. 결과적으로 사사 시대는 여호와 하나님에 대한 신앙이 무너지고 그에 따른 삶 속의 도덕적 부패로 이어져 무너지는 것으로 끝납니다. 앞으로 살펴볼 사사 시대의 각 사건을 통해 내 생각에 옳은 대로 행하는 것이 아니라 하나님의 뜻에 맞는 신앙생활을 하는 날들이 계속되시길 기도합니다. 오늘도 하나님께서 내 삶을 주관하시는 통치자와 왕이심을 고백하며 맡겨 주신 직분을 잘 감당하는 하루가 되시길 기도합니다.

10일

유다 지파의 정복 전쟁 시작과 정복한 땅

(삿 1:1-20)

오늘 날짜가 언급된 성경 사건은 없습니다. 오늘 날짜가 포함된 사건은 다음과 같습니다.

사건 1 제2월 10일부터 방주에 들어가 하나님의 명령을 감당하는 301일째이고(노아시대 월력체계는 한 달을 30일로 계산함) 하나님께서 말씀하신 대로 40일 동안 비가 내린 294일째로 방주가 아라랏 산에 머무른 지 144일째

사건 2 라암셋을 떠난 지 320일째(제1월을 30일, 제2월을 29일로 계산함)로 시내산 밑 시내광야에 도착하여(제3월 1일) 거한 지 276일째(출 19:1-2)

사건 3 하나님께서 보여주신 식양대로 성막을 만들기 시작하는 148일째

사건 4 시내광야에 11개월 20일 머물던 이스라엘 백성이 하나님의 명령에 따라 약속의 땅을 향해 떠난 지 286일째

사건 5 에스겔 선지자가 그발 강가에서 꼼짝도 못 하고 두려워 떨며 포로 된 백성과 함께 지내는 242일째이고(겔 1:1-2, 3:14-15) 두 번째 계시받은 지 235일째

사건 6 예루살렘 성이 느브갓네살에 의해 포위된 지 60일째(왕하 25:1, 겔 24:1)

사건 7 시드기야 11년 제4월 9일 예루살렘 성이 바벨론에 의해 함락 후 236일째로 솔로몬 성전과 왕궁 그리고 예루살렘 성벽이 파괴된 지 208일째

사건 8 1차 포로 귀환 한 백성들이 성전 마당에 번제단을 만들고 매일 번제를 드리기 시작한 지 158일째

사건 9 학개 선지자에게 성전을 지으라는 하나님의 계시가 임한 지(제6월 1일) 188일째로

중단되었던 성전 건축이 다시 시작된 지(제6월 24일) 165일째이고 학개 선지자에게 두 번째 계시가 임한 지(제7월 21일) 139일째이고 세 번째, 네 번째 계시가 하루에 임한 지 76일째(학 2:10-23)

사건 10 학개 선지자를 통해 성전 공사를 재개하게 했던 것을 독려하는 계시가 스가랴 선지자에게 임한 지(8월 1일) 129일째(슥 1:1-6)이고 세 번째 계시가 임한 지(제9월 4일) 96일째

사건 11 모르드개가 조서를 써 전국(127도)에 보낸(제3월 23일) 후 255일째

사건 12 주전 458년 2차 포로 귀환하여 예루살렘에 도착한 지 217일째로 백성들이 하나님께 번제와 속죄제를 드린 213일째(스 7:6-9, 8:15-36)

사건 13 2차 포로귀환을 한 에스라가 백성들의 잡혼 문제를 해결하기 위해 조사를 시작한 지 69일째(스 10:16)

사건 14 3차 포로 귀환 한 느헤미야를 중심으로 5월 4일 시작하여 52일 동안 예루살렘 성벽 공사가 완성된(6월 25일) 후 162일째

사사기는 '여호수아가 죽은 후이다.'로 시작합니다. 이스라엘 각 지파는 여호와 하나님께서 여호수아를 통해 말씀대로 약속의 땅에서 분배받은 땅을 자신의 기업으로 만들기 위해 정복 전쟁을 합니다. 이때 하나님께서는 유다 지파가 제일 먼저 전쟁에 나가게 하셨는데 오늘은 유다 지파의 정복 전쟁에 대해 살펴보겠습니다.

① 여호와 하나님의 말씀대로 유다 지파가 먼저 정복 전쟁을 시작함

'여호수아가 죽은 후이다'로 시작한 사사기는 제일 먼저 이스라엘 자손이 여호와의 말씀대로 약속의 땅을 정복하기 위해 여호와 하나님께 묻는 것으로 시작합니다. 이스라엘 백성은 하나님께 **"누가 우리를 위하여 먼저 가나안 족속을 향해 올라가 그들과 싸워야 합니까?"**(삿 1:1)라고 물었습니다. 이에 여호와께서는 **"유다가 올라가라!**(명령) **보라! 내가 그의 손에 이 땅을 주었다."**(삿 1:2)라고 말씀하셨는데 어순도치하여 주어인 '유다가'가 강조되었습니다. 여호와 하나님의 말씀을 들은

유다 지파는 자신의 땅에서 기업을 얻은 시므온 지파에 "나와 함께 제비 뽑아 얻은 나의 땅으로 올라가라!(명령). 그리고 우리는 가나안 족속과 싸울 것이다. 그리하면 나도 제비 뽑아 얻은 너의 땅에 너와 함께 갈 것이다."라고 말했습니다. 그리고 시므온 지파는 유다 지파와 함께 전쟁하러 갔습니다(삿 1:3).

유다 지파는 전쟁하려고 올라갔고 여호와께서는 그들의 손에 가나안 족속과 브리스 족속을 내어 주셨습니다. 그들은(유다 지파) 그들을 베섹에서 일만 명을 죽였습니다(삿 1:4). 사사기 1:5-7은 중복하여 베섹에서 가나안 족속과 브리스 족속과 싸운 것을 반복해서 기록하며 그들의 통치자인 아도니 베섹과 싸워 이긴 것을 자세하게 기록하고 있습니다. 전투하던 아도니 베섹은 도망갔고 유다 지파는 쫓아가 그를 잡은 후 그의 엄지손가락과 엄지발가락을 잘랐습니다. 이때 아도니 베섹은 "내가 칠십 명의 왕들이 그들의 엄지손가락과 엄지발가락을 잘랐다. 그들이 내 상 아래에서 먹을 것을 주워 먹었다. 내가 행한 그대로 하나님께서 내게 갚으셨다."(삿 1:7)라고 말했습니다. 아도니 베섹은 어순 도치하여 부사어인 '나가 행한 그대로'를 강조하며 하나님께서 하셨음을 고백하고 있습니다. 유다 지파는 그를 예루살렘으로 끌고 왔고 거기서 그가 죽었습니다.

❷ 유다 지파가 정복한 땅

유다 지파가 정복한 땅에 대해 기록할 때 먼저 정복한 지역을 나열하고 드빌은 갈렙에 의해 정복되었음을 언급합니다. 이후 겐 족속이 유다 지파와 함께 거했고 시므온 지파가 함께 정복한 성읍에 대해 언급합니다.

① 정복한 땅에 대한 언급

사사기 1:8은 '그리고 유다 자손이 예루살렘을 쳤다. 그리고 그들이 그 성읍을 취했다. 그리고 그들은 그 성읍을 칼날로 쳤다. 그리고 그들은 그 성을 불로 살랐다.'라고 말합니다. 마지막 문장은 어순 도치되어 목적어인 '그 성을'이 강조되었습니다. 그런데 '예루살렘을 칼로 쳐서 취했고 불로 살랐다'는 언급은 '유다 자손이 예루살렘(여부스) 주민을 쫓아내지 못했다.'는 여호수아 15:63과 '베냐민 자손이 예루살렘(여부스) 주민을 쫓아내지 못했다.' 사사기 1:21과 비교하면 설명이 필요합니다. 또한 사사 시대 말까지 여부스(예루살렘)는 정복되지 않은 이방 사람의 성읍으로 남아 있다(삿 19:10-12)는 언급도 설명이 필요합니다.

예루살렘(여부스)은 여호수아와 이스라엘 백성이 약속의 땅 정복 전쟁을 벌이는 과정 중 이미 등장했고 예루살렘의 왕인 아도니세덱을 죽인 것으로 언급됩니다(수 10:3, 12:10). 하지만 이때 예루살렘 성이 완전히 정복되고 그 땅의 소유권이 이스라엘 백성에게로 넘어온 것이 아닙니다.

예루살렘 왕 아도니세덱이 헤브론 왕 호함과 야르뭇 왕 비람과 라기스 왕 야비아와 에글론 왕 드빌에게 보내어 이르되(수 10:3)
하나는 예루살렘 왕이요 하나는 헤브론 왕이요 하나는 야르뭇 왕이요(수 12:10)

여호수아 15:63은 '쫓아내다'라는 의미로 '야라쉬'(상속하다, 점유하다, 상속권을 박탈하다)를 쓰고 있는데 이 단어는 '어느 특정한 지역을 점령하고 그곳에 거주하는 주민을 쫓아냄으로 그 지역에 대해 지배력을 얻다'는 의미로 사용됩니다. 이것은 '유다 지파는 예루살렘(여부스) 주민을 완전히 쫓아내지 못했다'는 언급을 이해 할 수 있게 합니다. 약속의 땅 서쪽에서 유다와 에브라임 지파가 땅을 분배받을 때 예루살렘(여부스)은 유다 지파가 분배받은 땅의 경계 북쪽에 있는 것으로 언급되고 에브라임 지파에도 분배된 땅이 아닌 것으로 나타나 정복 전쟁 시 이스라엘 백성에게 완전히 정복되고 분배된 성읍으로 나타나지 않습니다.

예루살렘 주민 여부스 족속을 유다 자손이 쫓아내지 못하였으므로 여부스 족속이 오늘까지 유다 자손과 함께 예루살렘에 거주하니라.(수 15:63)

또 힌놈의 아들의 골짜기로 올라가서 여부스 곧 예루살렘 남쪽 어깨에 이르며 또 힌놈

의 골짜기 앞 서쪽에 있는 산꼭대기로 올라가나니 이곳은 르바임 골짜기 북쪽 끝이며 (수 15:8)

셀라와 엘렙과 여부스 곧 예루살렘과 기부앗과 기럇이니 열네 성읍이요 또 그 마을들이라. 이는 베냐민 자손이 그들의 가족대로 받은 기업이었더라. (수 18:28)

유다 지파가 예루살렘(여부스)에서 거민을 쫓아내지 못할 때 쓰인 '야라쉬'는 사사기 1:21에도 사용되어 약속의 땅에서 예루살렘(여부스)을 분배받은 베냐민 지파가 정복하여 소유권을 갖지 못한 것을 보여줍니다. 제일 먼저 정복 전쟁을 벌이는 유다 지파가 잠시 예루살렘(여부스)을 쳐서 파하고 불로 살랐지만 이후 다시 이방인이 살았고 그 땅을 분배받은 베냐민 지파가 예루살렘(여부스) 거민을 쫓아내지 못함으로 사사 시대 말까지 예루살렘(여부스)에 이방인이 살고 있었다는 사사기 19:12 말씀을 이해할 수 있게 합니다.

베냐민 자손은 예루살렘에 거주하는 여부스 족속을 쫓아내지 못하였으므로 여부스 족속이 베냐민 자손과 함께 오늘까지 예루살렘에 거주하니라. (삿 1:21)

그 사람이 다시 밤을 지내고자 하지 아니하여 일어나서 떠나 여부스 맞은편에 이르렀으니 여부스는 곧 예루살렘이라 안장 지운 나귀 두 마리와 첩이 그와 함께하였더라. (삿 19:10)

주인이 그에게 이르되 우리가 돌이켜 이스라엘 자손에게 속하지 아니한 이방 사람의 성읍으로 들어갈 것이 아니니 기브아로 나아가리라 하고(삿 19:12)

예루살렘을 불사른 유다 지파는 계속해서 유대 산지를 내려가며 산지와 네겝과 세펠라(평지)에 거한 가나안 사람들과 싸웠습니다(삿 1:9). 계속해서 유다 지파는 헤브론(기럇 아르바)에 거한 가나안 족속과 싸워 세새와 아히만과 달매를 죽였습니다(삿 1:10).

② 갈렙에 의해 정복된 드빌

유다 지파가 정복한 땅을 언급하며 드빌 곧 기럇 세벨을 갈렙이 정복한 것을 자세하게 기록하고 있습니다. 갈렙은 "기럇 세벨을 쳐서 그것을 점령하는 자에게는

내가 내 딸 악사를 아내로 주리라."(삿 1:12)고 선언했고 갈렙의 아우 그나스의 아들인 옷니엘이 그곳을 점령하여 갈렙이 자기 딸 악사를 그에게 아내로 주었습니다(삿 1:13). 갈렙의 딸 악사는 땅을 요구했고 아버지 갈렙은 **"네가 무엇을 원하느냐?"** 물었습니다. 악사는 **"내게 복을 주소서! 아버지께서 나를 네겝 땅으로 보내시오니. 샘물도 내게 주소서."**라고 말했고 갈렙은 윗 샘과 아랫 샘 두 개의 샘을 그녀에게 주었습니다(삿 1:14-15). 이 내용은 여호수아서에 기록된 내용(수 15:16-19) 그대로를 다시 기록한 것입니다.

제
12
月

③ 겐 족속(모세의 장인 이드로의 후손)이 유다 지파와 함께 거함

사사기 1:16은 유다 지파가 정복한 땅을 언급하며 모세의 장인 이드로의 후손인 겐 사람들이 종려나무의 성읍 여리고에서 유다 자손과 함께 유다 자손이 분배받고 정복한 네겝의 아랏으로 가 그곳에 이르러 거했다고 언급합니다. 이때 어순 도치되어 주어인 '모세의 장인의 후손 겐 사람들은'이 강조되었습니다. 이들은 네겝에 거하는 아말렉 족속을 진멸하라는 하나님의 명을 받은 사울이 왕이 그 땅에서 떠나라고 말할 때까지 네겝에 거주했습니다.

> **사울이 겐 사람에게 이르되 아말렉 사람 중에서 떠나가라. 그들과 함께 너희를 멸하게 될까 하노라. 이스라엘 모든 자손이 애굽에서 올라올 때에 너희가 그들을 선대하였느니라. 이에 겐 사람이 아말렉 사람 중에서 떠나니라.**(삼상 15:6)

④ 시므온 지파와 함께 정복한 성읍

사사기 1:17은 시므온 지파가 유다 지파와 함께 가 스밧에 사는 가나안 사람들을 치고 그곳을 진멸한 후 그곳 이름을 호르마라고 부른 것을 기록합니다. 아마도 이 지역과 브엘세바를 중심으로 시므온 지파는 거주하였을 것입니다.

⑤ **블레셋이 거주하게 되는 해안 평야 지역을 정복함**

사사기 1:18은 유다 지파가 가사, 아스글론, 에그론과 그 경내를 취했다고 언급합니다. 가사, 아스글론, 에그론은 나중에 가드, 아스돗과 함께 블레셋의 5대 도시로 나타나는데 유다 지파가 정복한 이후 블레셋이 다시 차지한 것으로 볼 수 있습니다.

❸ 유다 지파가 정복하지 못한 땅

유다 지파는 하나님께서 함께하심으로 분배받은 땅을 정복했습니다. 사사기 1:19ab는 **'그리고 여호와께서 유다와 함께하셨다. 그러므로 유다가 산지 거민을 쫓아내고 차지했다.'**고 기록합니다. 그러나 바로 **'그러나 골짜기 거민들은 쫓아내고 차지하지 못했다. 왜냐하면 그들에게 철병가가 있었기 때문이다.'**(삿 1:19cd)라고 기록합니다. 이 두 언급은 모순되는 것처럼 보이지만 하나님께서 골짜기 거민들과 싸울 때도 함께하셨지만 유다 지파가 철병거를 두려워하며 믿음 없는 행동을 할 때 역사하지 않으셨던 것입니다.

❹ 갈렙이 정복한 헤브론을 강조함

유다 지파의 정복 전쟁을 마무리하며 **'그리고 그들이 모세가 명한대로 헤브론을 갈렙에게 주었다. 그리고 그가 거기서 아낙의 세 아들을 쫓아내었다.'**(삿 1:20)고 다시 한번 언급함으로 갈렙이 헤브론을 정복한 것이 강조됩니다. 하지만 이에 비해 베냐민 지파는 예루살렘에 거한 여부스 사람을 쫓아내지 못했고 여부스 사람은 베냐민 자손과 함께 오늘날까지(사사기가 기록되는 때) 예루살렘에 거했다고 언급합니다. 이것은 사울 왕이 속한 베냐민 지파와 다윗 왕이 속한 유다 지파를 비교해 보여주는 저자의 의도라고 생각합니다.

성도 여러분!

여호와 하나님께서 먼저 싸울 지파가 어느 지파인지 물을 때 유다 지파를 지정하셨고 그들과 함께하시며 싸우셨지만 결과적으로 골짜기 거민들은 쫓아내지 못했다고 기록되었습니다. 이것은 사사 시대 유다 지파뿐 아니라 모든 지파가 여호와 하나님만을 섬기지 못했던 한계를 보여줍니다. 오늘도 이 시대 나와 함께하시며 하나님의 구속사를 이루어 가시는 하나님의 함께하심을 체험하며 하나님께서 맡겨 주신 직분에 최선을 다하는 하루가 되시길 기도합니다.

11일

벧엘을 정복한 요셉 지파와 쫓아내지 못해 남은 성읍들

(삿 1:22-36)

오늘 날짜가 언급된 성경 사건은 없습니다. 오늘 날짜가 포함된 사건은 다음과 같습니다.

사건 1 제2월 10일부터 방주에 들어가 하나님의 명령을 감당하는 302일째이고(노아시대 월력체계는 한 달을 30일로 계산함) 하나님께서 말씀하신 대로 40일 동안 비가 내린 295일째로 방주가 아라랏 산에 머무른 지 145일째

사건 2 라암셋을 떠난 지 321일째(제1월을 30일, 제2월을 29일로 계산함)로 시내산 밑 시내광야에 도착하여(제3월 1일) 거한 지 277일째(출 19:1-2)

사건 3 하나님께서 보여주신 식양대로 성막을 만들기 시작하는 149일째

사건 4 시내광야에 11개월 20일 머물던 이스라엘 백성이 하나님의 명령에 따라 약속의 땅을 향해 떠난 지 287일째

사건 5 에스겔 선지자가 그발 강가에서 꼼짝도 못 하고 두려워 떨며 포로 된 백성과 함께 지내는 243일째이고(겔 1:1-2, 3:14-15) 두 번째 계시받은 지 236일째

사건 6 예루살렘 성이 느브갓네살에 의해 포위된 지 61일째(왕하 25:1, 겔 24:1)

사건 7 시드기야 11년 제4월 9일 예루살렘 성이 바벨론에 의해 함락 후 237일째로 솔로몬 성전과 왕궁 그리고 예루살렘 성벽이 파괴된 지 209일째

사건 8 1차 포로 귀환 한 백성들이 성전 마당에 번제단을 만들고 매일 번제를 드리기 시작한 지 159일째

사건 9 학개 선지자에게 성전을 지으라는 하나님의 계시가 임한 지(제6월 1일) 189일째로

중단되었던 성전 건축이 다시 시작된 지(제6월 24일) 166일째이고 학개 선지자에게 두 번째 계시가 임한 지(제7월 21일) 140일째이고 세 번째, 네 번째 계시가 하루에 임한 지 77일째(학 2:10-23)

사건 10 학개 선지자를 통해 성전 공사를 재개하게 했던 것을 독려하는 계시가 스가랴 선지자에게 임한 지(8월 1일) 130일째(슥 1:1-6)이고 세 번째 계시가 임한 지(제9월 4일) 97일째

사건 11 모르드개가 조서를 써 전국(127도)에 보낸(제3월 23일) 후 256일째

사건 12 주전 458년 2차 포로 귀환하여 예루살렘에 도착한 지 218일째로 백성들이 하나님께 번제와 속죄제를 드린 214일째(스 7:6-9, 8:15-36)

사건 13 2차 포로귀환을 한 에스라가 백성들의 잡혼 문제를 해결하기 위해 조사를 시작한 지 70일째(스 10:16)

사건 14 3차 포로 귀환 한 느헤미야를 중심으로 5월 4일 시작하여 52일 동안 예루살렘 성벽 공사가 완성된(6월 25일) 후 163일째

제12月

오늘은 유다 지파가 정복 전쟁을 벌인 후 요셉 자손인 에브라임과 므낫세가 벧엘을 정복한 사건과 요단 서편 약속의 땅에서 이스라엘 각 지파가 분배받은 곳 중 지파별로 정복하지 못하여 남은 성읍에 대해 살펴보겠습니다.

❶ 에브라임과 므낫세 반 지파가 벧엘을 정복함(삿 1:22-25)

사사기 1:22은 **'그리고 요셉 족속이 벧엘을 치러 올라갔다. 그리고 그가**(여호와) **그들과 함께하셨다.'**라고 시작하며 요셉 족속인 에브라임과 므낫세 반 지파가 벧엘(루스)를 정복하는 과정에 대해 언급합니다. 벧엘은 아이 성이 정복될 때 함께 싸우러 나왔던 성읍이지만 성 자체는 정복되지 않았던 것으로 보입니다(수 8:17, 12:9).

> **아이와 벧엘에 이스라엘을 따라가지 아니한 자가 하나도 없으며 성문을 열어 놓고 이스라엘을 추격하였더라.**(수 8:17)

하나는 여리고 왕이요 하나는 벧엘 곁의 아이 왕이요(수 12:9)

벧엘은 여호수아가 약속의 땅을 분배할 때 에브라임 지파에 분배되었는데 여호수아가 죽은 후 요셉 족속은 벧엘을 정복하기 위해 먼저 정탐을 합니다(삿 1:23). 정탐하는 과정에서 벧엘에서 나오는 한 사람을 보고 그에게 **"청하노니 이 성읍의 입구를 우리에게 보여라!**(명령) **그리하면 우리가 네게 호의를 베풀겠다."**고 말했고 그 사람은 성읍의 입구를 가르켜 주었습니다(삿 1:24). 이에 요셉 족속은 그 입구로 들어가 칼날로 벧엘을 쳤으나 약속대로 입구를 가르켜 준 사람과 그의 가족을 놓아 보냈습니다(삿 1:25). 사사기 1:25c는 어순 도치되어 목적어인 '그 사람과 그의 가족 모두를'을 강조하여 **'그리고 그들은 그 사람과 그의 가족 모두를 놓아 보냈습니다.'**라고 기록되었습니다. 그 사람은 헷 사람들의 땅으로 가 성읍을 건축하고 자신이 살던 곳의 이름을 따 루스라고 했습니다(삿 1:26).

유다 지파의 정복 전쟁과 가나안 족속을 몰아내고 차지한 땅에 대해서는 자세한 언급을 하고 있지만 요셉 족속이 정복 전쟁을 벌이는 것은 벧엘을 정복하고 차지하는 것 한 사건만 기록하고 있습니다. 사사기 저자는 요셉 자손보다는 유다 자손을 부각하려는 의도를 보입니다.

❷ 정복되지 못하고 남은 성읍들(삿 1:27-36)

① 므낫세 지파가 정복하지 못한 성읍(삿 1:27-28)

사사기 1:27a는 **'에브라임이 벧스안과 그 딸 성읍들 그리고 다아낙과 그 딸 성읍들 그리고 돌과 그 딸 성읍들 그리고 이블르암과 그 딸 성읍들 그리고 므깃도와 그 딸 성읍들을 차지하지 못했다.'**고 말하는데 '그 딸 성읍들'('베노테하', בְּנֹתֶיהָ)은 주된 도시 주변의 작은 마을(성읍)을 의미합니다. 므낫세 지파가 쫓아내지 못한 성읍의 가나안 사람들은 그 땅에 그대로 거주했습니다(삿 1:27b). 이후 이스라엘이 강하게 된 후 강제노동을 위해 가나안 사람을 두었습니다. 사사기 1:28b는 '그리고 그는(므낫세 지파) 절대 쫓아내지 못했다.'고 언급하는데 '야라쉬'의 동족목적어인 '야라쉬'(יָרַשׁ, 붙잡다, 상속하다, 점유하다, 상속권을 박탈하다)의 부정사 절대형('호레쉬', הוֹרֵישׁ)을 써서 강조하고 있습니다.

② 에브라임 지파가 정복하지 못한 성읍(삿 1:29)

사사기 1:29은 **'그리고 에브라임이 게셀에 거한 가나안 사람을 쫓아내지 못했다. 그래서 가나안 사람이 그들 중에 게셀에서 거했다.'**라고 말합니다. 어순 도치되어 주어인 '에브라임이'가 강조되었습니다. 므낫세 지파만 어순 도치되지 않고 나머지 스불론, 아셀, 납달리 지파는 어순 도치되어 강조되었습니다.

③ 스불론 지파가 정복하지 못한 성읍(삿 1:30)

사사기 1:30은 **'그리고 스불론은 기드론 거민을 그리고 나할롤 거민을 쫓아내지 못했다. 그래서 가나안 사람이 그들 중에 거했다. 그리고 그들이**(가나안 사람들) **사역을 했다.'**라고 말합니다. 여기서 기드론은 예루살렘의 기드론('키드론', קִדְרוֹן)이 아닌 스불론 지파에 분배된 지역의 '키드론'(קִטְרוֹן)입니다.

④ 아셀 지파가 정복하지 못한 성읍(삿 1:31-32)

사사기 1:31-32은 **'그리고 아셀은 악고 거민을 그리고 시돈과 알랍과 악십과 헬바와 아빅과 르홉 거민을 쫓아내지 못했다. 그래서 그 땅 거민 가나안 사람들이 아셀 사람들 가운데 거했다. 왜냐하면 그가**(아셀 지파) **그를**(가나안 사람들) **쫓아내지 못했기 때문이다.'**라고 말합니다.

⑤ 납달리 지파가 정복하지 못한 성읍(삿 1:33)

사사기 1:33은 **'그리고 납달리는 벧세메스 거민과 그리고 벧아낫 거민을 쫓아내지 못했다. 그래서 그땅 거민 가나안 사람이 그 가운데 거했다. 그리고 벳세메스와 벳아낫 거민들은 그들을 위해 사역을 했다.'**고 말합니다. 사사기 1:33b는 어순 도치되어 주어인 '벳세메스와 벳아낫 거민들은'이 강조되었습니다. 그리고 여기서 언급된 벧세메스는 유다 지파 땅의 벧세메스가 아니라 납달리 지파가 분배받은 갈릴리 지역의 벧세메스입니다.

⑥ 단 지파가 산지로 쫓겨 올라감(삿 1:34)

사사기 1:34은 **'그리고 아모리 사람이 단 자손을 산지로 몰아넣었다. 그리고 그가**(단 자손이) **골짜기로 내려오는 것을 용납하지 않았다.'**라고 말합니다. 그리고 계속해서 **'그리고 아모리 사람이 헤레스 산과 아얄론과 그리고 사알빔에 거하기 위해 마음을 굳혔다. 그러나 요셉 족속이 강성해졌다. 그리고 그들은**(아모리 사람들) **사역을 했다. 그리고 아모리 사람의 경계는 아그랍빔 비탈부터 셀라로 해서 위쪽에 있었다.'**(삿 1:35-36)라고 말합니다. 단 자손은 자신들이 분배받은 지역을 차지하지 못하고 산지로 쫓겼고 나중에는 더 좋은 땅을 찾아 북쪽으로 이주하게 됩니다(삿 18:1-31). 그리고 요셉 족속이 강성해진 후에도 아모리 족속을 쫓아내지 않고 그들을 위해 사역하도록 남겨 두었습니다.

성도 여러분!

대부분의 지파가 약속의 땅을 분배받고 그 땅을 정복하지 못하여 그 땅의 원주민과 섞여 살았던 것을 살펴보았습니다. 더 나아가 지도자 지파인 요셉 족속은(에브라임 지파) 강성해진 후에도 아모리 족속을 쫓아내지 않고 자신들을 위해 사역하도록 남겨 두는 결정을 했습니다. 이것은 하나님께서 약속의 땅을 분배해 주시며 그 땅의 원주민을 다 쫓아내고 그들과 섞여 살지 말라는 말씀에 순종하지 않은 행동이었습니다. 여호와 하나님께서는 가나안 땅의 원주민을 쫓아내지 않고 섞여 사는 이스라엘 자손을 심판하십니다. 오늘도 나의 삶 가운데 내 신앙을 약하게 만드는 내쫓아야 할 것을 확실하게 내쫓고 부정한 것들과 섞여 살지 않으며 분리되어 하나님께서 맡겨 주신 직분을 잘 감당하는 하루가 되시길 기도합니다.

12일

불순종에 대한 여호와 사자의 책망

(삿 2:1-5)

제 12 月

오늘 날짜가 언급된 성경 사건은 없습니다. 오늘 날짜가 포함된 사건은 다음과 같습니다.

사건 1 제2월 10일부터 방주에 들어가 하나님의 명령을 감당하는 303일째이고(노아시대 월력체계는 한 달을 30일로 계산함) 하나님께서 말씀하신 대로 40일 동안 비가 내린 296일째로 방주가 아라랏 산에 머무른 지 146일째

사건 2 라암셋을 떠난 지 322일째(제1월을 30일, 제2월을 29일로 계산함)로 시내산 밑 시내광야에 도착하여(제3월 1일) 거한 지 278일째(출 19:1-2)

사건 3 하나님께서 보여주신 식양대로 성막을 만들기 시작하는 150일째

사건 4 시내광야에 11개월 20일 머물던 이스라엘 백성이 하나님의 명령에 따라 약속의 땅을 향해 떠난 지 288일째

사건 5 에스겔 선지자가 그발 강가에서 꼼짝도 못 하고 두려워 떨며 포로 된 백성과 함께 지내는 244일째이고(겔 1:1-2, 3:14-15) 두 번째 계시받은 지 237일째

사건 6 예루살렘 성이 느브갓네살에 의해 포위된 지 62일째(왕하 25:1, 겔 24:1)

사건 7 시드기야 11년 제4월 9일 예루살렘 성이 바벨론에 의해 함락 후 238일째로 솔로몬 성전과 왕궁 그리고 예루살렘 성벽이 파괴된 지 210일째

사건 8 1차 포로 귀환 한 백성들이 성전 마당에 번제단을 만들고 매일 번제를 드리기 시작한 지 160일째

사건 9 학개 선지자에게 성전을 지으라는 하나님의 계시가 임한 지(제6월 1일) 190일째로

중단되었던 성전 건축이 다시 시작된 지(제6월 24일) 167일째이고 학개 선지자에게 두 번째 계시가 임한 지(제7월 21일) 141일째이고 세 번째, 네 번째 계시가 하루에 임한 지 78일째(학 2:10-23)

사건 10 학개 선지자를 통해 성전 공사를 재개하게 했던 것을 독려하는 계시가 스가랴 선지자에게 임한 지(8월 1일) 131일째(슥 1:1-6)이고 세 번째 계시가 임한 지(제9월 4일) 98일째

사건 11 모르드개가 조서를 써 전국(127도)에 보낸(제3월 23일) 후 257일째

사건 12 주전 458년 2차 포로 귀환하여 예루살렘에 도착한 지 219일째로 백성들이 하나님께 번제와 속죄제를 드린 215일째(스 7:6-9, 8:15-36)

사건 13 2차 포로귀환을 한 에스라가 백성들의 잡혼 문제를 해결하기 위해 조사를 시작한 지 71일째(스 10:16)

사건 14 3차 포로 귀환 한 느헤미야를 중심으로 5월 4일 시작하여 52일 동안 예루살렘 성벽 공사가 완성된(6월 25일) 후 164일째

사사기 1장은 유다와 요셉 지파가 약속의 땅을 정복하는 사건을 잠깐 소개한 후 나머지 지파가 하나님의 말씀에 순종하지 못함으로 정복하지 못한 사건을 기록하고 있습니다. 이제 2장에서는 여호와 하나님의 말씀에 순종하지 못한 이스라엘 백성을 향해 여호와의 사자가 나타나 책망과 저주의 말씀을 하셨고 이를 들은 이스라엘 백성이 회개하는 사건으로 시작합니다. 오늘은 이스라엘 백성의 불순종에 대한 여호와 사자의 책망과 저주 그리고 이스라엘 백성의 회개에 대해 살펴보겠습니다.

❶ 여호와 사자의 이스라엘 백성을 향한 책망과 저주(삿 2:1-3)

사사기 2:1은 **'그리고 여호와의 사자가 길갈로부터 보김으로 올라왔다.'**(삿 2:1a)로 시작합니다. 이미 언약궤와 장막은 길갈에서 실로로 옮겨져 실로가 이스라엘 백성 신앙의 중심지 역할을 하고 있었는데 여호와의 사자가 '길갈'로부터 '보

김'('통곡하는 자들'이라는 의미로 사건이 있고 난 뒤 붙여진 이름)으로 온 것으로 언급하고 있습니다. 여호와의 사자는 보김에 이르러 이스라엘 백성에게 **"내가 너희를 애굽에서 올라오게 했다. 그리고 너희 조상들에게 맹세한 그 땅으로 너희를 이끌었다."**(삿 2:1b-1c)고 말했습니다. 그런데 사사기 2:1b는 '알라'(עָלָה, 올라가다, 오르다)의 히필(사역) 미완료형을 써서 여호와 하나님께서 올라오게 하셨는데 그 상황이 아직 끝나지 않고 진행되고 있음을 보여줍니다. 이것은 애굽을 떠나는 것이 끝이 아니라 약속의 땅에 들어와 가나안 땅의 거민을 쫓아내고 이스라엘 백성의 조상에게 약속하신 땅을 소유하는 것으로 완성되는 것으로 아직 진행 중임을 의미한다고 생각합니다.

여호와의 사자는 계속해서 **"그리고 내가 이르기를 '내가 너희에게 세운 내언약을 영원히 어기지 아니하리라. 그리고 너희는 이 땅 거민과 언약을 세우지 말라. 너희는 그들의 단을 헐라. 그러나 너희들이 내 목소리를 듣지 않았다. 너희들이 어찌하여 이런 일을 행했느냐?'라고 말했다."**(삿 2:1d-2)라고 선포했습니다. 하나님께서는 이스라엘 백성들의 조상 아브라함에게 처음으로 하나님의 '내언약'을 말씀하셨는데 그것을 이루시기 위해 출애굽 한 이스라엘 백성과 다시 하나님의 '내언약'을 맺으셨었습니다. 이 '내언약'은 언약을 맺는 당사자인 쌍방이 하는 것이 아니라 여호와 하나님께서 일방적으로 선포하시며 맺으신 언약입니다. 하나님께서는 이 '내언약'을 어기지 않겠다고 말씀하셨음을 이스라엘 백성들이 기억하게 하셨습니다. 이때 절대 부정을 의미하는 부정어 '로'(לֹא)를 사용하셔서 여호와 하나님께서는 당신이 일방적으로 맺으신 '내언약'을 깨뜨리지 않으신다는 것을 강조하셨고 영원히 변치 않으실 것을 의미하는 '레올람'(לְעוֹלָם, 영원히)을 사용하여 다시 말씀하셨습니다. 이어 어순 도치하여 주어인 '너희는'을 강조하며 '너희는 약속의 땅 원주민과 언약을 세우지 말라'(삿 2:2a)고 하셨는데 이때에도 절대 부정을 의미하는 부정어 '로'(לֹא)를 사용하셨습니다. 이스라엘 백성이 약속의 땅 원주민과 언약을 세우는 것은 영원히 금지된 명령이었음을 알 수 있습니다. 다음 말씀 또한 어순 도치되어 목적어인 '그들의 단을'을 강조하여 '너희는 그들의 단을 헐라'(삿 2:2b)고 말씀하셨습니다. 그러나 이스라엘 백성이 여호와 하나님의 목소리를 듣지 않았고 하나님께서는 이 점을 지적하셨습니다. 이 두 문장은 접속사 '와우'(ו)가 없이 사용되었는데 '약속을 세우지 않는 것'과 '그들의 단을 허는 것'을 둘 다 강조하고 있는 것으로 보입니다. 마침내 여호와의 사자는 어순 도치하여 목적어 '이런 일을'을 강조하며 의문문을 사용하여 **'어찌하여 너희가 이런 일을 행하였느냐?'**고 물으시며 이스라엘 백성의 잘못을 지적했습니다.

이후 여호와의 사자는 이스라엘 백성이 여호와 하나님의 말씀을 순종하지 않은 결과 **"그러므로 또 내가 이르기를 '내가 너희 앞에서 결코 그들을 쫓아내지 아니하리라. 그래서 그들이 너희에게 가시가 될 것이다. 그리고 그들의 신들이 너희에게 올무가 될 것이다.'라고 말했다."**(삿 2:3)라고 선포했습니다. 여호와의 사자는 '가사쉬'(גָּרַשׁ, 쫓아내다, 내던지다, 버리다)의 피엘형(강의형:화자의 강한 결의)과 절대 부정을 나타내는 부정어 '로'(לֹא)를 다시 사용하여 '내가 너희 앞에서 결코 그들을 쫓아내지 아니하리라.'는 의지를 강조하고 있습니다. 이후 여호와 하나님께서 가나안 땅 원주민을 쫓아내지 않으시고 그들이 믿는 신이 이스라엘 백성에게 영향을 주어 가시가 되고 올무가 될 것이라고 말씀하셨습니다. 마지막 문장은 어순 도치되어 주어인 '그들의 신들이'가 강조되어 이스라엘 백성이 그들이 쫓아내지 못한 가나안 땅 원주민들의 신들에 의해 영향을 받을 것을 선포하셨습니다. 결과적으로 가나안 땅 원주민을 쫓아내지 못하고 그들이 섬기는 신에게 받는 영향은 사사 시대와 통일 왕국 시대 그리고 분열 왕국 시대에까지 영향을 미쳤고 북이스라엘은 앗수르에게 남유다는 바벨론에게 멸망하고 포로로 잡혀가게 됩니다.

❷ 이스라엘 백성들의 회개와 제사 드림(삿 2:4-5)

여호와의 사자가 모든 이스라엘 백성에게 이 말씀을 전했을 때 이스라엘 백성은 소리를 높였고 울었습니다(삿 2:4). 그리고 그들은(이스라엘 백성) 그곳 이름을 '보김'(בֹּכִים, '보킴', 통곡하는 자들)이라고 불렀습니다. 그리고 그들은 거기서 여호와께 제사를 드렸습니다(삿 2:5).

성도 여러분!

하나님께서는 믿는 자에게 하나님의 '내언약'을 주셨고 그것을 이루시기 위해 섭리하십니다. 그리고 하나님의 '내언약'은 그것이 이루어지기까지 영원한 언약으로 이어집니다. 이스라엘 백성들은 아브라함에게 약속하셨고 또한 그들의 조상들과 자신들에게 다시 약속하셨던 하나님의 '내언약'을 기억하지 못했습니다. 그리고 하나님께서 말씀에 순종하여 약속의 땅 원주민을 쫓아내지 못하므로 하나님의 말씀대로 그들이 섬기는 신의 영향을 받게 되었습니다. 오늘날에도 하나님의 말씀을 깨닫고 반응하는 성도에게 하나님께서는 아브라함에게 약속하셨던 하나님의 '내언약'을 이루는 자로 사용하십니다. 오늘도 먼저 하나님께서 주신 언약을 기억하고 그 언약을 나의 삶을 통해 이룰 수 있도록 노력하며 맡겨주신 직분을 잘 감당하는 하루가 되시길 기도합니다.

13일

유대인들이 대적을 죽임

(더 8:9-13, 9:1-14)

오늘 날짜가 언급된 사건은 페르시아 127도에 거하며 유대인들을 죽이려 했던 대적들이 오히려 죽는 사건이 있습니다. 오늘 날짜가 포함된 사건은 다음과 같습니다.

사건 1 제2월 10일부터 방주에 들어가 하나님의 명령을 감당하는 304일째이고(노아시대 월력체계는 한 달을 30일로 계산함) 하나님께서 말씀하신 대로 40일 동안 비가 내린 297일째로 방주가 아라랏 산에 머무른 지 147일째

사건 2 라암셋을 떠난 지 323일째(제1월을 30일, 제2월을 29일로 계산함)로 시내산 밑 시내광야에 도착하여(제3월 1일) 거한 지 279일째(출 19:1-2)

사건 3 하나님께서 보여주신 식양대로 성막을 만들기 시작하는 151일째

사건 4 시내광야에 11개월 20일 머물던 이스라엘 백성이 하나님의 명령에 따라 약속의 땅을 향해 떠난 지 289일째

사건 5 에스겔 선지자가 그발 강가에서 꼼짝도 못 하고 두려워 떨며 포로 된 백성과 함께 지내는 245일째이고(겔 1:1-2, 3:14-15) 두 번째 계시받은 지 238일째

사건 6 예루살렘 성이 느브갓네살에 의해 포위된 지 63일째(왕하 25:1, 겔 24:1)

사건 7 시드기야 11년 제4월 9일 예루살렘 성이 바벨론에 의해 함락 후 239일째로 솔로몬 성전과 왕궁 그리고 예루살렘 성벽이 파괴된 지 211일째

사건 8 1차 포로 귀환 한 백성들이 성전 마당에 번제단을 만들고 매일 번제를 드리기 시작한 지 161일째

사건 9 학개 선지자에게 성전을 지으라는 하나님의 계시가 임한 지(제6월 1일) 191일째로 중단되었던 성전 건축이 다시 시작된 지(제6월 24일) 168일째이고 학개 선지자에게 두 번째 계시가 임한 지(제7월 21일) 142일째이고 세 번째, 네 번째 계시가 하루에 임한 지 79일째(학 2:10-23)

사건 10 학개 선지자를 통해 성전 공사를 재개하게 했던 것을 독려하는 계시가 스가랴 선지자에게 임한 지(8월 1일) 132일째(슥 1:1-6)이고 세 번째 계시가 임한 지(제9월 4일) 99일째

사건 11 모르드개가 조서를 써 전국(127도)에 보낸(제3월 23일) 후 258일째

사건 12 주전 458년 2차 포로 귀환하여 예루살렘에 도착한 지 220일째로 백성들이 하나님께 번제와 속죄제를 드린 216일째(스 7:6-9, 8:15-36)

사건 13 2차 포로귀환을 한 에스라가 백성들의 잡혼 문제를 해결하기 위해 조사를 시작한 지 72일째(스 10:16)

사건 14 3차 포로 귀환 한 느헤미야를 중심으로 5월 4일 시작하여 52일 동안 예루살렘 성벽 공사가 완성된(6월 25일) 후 165일째

제12월 13일과 14일은 바사(페르시아) 시대 전국 127도에 살던 유대인에게 엄청난 사건이 일어난 날입니다. 이 사건은 에스더서를 통해 전해지는데 유대민족이 역사 속에서 사라질 수 있었던 사건입니다. 이 사건은 출애굽 한 이스라엘 백성들이 르비딤으로 가는 중 어린아이와 노약자들이 힘들어 뒤처졌을 때 그들을 공격한 아말렉 족속을 진멸하는 것과 관계된 사건입니다. 오늘은 아말렉과 관련된 에스더의 '죽으면 죽으리라' 사건을 살펴보겠습니다.

❶ 아각 사람 하만이 속한 족속인 아말렉의 기원과 사울의 불순종

성경은 아말렉 족속의 기원을 에서의 아들, 엘리바스의 첩 딤나의 소생 아말렉이라고 말합니다(창 36:12). 아말렉의 후손들은 에돔 땅(창 36:16)과, '네겝'(남방) 땅(민 13:29), 골짜기(민 14:25), 산지('비라돈')(삿 12:15), 술과 애굽 땅으로 지나

가는 지방(삼상 27:8)에 살았습니다. 이들은 여호와 하나님을 두려워하지 않았고 출애굽 한 백성을 만나 이스라엘 백성의 피곤함으로 인해 뒤떨어진 약한 자들을 뒤에서 공격하여 많은 부녀와 어린아이를 죽였습니다(신 25:17-18). 하나님께서는 모세를 통해 이들을 치게 하셨으며 이 전쟁에서 여호수아가 처음으로 등장합니다. 온종일 싸운 전쟁에서 결국 이스라엘은 승리하였고 하나님께서는 아말렉과의 전쟁을 책에 기록하여 기억하게 하시고 대대로 싸우리라 선언하셨습니다(출17:14, 16).

> **너희는 애굽에서 나오는 길에 아말렉이 네게 행한 일을 기억하라.**(신 25:17) **곧 그들이 너를 길에서 만나 네가 피곤할 때에 네 뒤에 떨어진 약한 자들을 쳤고 하나님을 두려워하지 아니하였느니라.**(신 25:18)
> **여호와께서 모세에게 이르시되 이것을 책에 기록하여 기념하게 하고 여호수아의 귀에 외워 들리라. 내가 아말렉을 없이하여 천하에서 기억도 못 하게 하리라.**(출 17:14)
> **이르되 여호와께서 맹세하시기를 여호와가 아말렉과 더불어 대대로 싸우리라 하셨다 하였더라.**(출 17:16)

이후 하나님께서는 이스라엘 백성에게 주신 기업의 땅에서 아말렉의 이름을 도말하라 명하셨고(신 25:19) 그 첫 임무는 이스라엘의 초대 왕 사울에게 주어졌습니다. 하나님께서는 사울 왕에게 사람이나 물건이나 남김이 없이 쳐부수는 작전인 '아말렉을 진멸하라.' 명하셨으나(삼상 15:2-3, 삼상 15:18) 사울의 욕심과 백성들의 소리로 인해 아말렉을 진멸하지 못했습니다. 결국 이 일로 사울의 집안은 블레셋과 전쟁을 하다 망하게 됩니다(삼상 28:18-19). 그런데 하나님께서 명하신 명령에 순종하지 못했던 사울 왕의 불순종은 그 집안의 몰락으로 그치는 것이 아니었습니다. 하나님께로 기름 부음 받아 선택된 한 나라의 왕의 불순종은 유대민족의 위기를 가져오게 하는 큰 사건의 빌미가 되었습니다. 사울의 불순종 사건의 결과는 사울이 죽은 후로부터 550여 년 후 발생하게 됩니다. 하나님께 선택된 자였지만 사울 왕이 하나님 말씀을 듣지 않음으로 아말렉 후손은 살아남았고 아말렉 사람 하만의 계략은 페르시아 전국에 사는 유대인이 진멸 당하게 하는 일이 벌어졌습니다. 만약 페르시아 전국의 유대인이 죽게 된다면 하나님께서 약속하신 '여자의 후손'이 오시는 길은 어떻게 되었을까요? 사울 왕 개인의 불순종이었던 것처럼 보이지만 사소한 개인의 욕심이 하나님의 구속사를 곤경에 빠뜨리게 되었던 것입니다. 이 사건은 하나님께서 맡기신 백성을 올바르게 다스리고 재판한다는 것이 얼마나 중요한지 알 수 있습니다.

❷ '죽으면 죽으리라'는 고백과 하나님의 도우심

에스더서에는 페르시아 왕 아하수에로(크세르크세스, 주전 486-465) 때에 발생한 사건인 하만이 유대인들을 죽이려 했던 사건이 기록되어 있습니다(제3월 23일 유대인들이 죽음에서 회복되는 조서가 쓰여짐 참조). 이 사건은 개인의 문제가 민족의 문제로 발전되며 페르시아 전국에 사는 유대인이 죽을 뻔한 사건으로 주전 483-473년 사이의 사건입니다. 사건 속에 등장하는 두 남자 중 모르드개는 베냐민 지파이고(기스-시므이-야일-모르드개) 바벨론 왕 느브갓네살이 예루살렘에서 유다 왕 여고냐(여호야긴)와 백성을 사로잡아 갈 때(바벨론 2차 포로, 주전 597년) 함께 잡혀왔습니다(에 2:5-6). 모르드개는 에스더와 삼촌 관계였는데 부모가 없는 에스더를 삼촌으로서 키웠습니다(더 2:7).

> **도성 수산에 한 유다인이 있으니 이름은 모르드개라. 그는 베냐민 자손이니 기스의 증손이요 시므이의 손자요 야일의 아들이라.**(더 2:5) **전에 바벨론 왕 느부갓네살이 예루살렘에서 유다 왕 여고냐와 백성을 사로잡아 갈 때에 모르드개도 함께 사로잡혔더라.**(더 2:6) **그의 삼촌의 딸 하닷사 곧 에스더는 부모가 없었으나 용모가 곱고 아리따운 처녀라. 그의 부모가 죽은 후에 모르드개가 자기 딸 같이 양육하더라.**(더 2:7)

ⓠ 사건의 진행

❶ 아하수에로 왕의 잔치(데 1장, 아하수에로 3년, 주전 483년경)

① 수산성에서 장수와 각도의 귀족과 방백을 모아 180일을 잔치함.
② 수산성의 대소 인민을 위해 7일 동안 잔치함.
③ 7일째 되는 날 왕후 와스디를 초청했으나 왕후가 참석하지 않아 폐위됨.
④ 조서를 내려 남편으로 그 집을 주관하게 함.

❷ 에스더가 왕비에 뽑힘(더 2:1-18, 아하수에로 7년, 주전 479년경)

① 폐위된 와스디를 대신하여 왕후를 선택하기 위해 처녀들을 모음.
② 에스더가 왕후로 뽑힘.
- 에스더는 자기의 민족과 종족을 고하지 않고 속임.
- 할례받지 않은 이방인과 결혼(결혼 전 관계)

❸ 모르드개가 왕의 생명을 구함(더 2:19-23)

왕을 모살하려는 계획을 에스더가 모르드개의 이름으로 고하여 두 사람(빅단과 데레스)를 처형하고 사건의 내용을 궁중 일기에 기록함.

❹ 하만의 계획과 실패(더 3장, 아하수에로 12년, 주전 474년경)

① 아하수에로가 등용한 아각(아말렉 후손) 사람 하만이 모르드개의 일로 모든 유대인을 죽이려 계획함.(제1월)
② 1월 13일에 각 도의 문자로 조서를 써서 보냄.(더 3:13)

사건의 발단은 모르드개와 하만의 개인감정에서 비롯된 것으로 나타납니다. 유대인이었던 모르드개는 하만에게 절하지 않으려 하였고 아각 사람 하만은 그것이 못마땅하여 유대인들을 모두 죽일 계획을 하였던 것입니다. 그런데 여기서 주목해 볼 것은 하만이 아각 사람이었다는 것이다. 아각은 아말렉 계통의 왕의 칭호임을 생각할 때 모르드개와 하만의 싸움은 아말렉 후손과 베냐민 지파의(사울 왕이 속한) 후손 사이에 다시 일어나고 있습니다(역사가 요세프스도 하만을 아말렉의 후손으로 봅니다.). 사울 왕의 실패, 하나님의 말씀에 순종하지 못한 것이 유대 민족의 위기로 다가왔고 그것을 모르드개가 마무리하는 모습을 볼 수 있습니다. 이것은 실로 엄청난 사건이며 인류 구원의 문제에서도 큰 사건임을 알 수 있습니다.

제 12 月

당시 하만의 계획은 페르시아 제국 127도에 흩어져 살고 있던 모든 유대인을 죽이고 그들의 재물을 빼앗아도 된다는 조서를 내려 모든 유대인의 씨를 말리는 것이었습니다. 만약 이러한 결과가 나타났더라도 하나님의 구원 섭리의 역사는 다른 방법으로 진행되었을 것이지만 모르드개와 에스더를 통해 문제는 해결되었습니다. 하나님을 정확하게 믿고 의지한 모르드개는 **"당신은 왕궁에 계시니 모든 유다 사람 중에서 혼자 모면할 것이라고 스스로 생각하지 마십시오. 만일 이러할 때 당신은 잠잠히 계시면 유다 사람들은 다른 곳으로부터 놓임과 구출을 얻을 것이지만 당신과 당신의 아버지 집은 멸망할 것입니다. 당신이 왕후의 위를 얻은 것이 이때를 위함인지 누가 알겠습니까?"**(더 4:13-14)라는 신앙의 고백으로 에스더를 깨우쳤습니다. 이 말을 들은 에스더는 **'죽으면 죽으리라.'**하는 신앙 속에 유대인을 구원하는 단초의 역할을 했습니다.

하만이 아하수에로 왕의 명을 위임받아 제1월 13일 전국 127도에 하만이 써 보낸 조서는 제12월 13일에 모든 유대인을 죽이고 누구든지 그들의 재물을 취할 수 있는 조서였습니다. 이 조서는 페르시아 전국 127도를 향해 보내졌고 유다인들은 크게 애통했습니다. 그러나 모르드개와 에스더의 신앙과 유다인들의 금식기도는 하나님께 상달 되었고 하나님의 섭리는 잠 못 드는 아하수에로 왕이 역대 일기를 읽게함으로 모르드개를 존귀케 하였습니다. 제3월 23일 모르드개가 써 보낸 조서는 제12월 13일에 죽게 되어있는 유대인들의 '사망 선고의 날'이 '새로운 생명을 얻는 날'이 되게 하였으며 유대인을 대적하는 무리를 멸하는 날이 되게 하였습니다. 하나님께서는 유대인들을 멸하려는 하만의 계획을 엎으셔서 유다인들이 구원받고 그들의 입지가 강화되게 하셨습니다.

이렇게 볼 때 주전 1446년 출애굽 한 후 광야에서 시작된 아말렉과 유대인들의 관계는 1000여 년 시간이 지나 마무리되는 모습을 볼 수 있습니다. 사람들은 하나님께서 정하시고 기억하라고 하신 **"내가 아말렉을 땅에서 도말하리라!"**는 말씀을 잊고 살았지만 하나님께서는 기억하셨고 때가 되어 사울을 통해 명령하셨습니다. 하지만 사울 왕은 '대대로 기억하라'는 하나님의 말씀을 기억하지 못했기에 하나님께서 명령하신 뜻을 정확히 이해하지 못했습니다. 모세와 여호수아를 통해 400여 년 전에 기억하라고 말씀하셨고 책에 기록하여 대대로 기억해야 한다고 하셨던 말씀을 기억하지 못했기에 (출 17:14) 명령에 순종하지 못했습니다. 그러나 이런 과정 속에서도 하나님의 섭리는 계속되고 결국 모르드개와 에스더의 믿음을 통해 당신의 말씀을 이루셨습니다.

성도 여러분!

무엇보다도 어느 모임에서건 지도자들의 생각과 선택이 바로 되어야 한다는 것을 새삼 느낍니다. 특히 하나님의 언약공동체(교회)는 하나님의 말씀을 듣고 깨닫고 믿고 기억하고 순종하는 성도들의 모임임을 잊지 맙시다. 하나님께서 정하신 계획은 언젠가 누구를 통해서든 이루어집니다. 하나님의 말씀을 잊지 않고 기억하며 살다가 하나님께서 일하라고 명하실 때 완전한 순종으로 뜻을 이루는 저와 여러분이 되시길 기도합니다. 오늘도 '순종이 제사보다 낫다'는 의미를 기억하고 맡겨주신 직분을 잘 감당하는 하루가 되시길 기도합니다.

14일

부림절 절기가 정해짐

(더 9:15-32)

오늘 날짜가 언급된 사건은 페르시아 127도에 거하며 유대인들을 죽이려 했던 대적들이 오히려 죽는 사건이 있습니다. 오늘 날짜가 포함된 사건은 다음과 같습니다.

사건 1 제2월 10일부터 방주에 들어가 하나님의 명령을 감당하는 305일째이고(노아시대 월력체계는 한 달을 30일로 계산함) 하나님께서 말씀하신 대로 40일 동안 비가 내린 298일째로 방주가 아라랏 산에 머무른 지 148일째

사건 2 라암셋을 떠난 지 324일째(제1월을 30일, 제2월을 29일로 계산함)로 시내산 밑 시내광야에 도착하여(제3월 1일) 거한 지 280일째(출 19:1-2)

사건 3 하나님께서 보여주신 식양대로 성막을 만들기 시작하는 152일째

사건 4 시내광야에 11개월 20일 머물던 이스라엘 백성이 하나님의 명령에 따라 약속의 땅을 향해 떠난 지 290일째

사건 5 에스겔 선지자가 그발 강가에서 꼼짝도 못 하고 두려워 떨며 포로 된 백성과 함께 지내는 246일째이고(겔 1:1-2, 3:14-15) 두 번째 계시받은 지 239일째

사건 6 예루살렘 성이 느브갓네살에 의해 포위된 지 64일째(왕하 25:1, 겔 24:1)

사건 7 시드기야 11년 제4월 9일 예루살렘 성이 바벨론에 의해 함락 후 240일째로 솔로몬 성전과 왕궁 그리고 예루살렘 성벽이 파괴된 지 212일째

사건 8 1차 포로 귀환 한 백성들이 성전 마당에 번제단을 만들고 매일 번제를 드리기 시작한 지 162일째

사건 9 학개 선지자에게 성전을 지으라는 하나님의 계시가 임한 지(제6월 1일) 192일째로 중단되었던 성전 건축이 다시 시작된 지(제6월 24일) 169일째이고 학개 선지자에게 두 번째 계시가 임한 지(제7월 21일) 143일째이고 세 번째, 네 번째 계시가 하루에 임한 지 80일째(학 2:10-23)

사건 10 학개 선지자를 통해 성전 공사를 재개하게 했던 것을 독려하는 계시가 스가랴 선지자에게 임한 지(8월 1일) 133일째(슥 1:1-6)이고 세 번째 계시가 임한 지(제9월 4일) 100일째

사건 11 모르드개가 조서를 써 전국(127도)에 보낸(제3월 23일) 후 259일째

사건 12 주전 458년 2차 포로 귀환하여 예루살렘에 도착한 지 221일째로 백성들이 하나님께 번제와 속죄제를 드린 217일째(스 7:6-9, 8:15-36)

사건 13 2차 포로귀환을 한 에스라가 백성들의 잡혼 문제를 해결하기 위해 조사를 시작한 지 73일째(스 10:16)

사건 14 3차 포로 귀환 한 느헤미야를 중심으로 5월 4일 시작하여 52일 동안 예루살렘 성벽 공사가 완성된(6월 25일) 후 166일째

어제 날짜 제12월 13일은 유다 사람의 대적들이 유다 사람들을 없애려고 바랐던 날이었으나 오히려 유다 사람들이 그 미워하는 자들을 없애는 날이 되었습니다. 그런데 오늘 14일에도 수산 성에 사는 유대인들은 모여 다시 300명을 도륙했습니다. 오늘은 죽음의 날이 구원의 날이 되고 슬픔의 날이 기쁨의 날로 변해 만들어진 부림절에 대해 살펴보겠습니다.

❶ 제12월 14일 사건

어제(13일)는 페르시아 각 지방의 유다인들이 모여 스스로 생명을 보존하며 자신들을 미워하는 자 75,000명을 죽였습니다. 그러나 유대인들은 그들의 재산에는 손을 대지 않았습니다(더 9:16). 그리고 오늘(14일)은 쉬며 잔치를 베풀어 즐겼습니다(더 9:17). 그런데 페르시아의 수도인 수산 성의 유다인들은 어제와 연속해서 오늘도(14일) 그들을 대적하려던 무리 300명을 도륙

했습니다. 그러나 역시 수산성의 유다인들도 그들의 재산에는 손을 대지 않았습니다(더 9:15).

> **왕의 각 지방에 있는 다른 유다인들이 모여 스스로 생명을 보호하여 대적들에게서 벗어나며 자기들을 미워하는 자 칠만 오천 명을 도륙하되 그들의 재산에는 손을 대지 아니하였더라.** (에 9:16)
> **아달월 십삼일에 그 일을 행하였고 십사일에 쉬며 그 날에 잔치를 베풀어 즐겼고** (에 9:17)

유다인들을 죽이려던 무리 중에는 유다인들이 가진 재물을 탐내 그것을 빼앗기 위해 죽이려고 했던 사람들도 있었을 것입니다. 하지만 유대인들은 그들의 대적만 죽였을 뿐 재산은 건드리지 않았습니다. 13일 전국에서 벌어진 사건에서나, 14일 수산 성에서 벌어진 사건에서나 누구도 재산에는 손을 대지 않았습니다(더 9:16). 이것은 유다인들이 자신들을 대적하는 무리를 제거한 것이 재물에 있는 것이 아니라 자신들의 생존문제에 있었음을 보여줍니다. 성경은 13일에 페르시아 127도에서 75,000명을 죽였고, 14일 오늘은 수산 성에서 300명을 더 죽였지만 '그들의 재산에 손을 대지 않았다.'(더 9:15, 16)라고 두 번 반복하며 유다인들이 재산에는 손을 대지 않은 상황을 강조하고 있습니다.

> **아달월 십사일에도 수산에 있는 유다인이 모여 또 삼백 명을 수산에서 도륙하되 그들의 재산에는 손을 대지 아니하였고**(에 9:15)

히브리어 원문을 보더라도 에스더 9:15은 '바브연속법-미완료'로 **'그리고 수산에 있는 유다인들이 모였다.'**(더 9:15a), **'그리고 수산에서 300명을 도륙했다.'**(더 9:15b)로 진행되다 에스더 9:15c에서는 어순 도치하여 부사어 '그 재산에'가 강조된 '접속사-완료'를 써서 **'그리고 그들이 그 재산에는 손을 대지 않았다.'**('우바비자 로 샬후 에트-야담', וּבַבִּזָּה לֹא שָׁלְחוּ אֶת־יָדָם)로 기록하고 있습니다. 에스더 9:16도 어제(13일) 페르시아 127도에서 벌어진 사건을 명사문장으로 상황설명 한 후(더

9:16a) 에스더 9:16b는 9:15c와 똑같은 문장을 반복하고 있습니다. 이것은 유다 사람들이 자신들의 생명을 보존하기 위해 대적을 죽인 것이지 어떤 재물에 대한 욕심이나 다른 뜻이 있지 않았음을 보여줍니다.

❷ 전국에서 14일과 15일에 기쁨의 잔치를 벌임

수산 성을 제외한 전국에서는 오늘(14일) 잔치를 벌였지만 수산 성에 거하던 유다인들은 13, 14일 이틀 동안 그들의 대적을 도륙했기에 15일이 되는 내일 쉬며 잔치를 베풀고 즐겼습니다(더 9:18). 이 기쁨의 날은 절기가 되었는데 성경은 **'한편 성벽이 없는 마을에 살고 있는 유다 사람들은 아달월**(제12월) **14일을 기쁨과 잔치와 경축일로 삼아 서로 예물을 나누었다.'**(더 9:19)고 기록합니다.

> **수산에 사는 유다인들은 십삼일과 십사일에 모였고 십오일에 쉬며 이날에 잔치를 베풀어 즐긴지라.**(더 9:18)
> **그러므로 시골의 유다인 곧 성이 없는 고을고을에 사는 자들이 아달월 십사일을 명절로 삼아 잔치를 베풀고 즐기며 서로 예물을 주더라.**(더 9:19)

모르드개는 이 일들을 기록했고 아하수에로 왕의 원근 각 도에 있는 모든 유다 사람들에게 글을 보냈습니다. 그것은 해마다 아달월(제12월) 14, 15일을 지키도록 확정한 것인데 이날들은 유다 사람들이 그들의 대적에게서 벗어나 평안을 얻은 날이며, 슬픔에서 기쁨으로, 또한 애통의 날에서 복된 날로 바뀐 날이므로, 그들이 이날들을 잔치와 기쁨의 날로, 그리고 이웃 간에 서로 예물을 나누며 가난한 자에게 선물을 보내는 날로 삼게 했습니다(더 9:22).

페르시아 전국에 사는 유다인들은 자신들이 14일에 시작한 대로, 또한 모르드개가 글을 써서 보내 준 대로 해마다 기쁨의 잔치를 계속 시행했습니다. 이것은 모든 유다 사람의 대적인 아각 사람 함므다다의 아들 하만이 유다 사람을 진멸하기 위해 흉계를 꾸미고, '부르' 즉 제비를 뽑아 그들을 죽이고 진멸하려 했지만 에스더가 왕 앞에 나가 왕이 조서를 내려 하만이 유다 사람에게 꾸민 악랄한 흉계가 그의 머리 위로 돌아가게 하여 그와 그의 아들들을 나무에 매달게 한 것을 기억하기 위한 것이었습니(더 9:24-25).

제
12
月

유다인들은 '부르'의 이름을 따라 이날들을 '부림'이라 불렀습니다. 이 모든 것은 유다 사람들이 직접 보고 겪은 일이며 페르시아 127도에 사는 다른 사람들도 겪은 일이기에 유다 사람으로 귀화하는 사람들도 있었습니다. 이 '부림'은 유다 후손들과 또한 귀화하는 모든 자가 해마다 그 기록한 대로 그들이 정한 때를 따라 반드시 지켜야 할 두 날이었습니다(더 9:26-27). 이 두 날은 온 족속과 각 도와 각 성읍에서 대대로 기념하여 지키게 했기에 이 부림절이 유다 사람들 가운데서 중단되지 않았고 그 날들을 기념하는 것이 그들의 후손에게서 사라지지 않았습니다(더 9:28). 현대의 이스라엘 사람들에게도 이 부림절은 지켜지고 있습니다.

③ 왕후 에스더와 모르드개가 부림절을 확정함

아비하일의 딸 에스더 왕후와 유다(출신은 베냐민 지파) 사람 모르드개가 모든 권한을 갖고 두 번째 편지를 써서 전국에 보내 부림절을 확정했습니다. 모르드개는 아하수에로 왕국 127도에 있는 모든 유다 사람들에게 화평하고 진실한 말로 편지를 보냈습니다. 유다 사람 모르드개와 에스더 왕후가 유다인들에게 확정해 준 대로 또 유다 사람들이 자신들과 자기 후손들이 금식하며 부르짖기로 정한 대로 그 정한 때에 이 부림절을 지키게 했습니다(더 9:29-31). 성경은 **'에스더의 명령에 의해 부림절에 관한 것들이 확정되었으며 그것이 책에 기록되었다.'**(더 9:32)고 말합니다.

정리하면 부림절의 '부림'은 '제비'를 뜻하는 '부르'의 복수형입니다. 이 절기는 아하수에로 왕 때 하만이 유대인을 멸하기 위해 제비를 뽑아 정한 날에 오히려 유대인이 구원을 얻은 것을 기념하기 위해 아달월(제12월, 태양력 2-3월)의 14, 15일에 지켜지는 절기로(더 3:7, 9:26-32) 여호와께서 정하신 절기는 아닙니다. 부림절은 유월절 전 달에 지켜지는 절기로 유대인이 구원된 날인 13일에 금식으로 준비하고 14일 저녁별 빛이 보이기 시작하면 회당에 모여 에스더서를 낭독하는데 하만의 이름이 나오면 **"그의 이름이 말살될지어다. 악인의 이름은 소멸될지어다."**라고 외칩니다. 이튿날 아침 다시 회당에 모여 에스더서의 낭독이 행해지고 이어 오락과 가난한 사람들에게 선물을 주며 기념합니다.

부림절은 하나님께서 정하신 절기는 아닙니다. 백성들이 생명을 얻은 날로 기뻐하며 지켰던 절기입니다. 그런데 유다인들이 하만의 계책으로부터 구원을 받고 부림절을 지키게 된 것은 구원이 여호와 하나님께로서 나온다는 것을 믿었기 때문입니다. 모르드개는 에스더에게 궁에 있는 에스더가 황제에게 사정을 알려 바로잡지 못한다면 여호와 하나님께서는 다른 방법으로 구원하실 것이라는 사실을 분명히 믿었습니다(더 4:14). 그리고 에스더는 수산성에 있는 모든 유다 사람을 모으고 자신을 위해 밤낮 3일을 금식하며 기도하기를 요구했습니다. 이에 모르드개와 수산성의 모든 유다인들은 함께 3일을 금식하며 기도했습니다. 이들은 분명히 구원이 여호와 하나님으로부터 말미암는다는 것을 분명하게 깨달았습니다. 그리고 제12월 13일이 여호와로 말미암아 새로운 생명을 얻었던 것을 고백했고 그 기쁨을 누리며 서로 선물하며 지키는 부림절을 만들었습니다.

성도 여러분!

구원이 여호와 하나님으로부터라는 사실을 믿으십니까? 하나님의 구속사는 여호와 하나님께서 구원하신다는 것을 정확하게 믿고 순종하는 믿는 자를 통해서 이루어져 왔습니다. 이제 이 시대를 사는 언약공동체(교회)의 성도인 나도 여호와 하나님으로부터 보내심을 받은 여자의 후손인 예수 그리스도를 통해 구원을 받았고 구원받기로 작정된 사람들을 위해 복음을 전하는 자로 세워졌음을 고백합시다. 오늘도 구원이 여호와 하나님에게서 나온다는 것을 깨닫고 하나님의 구속사의 완성을 위해 맡기신 직분에 충성하는 하루가 되시길 기도합니다.

15일

에스겔 선지자에게 애굽에 관한 예언이 임함

오늘 날짜가 언급된 사건은 바벨론 2차 포로로 잡혀간 후 12년째가 되는 해 제12월 15일에(주전 585년 3월 17일) 여호와의 말씀이 6번째로 에스겔 선지자에게 임한 사건과(겔 32:17-32) 페르시아의 수산 성에서 이틀 동안 대적들을 도륙한 유대인들이 안식하며 잔치와 기쁨의 날로 삼은 사건이 있습니다(더 9:18). 오늘 날짜가 포함된 사건은 다음과 같습니다.

사건 1 제2월 10일부터 방주에 들어가 하나님의 명령을 감당하는 306일째이고(노아시대 월력체계는 한 달을 30일로 계산함) 하나님께서 말씀하신 대로 40일 동안 비가 내린 299일째로 방주가 아라랏 산에 머무른 지 149일째

사건 2 라암셋을 떠난 지 325일째(제1월을 30일, 제2월을 29일로 계산함)로 시내산 밑 시내광야에 도착하여(제3월 1일) 거한 지 281일째(출 19:1-2)

사건 3 하나님께서 보여주신 식양대로 성막을 만들기 시작하는 153일째

사건 4 시내광야에 11개월 20일 머물던 이스라엘 백성이 하나님의 명령에 따라 약속의 땅을 향해 떠난 지 291일째

사건 5 에스겔 선지자가 그발 강가에서 꼼짝도 못 하고 두려워 떨며 포로 된 백성과 함께 지내는 247일째이고(겔 1:1-2, 3:14-15)' 두 번째 계시받은 지 240일째

사건 6 예루살렘 성이 느브갓네살에 의해 포위된 지 65일째(왕하 25:1, 겔 24:1)

사건 7 시드기야 11년 제4월 9일 예루살렘 성이 바벨론에 의해 함락 후 241일째로 솔로몬 성전과 왕궁 그리고 예루살렘 성벽이 파괴된 지 213일째

사건 8 1차 포로 귀환 한 백성들이 성전 마당에 번제단을 만들고 매일 번제를 드리기 시작한 지 163일째

사건 9 학개 선지자에게 성전을 지으라는 하나님의 계시가 임한 지(제6월 1일) 193일째로 중단되었던 성전 건축이 다시 시작된 지(제6월 24일) 170일째이고 학개 선지자에게 두 번째 계시가 임한 지(제7월 21일) 144일째이고 세 번째, 네 번째 계시가 하루에 임한 지 81일째(학 2:10-23)

사건 10 학개 선지자를 통해 성전 공사를 재개하게 했던 것을 독려하는 계시가 스가랴 선지자에게 임한 지(8월 1일) 134일째(슥 1:1-6)이고 세 번째 계시가 임한 지(제9월 4일) 101일째

사건 11 모르드개가 조서를 써 전국(127도)에 보낸(제3월 23일) 후 260일째

사건 12 주전 458년 2차 포로 귀환하여 예루살렘에 도착한 지 222일째로 백성들이 하나님께 번제와 속죄제를 드린 218일째(스 7:6-9, 8:15-36)

사건 13 2차 포로귀환을 한 에스라가 백성들의 잡혼 문제를 해결하기 위해 조사를 시작한 지 74일째(스 10:16)

사건 14 3차 포로 귀환 한 느헤미야를 중심으로 5월 4일 시작하여 52일 동안 예루살렘 성벽 공사가 완성된(6월 25일) 후 167일째

먼저 '제12월 1일 애굽 왕 바로에 대한 슬픈 노래를 부르게 하신 하나님'을 읽고 오늘 사건을 보시기 바랍니다.

바벨론 3차 포로가 있고 난 뒤 예루살렘과 유대 땅에 남았던 백성들은 하나님께서 예레미야 선지자를 통해 **"그 땅에 머물라."**는 말씀을 들었지만 많은 사람이 예레미야 선지자와 바룩 강제로 데리고 애굽으로 내려갔습니다. 이에 하나님께서는 에스겔 선지자를 통해 바로를 위한 애가를 여호야긴이 사로잡힌 지 12년 제12월 1일에 말씀하셨고 다시 제12월 15일에 애굽의 멸망에 대해 한 번 더 말씀하셨습니다. 오늘은 애굽의 멸망에 대한 하나님의 말씀을 살펴보겠습니다.

❶ 애굽의 멸망에 대한 하나님의 말씀

에스겔 선지자는 하나님으로부터 계시를 받는 시점을 말할 때 그 기준을 바벨론 제2차 포로를 기준으로 하여 기록하고 있습니다. 이때는 여호야긴 왕이 잡혀간 때로 시드기야 즉위년 제1월 10일(주전 597년 4월 22일)인데 에스겔 선지자는 이때부터 1년(제1월 10일 ~ 596년 니산월)으로 계산하고 있습니다. 애굽의 멸망에 대한 하나님의 말씀은 '애굽 왕 바로를 위한 애가'(12년 제12월 1일)가 있고 난 뒤 14일 만에(12년 제12월 15일) 임했습니다.

하나님께서는 먼저 애굽과 그의 동맹국 군사들이 이미 '스올'에 던져진 무리와 동일한 운명이 될 것이라고 말씀하셨습니다. 하나님께서는 **"인자야, 애굽의 무리에 대해 슬피 울어라!**(명령) **애굽과 영화로운 민족들의 딸들을**(애굽과 동맹 관계에 있는 각 나라의 도시들) **구덩이에 내려가는 자와 함께 구덩이**('스올')**로 내려가게 하라!**(명령)**"**(겔 32:18)고 말씀하셨습니다. 하나님께서 에스겔 선지자에게 명령하신 것은 첫째, 애굽과 그의 동맹국들의 멸망에 대해 '울부짖으라!'('나하', 울부짖다, 슬퍼하다, 애도하다)는 것과 둘째, 애굽과 그의 동맹국들이 구덩이('스올')로 던져지게 하라는 것입니다. 에스겔 선지자는 하나님의 말씀을 선포함으로 하나님께서 작정하신 뜻이 이루어지게 해야 했는데 하나님께서 에스겔 선지자를 통해 심판의 경고를 하셨지만 듣지 않았고 그 가운데에는 유다 백성들도 있었습니다.

하나님께서는 **"네가**(애굽) **누구보다 아름다우나 내려가라! 그리고 할례받지 못한 자들과 함께 누워라! 그들은 칼에 살육당한 자들 가운데 쓰러질 것이다. 그는**(애굽) **칼에 넘어졌다. 애굽과 그 모든 무리를 끌지어다."**(겔 32:19-20)라고 말씀하셨습니다. 에스겔 32:20b는 어순 도치되어 부사어가 '칼에'가 강조되었는데 애굽이 칼에 멸망할 것을 강조하셨습니다. 이렇게 칼에 망한 애굽이 구덩이('스올')로 내려갈 때 먼저 구덩이('스올')에 있던 자들이 **'할례받지 못한 자들, 곧 칼에 살육당한 자들이 내려와 누웠다.'** 고 애굽을 놀릴 것이라고(겔 32:21) 말씀하셨습니다. 그런데 '할례받지 못한 자들'이라는 의미는 하나님께서 아브라함과 그의 후손들에게 약속하신 영원한 언약의 증표로서의 할례를 받지 못한 것으로 '하나님의 영원한 언약을 받지 못한 자들'로 보아야 합니다. 왜냐하면 애굽 사람들은 육체에 할례를 받았기 때문입니다.

제 12 月

에스겔 32:22-30까지는 이미 애굽 이전에 한때를 주름 잡았던 나라인 앗수르와 엘람, 메섹, 두발, 에돔, 시돈 등의 나라가 구덩이('스올')에 내려가 어떻게 되었는지를 보여줍니다. 하나님께서는 먼저 북이스라엘을 멸망시켰던 앗수르에 대해 **"앗수르와 그의 모든 무리가 거기 있고 그 사방에 그의 무덤들이 있다. 그들 모두 살육당하고 칼에 쓰러진 자들이다. 그의 무덤들은 가장 깊숙한 구덩이에 마련되었고 그의 무리는 그의 무덤들 주변에 있으니 그들 모두 살육을 당하고 칼에 쓰러진 자들이고 산 자의 땅에서 공포의 대상이었던 자들이다."**(겔 32:22-23)라고 말씀하셨습니다. 그리고 이후 엘람에 대해(겔 32:24-25), 메섹과 두발에 대해(겔 32:26-28), 에돔에 대해(겔 32:29), 그리고 시돈에 대해(겔 32:30) 말씀하셨습니다. 공통점으로는 '할례받지 않은 자들'이라는 표현이 계속되고 '칼에 살육당한 자들'이라는 표현으로 하나님의 심판을 받은 것을 보여줍니다.

하나님께서는 마침내 **"바로가 그들을 보고 그의 모든 무리들 곧 칼로 살육당한 바로의 사람들과 그의 모든 군대로 말미암아 위로를 받을 것이다."라고 말씀하시며 "주 여호와의 말이다."**('네움 아도나이 아도나이', נְאֻם אֲדֹנָי יְהוִה)라고 선언하셨습니다(겔 32:31).

❷ '할례받지 아니한 자들'이 '칼에 망한 것'이 강조됨

에스겔 32:17-32까지 애굽의 멸망과 구덩이('스올')에 이미 심판을 받은 나라들에 대해 말씀하시며 '할례받지 아니한 자들'이 '칼에 망한 것'을 말씀하셨습니다. 먼저 애굽이 구덩이('스올')로 내려갔을 때 '할례받지 못한 자들'이 있었는데 '그들과 함께 누울지라!'고 명령하셨습니다(겔 32:19). 그렇게 되면 먼저 하나님 심판의 칼에 망해 먼저 구덩이('스올')에 내려와 있던 자들이

'할례받지 못한 자들 곧 칼에 살육당한 자들이 내려와 누웠다.'고 말할 것이라고 말씀하셨습니다(겔 32:21). 이후 앗수르에 대해 말씀하실 때를 제외하고 엘람(겔 32:24, 25), 메섹과 두발(겔 32:26, 27, 28), 에돔(겔 32:29), 시돈(겔 32:30)에 대해 말씀하실 때 이들 모두가 '할례받지 못한 자들'이었다고 말씀하셨습니다. 마침내 하나님께서는 애굽에 대해 **"내가 산 자의 땅에 공포를 줄 것이다. 바로와 그의 모든 무리들이 할례받지 못한 자들 가운데 곧 칼에 살육당한 자들과 함께 눕게 될 것이다.", "주 여호와의 말이니라."**라고 선언하셨습니다(겔 32:32).

에스겔 32장에 언급된 '할례받지 못한 자들'이란 표현은 하나님께서 영원한 언약이 머물러 있음을 증명하는 증표로 아브라함과 그의 후손들에게 주신 '태어난 지 8일 만에'하는 할례를 받지 못했기에 하나님의 영원한 언약에서 제외되었다는 의미입니다. 그런데 중요한 것은 아브라함과 이삭과 야곱의 후손으로 '태어난 지 8일만에 할례를 받았던 유다인들 중 하나님의 말씀을 듣지 않고 유다 땅을 떠나 애굽으로 내려가 머물던 유다인들도 할례받지 못한 자들로 여겨진 애굽인들이 망할 때 함께 망했다는 것입니다. 이 시대에도 예수를 그리스도라 고백하고 하나님의 언약공동체(교회)에서 하나님의 구속사를 감당하기 위해 열심을 다하는 성도들 가운데에도 하나님께서 명하신 말씀을 듣지 않고 자신의 선택대로 언약이 주어지지 않은 세상 사람들 속으로 향할 때 하나님께서는 언약이 주어지지 않은 세상 사람들과 함께 심판하실 것입니다. 만약 그러한 길로 가고 있다면 빨리 회개하고 돌이켜야 할 것입니다. 아직 하나님의 말씀이 선포되고 하나님의 구속사가 진행되고 있을 때 회개 하고 돌아선다면 기회가 있습니다.

고대 여러 민족의 할례에 대하여

고대의 다른 문화권에서도 일반적으로 결혼생활을 시작하는 의식으로 또는 성인식으로서의 할례를 행했습니다. 할례는 첫째, 성기를 청결하게 보존하고 번식을 높이고 질병을 막기 위한 의학적, 위생적인 이유로 행했고 둘째, 성년이 되고 결혼 적령기에 이른 자에게 할례를 행함으로 부족의 일원이 됨을 선언하는 사회적인 이유로 행했고 셋째, 피를 흘리기 때문에 일종의 제사로 여겨 종교적인 측면에서 행하기도 했습니다. 하지만 하나님께서 아브라함에게 명하사 자손 대대로 지키게 하신 할례는 다른 민족들의 할례 제도와는 의미가 다른 것이었습니다.

이집트에서는 주전 4000년에 이미 할례를 했고 남자는 보통 6-12세에 할례를 받았습니다. 주전 3천 년경의 부조에 할례를 행하는 모습이 그려져 있고 많은 문서도 할례를 언급하지만 미라(mummy)들의 경우 대부분 할례가 되어 있지 않아 아마도 최소한 제사장들에게는 의무였던 것으로 보입니다. 고대 아라비아인들이 할례를 받았으며, 블레셋 족속을 할례받지 않은 민족으로 규정하는 성경의 일관된 주장과는 달리 가나안 원주민은 블레셋과 구별하고 있습니다. 따라서 가나안 원주민들은 할례를 받았음이 틀림없습니다. 다만 성경에 히위 족속 중 세겜에 살던 하몰 족속은 할례를 받지 않은 것으로 나타납니다.

성도 여러분!

나는 지금 아브라함과 약속하신 영원한 언약을 받은 증표로서의 '할례'습니까? 아니면 영원한 언약과는 상관없는 육신의 할례를 받았습니까? 더 나아가 하나님의 언약공동체로 '할례'를 받았지만 하나님 말씀에 순종하지 않아 '할례받지 않아 칼로 멸망 당하는 자들'과 함께하고 있지는 않습니까? 오늘도 먼저 하나님의 말씀에 집중하여 깨닫고 하나님께서 원하시는 길로 달려가는 하루가 되시길 기도합니다.

16일

여호수아 죽음 전후의 이스라엘 백성 신앙의 상황

(삿 2:6-13)

오늘 날짜가 언급된 성경 사건은 없습니다. 오늘 날짜가 포함된 사건은 다음과 같습니다.

사건 1 제2월 10일부터 방주에 들어가 하나님의 명령을 감당하는 307일째이고(노아시대 월력체계는 한 달을 30일로 계산함) 하나님께서 말씀하신 대로 40일 동안 비가 내린 300일째로 방주가 아라랏 산에 머무른 지 150일째

사건 2 라암셋을 떠난 지 326일째(제1월을 30일, 제2월을 29일로 계산함)로 시내산 밑 시내광야에 도착하여(제3월 1일) 거한 지 282일째(출 19:1-2)

사건 3 하나님께서 보여주신 식양대로 성막을 만들기 시작하는 154일째

사건 4 시내광야에 11개월 20일 머물던 이스라엘 백성이 하나님의 명령에 따라 약속의 땅을 향해 떠난 지 292일째

사건 5 에스겔 선지자가 그발 강가에서 꼼짝도 못 하고 두려워 떨며 포로 된 백성과 함께 지내는 248일째이고(겔 1:1-2, 3:14-15) 두 번째 계시받은 지 241일째

사건 6 예루살렘 성이 느브갓네살에 의해 포위된 지 66일째(왕하 25:1, 겔 24:1)

사건 7 시드기야 11년 제4월 9일 예루살렘 성이 바벨론에 의해 함락 후 242일째로 솔로몬 성전과 왕궁 그리고 예루살렘 성벽이 파괴된 지 214일째

사건 8 1차 포로 귀환 한 백성들이 성전 마당에 번제단을 만들고 매일 번제를 드리기 시작한 지 164일째

사건 9 학개 선지자에게 성전을 지으라는 하나님의 계시가 임한 지(제6월 1일) 194일째로

중단되었던 성전 건축이 다시 시작된 지(제6월 24일) 171일째이고 학개 선지자에게 두 번째 계시가 임한 지(제7월 21일) 145일째이고 세 번째, 네 번째 계시가 하루에 임한 지 82일째(학 2:10-23)

사건 10 학개 선지자를 통해 성전 공사를 재개하게 했던 것을 독려하는 계시가 스가랴 선지자에게 임한 지(8월 1일) 135일째(슥 1:1-6)이고 세 번째 계시가 임한 지(제9월 4일) 102일째

사건 11 모르드개가 조서를 써 전국(127도)에 보낸(제3월 23일) 후 261일째

사건 12 주전 458년 2차 포로 귀환하여 예루살렘에 도착한 지 223일째로 백성들이 하나님께 번제와 속죄제를 드린 219일째(스 7:6-9, 8:15-36)

사건 13 2차 포로귀환을 한 에스라가 백성들의 잡혼 문제를 해결하기 위해 조사를 시작한 지 75일째(스 10:16)

사건 14 3차 포로 귀환 한 느헤미야를 중심으로 5월 4일 시작하여 52일 동안 예루살렘 성벽 공사가 완성된(6월 25일) 후 168일째

사사기 2:6-10은 여호수아의 죽음 그리고 그와 동시대를 살았던 장로들의 죽음을 기록하고 있습니다. 이미 현대의 성경 독자들은 여호수아서를 읽은 후이기에 다시 여호수아의 죽음이 사사기에 나타나는 것에 대해 의아해 할 수 있습니다. 더 나아가 이미 사사기 1장에서 여호수아가 죽은 후 지파별로 분배받은 땅을 정복하는 과정과 정복하지 못한 땅에 대한 언급이 있기에 다시 등장하는 여호수아의 죽음이 이상하게 여겨질 수 있습니다. 오늘은 사사기 2장에서 언급되는 여호수아와 그와 동시대 살았던 장로들이 죽은 후 나타난 다음 세대의 신앙 상태와 여호와 하나님께서 그들을 어떻게 하셨는지 살펴보겠습니다.

❶ 여호수아와 그 시대 장로들의 죽음을 언급함(삿 2:6-9)

사사기 2:6은 **'그리고 여호수아가 그 백성을 보냈다. 그리고 이스라엘 자손이 각각 그 땅을 그의 소유로 차지하기 위해서 갔다.'**고 기록하고 있습니다. 이것은 하나님께서 여호

수아를 통해 약속의 땅 정복 전쟁을 중부 전투, 남부 전투, 북부 전투로 끝내신 후 지파별로 땅을 분배해 주신 후 각기 차지하라고 말씀하심으로 지파별로 가서 전쟁을 벌인 것을 말합니다. 여호수아는 **'너희는 너희 조상의 하나님 여호와께서 너희에게 주신 땅을 소유하러 가기를 어느 때까지 지체하겠느냐?'**(수 18:3)고 말한 적이 있습니다. 아마도 이때 여호수아가 채근하는 소리를 듣고 각 지파는 상속받은 기업을 차지하기 위해 전쟁을 벌였고 초기 전쟁 곧 여호수아와 그 시대의 장로들이 살아 있을 때는 승리했던 것으로 보입니다. 그리고 여호수아가 살아 있는 동안에는 여호수아를 통한 여호와 하나님의 말씀대로 다른 신을 섬기지 않고 여호와를 섬겼습니다. 이 상황에 대한 사사기 2:7은 **'그리고 그 백성이 여호수아가 살아 있는 모든 날에 여호와를 섬겼다. 그리고 여호수아 뒤에 생존한 장로들의 모든 날 동안, 곧 여호와께서 이스라엘을 위해 행하셨던 모든 큰 사건을 보았던 장로들의 모든 날 동안에 여호와를 섬겼다.'**고 언급합니다.

사사기 저자는 바로 **'그리고 눈의 아들 여호와의 종 여호수아가 죽었다. 나이는 110세였다. 그리고 그들은**(이스라엘 백성) **그를 그의 기업의 경계 내 곧 가아스 산의 북쪽부터 에브라임 산지 딤낫 헤레스에 장사했다.'**(삿 2:8-9)고 언급합니다. 여호수아의 죽음에 대해 성경은 이미 여호수아 24:29과 사사기 1:1에서 언급했습니다. 그런데 다시 여호수아의 죽음을 기록하며 여호와의 '종'('에베드', עֶבֶד)이라고 언급하고 있습니다. 이것은 이스라엘 백성의 다음 세대가 여호와 하나님께서 행하시는 큰 일을 체험하지 못하므로 여호와 하나님을 섬겼던('아바드', עָבַד, 삿 2:7) 때를 잊고 여호와 하나님을 떠나게 살게 되는 복선으로 작용합니다.

마침내 사사기 저자는 어순 도치하여 주어인 '그 시대 모든 사람이'를 강조하며 '그리고 또한 그 모든 세대가 그들의 조상들에게로 돌아갔다.'(삿 2:10a)라고 기록합니다. 그리고 이어 '그리고 그들(여호수아와 장로들) 후에 여호와를 알지 못하고 그리고 (여호와께서) 이스라엘을 위해 행하셨던 사건 또한 알지 못하는 다른 세대가 일어났다.'(삿 2:10)고 기록합니다. 이것은 여호수아가 죽은 후 불과 한 세대가 지나지 않아 여호와 하나님께서 행하신 일들을 체험하지 못한 다른 세대의 시대가 되었을 때 이스라엘 백성들은 여호와 하나님의 말씀을 떠나 자신의 소견에 옳은 대로 행했고(삿 21:25) 쫓아내지 못한 가나안 원주민이 섬기던 신들의 영향을 받아 여호와 하나님을 떠나 우상을 섬기게 됨을 보여주려는 복선으로 보입니다.

그때에 이스라엘에 왕이 없으므로 사람이 각기 자기의 소견에 옳은 대로 행하였더라 (삿 21:25)

사사기 2:6-9까지는 여호수아 24:28-31의 내용과 거의 같습니다. 사사기를 여호수아의 죽음으로 시작한 후 다시 여호수아가 살았을 때 말했던 것을 반복한 것은 사사기 저자가 사사 시대를 지나며 백성들이 여호와 하나님을 떠나 사람의 생각에 옳은 대로 행한 것을 여호수아가 여호와 하나님의 말씀을 전했던 시기에 믿음으로 순종했던 사건들과 연결해 사사 시대 이스라엘 백성들의 신앙이 잘못되었음을 부각하려고 했던 것으로 보입니다.

❷ 여호와를 떠나 이방신을 섬기는 다른 세대(삿 2:11-13)

사사기 저자는 다른 세대의 악행에 대해 **'그리고 이스라엘 자손들은 여호와의 목전에서 악을 행했다. 그리고 그들은 바알들을 섬겼다.'**(삿 2:11)라고 언급합니다. 악이 무엇인지 정확히 말하고 있지는 않지만 '라아'(רָע, 악)에 정관사 '하'(הָ)를 붙여 강조하고 있는데 '바알들'(복수형)을 섬긴 것이 가장 큰 악이었습니다. 당시 '바알'은 비를 주관하여 농사를 짓게 하는 가나안의 주신이었지만 '주인' 또는 '남편'의 뜻으로도 사용되었습니다. 그렇기에 사사기 저자가 '바알'의 복수형을 쓰고 있다는 것은 다른 세대가 유일신 여호와 하나님을 떠나 다른 많은 것에 마음을 두고 그것을 주인으로 남편으로 섬겼던 것을 보여줍니다. 사사기 2:7에서 여호수아 때 이스라엘 백성들이 여호와를 섬겼다고 말하는 것과 대조를 보입니다.

다른 세대는 바알을 섬기는 것을 넘어 여호와 하나님을 버렸습니다. 사사기 저자는 **'그리고 그들은**(다음 세대) **그들 조상의 하나님 여호와를, 그들을**(그들의 조상) **애굽 땅으로부터 이끌어 나오신** (여호와를) **버렸다. 그리고 다른 신들, 그들의 사방에 있는 사람들의 신들부터 뒤를 따라갔다. 그리고 그들은**(다음 세대) **그들을 섬겼다. 그래서 그들은 여호와를 진노하시게 했다.'**(삿 2:12)라고 좀 더 구체적으로 다른 세대의 악을 나열하고 있습니다. 다른 세대는 여호와 하나님께서 이스라엘 자손들을 위해 행하신 일들을 경험하지 못한 세대입니다. 그들(다른 세대)의 조상을 애굽에서 이끌어 내셨던 여호와 하나님을 삶 속에서 체험하지 못함으로 여호와를 버리고 다른 신들에게로 향했습니다. 여기서 잊지 말아야 할 것은 '여호와 하나님'('아도나이 엘로힘', יְהוָה אֱלֹהִים:)을 지칭할 때의 '하나님'과 '다른 신들'('엘로힘 아헤림', אֱלֹהֵי אֲחֵרִים:) 곧 사방에 있는 사람들의 신들을 언급할 때 같은 단어인 '엘로힘'(אֱלֹהִים:)을 사용하고 있다는 것입니다. 이것은 여호와께서 '엘로힘'(절대신)이신데 다른 이방신을 '엘로힘'(절대신)으로 착각하며 섬기고 있는 지적하기 위한 대조로 보입니다. 여호와 하나님께서는 이방신을 '엘로힘'으로 아는 다른 세대에게 진노하셨습니다.

사사기 저자는 다시 **'그리고 그들은**(다음 세대) **여호와를 버렸다. 그리고 그들은 바알과 아스다롯을 섬겼다.'**(삿 2:13)고 언급합니다. 사사기 2:11에서 사용된 '아자브'(버리다)와 2:12에서 사용된 '아바드'(섬기다)를 반복해서 사용하여 '여호와 하나님'을 버리고 '다른 하나님' 곧 '바알과 아스다롯'을 섬겼음을 구체적으로 지적합니다. 여기에 언급된 아스다롯은 바알의 아내로서 풍요와 다산을 의미하는 여신이었습니다. 바알과 아스다롯을 섬기는 가나안 원주민들은 바알 신전과 아스다롯 신전에서 신전 창기들과 성관계를 맺으며 신앙심을 보였는데 아마도 이 영향은 다른 세대가 받았던 것으로 보입니다.

성도 여러분!

믿음의 선배들 곧 자신의 아비들에게 여호와 하나님에 대해 정확하게 전수받지 못하고 여호와 하나님께서 행하심을 경험하지 못한 다른 세대는 이방신의 영향을 받아 여호와 하나님을 떠나게 되었습니다. 이것은 이 시대에도 내가 믿는 하나님에 대해 정확히 알지 못하면 다른 복음을 가지고 찾아와 나의 삶에 개입하는 이단의 사상에 영향을 받을 수밖에 없음을 깨닫게 합니다. 오늘도 내가 믿는 하나님 그리고 예수 그리스도에 대해 신앙의 선배들로부터 정확한 지식을 전해 듣고 여호와 하나님께서 함께하시며 도우시는 체험을 하여 이단의 영향에서 벗어나 맡겨 주신 직분을 잘 감당하는 하루가 되시길 기도합니다.

17일

징계 하신 후 사사를 세워 구원하시는 하나님

(삿 2:14-23)

오늘 날짜가 언급된 성경 사건은 없습니다. 오늘 날짜가 포함된 사건은 다음과 같습니다.

사건 1 제2월 10일부터 방주에 들어가 하나님의 명령을 감당하는 308일째이고(노아시대 월력체계는 한 달을 30일로 계산함) 하나님께서 말씀하신 대로 40일 동안 비가 내린 301일째로 방주가 아라랏 산에 머무른 지 151일째

사건 2 라암셋을 떠난 지 327일째(제1월을 30일, 제2월을 29일로 계산함)로 시내산 밑 시내광야에 도착하여(제3월 1일) 거한 지 283일째(출 19:1-2)

사건 3 하나님께서 보여주신 식양대로 성막을 만들기 시작하는 155일째

사건 4 시내광야에 11개월 20일 머물던 이스라엘 백성이 하나님의 명령에 따라 약속의 땅을 향해 떠난 지 293일째

사건 5 에스겔 선지자가 그발 강가에서 꼼짝도 못 하고 두려워 떨며 포로 된 백성과 함께 지내는 249일째이고(겔 1:1-2, 3:14-15) 두 번째 계시받은 지 242일째

사건 6 예루살렘 성이 느브갓네살에 의해 포위된 지 67일째(왕하 25:1, 겔 24:1)

사건 7 시드기야 11년 제4월 9일 예루살렘 성이 바벨론에 의해 함락 후 243일째로 솔로몬 성전과 왕궁 그리고 예루살렘 성벽이 파괴된 지 215일째

사건 8 1차 포로 귀환 한 백성들이 성전 마당에 번제단을 만들고 매일 번제를 드리기 시작한 지 165일째

사건 9 학개 선지자에게 성전을 지으라는 하나님의 계시가 임한 지(제6월 1일) 195일째로

중단되었던 성전 건축이 다시 시작된 지(제6월 24일) 172일째이고 학개 선지자에게 두 번째 계시가 임한 지(제7월 21일) 146일째이고 세 번째, 네 번째 계시가 하루에 임한 지 83일째(학 2:10-23)

사건 10 학개 선지자를 통해 성전 공사를 재개하게 했던 것을 독려하는 계시가 스가랴 선지자에게 임한 지(8월 1일) 136일째(슥 1:1-6)이고 세 번째 계시가 임한 지(제9월 4일) 103일째

사건 11 모르드개가 조서를 써 전국(127도)에 보낸(제3월 23일) 후 262일째

사건 12 주전 458년 2차 포로 귀환하여 예루살렘에 도착한 지 224일째로 백성들이 하나님께 번제와 속죄제를 드린 220일째(스 7:6-9, 8:15-36)

사건 13 2차 포로귀환을 한 에스라가 백성들의 잡혼 문제를 해결하기 위해 조사를 시작한 지 76일째(스 10:16)

사건 14 3차 포로 귀환 한 느헤미야를 중심으로 5월 4일 시작하여 52일 동안 예루살렘 성벽 공사가 완성된(6월 25일) 후 169일째

제12月

약속의 땅을 분배받은 후 그 땅을 정복하여 기업으로 삼지 못한 이스라엘 백성은 가나안 땅 원주민과 섞여 살며 바알과 아스다롯을 섬기다 하나님께 징계를 받게 됩니다. 징계를 받던 이스라엘 백성은 회개했고 여호와 하나님께서는 회개하는 이스라엘 자손에게 사사를 보내 구원해 주셨습니다. 하지만 이 일들은 사사 시대 동안 반복되게 됩니다. 사사기 2:14-23까지는 이스라엘이 여호와 하나님께 범죄하고 하나님께서는 징계하시고 징계를 받던 이스라엘 백성들은 회개하고 하나님께서는 회개하는 이스라엘 백성에게 사사를 보내 구원하시고 구원받은 백성은 얼마 가지 못해 다시 범죄하는 패턴을 전체적으로 보여줍니다. 오늘은 범죄, 징계, 구원이 반복되는 전체적 상황에 대해 살펴보겠습니다.

❶ 우상 숭배를 한 이스라엘 백성에 대한 여호와의 징계(삿 2:14-15)

하나님께서는 범죄 한 이스라엘을 약탈하는 자의 손에 넘겨 주셨습니다.

사사기 2:14은 **'그리고 여호와께서 이스라엘에게 진노하셨다. 그리고 약탈하는 자의 손에 그들을**(이스라엘) **넘겨주셨다. 그리고 그들이**(약탈하는 자들) **그들을**(이스라엘) **약탈했다. 그리고 그가**(여호와) **그들**(이스라엘) **사방 대적의 손에 파셨다. 그리고 그들이**(이스라엘) **다시는 대적 앞에 서지 못하게 하셨다.'**고 언급합니다. 여호와 하나님께서는 약속의 땅을 정복할 때 이스라엘 백성에게 가나안의 왕들을 넘겨주셨습니다. 이때 '넘기셨다'로 번역된 단어가 '나탄'(נָתַן, 주다, 두다, 놓다. 세우다, 만들다)인데 오히려 이스라엘을 약탈하는 자의 손에 넘겨주실 때 이 '나탄'이 사용되고 있습니다. 본문은 하나님께서 이스라엘을 약탈하는 자들의 손에 넘기시자마자 그들이(약탈하는 자들) 이스라엘을 약탈했다는 것을 표현하기 위해 '와우계속법-미완료'를 사용하여 시간상으로 연속된 사건으로 기술하고 있습니다. 더 무서운 말씀은 이스라엘 백성이 주변 백성에게 약탈당하는 것에서 도망하여 다른 곳에 살더라도 살지 못하게 하셨습니다. 사사기 2:15은 어순 도치되어 부사어 '그들(이스라엘)이 가는 어디에서든지'와 주어인 '여호와의 손이'가 강조되어 **'그들이 가는 어디에서든지 여호와께서 말씀하셨던 것과 같이 그리고 여호와께서 그들에게 맹세하신 것과 같이 여호와의 손이 그들에게 재앙을 내리셨다. 그리고 그는**(여호와) **그들에게**(이스라엘) **심하게 고통을 가하셨다.'**라고 언급합니다. 범죄 한 이스라엘 백성이 약속의 땅에 머물러 있어도 주변 민족들로부터 약탈당했고 약탈당하는 곳을 떠나 다른 곳으로 이주해도 여호와의 손이 내리는 재앙이 쫓아다녀 고통을 당했습니다. 실제로 각 사사 시대의 사건을 보여줄 때 자신들의 터전을 버리고 산으로 숨거나 다른 지역으로 이주하기도 했지만 고통을 면할 수는 없습니다.

❷ 사사들을 통한 구원과 반복되는 이스라엘 백성의 범죄(삿 2:16-19)

범죄 한 이스라엘을 징계하신 하나님께서는 때가 되면 노략질하는 자들의 손에서 구해 주셨습니다(삿 2:16). 여호와께서는 노략질하는 자들의 손에서 구원하시기 위해 사사를 세우셨습니다. 그런데 구원을 받은 후 이스라엘은 여호와께서 세우신 사사들을 듣지 않았습니다. 사사기 2:17a은 어순 도치되어 목적어인 '그들의 사사들을'을 강조하여 **'그러나 또한 그들은**(이스라엘) **그들의 사사들을 듣지 않았다.'**고 말하며 이스라엘 백성이 여호와의 명령도 듣지 않고 여호와께서 세우신 사사들의 말도 듣지 않았음을 지적합니다. 사사들을 따르지 않은 이스라엘에 대해 '오히려 그들은 다른 신들의 뒤를 따라서 음란하게 행했다. 그리고 그들은 그들에게(다른 신들) 절했다. 그들은 그들의 조상들이 순종하기 위해서 행하던 그 길로부터 속히 돌아섰다.'(삿 2:17bcd)고 말합니다. 마침내 사사기 2:17d는 어순 도치하여 목적어인 '여호와의 명령을'을 강조하며 **'그들은 여호와의 명령을 그처럼 행하지 않았다.'**고 말합니다.

이스라엘이 범죄하여 심판을 받을 때 여호와께서는 사사를 세우셨는데 그때 여호와께서는 사사들과 함께하셨습니다. 그리고 사사들을 통해 이스라엘을 그들의 적의 손으로부터 구원하셨습니다. 그런데 하나님께서 사사를 통해 이스라엘을 구원하실 때 이스라엘 백성이 회개했기 때문이라기보다는 하나님께서 이스라엘 백성을 불쌍히 여기셨기 때문입니다. 사사기 2:18d는 **'왜냐하면 여호와께서 그들 앞의 압박과 고통으로 인한 그들의 신음을 불쌍히 여기셨기 때문이다.'**라고 말합니다. 하지만 이스라엘은 그들을 구원하고 치리하는 사사가 죽었을 때 여호와로부터 다시 돌아서서 범죄 했습니다. 사사기 2:19은 **'그리고 치리하는 자가 죽었을 때 그들은 다시 돌아섰다. 그리고 그들은 다른 신들의 뒤를 쫓아가기 위해 그들에게 종살이 노릇하기 위해 그들에게 절하기 위해 그들의 조상들보다 더 부패했다.'**라고 언급합니다. 그리고 마침내 절대 부정을 나타내는 부정어 '로'(לֹא)를 사용하여 **'그들은 그들의 행위와 그들의 패역한 길로부터 넘어지지**(떠나지) **않았다.'**라고 말합니다.

❸ 가나안 족속의 일부를 남기신 여호와(삿 2:20-23)

여호와 하나님께서는 사사를 보내 이스라엘을 구원하셨지만 사사들을 통한 통치도 듣지 않고 그가 죽었을 때 다시 돌이켜 여호와 하나님을 떠나 다른 신을 섬기는 이스라엘을 향해 여호와께서는 다시 진노하셨습니다(삿 2:20a). 그리고 그들에게 말씀하시기를 **"이 백성이 내가 그들의 조상들에게 명령한 내 언약을 깨뜨렸다. 그리고 그들이 나의 음성을 듣지 않았다. 나도 역시 그들 앞에서 여호수아가 남겨 두었고 그리고 죽었을 때의 열국 가운데 하나도 그들**(이스라엘) **앞에서 쫓아내기 위해 힘쓰지 않을 것이다."**(삿 2:20b-21)라고 말씀하셨습니다. 이렇게 하신 것은 이스라엘 백성이 여호와의 명령을 지키는지 말씀하신 대로 순종하는지 시험해 보기 위해서였습니다(삿 2:22). 여호와 하나님께서는 여호수아를 통해서도 쫓아내지 않으셨고 이스라엘 백성이 분배받은 땅에서 쫓아내지 못한 가나안 원주민을 그대로 남아 있게 하셨는데(삿 2:23) 이스라엘 백성이 여호와 하나님만 섬기지 않을 때 징계하시기 위한 도구로 사용하기 위함이었습니다.

> **이는 이스라엘이 그들의 조상들이 지킨 것 같이 나 여호와의 도를 지켜 행하나 아니하나 그들을 시험하려 함이라 하시니라.**(삿 2:22)
> **여호와께서 그 이방 민족들을 머물러 두사 그들을 속히 쫓아내지 아니하셨으며 여호수아의 손에 넘겨 주지 아니하셨더라.**(삿 2:23)

성도 여러분!

조상들에게 약속하셨던 땅에 들어갔고 여호수아와 그 시대의 장로들과 함께 싸워 승리했던 이스라엘 각 지파는 땅을 분배받은 후 땅을 정복하라는 하나님의 말씀에 순종하지 못해 가나안 땅 원주민과 섞여 살게 되었습니다. 그리고 그들은 이스라엘 백성들의 신앙을 여호와 하나님에게서 멀어지게 만들었습니다. 여호와 하나님께서는 불쌍히 여기셔서 시기마다 사사를 보내주셔서 구원해 주셨지만 사사가 죽은 후 바로 범죄 했습니다. 이렇게 보면 처음 명령을 주셨을 때 순종하여 약속의 땅에서 가나안 원주민을 완전히 쫓아냈어야 했음을 알 수 있습니다. 초기에 하나님의 말씀에 순종하여 뜻을 이루지 못하면 그 영향이 나와 나의 다음 세대에게 올무로 작용하며 그것으로부터 돌이키기는 정말 힘들다는 것을 잊지 맙시다. 오늘도 내게 주어진 하나님의 명령, 내가 감당해야 할 일은 내 때에 잘 감당하여 내 다음 세대에게 짐을 지우지 않는 책임을 다하는 신앙을 위해 최선을 다하는 하루가 되시길 기도합니다.

18일

여호와께서 약속의 땅에 거하는 족속을 남기신 이유

(삿 3:1-6)

오늘 날짜가 언급된 성경 사건은 없습니다. 오늘 날짜가 포함된 사건은 다음과 같습니다.

사건 1 제2월 10일부터 방주에 들어가 하나님의 명령을 감당하는 309일째이고(노아시대 월력체계는 한 달을 30일로 계산함) 하나님께서 말씀하신 대로 40일 동안 비가 내린 302일째로 방주가 아라랏 산에 머무른 지 152일째

사건 2 라암셋을 떠난 지 328일째(제1월을 30일, 제2월을 29일로 계산함)로 시내산 밑 시내광야에 도착하여(제3월 1일) 거한 지 284일째(출 19:1-2)

사건 3 하나님께서 보여주신 식양대로 성막을 만들기 시작하는 156일째

사건 4 시내광야에 11개월 20일 머물던 이스라엘 백성이 하나님의 명령에 따라 약속의 땅을 향해 떠난 지 294일째

사건 5 에스겔 선지자가 그발 강가에서 꼼짝도 못 하고 두려워 떨며 포로 된 백성과 함께 지내는 250일째이고(겔 1:1-2, 3:14-15) 두 번째 계시받은 지 243일째

사건 6 예루살렘 성이 느브갓네살에 의해 포위된 지 68일째(왕하 25:1, 겔 24:1)

사건 7 시드기야 11년 제4월 9일 예루살렘 성이 바벨론에 의해 함락 후 244일째로 솔로몬 성전과 왕궁 그리고 예루살렘 성벽이 파괴된 지 216일째

사건 8 1차 포로 귀환 한 백성들이 성전 마당에 번제단을 만들고 매일 번제를 드리기 시작한 지 166일째

사건 9 학개 선지자에게 성전을 지으라는 하나님의 계시가 임한 지(제6월 1일) 196일째로

중단되었던 성전 건축이 다시 시작된 지(제6월 24일) 173일째이고 학개 선지자에게 두 번째 계시가 임한 지(제7월 21일) 147일째이고 세 번째, 네 번째 계시가 하루에 임한 지 84일째(학 2:10-23)

사건 10 학개 선지자를 통해 성전 공사를 재개하게 했던 것을 독려하는 계시가 스가랴 선지자에게 임한 지(8월 1일) 137일째(슥 1:1-6)이고 세 번째 계시가 임한 지(제9월 4일) 104일째

사건 11 모르드개가 조서를 써 전국(127도)에 보낸(제3월 23일) 후 263일째

사건 12 주전 458년 2차 포로 귀환하여 예루살렘에 도착한 지 225일째로 백성들이 하나님께 번제와 속죄제를 드린 221일째(스 7:6-9, 8:15-36)

사건 13 2차 포로귀환을 한 에스라가 백성들의 잡혼 문제를 해결하기 위해 조사를 시작한 지 77일째(스 10:16)

사건 14 3차 포로 귀환 한 느헤미야를 중심으로 5월 4일 시작하여 52일 동안 예루살렘 성벽 공사가 완성된(6월 25일) 후 170일째

여호와 하나님께서 각 지파에 약속의 땅을 기업으로 주셨지만 각 지파는 믿음으로 분배받은 땅에 거하는 원주민을 쫓아내지 못했습니다. 이에 하나님께서는 더는 원주민을 쫓아내지 못하게 하셨고 그들을 통해 이스라엘 백성이 잘못되면 징계하셨습니다. 오늘은 이스라엘 백성이 더는 쫓아내지 못한 가나안 원주민을 남겨 두신 이유와 그들에게 영향을 받아 이방신의 영향을 받았다는 언급에 대해 살펴보겠습니다.

① 약속의 땅에 남은 나라(민족, 족속)과 남기신 이유

히브리어 성경에서 사사기 3:1은 **'그리고 이들은 여호와께서 그들을 통해 가나안의 모든 전쟁을 알지 못한 모든 이스라엘을 시험하기 위해 남겨 두신 그 나라**(민족)**들이다.'**라고 시작합니다. '남겨 두신'으로 번역된 단어는 '힌니아흐'(הֵנִיחַ)로 '야나흐'(יָנַח, 쉬다, 휴식하다, 정착하다)의 '히필'(사역)형이 쓰였는데 약속의 땅에 남은 족속은 그들이 힘이 강해 남은 것이 아니라 하나님께서 남도록 하셨기 때문에 남을 수

있었음을 보여줍니다. 그리고 '모든'('콜', כֹּל)을 두 번 사용하여 '모든 전쟁을 알지 못한 모든 이스라엘'이라고 반복하며 여호수아와 그들의 조상들이 믿음으로 수행한 약속의 땅 정복 전쟁에 대해 전혀 모르는 모든 다음 세대를 강조하고 있습니다. 하나님께서 약속의 땅 원주민을 완전히 쫓아내지 않으셨는데 그 첫 번째 이유에 대해 히브리어 성경 사사기 3:2은 먼저 **'오직 그전에 그것들을**(전쟁들) **몰랐던 이스라엘 자손의 세대들의 깨달음을 위해 그들에게 전쟁을 가르치시기 위해서였다.'**라고 기록하고 있습니다.

그런데 개역개정은 사사기 3:1과 3:2의 내용을 바꾸어 번역하고 있습니다. 이것은 히브리어 원문을 한국어로 번역하며 생긴 결과인데 개역개정은 정확한 히브리어 문장의 구조를 통한 강조점을 반영하지 못하고 있습니다. 히브리어 성경은 사사기 3:1에서 명사문장을 써서 사사 시대의 상황을 설명하고 바로 이어 3:2에서 하나님께서 남겨 두신 이유를 강조하여 설명하고 있습니다. 바른 성경, 표준새번역, 공동번역은 히브리어 성경의 순서대로 번역하고 있습니다.

[개역개정]

여호와께서 가나안의 모든 전쟁들을 알지 못한 이스라엘을 시험하려 하시며(삿 3:1) **이스라엘 자손의 세대 중에 아직 전쟁을 알지 못하는 자들에게 그것을 가르쳐 알게 하려 하사 남겨 두신 이방 민족들은**(삿 3:2)

[바른성경]

가나안 전쟁을 전혀 알지 못하는 모든 이스라엘 후손들을 시험하시려고 여호와께서 이방 민족들을 남겨 두셨으니(삿 3:1) **이것은 아직 전쟁을 알지 못하는 이스라엘 후손들에게 오직 전쟁을 가르쳐 알게 하기 위함이었는데**(삿 3:2)

이스라엘 백성이 쫓아내지 못하고 약속의 땅에 남은 나라 곧 여호와 하나님께서 이스라엘 백성이 잘못했을 때 그들을 징계하기 위해 남겨 두신 나라는 블레셋 다섯 방백과 모든 가나안 사람과 시돈 사람과 바알 헤르몬 산으로부터 하맛 어귀까지 레바논 산에 있는 히위 사람입니다. '모든 가나안 사람'에 포함되는 족속은 보통 가나안 7 족속으로 대표되는데 아모리, 여부스, 기르가스, 가나안, 히위, 브리스, 헷 족속입니다. 이들이 남게 된 두 번째 이유에 대하여 사사기 저자는 **'그리고 이 나라들은 그들을 통해 이스라엘을, 모세의 손을 통해 그들의**(이스라엘) **조상에게 명령한 여호와의 계명들을 듣는지**(지키는지) **알기 위해서, 시험하기 위한** (나라들)**이었다.'**(삿 3:4)고 이유를 언급합니다.

❷ 이스라엘 백성들이 남은 족속에게 영향을 받아 타락함

사사기 3:5-6은 이스라엘 백성이 자신들이 쫓아내지 못한 족속들과 섞여 살며 이방신의 영향을 받아 타락한 것에 대해 언급합니다. 사사기 3:5은 어순 도치되어 주어인 '이스라엘 자손은'을 강조하여 **'그리고 이스라엘 자손은 가나안 사람과 헷 사람과 아모리 사람과 브리스 사람과 히위 사람과 여부스 사람들 가운데 살았다.'**고 말합니다. 그리고 사사기 3:6은 이스라엘 백성이 자기들을 위해 남은 족속들의 딸들을 취해 아내로 삼고 자기 딸들을 그들의 아내에게 주고 그들의 신들을 섬긴 것에 대해 언급합니다. 이때 사사기 3:6b는 어순 도치되어 목적어인 '그들의(이스라엘 백성) 딸들을'을 강조하여 '그리고 그들의(이스라엘 백성) 딸들을 그들의(남은 족속) 아들에게 주었다.'라고 기록하고 있습니다.

> **그들의 딸들을 맞아 아내로 삼으며 자기 딸들을 그들의 아들들에게 주고 또 그들의 신들을 섬겼더라.**(삿 3:6)

성도 여러분!

하나님께서는 여호수아를 통해 약속하셨고 함께하심으로 이스라엘 백성이 믿음으로 약속의 땅 원주민을 쫓아낼 기회를 먼저 주셨습니다. 하지만 이스라엘 백성은 믿음으로 정복 전쟁을 끝내지 못했고 남은 족속과 섞여 살게 되었습니다. 하나님께서 남은 족속을 끝까지 쫓아내지 않으신 이유는 이스라엘 백성이 하나님께서 함께하셨던 전쟁 곧 여호수아와 그 시대 조상들이 했던 전쟁을 기억하여 남은 족속과 섞여 살지 않고 또한 약속의 땅에 거하며 모세를 통해 주셨던 율법에 순종하며 살도록 하려는 조치였습니다. 그러나 이스라엘 백성은 남은 족속과 섞여 살았고 하나님께서는 남은 족속을 섞여 사는 이스라엘을 징계하는 도구로 사용하셨습니다. 오늘을 사는 나에게 쫓아내지 못하고 섞여 사는 남은 족속이 무엇인지 돌아봅시다. 오늘도 섞여 사는 백성이 아니라 하나님의 구속사를 이어가는 성도로서 구별된 생활을 하며 맡겨 주신 직분을 잘 감당하는 하루가 되시길 기도합니다.

19일

사사 옷니엘을 세우셔서 이스라엘을 구원하신 하나님

(삿 3:7-11)

오늘 날짜가 언급된 성경 사건은 없습니다. 오늘 날짜가 포함된 사건은 다음과 같습니다.

사건 1 제2월 10일부터 방주에 들어가 하나님의 명령을 감당하는 310일째이고(노아시대 월력체계는 한 달을 30일로 계산함) 하나님께서 말씀하신 대로 40일 동안 비가 내린 303일째로 방주가 아라랏 산에 머무른 지 153일째

사건 2 라암셋을 떠난 지 329일째(제1월을 30일, 제2월을 29일로 계산함)로 시내산 밑 시내광야에 도착하여(제3월 1일) 거한 지 285일째(출 19:1-2)

사건 3 하나님께서 보여주신 식양대로 성막을 만들기 시작하는 157일째

사건 4 시내광야에 11개월 20일 머물던 이스라엘 백성이 하나님의 명령에 따라 약속의 땅을 향해 떠난 지 295일째

사건 5 에스겔 선지자가 그발 강가에서 꼼짝도 못 하고 두려워 떨며 포로 된 백성과 함께 지내는 251일째이고(겔 1:1-2, 3:14-15) 두 번째 계시받은 지 244일째

사건 6 예루살렘 성이 느브갓네살에 의해 포위된 지 69일째(왕하 25:1, 겔 24:1)

사건 7 시드기야 11년 제4월 9일 예루살렘 성이 바벨론에 의해 함락 후 245일째로 솔로몬 성전과 왕궁 그리고 예루살렘 성벽이 파괴된 지 217일째

사건 8 1차 포로 귀환 한 백성들이 성전 마당에 번제단을 만들고 매일 번제를 드리기 시작한 지 167일째

사건 9 학개 선지자에게 성전을 지으라는 하나님의 계시가 임한 지(제6월 1일) 197일째로

중단되었던 성전 건축이 다시 시작된 지(제6월 24일) 174일째이고 학개 선지자에게 두 번째 계시가 임한 지(제7월 21일) 148일째이고 세 번째, 네 번째 계시가 하루에 임한 지 85일째(학 2:10-23)

사건 10 학개 선지자를 통해 성전 공사를 재개하게 했던 것을 독려하는 계시가 스가랴 선지자에게 임한 지(8월 1일) 138일째(슥 1:1-6)이고 세 번째 계시가 임한 지(제9월 4일) 105일째

사건 11 모르드개가 조서를 써 전국(127도)에 보낸(제3월 23일) 후 264일째

사건 12 주전 458년 2차 포로 귀환하여 예루살렘에 도착한 지 226일째로 백성들이 하나님께 번제와 속죄제를 드린 222일째(스 7:6-9, 8:15-36)

사건 13 2차 포로귀환을 한 에스라가 백성들의 잡혼 문제를 해결하기 위해 조사를 시작한 지 78일째(스 10:16)

사건 14 3차 포로 귀환 한 느헤미야를 중심으로 5월 4일 시작하여 52일 동안 예루살렘 성벽 공사가 완성된(6월 25일) 후 171일째

하나님께서 남겨 두신 약속의 땅 원주민과 섞여 살던 이스라엘 백성은 하나님의 징계를 받습니다. 징계를 받던 이스라엘 백성은 여호와 하나님께 구했고 하나님께서는 사사 옷니엘을 세우셔서 구원하셨습니다. 오늘은 이스라엘 백성의 구원자로 세워진 첫 사사 옷니엘의 활동에 대해 살펴보겠습니다.

❶ 이스라엘 백성의 배교에 대한 징계와 구원 공식

사사기 1:1-2:5까지는 이스라엘 각 지파가 분배받은 땅을 정복하지 못하는 내용이 나타나고 사사기 2:6-3:6까지는 이스라엘 각 지파가 쫓아내지 못한 남은 족속과 섞여 살던 이스라엘 백성의 배교에 대한 내용이 나타납니다. 이후 사사기 3:7-16:31까지는 본격적으로 이스라엘 백성의 배교에 대해 징계하시고 12명의 사사를 세워 구원하시는 하나님의 구원역사가 나타납니다. 그런데 각 사사의 활동을 기록하는 과정에서 반복적인 상황이 나타납니

다. 먼저 ❶ 이스라엘이 이방신을 섬기는 배교가 일어나고(삿 2:11, 3:7, 12, 4:1, 6:1, 10:6, 13:1) ❷ 이후 하나님의 징계가 나타나며 ❸ 징계에 대한 이스라엘의 부르짖음이 있고 난 뒤(삿 3:9, 15, 4:3, 6:6, 10:10) ❹ 하나님께서 사사를 세우시고(삿 3:9, 15) ❺ 하나님께서는 사사를 통해 승리를 주시고(삿 3:10, 30, 4:23, 8:28, 11:33) ❻ 일정한 기간에 안식이 있었습니다(삿 3:11, 30, 5:31, 8:28).

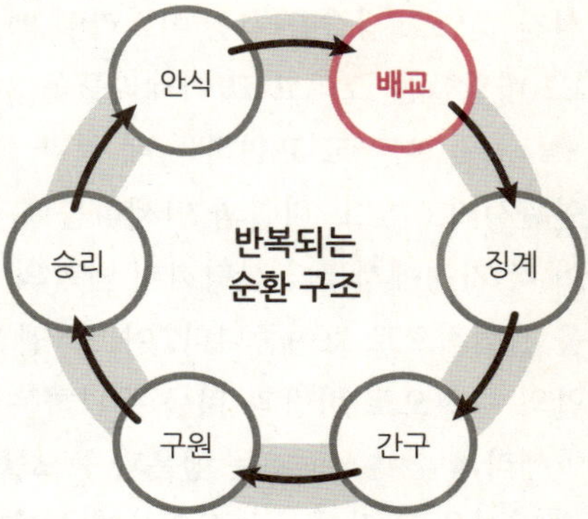

❷ 초대 사사 옷니엘을 세우셔서 이스라엘을 구원하신 하나님

① 하나님께서 범죄 한 이스라엘에게 메소포타미아 왕을 보내 징계하심

사사기 3:7-11은 초대 사사 옷니엘을 통해 구원하시고 통치하게 하셨던 내용을 기록하고 있습니다. 짧은 내용이지만 사사시대에 반복되는 순환 구조인 '배교-징계-간구-구원-승리-안식'이 정확하게 나타납니다.

먼저 여호와 하나님께서 깨닫게 하도록 남겨 두신 족속과 섞여 살던 이스라엘 백성은 자기들의 하나님 여호와를 잊어버리고 가나안의 우상인 바알과 아세라를 섬기는 악을 범했습니다(삿 3:7). 사사기 3:7은 **'그리고 이스라엘 자손이 여호와의 눈앞에서 악을 행했다.'**(삿 3:7a)라고 시작하는데 '라'(רַע, 악, 악한 것, 나쁜, 악한)에 정관사를 써서 '하라'(הָרַע)를 사용해 당시의 백성들이 다 알 수 있는 '그 악'으로 표현하고 있고 '그 악'을 여호와께서 보시는 앞에서 행했음을 알 수 있습니다. 아마도 다음 문장인 **'그리고 그들은 여호와 자기들의 하나님을 잊어버렸다. 그리고 그들은 바알들과 그리고 아세라들을 섬겼다.'**(삿 3:7bc)에서 보여주듯 이스라엘 백성이 행한 '그 악'은 여호와 하나님을 잊고 남은 족속과 섞여 살며 우상을 섬긴 것으로 생각합니다. 이스라엘 백성이 섬긴 바알과 아세라를 표현할 때 '그 바알들을 그리고 그 아세라들을'(אֶת־ הַבְּעָלִים וְאֶת־ הָאֲשֵׁרוֹת, 에트-하베알림 베에트-하하쉐롯)이라고 표현하는 데 정관사를 사용하여 앞에서 언급된 '그 악'과 연관시키고 있고 바알과 아세라를 복수형으로 표현하여 당시 형상을 만들어 각 가정에서부터 산당까지 약속의 땅 전체에서 바알과 아세라를 섬겼음을 간접적으로 보여줍니다. 이스라엘 백성이 섬겼던 바알(주인, 신 이름)은 가나안의 주신으로 바람과 비를 주관하는 농경신이었고 그의 아내로 등장하는 아세라(행복, 행운, 신 이름)는 행운과 풍요를 주관하는 신으로 여겨졌기에 이스라엘 백성은 그 땅에서 농사지으며 살아야 했기에 여호와 하나님을 떠나 바알과 아세라를 섬겼을 것입니다.

눈앞에서 악을 행하는 것을 보신 여호와께서는 이스라엘 백성을 징계하시기 위해 메소포타미아 왕 구산 리사다임을 보내셨습니다. 사사기 3:8은 **'그리고 여호와께서 이스라엘에게 진노하셨다. 그리고 그들을 메소포타미아 왕 구산 리사다임 손에 파셨다. 그리고 이스라엘 자손은 구산 리사다임을 8년 동안 섬겼다.'**라고 언급합니다. 여호와 하나님께서는 자신을 떠나 이방신을 섬기는 이스라엘을 징계하셨습니다. 메소포타미아 왕 구산 리사다임은 이스라엘 백성을 징계하는 하나님의 도구로 사용되었고 하나님의 허락으로 이스라엘 땅을 정복한 구산 리사다임은 8년 동안 그 땅을 통치했습니다.

② 이스라엘 백성의 부르짖음과 옷니엘을 세우신 하나님

여호와 하나님의 징계를 받는 8년 동안 이스라엘 백성은 여호와께 부르짖었고 그들의 소리를 들으신 하나님께서는 구원자로 사사 옷니엘을 세우셨습니다. 사사기 3:9은 **'그리고 이스라엘 자손이 여호와께 부르짖었다. 그리고 여호와께서 이스라엘 자손을 위하여 한 구원자를 세웠다. 그리고 그는 그들을 구원했다. 그는 그나스의 아들 갈렙의 동생 그보다 어린 옷니엘**(이다).**'**라고 언급합니다. 이스라엘 백성을 구원할 사사는 여호와 하나님께서 세우셨습니다. 하나님께서 세우시지 않으면 그

어느 사람도 이스라엘 백성을 구원할 수 없습니다. 그런데 이 옷니엘은 여호수아와 동시대 사람으로 이미 갈렙이 유다 땅을 정복할 때 등장했던 사람이고 유다의 남쪽 땅 네겝을 지키도록 갈렙이 보냈던 인물입니다(18년 2월 19일 유다 지파의 정복 전쟁 시작과 정복한 땅 참조). 옷니엘은 그의 아내와 네겝에 머물며 그 남쪽의 아말렉이 침범하지 못하도록 잘 지켰을 것입니다. 그러나 하나님께서 이스라엘 백성의 범죄로 인해 징계하시기 위해 북쪽에서 침략하게 한 구산 리사다임은 막지 못했습니다. 옷니엘은 하나님께서 정하신 8년 동안 백성들과 함께 고통을 받으며 때를 기다렸을 것으로 생각하는데 마침내 하나님께서는 옷니엘을 사사로 삼으셨습니다.

제
12
月

③ 옷니엘을 통한 구원

하나님께서 사사로 세운 옷니엘은 여호와의 신이 임한 자로 이스라엘을 구원했습니다. 사사기 3:10은 **'그리고 그에게 여호와의 신**(영)**이 있었다. 그리고 그는 이스라엘을 다스렸다. 그리고 그가 전쟁을 하러 나갔다. 그리고 여호와께서 그의 손에 아람 왕 구산 리사다임을 붙이셨다. 그리고 그의 손은 구산 리사다임보다 강했다.'**라고 말합니다. 하나님께서 정하신 때가 되었을 때 구산 리사다임을 힘을 쓰지 하고 하나님께서 세우신 옷니엘에게 패할 수밖에 없었습니다. 옷니엘이 구산 리사다임보다 강했던 것은 여호와 하나님께서 함께하셨기 때문입니다.

옷니엘을 통해 구산 리사다임의 손에서 구원하신 하나님께서는 이후 40년 동안 약속의 땅에 평화를 주셨습니다. 사사기 3:11은 **'그리고 그 땅이 40년 동안 평화로웠다. 그리고 그나스의 아들 옷니엘이 죽었다.'**라고 끝을 맺고 있습니다.

성도 여러분!

옷니엘은 여호수아 시대를 경험했던 사람입니다. 그리고 그는 약속의 땅 변방 네겝에서 아말렉을 막는 직분을 잘 감당하고 했습니다. 아마도 옷니엘은 여호와 하나님 신앙을 잃지 않았겠지만 다수의 백성이 한 세대를 넘어

가지 못해 여호와 하나님을 버리고 남겨 두신 족속들과 동화되었을 때 하나님께서는 징계하셨습니다. 그리고 때가 되어 다시 옷니엘을 사용하셔서 구원하셨습니다. 이 시대를 사는 언약공동체(교회)도 한 사람이 자신의 직분을 잘 감당한다고 해서 되는 것이 아님을 깨닫고 모든 성도가 맡겨 주신 직분을 그 자리에서 잘 감당하기 위해 온 마음을 하나님께 두시기를 기도합니다.

사사 에훗을 세우셔서 이스라엘을 구원하신 하나님 ①

(삿 3:12-26)

오늘 날짜가 언급된 성경 사건은 없습니다. 오늘 날짜가 포함된 사건은 다음과 같습니다.

사건 1 제2월 10일부터 방주에 들어가 하나님의 명령을 감당하는 311일째이고(노아시대 월력체계는 한 달을 30일로 계산함) 하나님께서 말씀하신 대로 40일 동안 비가 내린 304일째로 방주가 아라랏 산에 머무른 지 154일째

사건 2 라암셋을 떠난 지 330일째(제1월을 30일, 제2월을 29일로 계산함)로 시내산 밑 시내광야에 도착하여(제3월 1일) 거한 지 286일째(출 19:1-2)

사건 3 하나님께서 보여주신 식양대로 성막을 만들기 시작하는 158일째

사건 4 시내광야에 11개월 20일 머물던 이스라엘 백성이 하나님의 명령에 따라 약속의 땅을 향해 떠난 지 296일째

사건 5 에스겔 선지자가 그발 강가에서 꼼짝도 못 하고 두려워 떨며 포로 된 백성과 함께 지내는 252일째이고(겔 1:1-2, 3:14-15) 두 번째 계시받은 지 245일째

사건 6 예루살렘 성이 느브갓네살에 의해 포위된 지 70일째(왕하 25:1, 겔 24:1)

사건 7 시드기야 11년 제4월 9일 예루살렘 성이 바벨론에 의해 함락 후 246일째로 솔로몬 성전과 왕궁 그리고 예루살렘 성벽이 파괴된 지 218일째

사건 8 1차 포로 귀환 한 백성들이 성전 마당에 번제단을 만들고 매일 번제를 드리기 시작한 지 168일째

사건 9 학개 선지자에게 성전을 지으라는 하나님의 계시가 임한 지(제6월 1일) 198일째로

중단되었던 성전 건축이 다시 시작된 지(제6월 24일) 175일째이고 학개 선지자에게 두 번째 계시가 임한 지(제7월 21일) 149일째이고 세 번째, 네 번째 계시가 하루에 임한 지 86일째(학 2:10-23)

사건 10 학개 선지자를 통해 성전 공사를 재개하게 했던 것을 독려하는 계시가 스가랴 선지자에게 임한 지(8월 1일) 139일째(슥 1:1-6)이고 세 번째 계시가 임한 지(제9월 4일) 106일째

사건 11 모르드개가 조서를 써 전국(127도)에 보낸(제3월 23일) 후 265일째

사건 12 주전 458년 2차 포로 귀환하여 예루살렘에 도착한 지 227일째로 백성들이 하나님께 번제와 속죄제를 드린 223일째(스 7:6-9, 8:15-36)

사건 13 2차 포로귀환을 한 에스라가 백성들의 잡혼 문제를 해결하기 위해 조사를 시작한 지 79일째(스 10:16)

사건 14 3차 포로 귀환 한 느헤미야를 중심으로 5월 4일 시작하여 52일 동안 예루살렘 성벽 공사가 완성된(6월 25일) 후 172일째

하나님께서는 약속의 땅 원주민과 섞여 살던 이스라엘 백성을 징계하셨지만 사사 옷니엘 세우셔서 구원해 주셨습니다. 그러나 일정한 시간이 지나자 이스라엘 백성은 다시 이방신을 섬겼고 하나님께서는 모압 왕을 통해 징계하셨습니다. 징계를 받던 이스라엘 백성은 여호와 하나님께 구했고 하나님께서는 사사 에훗을 세우셔서 구원하셨습니다. 오늘은 이스라엘 백성의 구원자로 세워진 두 번째 사사 왼손잡이 에훗의 활동에 대해 살펴보겠습니다.

❶ 다시 악을 행하는 이스라엘 백성을 모압 왕 에글론을 통해 징계하신 하나님

사사기 3:12은 **'그리고 또 이스라엘 자손이 여호와의 눈앞에서 악을 행했다.'**로 시작합니다. 옷니엘을 통해 구원해 주시고 평화를 주셨지만 다시 한 세대 정도 지나지 않아 이스라엘은 범죄했습니다. 이에 하나님께서는 모압 왕 에글론을 강하게 하심으로 이스라엘 백성을 징계하는 도구로 삼으셨습니다. 사사기 3:12bc는 **'그리고 여호와께서 모압 왕 에글론을 이스라엘보다 강하게 하셨다. 왜냐하면 그들**

이(이스라엘) 여호와 눈앞에서 악을 행했기 때문이다.'라고 말합니다.

하나님께서 이스라엘보다 강하게 하신 모압 왕 에글론은 이스라엘을 공격했습니다. 그들은 암몬과 아말렉 자손들과 함께 요단강을 건너와 공격했고 종려나무의 성읍을 점령했습니다(삿 3:13). 여호수아를 통한 정복 전쟁 시 무너진 여리고는 분열 왕국 북이스라엘 아합 시대에 가서 다시 세워지게 됩니다. 아마도 모압 왕 에글론이 접령했다는 종려나무의 성읍은 성벽을 갖춘 재건된 여리고 성읍이라기보다는 성이 없는 마을로 이루어진 곳이었을 것입니다. 지정학적으로 중요한 종려나무의 성읍을 점령당한 이스라엘 백성은 모압 왕 에글론을 18년 동안 섬겨야 했습니다(삿 3:14).

제12月

❶ 부르짖는 소리를 들으시고 사사 에훗을 세우셔서 이스라엘을 구원하신 하나님

① 에훗을 사사로 세우신 하나님

모압 왕 에글론에게 8년 동안 압제를 받던 이스라엘 백성은 여호와 하나님께 부르짖었습니다. 사사기 3:15ab는 '그리고 이스라엘 자손이 여호와께 부르짖었다. 그리고 여호와께서는 그들을 위하여 한 구원자, 오른손이 불구인 사람, 베냐민 지파 게라의 아들 에훗을 세우셨다.'라고 말합니다. 하나님께서 세우신 베냐민 사람 에훗은 오른손을 쓰지 못하고 왼손만 사용하는 사사였지만 하나님께서 세우셨기에 모압 왕 에글론을 대항할 수 있었습니다. 이스라엘 자손은 모압 왕을 섬기며 그에게 공물을 보냈는데 에훗의 손을 통해 공물을 보냈습니다(삿 3:15d). 에훗은 여러 번 공물을 전달하며 모압 왕 에글론이나 그의 수하들과 아는 상황이 되었을 텐데 에훗이 오른손을 쓰지 못했기에 모압 왕이나 그의 수하들은 에훗을 크게 의심하지도 않았고 경계하지도 않았을 것입니다. 에훗은 기회가 오면 사용하려고 짧은 규빗 길이의 좌우에 날 선 검을 만들어 오른쪽 허벅지에 차고 다녔습니다. 사사기 3:16은 '그리고 에훗은 자기를 위하여 칼을 만들었다. 그리고 그것은 두 날이 있었다. 그것의 길이는 고메드(짧은 규빗)였다. 그리고 그는 그것을 자기

모압 왕 에글론이 여리고 지역을 정복하고 18년을 다스림

의 옷 밑에 오른쪽 허벅다리 옆에 동여맸다.'라고 말합니다.

② 모압 왕 에글론을 죽이는 에훗

모압 왕 에글론에게 공물을 바치던 에훗은 상황을 파악한 후 모압 왕 에글론을 죽입니다. 사사기 3:17-26까지는 에훗이 에글론을 죽이는 사건에 대해 자세하게 설명하고 있습니다. 사사기 3:17은 **'그리고 그는**(에훗) **모압 왕 에글론에게 공물을 바쳤다. 그런데 에글론은 매우 살찐 자였다.'**라고 말하는데 에글론이 심히 비둔한 자였음을 알 수 있습니다.

사사기 3:18은 새로운 사건을 서술하듯 '와예히'(וַיְהִי, 접속사 '와우'(w°)+'하야'(הָיָה)의 미완료, 그리고 ~이 있었다)로 시작하여 '그리고 그는(에훗) 공물을 바치는 것을 마친 후였다. 그리고 그는(에훗) 공물을 들고 온 자들을 보냈다.'(삿 3:18)고 언급합니다. 에훗은 다른 때와 마찬가지로 종려나무 성읍에 머무는 에글론에게 공물을 가져다준 후 자신과 함께 갔던 자들과 함께 돌아왔습니다. 그런데 다른 때와는 달리 에훗은 길갈에서 돌이켜 다시 에글론에게 갔습니다(삿 3:19). 사사기 3:19a는 어순 도치되어 주어인 '그는'('후': הוּא, 3인칭 남성 단수)을 강조하여 **'그리고 그는**(에훗) **길갈 근처 그 우상으로부터 돌아섰다.'**고 말합니다. 개역개정은 '민-하페실림'(מִן־הַפְּסִילִים)을 '돌 뜨는 곳'으로 번역했지만 '페실'은 '우상, 형상'의 뜻이기에 '그 우상으로부터'로 번역했습니다. 에훗은 에글론 왕에게 가 **"왕이여, 내가 은밀한 일을 왕에게 고하려고 합니다."**(삿 3:19b)라고 말했고 에글론은 그의 옆에 서 있던 신하들을 물러가게 했습니다.

제
12
月

에훗은 에글론 왕 앞으로 나갔고 에글론은 홀로 남았습니다. 사사기 3:20a은 어순 도치되어 주어인 '에훗'을 강조하여 **'그리고 에훗이 왕의 앞으로 나갔다.'**고 말하고 계속해서 **'그리고 그리고 그는**(에글론) **서늘한 다락방에, 거기에 그 홀로 앉아 있었다.'**(삿 3:20b)고 말하는데 관계대명사 '아쉐르'를 써서 '거기에 그 홀로'를 부각해 에훗과 에글론 왕만 남았음을 보여줍니다. 둘만 남았을 때 에훗은 **"당신에 관한 하나님의 말씀이 나에게 있나이다."**(삿 3:20c)라고 말했고 에글론은 에훗의 말을 듣기 위해 그 보좌에서 일어났습니다(삿 3:20d).

이후 에훗의 행동은 사사기 3:21-23b까지 '와우계속법-미완료'로 표현되는데 계속해서 그의 행동이 순차적 계획한 대로 이루어졌음을 보여줍니다. 원어를 직역하면 **'그리고 그는**(에훗) **왼손을 뻗었다**(21a). **그리고 그는 우편 다리에서 칼을 뺐다**(21b). **그리고 왕의 몸을 찔렀다**(21c). **그리고 칼자루도 칼날을 따라 들어갔다**(22a). **그리고 기름이 칼날 위를 덮었다.**(22b) **왜냐하면 그는**(에훗) **그의**(에글론) **배에서부터 칼을 빼지 않았고 그 칼이 등 뒤까지 나갔기 때문이다. 그리고 에훗은 현관 입구로 나갔다**(23a). **그리고 다락방의 문을 뒤에서 닫았다**(23b).**'**입니다. 그런데 내레이터는 마지막 문장을 '접속사-완료'를 사용하여 **'그리고 그는 잠갔다.'**(삿 3:23c)로 쓰고 있는데 하나님께서 사사로 세우셔서 이스라엘을 구원하기 위해 모압 왕 에글론을 죽이는 에훗의 행동이 완성되었음을 보여줍니다.

에훗이 나간 후 왕의 신하들이 왔습니다. 사사기 3:24ab는 어순 도치되어 주어인 '에훗'과 '왕의 신하들이'을 강조하여 '그리고 그가(에훗) 떠났다. 그리고 왕의 신하들이 왔다.'라고 표현하며 이미 에훗이 떠난 후 왕의 신하들이 왔기에 에훗이 안전하게 떠났음을 보여줍니다. 모압 왕 에글론의 신하들은 다락방 문이 잠겼음을 보고 **"왕께서 서늘한 다락방에서 발을 가리우신다**(용변을 본다)**."**(삿 3:24c)고 말한 후 자리를 떠났습니다. 에글론의 신하들은 오랫동안 기다려도 왕이 기척이 없자 열쇠를 취해 문을 열고 들어갔지만 이미 모압 왕 에글론이 죽은 뒤였습니다. 내레이터는 **'보라! 그들의 주가 죽어서 땅에 떨어져 있었다.'**라고 기록하며 모압 왕 에글론의 죽음을 묘사하고 있습니다(삿 3:25). 에훗은 에글론의 신하들이 서로 머뭇거리고 있을 때 이미 탈출했고 그는 돌에 새긴 우상이 서 있는 곳을 지나 스이라로 피했습니다(삿 3:26). 사사기 3:26ab은 어순 도치되어 주어인 '에훗'과 '그가'를 강조하여 **'그리고 에훗이 그들이 서로 머뭇거릴 때 피했다. 그리고 그는 돌 우상이 서 있는 곳을 지나갔다.'**라고 기록하며 이미 에훗이 안전한 장소로 피했음을 보여줍니다.

성도 여러분!

사람들은 사사로서 이스라엘 백성을 적으로부터 구원하려면 힘도 세고 싸움에도 능한 사람이 필요하다고 생각할 것입니다. 하지만 하나님께서 모압 왕 에글론의 손에서 이스라엘을 구원하시기 위해 세우신 사사 에훗은 오른손이 불구인 사람이었습니다. 어쩌면 하나님의 일을 하는 데 있어서 사람의 능력이 필요 없고 하나님께서 하신다는 믿음만 있으면 된다는 것을 보여주려는 것일지 모릅니다. 그런데 오른손이 불구였다는 점은 모압 왕 에글론을 죽일 때 신하들이 아무 의심 없이 에글론 왕만 두고 떠날 수 있었던 요인일 것입니다. 이것은 하나님께서 오른손이 불구인 에훗을 택하셔서 그의 상황을 이용하여 잘 사용하신 것입니다. 사람의 눈에는 보잘것없어 보일지 몰라도 하나님께서 사용하실 때 어느 것보다도 정확하게 사용될 수 있다는 것을 깨닫게 됩니다. 오늘도 나나 남의 허물을 보며 탓할 것이 아니라 허물이 있어도 하나님께서 사용하실 때 믿음으로 반응하면 다른 어떤 사람보다 더 하나님의 일을 잘 감당할 수 있다는 것을 확신하고 주어진 직분을 잘 감당하는 하루가 되시길 기도합니다.

21일

사사 에훗을 세우셔서 이스라엘을 구원하신 하나님 ②

(삿 3:12-26)

오늘 날짜가 언급된 성경 사건은 없습니다. 오늘 날짜가 포함된 사건은 다음과 같습니다.

사건 1 제2월 10일부터 방주에 들어가 하나님의 명령을 감당하는 312일째이고(노아시대 월력체계는 한 달을 30일로 계산함) 하나님께서 말씀하신 대로 40일 동안 비가 내린 305일째로 방주가 아라랏 산에 머무른 지 155일째

사건 2 라암셋을 떠난 지 331일째(제1월을 30일, 제2월을 29일로 계산함)로 시내산 밑 시내광야에 도착하여(제3월 1일) 거한 지 287일째(출 19:1-2)

사건 3 하나님께서 보여주신 식양대로 성막을 만들기 시작하는 159일째

사건 4 시내광야에 11개월 20일 머물던 이스라엘 백성이 하나님의 명령에 따라 약속의 땅을 향해 떠난 지 297일째

사건 5 에스겔 선지자가 그발 강가에서 꼼짝도 못 하고 두려워 떨며 포로 된 백성과 함께 지내는 253일째이고(겔 1:1-2, 3:14-15) 두 번째 계시받은 지 246일째

사건 6 예루살렘 성이 느브갓네살에 의해 포위된 지 71일째(왕하 25:1, 겔 24:1)

사건 7 시드기야 11년 제4월 9일 예루살렘 성이 바벨론에 의해 함락 후 247일째로 솔로몬 성전과 왕궁 그리고 예루살렘 성벽이 파괴된 지 219일째

사건 8 1차 포로 귀환 한 백성들이 성전 마당에 번제단을 만들고 매일 번제를 드리기 시작한 지 169일째

사건 9 학개 선지자에게 성전을 지으라는 하나님의 계시가 임한 지(제6월 1일) 199일째로

중단되었던 성전 건축이 다시 시작된 지(제6월 24일) 176일째이고 학개 선지자에게 두 번째 계시가 임한 지(제7월 21일) 150일째이고 세 번째, 네 번째 계시가 하루에 임한 지 87일째(학 2:10-23)

사건 10 학개 선지자를 통해 성전 공사를 재개하게 했던 것을 독려하는 계시가 스가랴 선지자에게 임한 지(8월 1일) 140일째(슥 1:1-6)이고 세 번째 계시가 임한 지(제9월 4일) 107일째

사건 11 모르드개가 조서를 써 전국(127도)에 보낸(제3월 23일) 후 266일째

사건 12 주전 458년 2차 포로 귀환하여 예루살렘에 도착한 지 228일째로 백성들이 하나님께 번제와 속죄제를 드린 224일째(스 7:6-9, 8:15-36)

사건 13 2차 포로귀환을 한 에스라가 백성들의 잡혼 문제를 해결하기 위해 조사를 시작한 지 80일째(스 10:16)

사건 14 3차 포로 귀환 한 느헤미야를 중심으로 5월 4일 시작하여 52일 동안 예루살렘 성벽 공사가 완성된(6월 25일) 후 173일째

오늘은 어제에 이어 모압 왕 에글론을 죽인 에훗이 이스라엘 백성과 함께 모압과의 전쟁에서 승리하는 사건에 대해 살펴보겠습니다.

❸ 에훗과 이스라엘 자손이 모압을 물리침

사사기 3:27은 **'그리고 이것은 그가(에훗) 이르렀을 때의 일이다.'**(삿 3:27a)라고 시작하며 에훗과 그를 따르는 이스라엘 백성이 모압 백성을 약속의 땅에서 몰아내는 사건을 언급합니다. 에훗은 에브라임 산지로 가서 나팔을 불었습니다. 아마도 숫양의 뿔로 만든 양각 나팔을 불었을 텐데 고대에는 나팔을 불어 전쟁에 나갈 사람을 모으기도 하고(삿 6:34, 삼상 13:3) 전투를 지휘하기도 했습니다(삿 7:18, 19, 20, 삼하 2:28, 18:16, 20:22). 이때 이스라엘 자손은 모였고 먼저 앞서 내려가는 에훗을 따라 산지에서 그를 따라 요단 계곡 지대로 내려갔습니다(삿 3:27). 요단 계곡 지대의 비옥한 지역을 모압 왕 에글론이 장악하고 종려나무의 성읍에 머물러 있었기에 이스라엘 백성은 산지(유대 산지, 베냐민 산지, 에

브라임 산지)에서 내려가지 못하고 있었습니다.

에훗은 이스라엘 자손에게 **"나를 따르라!**(명령) **왜냐하면 여호와께서 너희의 원수들 인 모압을 너희 손에 넘겨 주셨느니라."**(삿 3:28a)고 외쳤습니다. 에훗은 모압 왕 에글론을 죽이고 자기 뜻대로 전쟁을 하는 것이 아니라 여호와께서 명하신 전쟁에 '나를 따르라!'고 선포한 후 앞서 나갔습니다. 이에 에훗의 선포를 들은 이스라엘 자손들은 에훗을 따라 요단 계곡 지대로 내려가 모압 맞은편 요단강 나루를 장악하고 약속의 땅으로 건너와 머물던 모압 사람을 한 사람도 돌아가지 못하게 했습니다(삿 3:28). 사사기 3:18e는 **'그리고 그들은**(이스라엘 자손) **아무도 건너지 못하게 했다.'**라고 말하는데 절대 부정을 의미하는 부정어 '로'(לֹא)를 사용하여 강조하고 있습니다. 에훗과 이스라엘 자손이 행한 전술은 종려나무의 성읍을 먼저 치지 않고 그 동쪽에 있는 요단강을 먼저 장악하는 것이었습니다. 이것은 모압 왕 에글론이 죽은 것을 안 그의 신하들이 요단강을 건너 모압으로 돌아가 세를 규합하여 다시 쳐들어오는 것을 막기 위해 요단강을 건너지 못하게 하는 방법이었습니다.

에훗과 이스라엘 백성이 모압 사람들과 전쟁하는 내용은 '와우계속법-미완료'를 사용하여 계속해서 사건이 진행되는 것으로 '그리고 그가(에훗) … 불었다.'(삿 3:27a), '그리고 그들이(이스라엘 자손)… 내려왔다.'(삿 3:27b), '그리고 그가(에훗) … 외쳤다.'(삿 3:28a), '그리고 그들이(이스라엘 자손) … 내려갔다.'(삿 3:28b), '그리고 그들이 … 지켰다.'(삿 3:28c)라고 기록하고 있습니다. 마침내 사사기 3:28d에서 **'그리고 그들은**(이스라엘 자손) **한 사람도 건너지 못하였더라.'**고 기록하고 있습니다.

내레이터는 **'그때에 그들은**(이스라엘 자손) **모압 사람 약 만 명을 죽였다. 모두 장사요 모두 용사였다. 그리고 한 사람도 도망하지 못하였더라.'**(삿 3:29)고 말합니다. '모두'를 의미하는 '콜'(כֹּל)을 두 번 반복해서 약속의 땅 쪽에 건너와 종려나무의 성읍에 머물렀던 모압의 군사들이 '모두 장사였고 모두 용사였음'을 강조하고 있습니다. 그리고 사사기 3:28d에서 '그리고 한 사람도 도망하지 못하였더라'고 했는데 다시 3:29b에서 '그리고 한 사람도 도망하지('말라트' : מָלַט, 피하다, 도망하다, 구원하다) 못했다.'라고 기록하고 있는데 이때에도 절대 부정을 의미하는 부정어 '로'(לֹא)를 사용하여 강조했습니다. 내래에터는 요단강을 건너와 약속의 땅 종려나무의 성읍에 거하던 모압 사람이 한 사람도 요단강을 건너지 못했고 그로 인해 한 사람도 구원받지 못하였음을 강조하고 있습니다. 이날 모압은 이스라엘에게 굴복했고 이스라엘 백성의 땅은 팔십 년 동안 평온했습니다(삿 3:30).

④ 소 사사 에훗의 활동

사사기 저자는 오른손이 불구인 사사 에훗을 통한 구원 사건을 기록한 후에 **'그리고 그의**(에훗) **후에 아낫의 아들 삼갈이 있었다. 그리고 그는 소 모는 막대기로 블레셋 사람 육백 명을 죽였다. 그리고 그는 또한 이스라엘을 구원했다.'**(삿 3:31)고 소 사사 에훗에 대해 언급하고 있습니다.

성도 여러분!

여호와 하나님께서 세우신 지도자를 따라 이스라엘 백성이 한마음이 되었을 때 하나님께서는 모압 과의 전쟁에서 이기게 하셨습니다. 결국 사사 시대에 반복되는 배교한 이스라엘 백성을 구원하는 것은 하나님이셨음을 깨달을 수 있습니다. 그런데 하나님께서 일하실 수 있게 하는 것은 전쟁은 여호와 하나님께 속했다는 것을 믿고 움직이는 하나님께서 세우신 지도자와 그의 말에 순종하여 싸우러 나가는 백성임을 또한 잊지 말아야 합니다. 오늘도 하나님의 구속역사는 하나님께서 진행하시는데 하나님의 말씀을 믿고 순종하는 성도를 통해 이루어진다는 것을 확신하고 맡겨 주신 직분을 잘 감당하는 하루가 되시길 기도합니다.

22일

성령으로 잉태되신 아기 예수 ①

(마 1:18-25, 눅 1:27-38)

제 12 月

오늘 날짜가 언급된 성경 사건은 없습니다. 오늘 날짜가 포함된 사건은 다음과 같습니다.

사건 1 제2월 10일부터 방주에 들어가 하나님의 명령을 감당하는 313일째이고(노아시대 월력체계는 한 달을 30일로 계산함) 하나님께서 말씀하신 대로 40일 동안 비가 내린 306일째로 방주가 아라랏 산에 머무른 지 156일째

사건 2 라암셋을 떠난 지 332일째(제1월을 30일, 제2월을 29일로 계산함)로 시내산 밑 시내광야에 도착하여(제3월 1일) 거한 지 288일째(출 19:1-2)

사건 3 하나님께서 보여주신 식양대로 성막을 만들기 시작하는 160일째

사건 4 시내광야에 11개월 20일 머물던 이스라엘 백성이 하나님의 명령에 따라 약속의 땅을 향해 떠난 지 298일째

사건 5 에스겔 선지자가 그발 강가에서 꼼짝도 못 하고 두려워 떨며 포로 된 백성과 함께 지내는 254일째이고(겔 1:1-2, 3:14-15) 두 번째 계시받은 지 247일째

사건 6 예루살렘 성이 느브갓네살에 의해 포위된 지 72일째(왕하 25:1, 겔 24:1)

사건 7 시드기야 11년 제4월 9일 예루살렘 성이 바벨론에 의해 함락 후 248일째로 솔로몬 성전과 왕궁 그리고 예루살렘 성벽이 파괴된 지 220일째

사건 8 1차 포로 귀환 한 백성들이 성전 마당에 번제단을 만들고 매일 번제를 드리기 시작한 지 170일째

사건 9 학개 선지자에게 성전을 지으라는 하나님의 계시가 임한 지(제6월 1일) 200일째로

중단되었던 성전 건축이 다시 시작된 지(제6월 24일) 177일째이고 학개 선지자에게 두 번째 계시가 임한 지(제7월 21일) 151일째이고 세 번째, 네 번째 계시가 하루에 임한 지 88일째(학 2:10-23)

사건 10 학개 선지자를 통해 성전 공사를 재개하게 했던 것을 독려하는 계시가 스가랴 선지자에게 임한 지(8월 1일) 141일째(슥 1:1-6)이고 세 번째 계시가 임한 지(제9월 4일) 108일째

사건 11 모르드개가 조서를 써 전국(127도)에 보낸(제3월 23일) 후 267일째

사건 12 주전 458년 2차 포로 귀환하여 예루살렘에 도착한 지 229일째로 백성들이 하나님께 번제와 속죄제를 드린 225일째(스 7:6-9, 8:15-36)

사건 13 2차 포로귀환을 한 에스라가 백성들의 잡혼 문제를 해결하기 위해 조사를 시작한 지 81일째(스 10:16)

사건 14 3차 포로 귀환 한 느헤미야를 중심으로 5월 4일 시작하여 52일 동안 예루살렘 성벽 공사가 완성된(6월 25일) 후 174일째

이제 3일이 지나면 '성탄절'입니다. 그런데 한 가지 알아야 할 것은 아기 예수께서 태어나신 날은 기록도 없고 전승도 없기에 정확하게 알 수 없다는 것입니다. 현재 아기 예수께서 태어나신 날로 기념하는 12월 25일은 역사적으로 아기 예수께서 태어나신 날이 아니라 교회 역사가 진행되는 가운데 정해진 것입니다. 오늘부터 일주일 동안은 인류를 구원하기 위해 말씀이 육신이 되어 여자의 후손으로 태어나신 아가 예수님의 행적에 대해 살펴보겠습니다.

❶ 성령으로 처녀 마리아에게 잉태되신 아기 예수

① 마리아에게 나타난 가브리엘 천사는 **"마리아야, 두려워 말라. 네가 하나님께 은혜를 받았기 때문이다. 보라! 네가 잉태하여 아들을 낳을 것이다. 그의 이름을 예수라 하라."**(눅 1:30-31)고 선언합니다. 가브리엘 천사와 마리아의 대화를 보면 아기 예

수께서 성령으로 잉태되었음을 알 수 있습니다(눅 1:26-35).

가브리엘 은혜를 받은 자여. 평안할지어다. 주께서 너와 함께하시도다.

마 리 아 (이 말을 듣고 놀라며 이런 인사가 어찌함인가 생각함.)

가브리엘 마리아여 무서워하지 말라. 네가 하나님께 은혜를 입었느니라. 보라. 네가 잉태하여 아들을 낳으리니 그 이름을 예수라 하라. 그가 큰 자가 되고 지극히 높으신 이의 아들이라 일컬어질 것이요. 주 하나님께서 그 조상 다윗의 왕위를 그에게 주시리니 영원히 야곱의 집을 왕으로 다스리실 것이며 그 나라가 무궁하리라.

마 리 아 나는 남자를 알지 못하니 어찌 이 일이 있으리이까?

가브리엘 성령이 네게 임하시고 지극히 높으신 이의 능력이 너를 덮으시리니 이러므로 나실 바 거룩한 이는 하나님의 아들이라 일컬어지리라. 보라. 네 친족 엘리사벳도 늙어서 아들을 배었느니라. 본래 임신하지 못한다고 알려진 이가 이미 여섯 달이 되었나니 대저 하나님의 모든 말씀은 능하지 못하심이 없느니라.

---

② 여자의 후손으로 오신 예수, 성령으로 잉태된 아기 예수는 지극히 높으신 이의 아들이셨으며 유대인들이 기다리던 메시아로 오셨습니다. 마태는 요셉이 자신과 혼인한 마리아가 자신과 동거하기 전에 임신한 것을 알고 가만히 끊고자 고민한 사실을 기록합니다. 이때 주의 사자가 요셉의 꿈에 나타나 **"다윗의 자손 요셉아! 네 아내 마리아 데려오는 것을 두려워하지 말라. 그 여자에게 잉태된 분은 성령으로 된 것이다. 그 여자가 아들을 낳을 것이다. 그분의 이름을 예수라 하여라. 이는 그분께서 자기 백성을 그들의 죄에서 구원할 것이기 때문이다."**(마 1:20-21) 라고 알려주었습니다. 계속해서 마태는 예수께서 태어나시기 700여 년 전 이사야 선지자가 예언했던 **'… 보라! 처녀가 잉태하여 아들을 낳을 것이요 그의 이**

름을 임마누엘이라 부를 것이다.'(사7:14b)는 말씀이 예수님을 통해 이루어졌음을 밝히고 있습니다(마 1:23). 요셉은 주의 사자의 명대로 그의 아내 마리아를 데려왔으나 아들을 낳기까지 동침하지 않았습니다(마 1:24-25). 마태는 아기 예수께서 여자의 후손으로 오셨음을 분명히 증거하고 있습니다.

요셉이 잠에서 깨어 일어나 주의 사자의 분부대로 행하여 그의 아내를 데려왔으나(마 1:24) **아들을 낳기까지 동침하지 아니하더니 낳으매 이름을 예수라 하니라.**(마 1:25)

마리아와 정혼한 상태였던 요셉은 마리아가 잉태한 사실을 어떻게 알았을까요? 아마도 마리아가 유대로 가 친족 엘리사벳을 만나 자신이 잉태한 것이 성령으로 잉태된 것을 확신하고 3개월 만에 돌아온 후 마리아가 자신에게 된 일을 요셉에게 이야기함으로 알게 되었을 것입니다. 성경 내용으로 볼 때, 마리아의 잉태 사실을 알 수 있는 사람은 마리아와 엘리사벳밖에는 없습니다. 그리고 엘리사벳은 요셉을 만날 수 없는 형편이기에 요셉이 마리아의 잉태 사실을 알게 된 것은 마리아의 고백을 통해서 일 것입니다. 마리아는 자신에게 일어났던 상황을 그대로 말했을 것인데 성령으로 잉태된 사실을 알았을 때, 요셉은 마리아에게 일어난 경이로운 사실을 직시하고 두려워하고('포베오') 고민했습니다(마 1:20). 직접 자신에게 알려주신 것이 아니었고 결혼하기로 약속한 신부 마리아를 통해 하나님의 하시는 일이 들었기에 요셉은 두려워했습니다. 이때 하나님의 사자가 현몽하여 요셉에게 나타나셨고, 이사야의 예언대로 오시는 그리스도로 하나님의 하시는 일을 이루실 분이심을 알렸을 때, 요셉은 잠에서 깨어 주의 사자의 분부대로 아내 마리아를 데려와 결혼하였습니다.

③ 예수께서 태어나시기 1400여 년 전, 이사야 선지자보다 700여 년 전 모세는 첫 사람 아담이 에덴동산에서 선악과를 따먹고 범죄 하였을 때 하나님께서 아담의 후손인 사람들을 구원하기로 하셨으며 여자의 후손을

통해 구원을 이루기로 작정하신 것을 언급하고 있습니다(창 3:15). 창세기 3:15은 세 문장으로 구성되는데 모두 어순 도치되어 내용을 강조합니다. 3:15a는 하나님께서 '너(뱀)와 여자 사이를 그리고 너의 후손과 여자의 후손 사이'를 '원수로' 만들 것인데 어순 도치하여 부사어 '원수로'가 강조되었습니다. 3:15b는 어순 도치되어 주어인 '그는'(여자의 후손은)이 강조되어 '그는(여자의 후손은) 네 머리를 상하게 할 것이다.'로 번역됩니다. 3:15c 또한 어순 도치되어 주어인 '너는(뱀) 그의(여자의 후손) 발꿈치를 상하게 할 것이다'로 번역됩니다.

내가 너로 여자와 원수가 되게 하고 네 후손도 여자의 후손과 원수가 되게 하리니 여자의 후손은 네 머리를 상하게 할 것이요 너는 그의 발꿈치를 상하게 할 것이니라 하시고 (창 3:15)

하나님께서 아담의 범죄 후 여자의 후손을 작정하신 때는 성경적 년대 계산으로 예수께서 태어나시기 4110년 전 일입니다. 성경적 연대를 계산해 보면 아담은 주전 4114년에 창조되었습니다.

④ 누가는 아기 예수께서 지극히 높으신 이, 곧 하나님의 아들이라 일컬어질 것이라고 언급합니다(눅 1:31-32). 여기서 '지극히 높으신'('휩시스토스')은 '가장 높은'이란 의미로 최상급이 쓰였습니다(눅 1:32).

보라 네가 잉태하여 아들을 낳으리니 그 이름을 예수라 하라.(눅 1:31) **그가 큰 자가 되고 지극히 높으신 이의 아들이라 일컬어질 것이요 주 하나님께서 그 조상 다윗의 왕위를 그에게 주시리니**(눅 1:32)

고대의 신관으로 보면 당시는 다신을 인정했고 신들 간의 서열이 존재했습니다. 그 신 중 최고의 신은 가장 높은 곳에 있다고 생각했는데 구약에서 창조주 하나님에 대해 '지극히 높으신'이란 표현을 19번 쓰고 있고 신약에서도 8번 쓰고 있습니다(막 5:7, 눅 1:32, 35, 76, 6:35, 8:28, 행 7:48, 히 7:1). 이것은 이스라엘 백성이 유일신 여호와 하나님을 제대로 섬기지 못하고 주변 나라들의 신이나 우상을 함께 인정하고 섬겼기에 그 신들 가운데에서도 '가장 높으신 분'이라고 설명하는 데 쓰였습니다. 사도 요한은 지극히 높으신 하나님의 아들이 세상을 창조할 때, 태초부터 하나님과 함께 계셨고 말씀으로 계시다가 육신이 되어 이 땅에 오셨다고 고백합니다(요 1:1-4, 14).

> **태초에 말씀이 계시니라. 이 말씀이 하나님과 함께 계셨으니 이 말씀은 곧 하나님이시니라.**(요 1:1) **그가 태초에 하나님과 함께 계셨고**(요 1:2) **만물이 그로 말미암아 지은 바 되었으니 지은 것이 하나도 그가 없이는 된 것이 없느니라.**(요 1:3) **그 안에 생명이 있었으니 이 생명은 사람들의 빛이라.**(요 1:4)
> **말씀이 육신이 되어 우리 가운데 거하시매 우리가 그의 영광을 보니 아버지의 독생자의 영광이요 은혜와 진리가 충만하더라.**(요 1:14)

성도 여러분!

하나님께서는 당신의 계획을 이루시기 위해 믿고 순종할 자를 찾고 계십니다. 그런데 하나님의 일을 하다 보면 사람들에게 오해를 사게 되고 그 오해로 인해 죽을 수도 있는 상황에 부닥치기도 했습니다. 이러한 일이때가 되어 여자의 후손을 보내시는 과정에서 갈릴리 나사렛에 사는 마리아에게 벌어졌습니다. 죽을 수도 있는 일이 벌어질 때 **"보소서! 나는 주님의 여종입니다. 주님의 말씀대로 내게 이루어지기를 바랍니다."**(눅 1:38)라고 고백하기는 쉽지 않은 일입니다. 하나님께서는 이 시간에도 하나님의 구속사를 완성할 마리아와 요셉 같은 성도들을 찾고 계십니다. 오늘도 하나님께서 찾아오셔서 당신의 일을 감당하게 하려고 말씀하실 때 **"보소서! 나는 주의 종입니다. 주님의 말씀대로 내게 행하소서."**라고 고백할 수 있는 성도가 되기 위해 신앙의 전력을 다하는 하루가 되시길 기도합니다.

23일

성령으로 잉태되신 아기 예수 ②

(마 1:18-25, 눅 1:27-38)

제 12 月

오늘 날짜가 언급된 성경 사건은 없습니다. 오늘 날짜가 포함된 사건은 다음과 같습니다.

사건 1 제2월 10일부터 방주에 들어가 하나님의 명령을 감당하는 314일째이고(노아시대 월력체계는 한 달을 30일로 계산함) 하나님께서 말씀하신 대로 40일 동안 비가 내린 307일째로 방주가 아라랏 산에 머무른 지 157일째

사건 2 라암셋을 떠난 지 333일째(제1월을 30일, 제2월을 29일로 계산함)로 시내산 밑 시내광야에 도착하여(제3월 1일) 거한 지 289일째(출 19:1-2)

사건 3 하나님께서 보여주신 식양대로 성막을 만들기 시작하는 161일째

사건 4 시내광야에 11개월 20일 머물던 이스라엘 백성이 하나님의 명령에 따라 약속의 땅을 향해 떠난 지 299일째

사건 5 에스겔 선지자가 그발 강가에서 꼼짝도 못 하고 두려워 떨며 포로 된 백성과 함께 지내는 255일째이고(겔 1:1-2, 3:14-15) 두 번째 계시받은 지 248일째

사건 6 예루살렘 성이 느브갓네살에 의해 포위된 지 73일째(왕하 25:1, 겔 24:1)

사건 7 시드기야 11년 제4월 9일 예루살렘 성이 바벨론에 의해 함락 후 249일째로 솔로몬 성전과 왕궁 그리고 예루살렘 성벽이 파괴된 지 221일째

사건 8 1차 포로 귀환 한 백성들이 성전 마당에 번제단을 만들고 매일 번제를 드리기 시작한 지 171일째

사건 9 학개 선지자에게 성전을 지으라는 하나님의 계시가 임한 지(제6월 1일) 201일째로

중단되었던 성전 건축이 다시 시작된 지(제6월 24일) 178일째이고 학개 선지자에게 두 번째 계시가 임한 지(제7월 21일) 152일째이고 세 번째, 네 번째 계시가 하루에 임한 지 89일째(학 2:10-23)

사건 10 학개 선지자를 통해 성전 공사를 재개하게 했던 것을 독려하는 계시가 스가랴 선지자에게 임한 지(8월 1일) 142일째(슥 1:1-6)이고 세 번째 계시가 임한 지(제9월 4일) 109일째

사건 11 모르드개가 조서를 써 전국(127도)에 보낸(제3월 23일) 후 268일째

사건 12 주전 458년 2차 포로 귀환하여 예루살렘에 도착한 지 230일째로 백성들이 하나님께 번제와 속죄제를 드린 226일째(스 7:6-9, 8:15-36)

사건 13 2차 포로귀환을 한 에스라가 백성들의 잡혼 문제를 해결하기 위해 조사를 시작한 지 82일째(스 10:16)

사건 14 3차 포로 귀환 한 느헤미야를 중심으로 5월 4일 시작하여 52일 동안 예루살렘 성벽 공사가 완성된(6월 25일) 후 175일째

오늘은 마리아의 남편 요셉이 마리아의 잉태 사실을 알고 일을 처리하는 과정에서 마태가 요셉을 '의로운 사람'이라고 표현한 이유에 대해서 살펴보겠습니다.

❷ 의로운 사람 요셉

요셉은 마리아와 정혼한 후 동거하기 전에 마리아가 잉태한 것을 알았습니다(마 1:18). 그러나 요셉은 마리아가 잉태한 아기가 자신의 씨가 아닌 것을 분명하고 정확하게 알고 있습니다. 아마도 요셉은 마리아에게서 아기 예수께서 성령으로 잉태되는 과정에서 일어났던 일들을 듣게 되었을 텐데 사람의 생각으로는 도저히 믿을 수 없는 일이었고 들어본 적도 없는 일이기에 요셉은 고민에 빠졌을 것입니다. 이 과정에서 마태는 요셉을 '의로운 사람'이라고 표현하고 있습니다. 율법대로 사는 '의로운 사람'으로서 결혼하기로

약속한 신부가 결혼식을 올리기 전 신부가 되기 위해 준비하는 기간에 다른 사람의 아이를 가진 것을 묵과할 수 없었습니다. 하지만 율법이 명한 대로 사람들에게 알리고 마리아를 죽게 할 수도 없었기에 '은밀히, 비밀스럽게'('라드라') 갈라서고자(끊고자 하여) 고민하고 숙고했습니다('엔뒤메오마이'). 마태는 왜 요셉을 '의로운 사람'이라고 말합니까? 또한 그가 의로운 행동으로 '그 여자를 드러내지 않고 은밀히 끊고자 했다.'는 것은 어떤 의미입니까?

제12月

현재 상황은 신랑(요셉)이 신부(마리아)의 집을 찾아가 정혼한 후 신랑 집에서 혼인 잔치를 하기까지 신랑과 신부가 서로 각자의 집에서 결혼하기 위해 준비하는 기간으로 두 사람이 동거하기 전에 일어난 일입니다. 마리아는 성령을 통해 아기 예수님을 잉태하였음을 들었을 때, **"나는 사내를 알지 못한다."**고 말합니다. 이것은 '요셉과 약혼을 했으나 준비 기간이기에 동침하지 않았다.'는 것입니다. 보통 약혼하고 결혼하기까지의 준비 기간은 약 일 년 정도 되는데 이 기간은 신부가 다른 남자와 부정을 저지르지 않고 정절을 지켰음을 나타내는 기간이기도 합니다. 이 준비 기간에 신랑은 자신의 집으로 돌아가 결혼하여 신부와 함께 살 집을 준비하고 신부는 더욱 가사 일을 배웠습니다. 이런 약혼 기간에 마리아가 임신했다는 사실을 안 요셉은 마리아가 다른 남자를 받아들인 것으로밖에 생각할 수 없습니다. 그리고 율법에 의하면 마리아는 돌에 맞아 죽어야 했습니다. 그러나 요셉은 '의로운 사람'이었기에 '은밀히 끊고자' 이 일을 생각했습니다(마 1:19-20).

> **그의 남편 요셉은 의로운 사람이라. 그를 드러내지 아니하고 가만히 끊고자 하여**(마 1:19)
> **이 일을 생각할 때에 주의 사자가 현몽하여 이르되 다윗의 자손 요셉아 네 아내 마리아 데려오기를 무서워하지 말라. 그에게 잉태된 자는 성령으로 된 것이라.**(마 1:20)

여기서 '은밀히 끊고자'는 '라드라'(몰래, 비밀히)와 '아폴뤼오'(석방하다, 풀어 놓다, 해고하다, 용서하다, 가게하다, 내쫓다, 해산하다, 이혼하다)를 번역한 것입니다. 의미는 아무도 모르게 파혼을 하려 했던 것으로 생각할 수 있습니다. 마리아의 부정을 모든 사람이 알게 한다면 마리아가 죽게 되기 때문에 그녀가 자신과 약혼했던 것을 몰래 파하고 태 속 아이의 아버지를 찾아 결혼할 수 있게 함으로 마리아와 아이를 살릴 방법을 고민했을 것입니다. 이때 주의 사자가 나타나 성령으로 잉태된 사실을 알렸고, 요셉은 주의 사자의 분부대로 마리아를 데려와 결혼하였습니다. 요셉은 주의 사자를 만나는 체험을 통해 성령으로 잉태되었다는 것을 믿었고 아기 예수님을 낳을 때까지 마리아와 동침하지 않았습니다.

[이해도움] 성경 속 유대인들의 결혼('므네스튜오', 약혼하다, 결혼하다)

당시의 결혼 관습은 현대의 약혼과 결혼 관습과는 다릅니다. 당시에는 현대의 약혼 개념처럼 결혼하기로 약속하면 그 자체가 결혼으로서 법적 효력을 나타내며 이혼 증서를 써 주지 않고는 그 관계를 파기할 수 없었습니다. 본문에서도 이미 결혼하기로 약속한 상태이기에 요셉을 마태는 마리아의 남편으로 부르고 있습니다(마 1:19). 결혼할 상대는 당사자가 아닌 부모나 형제들에 의해 정해지는데, 남자는 여인의 집에 가서 잔치를 벌입니다. 보통 일주일 잔치를 하는데 2주 동안 잔치하기도 합니다. 잔치의 마지막 날 여인에게 포도주를 따라 주는데, 여인이 포도주를 받아먹으면 청혼이 받아들여진 것으로 정혼이 성사됩니다. 이후 계약서를 주고받거나 신랑이 신부에게 선물을 줍니다.

결혼하기로 약속한 후에는(현대의 약혼식 후) 1년여 동안 신랑과 신부가 되기 위한 준비 기간을 가집니다(재혼의 준비 기간은 30일 정도로 짧습니다). 신부는 신랑의 집에서 결혼하기까지 친정집에 머물며 본격적으로 신부 수업을 하게 되고, 남자는 집으로 돌아가 신부를 데려올 처소를 준비합니다. 결혼예식 날이 정해지면 신랑은 신부를 데리러 신부의 집으로 가고, 신부 측 들러리들과 함께 신랑의 집에 와 잔치를 벌입니다. 정혼한 후 결혼을 할 때까지 신랑과 신부

사이의 연락은 신랑 친구가 했습니다(요 3:29). 그런데 결혼 준비 기간에 약혼한 처녀가 아이를 갖게 되면 처녀와 아이를 갖게 한 남자를 성문에서 돌로 쳐 죽여야 했습니다(신 22:23-24).

> **신부를 취하는 자는 신랑이나 서서 신랑의 음성을 듣는 친구가 크게 기뻐하나니 나는 이러한 기쁨으로 충만하였노라.**(요 3:29)
> **처녀인 여자가 남자와 약혼한 후에 어떤 남자가 그를 성읍 중에서 만나 동침하면**(신 22:23) **너희는 그들을 둘 다 성읍 문으로 끌어내고 그들을 돌로 쳐죽일 것이니 그 처녀는 성안에 있으면서도 소리 지르지 아니하였음이요 그 남자는 그 이웃의 아내를 욕보였음이라. 너는 이같이 하여 너희 가운데에서 악을 제할지니라.**(신 22:24)

예수님께서는 최후의 만찬, 유월절 밤에 믿는 자들의 대표라 할 수 있는 제자들에게 포도주를 나눠 주시며 **"하나님 나라에서 새것으로 마시는 날까지 다시 마시지 아니하리라."**(막 14:23-25)고 말씀하셨습니다. 이후 예수님께서는 계속되는 유월절 강화에서 **"내 아버지 집에 거할 곳이 많다. 그렇지 않으면 너희에게 일렀으리라. 내가 너희를 위하여 처소를 예비하러 가노라. 내가 가서 그리고 너희를 위하여 처소를 예비하면, 내가 다시 와서 그리고 너희를 내게로 영접하면, 나 있는 곳에 너희도 있게 하리라."**(요 14:2-3)고 말씀하십니다. 이것은 정혼한 후 신랑이 신부를 맞이하기 위해 아버지의 집으로 돌아가 처소를 준비하는 당시의 풍습과 일맥상통합니다. 십자가를 통해 구원을 이루시고, 다시 오실 것을 약속하신 예수님께서는 지금도 천국에서 성도들이 거할 처소를 준비하고 계십니다. 신랑으로서 해야 할 의무를 다하고 계신 것입니다.

예수님을 그리스도라 고백하는 성도들은 다시 오시겠다고 약속하고 떠나가신 주님을 기다리는 신부입니다. 신부(성도)는 어린양의 신부로서 다시 오실 분을 맞이해 어린양의 혼인 잔치에 참여하기 위해 준비해야 합니다. 그런데 요한은 밧모섬에서 받은 요한계시록에서 어린양의 혼인 잔치에 참여하기 위해 신부인 성도들이 빛나고 깨끗한 세마포를 준비해야 할 것인데 세마포가 성도들의 옳은 행실이라고 말합니다(계 19:7-8).

> **우리가 즐거워하고 크게 기뻐하며 그에게 영광을 돌리세 어린 양의 혼인 기약이 이르렀고 그의 아내가 자신을 준비하였으므로**(계 19:7) **그에게 빛나고 깨끗한 세마포 옷을 입도록 허락하셨으니 이 세마포 옷은 성도들의 옳은 행실이로다 하더라.**(계 19:8)

다시 오실 신랑을 맞이하기 위해 등불과 기름을 넉넉히 준비하는 슬기로운 처녀가 되어야 하는 이유가 여기에 있습니다. 2000여 년이 지났고 신랑이 오실 때가 되었는데 좀 늦어지는 상황입니다. 기름을 넉넉하게 준비하지 못해 혼인 잔치에 참여하지 못하는 미련한 처녀는 되지 말아야 합니다.

성도 여러분!

여자의 후손인 아기 예수께서 성령으로 마리아에게 잉태된 사실이 마리아의 남편 요셉에게 알려지고 믿어지는 과정을 통해 성도가 하나님의 하시는 일에 어떠한 자세로 임하고 순종해야 하는지 생각하게 합니다. 또한 요셉처럼 언약공동체(교회)나 믿는 성도의 허물을, 또는 비밀을 알게 되었을 때 고민하며 기도하는 가운데 조심스럽게 처리하는 것이 하나님의 일을 감당하는 방법임을 알게 합니다. 의로운 자로서 부정하고 잘못된 것을 밝히고, 정죄하는 것도 중요하지만, 그 일이 발생하게 된 원인과 된 상황을 조심스럽게 파악한 후 일을 처리하는 신중함이 요구됨을 깨닫게 합니다. 오늘도 하나님의 비밀을 전해 듣고 깨닫고 안 성도로서 맡겨주신 직분을 잘 감당하는 하루가 되시길 기도합니다.

24일

로마 황제를 사용하신 하나님

(미 5:2, 눅 1:26-38, 2:1-5)

제 12 月

오늘 날짜가 언급된 성경 사건은 없습니다. 오늘 날짜가 포함된 사건은 다음과 같습니다.

사건 1 제2월 10일부터 방주에 들어가 하나님의 명령을 감당하는 315일째이고(노아시대 월력체계는 한 달을 30일로 계산함) 하나님께서 말씀하신 대로 40일 동안 비가 내린 308일째로 방주가 아라랏 산에 머무른 지 158일째

사건 2 라암셋을 떠난 지 334일째(제1월을 30일, 제2월을 29일로 계산함)로 시내산 밑 시내광야에 도착하여(제3월 1일) 거한 지 290일째(출 19:1-2)

사건 3 하나님께서 보여주신 식양대로 성막을 만들기 시작하는 162일째

사건 4 시내광야에 11개월 20일 머물던 이스라엘 백성이 하나님의 명령에 따라 약속의 땅을 향해 떠난 지 300일째

사건 5 에스겔 선지자가 그발 강가에서 꼼짝도 못 하고 두려워 떨며 포로 된 백성과 함께 지내는 256일째이고(겔 1:1-2, 3:14-15) 두 번째 계시받은 지 249일째

사건 6 예루살렘 성이 느브갓네살에 의해 포위된 지 74일째(왕하 25:1, 겔 24:1)

사건 7 시드기야 11년 제4월 9일 예루살렘 성이 바벨론에 의해 함락 후 250일째로 솔로몬 성전과 왕궁 그리고 예루살렘 성벽이 파괴된 지 222일째

사건 8 1차 포로 귀환 한 백성들이 성전 마당에 번제단을 만들고 매일 번제를 드리기 시작한 지 172일째

사건 9 학개 선지자에게 성전을 지으라는 하나님의 계시가 임한 지(제6월 1일) 202일째로

중단되었던 성전 건축이 다시 시작된 지(제6월 24일) 179일째이고 학개 선지자에게 두 번째 계시가 임한 지(제7월 21일) 153일째이고 세 번째, 네 번째 계시가 하루에 임한 지 90일째(학 2:10-23)

사건 10 학개 선지자를 통해 성전 공사를 재개하게 했던 것을 독려하는 계시가 스가랴 선지자에게 임한 지(8월 1일) 143일째(슥 1:1-6)이고 세 번째 계시가 임한 지(제9월 4일) 110일째

사건 11 모르드개가 조서를 써 전국(127도)에 보낸(제3월 23일) 후 269일째

사건 12 주전 458년 2차 포로 귀환하여 예루살렘에 도착한 지 231일째로 백성들이 하나님께 번제와 속죄제를 드린 227일째(스 7:6-9, 8:15-36)

사건 13 2차 포로귀환을 한 에스라가 백성들의 잡혼 문제를 해결하기 위해 조사를 시작한 지 83일째(스 10:16)

사건 14 3차 포로 귀환 한 느헤미야를 중심으로 5월 4일 시작하여 52일 동안 예루살렘 성벽 공사가 완성된(6월 25일) 후 176일째

아기 예수는 요셉과 마리아가 결혼하기로 약속하고 결혼하기 위한 준비 기간을 보내며 살던 갈릴리 나사렛에서 성령으로 잉태되었습니다(눅 1:26-38). 아기 예수님을 잉태한 마리아는 유대 산중에 사는 나이든 친족 엘리사벳이 세례 요한을 잉태했다는 소식을 듣고 유대에 있는 사가랴의 집으로 갑니다. 마리아는 친족 엘리사벳을 찾아 유대에 3개월을 머무른 후 다시 갈릴리 나사렛으로 돌아와 지냅니다(눅 1:39-56). 오늘은 미가 선지자가 예언된 대로(미 5:2) 아기 예수께서 베들레헴에서 태어나시는 과정을 살펴보겠습니다.

❶ 메시아가 태어날 곳으로 예언된 유대 베들레헴

이사야 선지자와 동시대를 살았던 미가 선지자는 '사마리아와 예루살렘에 관한 계시'(미 1:1, 렘 26:18)를 받고 남 유다의 중심인 예루살렘(시온)에 대해 선포합니다. 이때 이스라엘을 다스릴 상고의 태초에 존재하셨던 분께서 태

어날 것을 예언하는데 그 장소는 유대 지파가 분배받았던 '베들레헴'이었습니다(미 5:2). 한편 별을 연구하던 동방의 박사들은 아기 예수를 경배하기 위해 별을 따라 서쪽으로 와서 예루살렘에 도착했습니다. 헤롯 궁에 들어간 박사들은 **"유대인의 왕으로 나신 이가 어디 계시냐? 우리가 동방에서 그의 별을 보고 그에게 경배하러 왔노라."**(마 2:2)고 이야기합니다. 헤롯 왕과 온 예루살렘은 듣고 소동하였고 대제사장과 서기관들은 미가 선지자가 예언한 **'그러나 너 베들레헴 에브라다야 네가 유다 족속들 가운데서 작을지라도 나를 위해 이스라엘을 다스릴 자가 네게서 나올 것이다. 그의 근원은 태곳적 영원부터이다.'**(미 5:2)라는 말씀을 기억하고 베들레헴에서 태어날 것을 알려 주었습니다.

요셉과 마리아는 갈릴리 나사렛에 살았고 나사렛에서 결혼하기로 약속했고 나사렛에서 정혼했습니다. 아기 예수도 나사렛에 머물 때 잉태되었습니다. 만약 요셉과 마리아가 계속해서 갈릴리 나사렛에 머물렀다면 아기 예수께서는 나사렛에서 태어나셨을 것입니다. 그렇다면 여호와 하나님께서는 미가 선지자에게 주셨던 말씀이 이루어지지 않았을 텐데 하나님께서는 미가 선지자가 선포한 예언을 이루시기 위해 특별한 조치를 내리셨습니다. 먼저 오른쪽 지도에서 헤롯 대왕이 다스렸던 팔레스타인의 행정구역을 확인해 봅시다. 북쪽의 갈릴리, 중앙의 사마리아, 염해(사해)와 지중해 사이에 있는 유대의 위치를 확인하고 갈릴리 나사렛과 베들레헴의 위치를 확인해 봅시다. 유대 땅은 염해(사해)의 서쪽 편에 있는 지중해까지 이르는 지역이고 요셉과 마리아는 유다의 자손입니다. 유다 자손이 유대 땅에 살지 않고 여호수아를 통해 땅을 나

헤롯 대왕 당시의 행정구역

누어 주실 때 아셀, 납달리, 스불론, 잇사갈 지파가 분배받았던 북쪽 갈릴리 나사렛에 살게 된 원인은 무엇입니까?

구약 성경은 이방과 접해 부정해질 수 있는 요소를 많이 가진 갈릴리를 천시하여 '이방의 갈릴리'라고 표현했습니다(사 9:1, 마 4:15). 북이스라엘 바아사 시대 아람 왕 벤하닷의 침공, 722년 북이스라엘을 멸망시킨 앗수르의 침공, 이후 헬라(셀류커스 왕조)의 통치까지 갈릴리는 '이방의 갈릴리'로 불렸습니다. 그런데 주전 167년 헬라(셀류커스 왕조)의 통치에서 벗어나 유대를 독립시킨 마카비 왕조의 아리스토불루스 1세(주전 104-103년)는 정복 전쟁을 계속하여 솔로몬 이후 가장 넓은 영토를 확보합니다. 이때 그는 갈릴리 지역을 확보한 후 유대의 경건한 사람들을 이주하여 살게 합니다. 아마도 요셉과 마리아의 2-3대 윗세대가 이때 갈릴리로 이주한 것으로 생각됩니다. 예수님 당시 갈릴리는 로마에 대항하는 사람들을 포함해 거의 100% 유대인들이 거주했다고 합니다. 구약에서 말하는 '이방의 갈릴리'는 유대의 경건한 자들이 이주한 이후 예수님 시대에는 그 의미가 바뀌어야 함을 알 수 있습니다.

❷ 하나님의 섭리 속에 속한 로마 황제와 나사렛에서 베들레헴으로의 여행

하나님께서는 예언된 말씀대로 아기 예수께서 유대 땅 베들레헴에서 태어나게 하시기 위해 로마의 황제 가이사 아구스도를 사용하십니다. 그는 세금을 거둬들이기 위해 인구조사*를(호적령) 명했지만 이를 통해 하나님의 뜻은 이루어졌습니다. 로마 황제의 호적령으로 고향이 유대 베들레헴이었던 요셉은 마리아와 함께 갈릴리 나사렛을 떠나 유대의 베들레헴으로 여행해야 했습니다. 이때 아마도 마리아가 아기 예수를 잉태한 상태에서 거동하기가 불편했을 것으로 생각됩니다.

---

* 구레뇨가 시리아 총독으로 있을 때인 주전 4년

요셉과 마리아는 유대인이었고 구약에 대해 잘 알았을 것입니다. 그들은 아마도 미가 선지자의 예언대로 상고의 태초이신 메시아가 유대 땅 베들레헴에서 태어나신다는 사실도 알았을 것입니다. 그런데 잉태된 아기 예수께서 그리스도이셨음을 알고 있는 부부는 계속해서 갈릴리 나사렛에 머무릅니다. 만약 이들이 계속해서 갈릴리 나사렛에서 머무른다면 아기 예수께서는 나사렛에서 태어나시게 됩니다. 하나님께서는 미가 선지자가 700여 년 전에 선포한 대로 아기 예수께서 베들레헴에서 태어나도록 로마의 황제 가이사 아구스도를 사용하셨습니다.

요셉은 다윗의 자손이었기에 갈릴리 나사렛에 살고 있지만 유대 땅으로 가서 호적을 해야 했습니다(눅 2:3-6). 만약 마리아가 배가 많이 나왔거나 만삭의 몸이었다면 여행하기에 아주 불편했을 것입니다. 아기가 태어날 때 즈음이 되어 갈릴리 나사렛에서 유대 베들레헴으로 가는 여행은 아주 힘들었을 것입니다. 마리아도 힘들었겠지만 태 중의 아기 예수도 마찬가지였을 것입니다. 행정적인 명령에 따라 움직여야만 하는 요셉과 마리아의 모습을 보며 하나님의 말씀을 깨달았다면 먼저 고향 땅 베들레헴으로 이주하지 않았을까 생각해 봅니다. 하나님의 말씀은 분명히 이루어지는데 이루어지는 시기가 되어도 반응이 없다면 강제로라도 이주시키셔서 하나님의 계획을 이루시는 것을 깨달을 수 있습니다.

[이해도움] 갈릴리 나사렛에서 유대 베들레헴으로의 여행

직선거리로 130km가 넘는 갈릴리 나사렛에서 유대 베들레헴으로의 여행은 마리아가 만삭이었다면 요셉과 마리아 아기 예수 모두에게 힘든 여행이었습니다. 이즈음 마리아가 만삭의 몸이었다는 성경적 표현은 없지만 대부분 사람들이 아마도 만삭의 몸이었을 것이라 말합니다. 왜냐하면 베들레헴에 도착하여 오랜 시간이 흐른 후 해산할 날이 되었다면 오래 머무르는 동

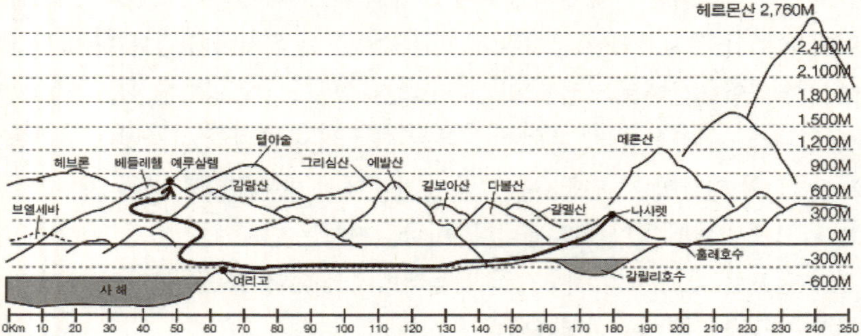

팔레스타인 종단면 : 갈릴리에서 유대로

안 사관을 구하지 못하지는 않았을 것입니다. 해산할 기간이 얼마 남지 않은 상태에서 여행하게 되었고 호적 하러 고향으로 돌아온 친척이나 친지가 많았기에 사관이 없었을 것입니다. 만삭의 몸으로 먼 거리(130km이상)를 이동해야 하는 것도 문제이지만 동서 방향으로 이동하며 산지를 오르내리는 것은 더 힘들었을 것입니다. 해발 400여 미터 지대의 나사렛을 떠나 이스르엘 골짜기를 통과한 후 요단강을 건너(해발 -210m보다 낮음) 베레아 지역으로 남하하여 여리고 앞에서 다시 요단강을 건너고(해발 -350m 정도로 예상됨) 여리고(해발 -260m 정도)를 지나 유대광야 올라가 예루살렘(해발 약 760m)을 지나 베들레헴으로 향하는 길은 참으로 힘든 여정이었을 것입니다.

성도 여러분!

아기 예수님은 요셉과 마리아가 갈릴리 나사렛에 살 때 성령으로 잉태됩니다. 마리아는 3개월의 유대 여행 후 다시 나사렛에 와서 살았습니다. 계속해서 갈릴리 나사렛에 머무는 요셉과 마리아를 유대 땅 베들레헴으로 가도록 하나님께서 로마 황제를 움직이셨는데 로마 황제도 하나님의 섭리 가운데 있음을 고백하지 않을 수 없습니다. 현재를 사는 나의 신앙생활 가운데 말씀을 듣고 깨닫고 순종해야 할 시기, 행하는 방법, 가야 할 길을 알면서도 마음에 결정을 내리고서도 그저 움직이지 않고 머물러 있지는 않습니까? 오늘도 성경 말씀을 통해 나에게 주신 깨달음이 있다면 즉시 그 말씀에 반응하여 뜻을 이루어 드리는 하루가 되시길 기도합니다.

25일

서기력을 주전과 주후로 나누는 기준이 된 아기 예수의 탄생 ①

오늘 날짜가 언급된 성경 사건은 없습니다. 오늘 날짜가 포함된 사건은 다음과 같습니다.

사건 1 제2월 10일부터 방주에 들어가 하나님의 명령을 감당하는 316일째이고(노아시대 월력체계는 한 달을 30일로 계산함) 하나님께서 말씀하신 대로 40일 동안 비가 내린 309일째로 방주가 아라랏 산에 머무른 지 159일째

사건 2 라암셋을 떠난 지 335일째(제1월을 30일, 제2월을 29일로 계산함)로 시내산 밑 시내광야에 도착하여(제3월 1일) 거한 지 291일째(출 19:1-2)

사건 3 하나님께서 보여주신 식양대로 성막을 만들기 시작하는 163일째

사건 4 시내광야에 11개월 20일 머물던 이스라엘 백성이 하나님의 명령에 따라 약속의 땅을 향해 떠난 지 301일째

사건 5 에스겔 선지자가 그발 강가에서 꼼짝도 못 하고 두려워 떨며 포로 된 백성과 함께 지내는 257일째이고(겔 1:1-2, 3:14-15) 두 번째 계시받은 지 250일째

사건 6 예루살렘 성이 느브갓네살에 의해 포위된 지 75일째(왕하 25:1, 겔 24:1)

사건 7 시드기야 11년 제4월 9일 예루살렘 성이 바벨론에 의해 함락 후 251일째로 솔로몬 성전과 왕궁 그리고 예루살렘 성벽이 파괴된 지 223일째

사건 8 1차 포로 귀환 한 백성들이 성전 마당에 번제단을 만들고 매일 번제를 드리기 시작한 지 173일째

사건 9 학개 선지자에게 성전을 지으라는 하나님의 계시가 임한 지(제6월 1일) 203일째로

중단되었던 성전 건축이 다시 시작된 지(제6월 24일) 180일째이고 학개 선지자에게 두 번째 계시가 임한 지(제7월 21일) 154일째이고 세 번째, 네 번째 계시가 하루에 임한 지 91일째(학 2:10-23)

사건 10 학개 선지자를 통해 성전 공사를 재개하게 했던 것을 독려하는 계시가 스가랴 선지자에게 임한 지(8월 1일) 144일째(슥 1:1-6)이고 세 번째 계시가 임한 지(제9월 4일) 111일째

사건 11 모르드개가 조서를 써 전국(127도)에 보낸(제3월 23일) 후 270일째

사건 12 주전 458년 2차 포로 귀환하여 예루살렘에 도착한 지 232일째로 백성들이 하나님께 번제와 속죄제를 드린 228일째(스 7:6-9, 8:15-36)

사건 13 2차 포로귀환을 한 에스라가 백성들의 잡혼 문제를 해결하기 위해 조사를 시작한 지 84일째(스 10:16)

사건 14 3차 포로 귀환 한 느헤미야를 중심으로 5월 4일 시작하여 52일 동안 예루살렘 성벽 공사가 완성된(6월 25일) 후 177일째

보통 '서기'는 예수 그리스도 탄생을 기점으로 한 교회력 AD와 같은 표현으로 쓰고 있고 '서기전'은 'BC'와 같은 개념으로 쓰고 있고 AD를 주후, BC를 주전으로 표기합니다. 그런데 성경에 나타나는 사건들은 서기력이나 로마력으로 표현되지 않고 당시 왕의 재임 연대를 기준으로 기록되어 있습니다. 그렇다면 성경 사건들이 주전(BC) 몇 년에 발생했다고 기록하는 책들은 무슨 근거로 그렇게 말하는지 성경에 등장하는 사건들을 어떻게 서기력으로 표기할 수 있는지 살펴보겠습니다.

❶ 교회력으로서의 기원후(AD)

'기원후'로 쓰이는 'AD'의 원문은 라틴어로 'Anno Domini Nostri Iesu Christi'이고 '우리의 주 예수 그리스도의 해'라는 의미로 알려져 있습니다. 이 용어는 AD 525년 교황 요한 1세가 매년 바뀌는 부활절 날짜를 간단히 계산하기 위해 로마의 주교 디오니시우스 엑시구스에게 교회력을 만들도록

요청해 만들어졌습니다. 디오니시우스 엑시구스는 당시의 월력체계였던 로마력 754년을 AD 1년으로 삼아 예수 그리스도께서 로마력 754년에 태어나셨다고 발표했고 교회력은 시작되었습니다. 이후 교회력은 로마력 대신 보편적으로 사용되는 월력으로 자리 잡았고 AD 1년은 예수 그리스도의 탄생년도로 인식되었습니다.

세월이 지나 예수님이 태어나실 때의 왕이었던 헤롯 대왕이 로마력으로 750년에 죽었음이 밝혀졌고(마태는 아기 예수께서 태어나실 때 헤롯 대왕이 살아있었던 것으로 기록함, 마 2:1-3) 디오니시우스의 계산 착오로 AD 1년에 해당하는 로마력이 750년으로 교회력과 4년의 차이가 있음이 확인되었지만 교회력으로서의 AD는 계속해서 사용되었습니다. 교회력의 기준이 된 AD 곧 예수 그리스도 탄생 이전 시대에 대한 표기에 있어 BC가 사용된 것은 얼마 되지 않았습니다. BC는 17세기 영국 과학자들에 의해 사용되기 시작되었는데 'Before Chirst'(그리스도 이전)라는 의미였고 사용된 후 얼마 지나지 않아 정식명칭으로 자리 잡았습니다. 현재 예수 그리스도의 탄생년도는 주전(BC) 4년으로 표기합니다.

> **헤롯 왕 때에 예수께서 유대 베들레헴에서 나시매 동방으로부터 박사들이 예루살렘에 이르러 말하되**(마 2:1) **유대인의 왕으로 나신 이가 어디 계시냐? 우리가 동방에서 그의 별을 보고 그에게 경배하러 왔노라 하니**(마 2:2) **헤롯 왕과 온 예루살렘이 듣고 소동한지라.**(마 2:3)

❷ 성경 사건의 서기력 표기의 기준

❶ 천문연대와 앗수르의 기록과의 접점

앗수르 제국의 기록에 보면 '불-사갈레'라는 에포님 해의 시마누달에 일식이 있었다는 기록이 있습니다. 이 일식은 천문학자들의 계산으로 주전

310 히브리 왕들의 연대기

768	Aplia	(governor) of Mazamua	in the land
767	Kurdi-Ashur	(governor) of Ahi-Suhina	against Gananati
766	Mushallim-Urta	(governor) of Tillê	against Madai
765	Urta-mukîn-nishê	(governor) of Kirruri	against Hatarika. A plague
764	Sidki-ilu	(governor) of Tushhan	in the land
763	Bur (Ishdi)-Sagale	(governor) of Guzana	revolt in city of Ashur. In the month of *Simânu* an eclipse of the sun took place
762	Tâb-bêl	(governor) of Amedi	revolt in the city of Ashur
761	Nabu-mukîn-ahi	(governor) of Nineveh	revolt in the city of Arrapha
760	Lakipu	(governor) of Kakzi	revolt in the city of Arrapha
759	Pân-Ashur-lamur	(governor) of Arbailu	revolt in the city of Guzana. A plague
758	Bêl-taklak	(governor) of Isana	against Guzana. Peace in the land

763년 6월 15일임이 밝혀졌습니다. 이로써 앗수르 에포님 '불-사갈레'의 해가 주전 763년으로 고정되었고 이 해를 기준으로 한 앗수르 제국의 기록이 주전 891에서 주전 684년 사이의 역사였음이 밝혀졌습니다.

❷ 앗수르 기록과 북이스라엘, 남유다 기록과의 접점

① 북이스엘의 아합과 앗수르의 살만에셀 3세 때의 사건

앗수르의 살만에셀 3세의 통치 6년 '다이안-아술'이라는 에포님 해에 '콰카(Qarqar)' 전투가 있었음이 밝혀졌습니다. 그런데 이 전투는 북이스라엘의 아합이 서방 동맹국들과 합세하여 참여했던 전투였습니다. 이 해는 주전 853년으로 결정되었고 주전 853-840년 사이의 북이스라엘 역사와 앗수르의 기록이 정확히 일치함을 보여줍니다. 그리고 아합은 콰카 전투에서 돌아와 그다음 전쟁인 아람과의 전쟁 중 길르앗 라못 전투를 하다 죽게 되는데(왕상 22:1-40) 이 전투는 해가 바뀐 주전 852년 봄부터 가을까지 있었던 것으로 생각됩니다. 왜냐하면 전쟁은 비가 내리지 않는 건기인 봄부터 가을 사이에 벌어지기 때문입니다. 혹자는 콰카 전투가 끝난 해 바로 아람과의 전쟁이 일었다고 말하는데 상식적으로 북이스라엘로부터 먼 거리인 콰카에서 대국 앗수르와의 전쟁에 참여한 후 돌아와 같은 해 이웃 나라인 아람과 전쟁

856 Ashur-bêl-ukin	field-marshal	[against Bit-Adini]
855 Ashur-bunaia-usur	chief cup-bearer	[against Bit-Adini]
854 Abu-ina-ekalli-lilbur	high chamberlain	....
853 Daiân-Ashur	field-marshal	[against Hatte]
852 Shamash-abua	governor of Nasibina	[against Til-Abni]
851 Shamash-bêl-usur	(governor) of Calah	[against Babylonia]
850 Bêl-bunaia	high chamberlain	[against Babylonia]
849 Hadi-lipushu	(governor) of	[against Carchemish]
848 Nergal-alik-pani	(governor) of	[against Hatte]
847 Bir-Ramana	(governor) of	[against Pakarhubuna]
846 Urta-mukîn-nishê	[(governor) of	against Iaeti]
845 Urta-nâdin-shum	[(governor) of	against Hatte]
844 Ashur-bunua	[(governor) of	against Nairî]
843 Tâb-Urta	[(governor) of	against Namri]
842 Taklak-ana-sharri (var., -Ashur)	[(governor) of	against Hamanu]
841 Adad-rimani	[(governor) of	against Damascus]
840 Bêl-abua (var., Shamash-)	[(governor) of Ahi-[Suhina]	[against Kue]

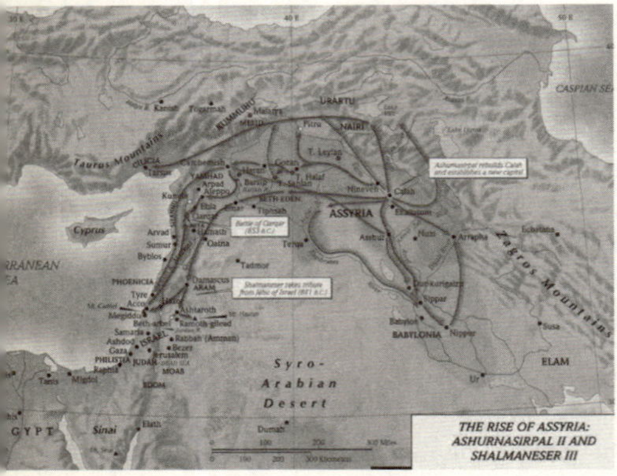

주전 853년 북이스라엘의 아합이 참전했던 콰카(카르카르, QarQar) 전투

을 벌인다는 것은 이해가 되지 않습니다. 만약 아람과의 전쟁이 콰카 전투 다음 해인 주전 852년 봄과 가을 사이에 일어났다면 아합이 죽은 주전 852년은 성경연대를 계산하는 기준 연대(절대년도)가 됩니다.

② 남유다의 히스기야와 앗수르의 산헤립 때의 사건

기록에 의하면 앗수르의 산헤립은 힛타이트땅(Aram)을 향해 3번 진출했습니다. 그리고 주전 701년에 해당하는 기록에 의하면 '유대인 히스기야를 그의 왕도인 예루살렘에 새장과 같이 가두었다'고 기록하고 있습니다. 이때는 히스기야 14년으로(왕하 18:13) 라기스가 함락되고 예루살렘이 포위되었던 때로 주전 701년은 성경연대를 계산하는 두 번째 절대연도로 잡을 수 있습니다.

히스기야 왕 제십사 년에 앗수르의 왕 산헤립이 올라와서 유다 모든 견고한 성읍들을 쳐서 점령하매(왕하 18:13)

성도 여러분!

복잡해진 현대 생활 속에 시기(년, 월, 일)와 시간은 사회생활이나 개인 생활 속에 더욱 정확해지고 세분화되며 계산되고 지켜지고 있습니다. 매달 마지막 날 하루를 넘기면 벌금을 내기도 하고 정해진 시간에 1초가 지나면 새로운 기준으로 계산해야 하고 스포츠 경기에서는 초 단위보다 더 세밀하게 계산해 등수를 매기기도 합니다. 예수 그리스도를 기준으로 사용하기 시작한 월력체계를 기준으로 주후 2017년 12월 25일이라는 시간을 보내며 나의 삶 속의 시간표가 하나님께서 주신 시간을 하나님의 계속 속 시간표로 내 삶을 계획하여 살고 있는지 아니면 세상이 정해준 시간표에 내 삶이 얽매여 살고 있는지 돌아봅시다. 오늘도 나의 죄를 대신하시기 위해 말씀이 육신이 되어 오신 것을 기념하는 오늘 성탄절에 하나님께서 주신 시간을 사용함에 있어 우리들 삶의 시간표가 하나님의 계획 속 시간표로 바꾸어지는 한 날 되시길 기도합니다.

26일

서기력을 주전과 주후로 나누는 기준이 된 아기 예수의 탄생 ②

오늘 날짜가 언급된 성경 사건은 없습니다. 오늘 날짜가 포함된 사건은 다음과 같습니다.

사건 1 제2월 10일부터 방주에 들어가 하나님의 명령을 감당하는 317일째이고(노아시대 월력체계는 한 달을 30일로 계산함) 하나님께서 말씀하신 대로 40일 동안 비가 내린 310일째로 방주가 아라랏 산에 머무른 지 160일째

사건 2 라암셋을 떠난 지 336일째(제1월을 30일, 제2월을 29일로 계산함)로 시내산 밑 시내광야에 도착하여(제3월 1일) 거한 지 292일째(출 19:1-2)

사건 3 하나님께서 보여주신 식양대로 성막을 만들기 시작하는 164일째

사건 4 시내광야에 11개월 20일 머물던 이스라엘 백성이 하나님의 명령에 따라 약속의 땅을 향해 떠난 지 302일째

사건 5 에스겔 선지자가 그발 강가에서 꼼짝도 못 하고 두려워 떨며 포로 된 백성과 함께 지내는 258일째이고(겔 1:1-2, 3:14-15) 두 번째 계시받은 지 251일째

사건 6 예루살렘 성이 느브갓네살에 의해 포위된 지 76일째(왕하 25:1, 겔 24:1)

사건 7 시드기야 11년 제4월 9일 예루살렘 성이 바벨론에 의해 함락 후 252일째로 솔로몬 성전과 왕궁 그리고 예루살렘 성벽이 파괴된 지 224일째

사건 8 1차 포로 귀환 한 백성들이 성전 마당에 번제단을 만들고 매일 번제를 드리기 시작한 지 174일째

사건 9 학개 선지자에게 성전을 지으라는 하나님의 계시가 임한 지(제6월 1일) 204일째로

중단되었던 성전 건축이 다시 시작된 지(제6월 24일) 181일째이고 학개 선지자에게 두 번째 계시가 임한 지(제7월 21일) 155일째이고 세 번째, 네 번째 계시가 하루에 임한 지 92일째(학 2:10-23)

사건 10 학개 선지자를 통해 성전 공사를 재개하게 했던 것을 독려하는 계시가 스가랴 선지자에게 임한 지(8월 1일) 145일째(슥 1:1-6)이고 세 번째 계시가 임한 지(제9월 4일) 112일째

사건 11 모르드개가 조서를 써 전국(127도)에 보낸(제3월 23일) 후 271일째

사건 12 주전 458년 2차 포로 귀환하여 예루살렘에 도착한 지 233일째로 백성들이 하나님께 번제와 속죄제를 드린 229일째(스 7:6-9, 8:15-36)

사건 13 2차 포로귀환을 한 에스라가 백성들의 잡혼 문제를 해결하기 위해 조사를 시작한 지 85일째(스 10:16)

사건 14 3차 포로 귀환 한 느헤미야를 중심으로 5월 4일 시작하여 52일 동안 예루살렘 성벽 공사가 완성된(6월 25일) 후 178일째

어제는 성경 사건을 서기연대로 표현하는 기준에 대해 살펴보았습니다. 오늘은 두 개의 절대연도를 기준으로 솔로몬 이전 시대의 특정한 성경 사건이 일어난 시기에 대해 살펴보겠습니다.

❸ 두 개의 절대연도를 기준으로 한 성경연대표

어제 살펴본 두 개의 절대연도(오므리 왕조가 제거된 주전 840년과 히스기야 14년 앗수르의 산헤립이 예루살렘을 포위했던 주전 701년)를 기준으로 남유다와 북이스라엘 왕들의 연대를 계산하면(즉위년, 무즉위년, 통치 시작하는 달 등 복잡한 계산이 필요하지만) 분열왕국시대 북이스라엘과 남유다 왕들의 연대표를 만들 수 있습니다. 성경 사건 연대표를 만들다 보면 계산하는 방법이나 기준점에 따라 1년 정도의 오차와 두 해를 병행해서 표기해야 하는 사건들도 있지만 세밀하게 계산하면 오차를 줄여 서기연대로 정확하게 표현할 수 있습니다. 중요한 성경 사건의 연대를 계산해 보면 다음과 같습니다.

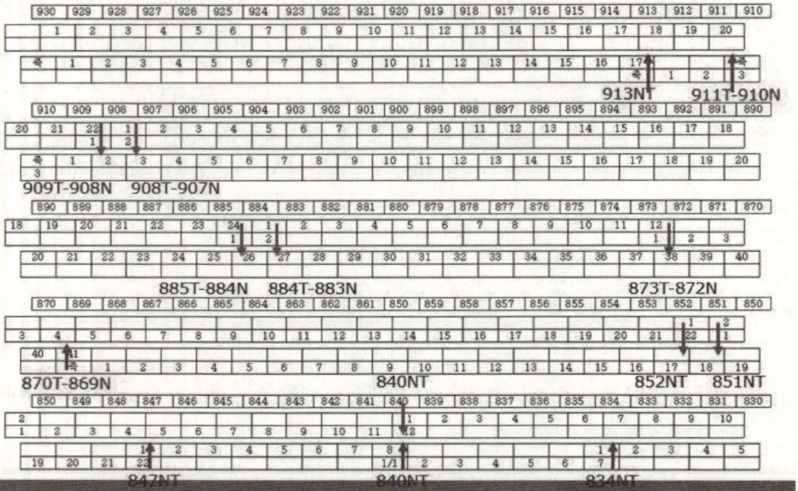

주전 930년부터 주전 840년까지 남유다와 북이스라엘 왕들의 통치

① 분열왕국이 주전 930년에 시작됨

남유다의 히스기야 14년 산헤립이 예루살렘을 포위했을 때 하나님께서는 히스기야와 이사야 선지자의 기도를 들으시고 앗수르 군사 185,000명을 하룻밤에 죽이심으로 구원하셨습니다. 이 사건은 서기연대로 앗수르의 기록과 비교하여 주전 701년에 발생한 것임을 이미 살펴보았습니다. 이것을 기준으로 분열왕국 때 남유다 왕 르호보암부터 히스기야 14년까지의(왕하 18:13, 사 36:1) 통치 기간을 계산하고(남유다가 즉위년을 사용하고 공동통치 기간이 있음) 북이스라엘의 오므리 왕조가 예후에 의해 마감되는 아합의 아들 여호람(요람) 12년까지의(왕하 8:25) 통치 기간을 계산하면(무즉위년과 즉위년 두 가지가 사용되었고, 공동통치 기간이 없음) 분열왕국의 시작이 주전 930년에 시작되었음을 알 수 있습니다.

② 주전 1446년 이스라엘 백성이 애굽을 떠남

분열왕국이 주전 930년에 시작되었고 솔로몬은 40년을 통치했기에 솔로몬의 통치가 시작된 것은 주전 970년(즉위년과 제7월부터 다음 해 제6월까지를 1년으로 계산하는 연대를 사용함)입니다. 열왕기상 6:1은 솔로몬 4년(주전 966년)에 솔로몬 성전이 건축되기 시작했다고 말하며 이때가 출애굽 한 지 480년이 되는 해라고 언급합니다. 이로써 출애굽 한 해는 966년에 480년을 더한 주전 1446년으로 계산됩니다.

> **이스라엘 자손이 애굽 땅에서 나온 지 사백팔십 년이요 솔로몬이 이스라엘 왕이 된 지 사 년 시브월 곧 둘째 달에 솔로몬이 여호와를 위하여 성전 건축하기를 시작하였더라.** (왕상 6:1)

③ 주전 1876년 야곱이 가족을 이끌고 애굽으로 내려감

출애굽기 14:40-41은 이스라엘 자손이 430년 동안 애굽에 거했고 430년이 끝나는 해에 애굽을 떠났다고 말합니다. 이로써 야곱이 가족을 이끌고 애굽으로 내려가는 때는 주전 1876년으로 계산됩니다.

> **이스라엘 자손이 애굽에 거주한 지 사백삼십 년이라.**(출 12:40) **사백삼십 년이 끝나는 그 날에 여호와의 군대가 다 애굽 땅에서 나왔은즉**(출 12:41)

④ 아브라함과 이삭, 야곱이 태어난 해

야곱은 130세에 애굽에 내려가 바로 앞에서 자신의 나이가 130세라고 말합니다(창 47:9). 이때가 주전 1876년이므로 야곱이 태어난 해는 주전 2006년으로 계산됩니다. 야곱의 아버지 이삭은 60세가 되었을 때(창 25:26)에서와 야곱이 태어났기에 주전 2066년에 태어난 것으로 계산되고 이때 아브라함의 나이가 100세였기에(창 21:5) 아브라함은 주전 2166년에 태어난 것으로 계산됩니다.

야곱이 바로에게 아뢰되 내 나그넷길의 세월이 백삼십 년이니이다. 내 나이가 얼마 못 되니 우리 조상의 나그넷길의 연조에 미치지 못하나 험악한 세월을 보내었나이다 하고 (창 47:9)

후에 나온 아우는 손으로 에서의 발꿈치를 잡았으므로 그 이름을 야곱이라 하였으며 리브가가 그들을 낳을 때에 이삭이 육십 세였더라. (창 25:26)

아브라함이 그의 아들 이삭이 그에게 태어날 때에 백 세라. (창 21:5)

⑤ 주전 4114년 아담이 창조됨

창세기 11장 10-26에 나타난 셈부터 아브람까지의 10대의 연대와 창세기 5장1-32절의 아담부터 노아까지의 연대를 계산하면(성경에 표현된 나이를 계산) 아담은 주전 4114년에 태어났음을 알 수 있습니다.

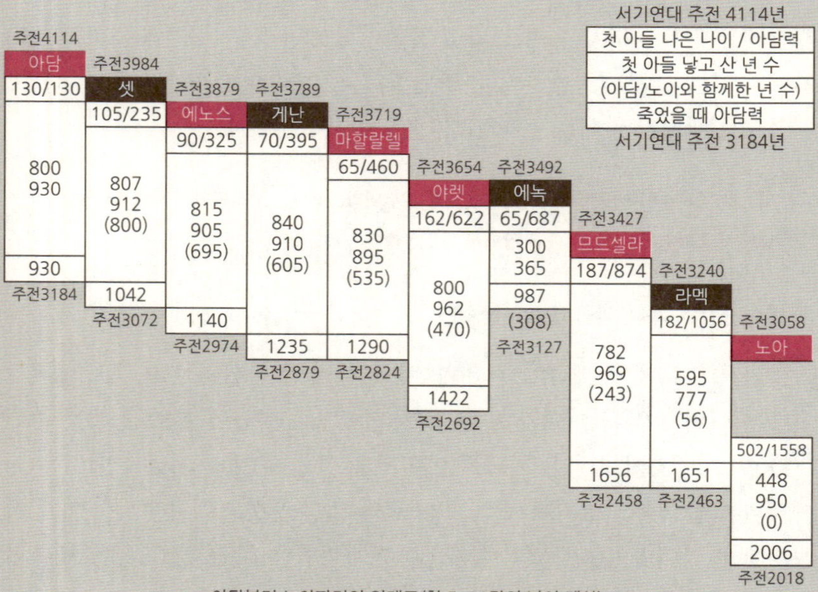

아담부터 노아까지의 연대표(창 5, 11장의 나이 계산)

성도 여러분!

성경은 하나님의 구속역사를 기록하고 있습니다. 하나님께서는 첫 사람 아담이 범죄 한 후 여자의 후손을 약속하셨는데 이 여자의 후손이 아담의 자손 가운데 태어나 구원을 완성하시기까지 하나님의 구속역사를 담고 있는 것이 성경입니다. 그리고 하나님께서 섭리하시는 과정가운데 일어난 성경 속 사건을 시대별로 잘 이해하기 위해 성경을 연구하는 학자들은 현재 우리가 사용하고 있는 서기연대를 사용하여 성경 사건이 일어난 때를 정리하고 있습니다. 성경이 언급하고 있는 연대 곧 믿음의 선배들의 나이와 왕들의 통치연대도 잘 이해하고 연구해 보면 하나님께서 언약의 후손들을 어떻게 섭리하셨고 무엇을 원하셨는지도 깨달을 수 있습니다. 오늘도 신앙의 선배들이 하나님의 시간 속에서 살아갔던 것을 기억하고 하나님께서 주신 시간을 살아가는 동안 내 시간으로나 세상의 시간으로 사용하기보다 하나님의 섭리 가운데 쓰이는 시간이 더 많아지는 하루가 되시길 기도합니다.

27일

시므온과 안나에게 경배받으시는 하나님의 아들 아기 예수

(눅 2:22-40)

오늘 날짜가 언급된 성경 사건은 없습니다. 오늘 날짜가 포함된 사건은 다음과 같습니다.

사건 1 제2월 10일부터 방주에 들어가 하나님의 명령을 감당하는 318일째이고(노아시대 월력체계는 한 달을 30일로 계산함) 하나님께서 말씀하신 대로 40일 동안 비가 내린 311일째로 방주가 아라랏 산에 머무른 지 161일째

사건 2 라암셋을 떠난 지 337일째(제1월을 30일, 제2월을 29일로 계산함)로 시내산 밑 시내광야에 도착하여(제3월 1일) 거한 지 293일째(출 19:1-2)

사건 3 하나님께서 보여주신 식양대로 성막을 만들기 시작하는 165일째

사건 4 시내광야에 11개월 20일 머물던 이스라엘 백성이 하나님의 명령에 따라 약속의 땅을 향해 떠난 지 303일째

사건 5 에스겔 선지자가 그발 강가에서 꼼짝도 못 하고 두려워 떨며 포로 된 백성과 함께 지내는 259일째이고(겔 1:1-2, 3:14-15) 두 번째 계시받은 지 252일째

사건 6 예루살렘 성이 느브갓네살에 의해 포위된 지 77일째(왕하 25:1, 겔 24:1)

사건 7 시드기야 11년 제4월 9일 예루살렘 성이 바벨론에 의해 함락 후 253일째로 솔로몬 성전과 왕궁 그리고 예루살렘 성벽이 파괴된 지 225일째

사건 8 1차 포로 귀환 한 백성들이 성전 마당에 번제단을 만들고 매일 번제를 드리기 시작한 지 175일째

사건 9 학개 선지자에게 성전을 지으라는 하나님의 계시가 임한 지(제6월 1일) 205일째로

중단되었던 성전 건축이 다시 시작된 지(제6월 24일) 182일째이고 학개 선지자에게 두 번째 계시가 임한 지(제7월 21일) 156일째이고 세 번째, 네 번째 계시가 하루에 임한 지 93일째(학 2:10-23)

사건 10 학개 선지자를 통해 성전 공사를 재개하게 했던 것을 독려하는 계시가 스가랴 선지자에게 임한 지(8월 1일) 146일째(슥 1:1-6)이고 세 번째 계시가 임한 지(제9월 4일) 113일째

사건 11 모르드개가 조서를 써 전국(127도)에 보낸(제3월 23일) 후 272일째

사건 12 주전 458년 2차 포로 귀환하여 예루살렘에 도착한 지 234일째로 백성들이 하나님께 번제와 속죄제를 드린 230일째(스 7:6-9, 8:15-36)

사건 13 2차 포로귀환을 한 에스라가 백성들의 잡혼 문제를 해결하기 위해 조사를 시작한 지 86일째(스 10:16)

사건 14 3차 포로 귀환 한 느헤미야를 중심으로 5월 4일 시작하여 52일 동안 예루살렘 성벽 공사가 완성된(6월 25일) 후 179일째

구약성경의 예언대로 말씀이 육신이 되어 오신 아기 예수께서는 미가 선지자의 예언대로(미 5:2) 유다 지파에 분배되었던 땅 베들레헴에서 태어나셨습니다. 아기 예수께서는 태어난 지 8일 만에 할례를 받으셨고 유대인의 가정에 태어나셨기에 율법에 정해진 대로 예루살렘 성전에서 결례를 하게 되는데 이 과정에서 시므온과 안나, 동방 박사들에게 경배를 받으십니다. 오늘은 시므온과 안나 선지자에게 경배받으시는 아기 예수에 대해 살펴보겠습니다.

❶ 정결 예식의 날이 되어 예루살렘 성전에 가게된 아기 예수

혹자는 아기 예수께서 태어난 즉시 애굽으로 피신하라는 천사의 메시를 받고 요셉과 마리아가 핏덩어리 아기 예수님을 안고 애굽으로 피신했다고 이야기합니다. 그런데 이것은 태어나신 후 바로 많은 고난 받으셨음을 강조하려는 것이지만 잘못된 내용입니다. 지극히 높은 곳에서 이 땅에 오셔서

예언대로 베들레헴에서 태어나신 하나님의 아들께 태어난 지 8일 만에 '예수'라는 이름이 주어졌고 하나님께서 아브라함에게 약속하신 대로 할례가 행해 졌습니다(눅 2:21).

할례할 팔 일이 되매 그 이름을 예수라 하니 곧 잉태하기 전에 천사가 일컬은 바러라. (눅 2:21)

아기 예수는 첫 태에(처녀 마리아에게서) 처음 난 남자로 태어나셨습니다. 이에 모세의 법대로 정결 예식의 날이 찬 후(33일이 지나) 요셉과 마리아는 아기 예수를 안고 예루살렘 성전으로 갔습니다. 이것은 주의 율법에 쓴바 '첫 태에 처음 난 남자마다 주의 거룩한 자라'는 말씀대로 아기 예수를 주께 드리고 율법에 말씀하신 대로 산비둘기 한 쌍이나 혹은 어린 집비둘기 둘로 제사하기 위함이었습니다(눅 2:22-24).

[이해도움] 모세의 법대로 행하는 '결례의 날'

레위기 12:1-8에 의하면 아들을 낳은 여인은 해산 후 7일간 부정하며 아이는 제8일에 양피(할례)를 베어야 합니다. 그리고 아들을 낳은 뒤 33일이 지나야 산모의 산혈이 깨끗해지고 정결케 되기 때문에 이 기간은 아기를 낳은 여인은 성물도 만지지 못하고 성소에 들어가지도 못합니다. 정결케 되는 기한이 차면 여인은 번제를 위해 일 년 된 어린 양을 취하고, 속제죄를 위하여 집비둘기 새끼나 산비둘기를 취하여 회막(성전)의 제사장에게로 가져갑니다. 제사장은 그것을 여호와 앞에 드려서 여인을 속죄하면 산혈이 깨끗해집니다. 여자아이를 낳았을 경우는 14일이 부정하며 33일이 아닌 66일을 기다려 똑같은 제사를 드려야 합니다(레 12:5).

여자를 낳으면 그는 두 이레 동안 부정하리니 월경할 때와 같을 것이며 산혈이 깨끗하게 됨은 육십육 일을 지내야 하리라.(레 12:5)

아기 예수는 마리아의 몸에서 처음 태어난, 즉 첫 태에 처음 난 남자로 주의 거룩한 자이기에 하나님께 드리고 율법대로 제사를 드려야 했습니다. 요셉과 마리아는 모세의 법대로 첫 태에 처음 난 아기 예수님을 주께 드리기 위해 율법에 정한대로 비둘기 한 쌍이나 혹 어린 반구 둘로 제사하려 예루살렘 성전으로 올라가는데 이때는 적어도 태어난 지 33일 후이어야 합니다(눅 2:22-24).

[이해도움] 요셉과 마리아의 경제적 형편은 어떠했을까요?

혹자는 요셉의 직업이 목수였기에 풍족한 생활을 할 수 있었다고 말합니다(당시는 나무를 다루는 일보다는 돌을 다루는 일이 많았기에 목수라고 말하기보다는 건축가로 말하기도 합니다). 그러나 당시의 목수는 점포를 가지고 오는 손님을 맞는 것이 아닌 유랑 하며 일을 하는 가난한 부류에 속했습니다. 또한 당시 갈릴리 나사렛은 지역적으로 아주 낙후된 곳으로 변방과 다름없는 곳이며 선지자가 날 수 없다고 생각할 정도로 사람들의 생각 밖에 있던 곳입니다(요 1:46). 이러한 곳에서 목수로 일한 요셉의 경제력은 아마도 상당히 어려웠을 것입니다. 요셉의 경제력이 어려웠다는 것은 예루살렘에 올라가 결례를 드리는 과정을 살펴보면 확실히 알 수 있습니다.

레위기 12:8에 아들을 낳은 여인이 결례를 할 때 **'여인의 힘이 어린 양에 미치지 못하거든 산비둘기 둘이나 집비둘기 새끼 둘을 가져다가 하나는 번제물로, 하나는 속죄 제물로 삼을 것이요 제사장은 그를 위하여 속할지니 그가 정결하리라.'**고 기록되어 있습니다. 그런데 누가는 아기 예수님을 낳은 마리아가 결례를 하기 위해 예루살렘 성전으로 갈 때 **'비둘기 한 쌍이나 혹 어린 반구 둘로 제사하려 함이더라.'**(눅 2:24)고 기록하고 있습니다. 일 년 된 어린양으로 번제를 드리지 못하고 비둘기와 어린 반구로 번제를 드리는 것을 볼 때 그리 넉넉지 못한 살림 살이었음을 알 수 있습니다.

❷ 시므온과 안나의 경배를 받으시는 아기 예수(눅 2:22-40)

요셉과 마리아의 품에 안기어 예루살렘 성전에 올라가신 아기 예수는 당시 경건했던 성령의 사람 시므온과 여선지자 안나의 경배를 받으셨습니다(눅 2:25-34).

① 시므온의 경배를 받으심

시므온은 예루살렘에 사는 의롭고 경건한 사람이었습니다. 그는 이스라엘의 위로를 기다리는 자였는데 성령이 시므온 위에 계셨다고 언급됩니다(눅 2:25). 이 시므온은 성령께 **'주**(하나님)**의 그리스도를 보기 전에 죽지 아니하리라.'**(눅 2:26)는 계시를 받고 예루살렘 성전에서 그리스도를 기다리던 자입니다. 성령의 감동으로 예루살렘 성전에 들어갔던 시므온은 요셉과 마리아를 만났습니다. 시므온은 아기 예수님을 안고 하나님을 찬송합니다(눅 2:28). 그리고 다음과 같이 고백했습니다.

주재여 이제는 말씀하신 대로 종을 평안히 놓아 주시는도다.
내 눈이 주의 구원을 보았사오니
이는 만민 앞에 예비하신 것이요
이방을 비추는 빛이요 주의 백성 이스라엘의 영광이니이다.

시므온의 고백에 대해 요셉과 마리아는 놀랍게 여겼습니다(눅2 :33). 시므온은 마리아에게 **"보라! 이는 이스라엘 중 많은 사람을 패하거나 흥하게 하며 비방을 받는 표적이 되기 위하여 세움을 받았고 또 칼이 네 마음을 찌르듯 할 것이다. 이는 여러 사람의 마음의 생각을 드러내려 함이니라."**(눅 2:34-35)고 말합니다. 이 말의 의미는 예수를 그리스도라 고백하는 사람은 구원을 얻어 흥하게 되겠지만 믿지 않는 사람은 지위가

높을지라도 패하게 될 것이라는 뜻입니다.

② 여 선지자 안나의 경배를 받으심

계속해서 아기 예수께서는 성전에서 84세된 여 선지자 안나를 만나 경배를 받으십니다. 안나는 아셀 지파로 바누엘의 딸이었습니다. 여 선지자였던 안나는 당시 84세였는데 결혼한 후 7년 동안 남편과 함께 살다가 62년* 이상을 과부로 살고 있었습니다. 이 안나 선지자는 성전을 떠나지 않고 주야로 금식하며 기도함으로 하나님을 섬겼습니다(눅 2:36-37). 그리고 마침내 아기 예수를 만났습니다. 예루살렘 성전에서 기다리다가 아기 예수를 만난 안나는 하나님께 감사하고 예루살렘의 속량('뤼트로시스', סוּרתשׁל, 구속, 해방)을 바라는 모든 사람에게 예수에 대해서 선포했습니다(눅 2:38).

성도 여러분!

나의 신앙의 삶은 시므온과 안나처럼 하나님의 약속, 하나님의 구원을 기다리는 삶입니까? 말씀이 육신이 되어 오셔서 십자가를 통해 구원을 완성하신 예수님께서는 **'죄와 상관이 없는 자에게 두 번째 나타나시리라.'**(히 9:28)고 약속하셨습니다. 오늘도 죄와 상관이 없이 살며 다시 오시는 그분을 만나기 위해 하나님의 언약 속에 머물며 하나님의 구속사를 이루기 위해 맡겨주신 직분을 잘 감당하는 하루가 되시길 기도합니다.

> **이와 같이 그리스도도 많은 사람의 죄를 담당하시려고 단번에 드리신 바 되셨고 구원에 이르게 하기 위하여 죄와 상관없이 자기를 바라는 자들에게 두 번째 나타나시리라.**
> (히 9:28)

---

* 당시 여인들은 12-15세에 결혼을 했는데 15세에 결혼했다고 가정한 햇수이다.

28일

동방 박사에게 경배받으시는 하나님의 아들 아기 예수 ①

(마 2:1-18)

오늘 날짜가 언급된 성경 사건은 없습니다. 오늘 날짜가 포함된 사건은 다음과 같습니다.

사건 1 제2월 10일부터 방주에 들어가 하나님의 명령을 감당하는 319일째이고(노아시대 월력체계는 한 달을 30일로 계산함) 하나님께서 말씀하신 대로 40일 동안 비가 내린 312일째로 방주가 아라랏 산에 머무른 지 162일째

사건 2 라암셋을 떠난 지 338일째(제1월을 30일, 제2월을 29일로 계산함)로 시내산 밑 시내광야에 도착하여(제3월 1일) 거한 지 294일째(출 19:1-2)

사건 3 하나님께서 보여주신 식양대로 성막을 만들기 시작하는 166일째

사건 4 시내광야에 11개월 20일 머물던 이스라엘 백성이 하나님의 명령에 따라 약속의 땅을 향해 떠난 지 304일째

사건 5 에스겔 선지자가 그발 강가에서 꼼짝도 못 하고 두려워 떨며 포로 된 백성과 함께 지내는 260일째이고(겔 1:1-2, 3:14-15) 두 번째 계시받은 지 253일째

사건 6 예루살렘 성이 느브갓네살에 의해 포위된 지 78일째(왕하 25:1, 겔 24:1)

사건 7 시드기야 11년 제4월 9일 예루살렘 성이 바벨론에 의해 함락 후 254일째로 솔로몬 성전과 왕궁 그리고 예루살렘 성벽이 파괴된 지 226일째

사건 8 1차 포로 귀환 한 백성들이 성전 마당에 번제단을 만들고 매일 번제를 드리기 시작한 지 176일째

사건 9 학개 선지자에게 성전을 지으라는 하나님의 계시가 임한 지(제6월 1일) 206일째로

중단되었던 성전 건축이 다시 시작된 지(제6월 24일) 183일째이고 학개 선지자에게 두 번째 계시가 임한 지(제7월 21일) 157일째이고 세 번째, 네 번째 계시가 하루에 임한 지 94일째(학 2:10-23)

사건 10 학개 선지자를 통해 성전 공사를 재개하게 했던 것을 독려하는 계시가 스가랴 선지자에게 임한 지(8월 1일) 147일째(슥 1:1-6)이고 세 번째 계시가 임한 지(제9월 4일) 114일째

사건 11 모르드개가 조서를 써 전국(127도)에 보낸(제3월 23일) 후 273일째

사건 12 주전 458년 2차 포로 귀환하여 예루살렘에 도착한 지 235일째로 백성들이 하나님께 번제와 속죄제를 드린 231일째(스 7:6-9, 8:15-36)

사건 13 2차 포로귀환을 한 에스라가 백성들의 잡혼 문제를 해결하기 위해 조사를 시작한 지 87일째(스 10:16)

사건 14 3차 포로 귀환 한 느헤미야를 중심으로 5월 4일 시작하여 52일 동안 예루살렘 성벽 공사가 완성된(6월 25일) 후 180일째

예루살렘 성전에서 결례를 한 요셉과 마리아, 아기 예수는 베들레헴으로 돌아왔습니다. 그리고 별을 보고 찾아온 동방 박사*의 경배를 받으셨습니다. 오늘은 동방 박사들이 아기 예수께 경배하기 위해 유대 땅 베들레헴으로 찾아가는 과정에서 일어난 사건에 대해 살펴보겠습니다.

❶ 동방 박사들이 아기 예수를 찾아와 경배한 시기

누가는 예루살렘 성전에서 요셉과 마리아가 율법에 따라 결례를 할 때 시므온과 안나가 아기 예수님을 만나 경배한 것을 기록합니다. 그리고 바로 '**주의 율법을 따라 모든 일을 마치고 갈릴리 본 동네 나사렛으로 돌아가셨다.**'(눅 2:39)고 기록합니다. 하지만 나사렛으로 돌아가 머무는 것은 요셉과 마리아가 아기 예수와

* 동방 박사는 헬라어 '마구스'(마술사, 점성술사)의 번역이다. 이들의 고향 동방은 페르시아로 추정한다. 이들은 아마도 갑자기 나타난 별을 보고 유대인의 왕이 태어났음을 깨달았을 것이다.

함께 애굽으로 피신해 머물다, 헤롯 대왕이 죽었다는 천사가 전하는 소식을 듣고 팔레스타인 유대 땅으로 돌아온 후였습니다. 애굽에서 팔레스타인 유대 땅으로 돌아왔지만 거기에 머물 수 없었기 때문에 갈릴리 나사렛으로 이주한 것입니다. 예루살렘 성전에서 시므온과 안나의 경배를 받으신 아기 예수는 일정한 기간(2년 이하) 유대 베들레헴에 머무셨고 동방에서 온 박사들의 경배를 받으셨습니다.

동방 박사들이 아기 예수를 찾아와 경배한 것은 예루살렘 성전에서 결례를 행한 후가 분명합니다. 그렇다면 동방 박사들의 경배를 받으신 것은 최소한 태어나신 지 얼마 후여야 합니까? 마태복음 2:1은 **'예수님께서 유대 베들레헴에 나시매'**('겐나오', 낳다, ~의 아버지가 되다)로 기록하고 2절에서 동방 박사들이 예루살렘에 와서 물을 때에 **"유대인의 왕으로 나신**('틱토', 낳다, 해산하다, 산출하다)**이가 어디 계시뇨?"**고 묻는 것을 기록합니다. 1, 2절 모두 원어로는 '나신'이라는 동사를 과거형으로 쓰며 동방박사들이 예루살렘의 헤롯 대왕에게로 가서 물을 때 이미 아기 예수께서 태어나셨던 것으로 기록하고 있습니다. 동방으로부터 온 박사들의 질문에 헤롯 대왕은 모든 대제사장과 백성의 서기관들에게 그리스도가 태어나실 곳을 물었습니다. 박사들은 예루살렘이 아닌 베들레헴이라는 이야기를 듣고 예루살렘을 떠나 베들레헴으로 가 아기 예수께 경배합니다. 이렇게 보면 태어나신 그날 경배하였다고 볼 수는 없고 결례를 한 후(태어나신 후 33일) 일정한 시간이 지난 어느 때라고 생각할 수 있습니다.

헤롯 대왕을 만난 후 동방 박사들은 베들레헴으로 가 아기 예수께 경배했습니다. 이후 그들은 꿈에 **'헤롯 대왕에게로 가지 말라.'**는 지시를 받고 다른 길로 자기 나라로 돌아갔습니다(마 2:12). 이후 헤롯 대왕은 박사들에게 속은 줄로 알고 몹시 분노했고 사람들은 보내 그가 박사들에게 알아본 때를 기준으로 하여 베들레헴과 그 인근 모든 지역에 사는 두 살 아래의 사내아이들을 모두 죽였습니다. 이때 마태는 헤롯 대왕은 동방 박사들을 베들레헴으로 보내며 별이 나타난 때를 '자세히 물었다'('아크리보오', 정확히 알다)(마 2:7)고 기록합니다. 또한 사내아이들을 죽일 때 박사들에게 '자세히 알아본'('아크리보오', 정확히 알다) 그때를 기준으로 하여('카타', ~으로부터, 아래로) 두 살부터 그 아래로 다 죽였다(마 2:16)고 기록합니다. 이것은 헤롯 대왕이 아기 예수께서 태어나신 때를 자세하게 살핀 것이고 두 살 아래의 사내아이들을 죽였다는 것은 아기 예수께서 태어나신 후 베들레헴에 거하신 것이 2년 이하라는 것을 알게 합니다.

> **이에 헤롯이 가만히 박사들을 불러 별이 나타난 때를 자세히 묻고**(마 2:7)
> **이에 헤롯이 박사들에게 속은 줄 알고 심히 노하여 사람을 보내어 베들레헴과 그 모든 지경 안에 있는 사내아이를 박사들에게 자세히 알아본 그때를 기준하여 두 살부터 그 아래로 다 죽이니**(마 2:16)

예루살렘과 베들레헴은 약 10km 정도의 거리로 걸어서 3시간 정도면 갈 수 있는 거리입니다. 그렇다면 헤롯 대왕이 박사들에게 속은 것을 안 기간이 그렇게 긴 기간(한 달 이상)은 아닐 것입니다. 그리고 박사들에게 속은 것을 안 헤롯은 자세히 알아본 때를 기준으로 하여 '두 살'이하의 아이들을 죽였습니다. 만약 동방 박사들이 아기 예수께서 태어나신 바로 그날 경배했다면 헤롯 대왕이 자세히 알아본 때를 기준하여 '두 살'이하의 아이들을 죽이는 설정을 하지 않아도 되었을 것입니다. 이로써 동방 박사들은 아기 예수께서 태어나신 날 구유에 누여 계신 아기 예수께 경배하지 않은 것은 분명합니다. 마태는 동방박사들이 별이 머문 '그 집에 들어가서' 어머니 마리아와 함께 있는 그 아기를 보고 엎드려 경배했다고 말하는데 결례가 끝난 후 베들레헴의 한 집에 머물 때 경배를 한 것으로 생각됩니다.

❷ 아기 예수를 찾기 위한 동방 박사들과 헤롯 대왕의 만남

점성술사나 마술사 또는 천문을 연구하는 사람들이었던 박사들은 갑자기 나타난 별의 징조를 보고 유대인의 왕이 태어나셨을 알았습니다. 이후 이들은 고향(아마도 메소포타미아)을 떠나 멀리 떨어진 유대 땅으로 여행했는데 쉽지 않은 길이었습니다. 그런데 유대 땅으로 별을 따라온 박사들은 '유대인의 왕으로 나신이'를 만나기 위해 아기 예수께서 태어나신 베들레헴으로 직접 가지 않고 예루살렘의 헤롯 궁으로 들어갔습니다. 별을 잘 따라오다 놓쳤는지 유대인의 왕으로 태어나셨기에 왕궁에 있을 것으로 생각했는지는 몰라도 동방 박사들이 헤롯 궁에 들어가 헤롯 대왕을 만났습니다. 헤롯 대왕을 만난 박사들은 **"유대인의 왕으로 태어나신 분이 어디 계십니까? 우리가 동방에서 그분의 별을 보고 그분께 경배하러 왔습니다."**(마 2:2)라고 말했습니다.

마태는 동방 박사들의 방문과 그들의 말에 헤롯 대왕과 온 예루살렘이 듣고 소동했다(마 2:3)고 기록합니다. '소동하다'는 '타랏소'(함께 뒤흔들다, 분기시키다, 어지럽게 하다, 불안하게 하다)를 번역한 것으로 헤롯과 예루살렘에 사는 사람들이 동방 박사의 말을 듣고 혼란스러워진 것을 보여줍니다. 헤롯 대왕 말기의 정치적 상황은 음모와 배신, 모반의 연속이었습니다. 헤롯의 장자 안티파터는 자신의 다른 형제들을 죽였고 바리새인들은 헤롯 대왕이 성전 문 위에 세웠던 독수리상을 제거했습니다. 그로 인해 헤롯 대왕은 유대인 지도자들을 많이 죽였습니다. 당시 헤롯 대왕이 왕권을 지키기 위해 아들들과 아내를 죽이는 상황을 함께 생각해보면 헤롯 대왕과 정치 지도자들 그리고 줄을 잘 서야 목숨을 유지할 수 있는 당시의 상황 속에서 동방 박사들의 말에 그저 소동했다기보다는 생명을 건 줄서기의 몸부림으로서 혼란스러운 예루살렘을 생각할 수 있습니다. 이런 시기에 이방인 박사들이 유대인의 왕으로 태어나신이가 어디 계시는지 물었기에 소동하지 않을 수 없었습니다.

동방 박사들은 갑자기 나타난 별의 징조를 통해 '유대인의 왕이 태어나신 것'은 알았지만 태어나신 장소를 알지 못했습니다. 유대 땅 어느 곳에 태어나셨는지 알지 못했던 박사들은 유대인의 왕이 사는 왕궁으로 들어가 물었던 것입니다. 동방 박사들이 '유대인의 왕으로 나신이'를 만나기 위해 왕궁

베들레헴 탄생교회 지하 두 살 이하 아이들의 무덤

으로 들어간 것은 대단히 상식적인 행동입니다. 하지만 하나님께서는 왕궁에 태어나게 하지 않으시고 베들레헴 낮고 천한 짐승들의 밥그릇에 해당하는 구유에 태어나게 하셨습니다. 헤롯 대왕은 동방 박사들의 말을 듣고 자신이 아닌 또 다른 왕을 통한 반란을 직감했을 것입니다. 헤롯 대왕은 자신의 왕권을 위협할 유대인의 왕으로 태어나신 아기 예수님을 제거하려고 **"가서 아기에 관하여 정확히 알아보고 찾거든 내게 알려 주시오. 그러면 나도 가서 그분께 경배하겠소."**(마 2:7-8)라고 이야기했습니다. 하지만 이것은 유대인의 왕으로 나신 이를 찾아 죽이려 한 헤롯 대왕의 계략이었습니다. 아기 예수께 경배한 동방 박사들은 꿈에 헤롯에게로 돌아가지 말라는 지시하심을 받아 다른 길로 고국에 돌아갔습니다. 이후 헤롯은 박사들에게 속은 줄로 알고 베들레헴과 그 모든 지경 안에 있는 두 살 이하의 사내아이를 모두 죽였습니다.

정리해 보면 동방 박사들이 유대인의 왕으로 오신 이가 왕궁에서 태어나실 것으로 생각한 것은 아주 상식적인 것입니다. 그러나 하나님께서는 지극히 높은 곳에서 낮은 곳에 임하신 아기 예수를 유대 땅 작은 고을 베들레헴 짐승들이 머물던 곳 태어나게 하셨고 베들레헴에 머물게 하셨습니다. 하나님께서 정하신 때가 되었고 아기 예수께서 유대인의 왕으로 태어나신 것을 동방 박사들은 정확하게 알았지만 헤롯 대왕에게로 가 자신 있게 '유대인의 왕으로 나신 이가 어디 있느냐?'고 물었던 것은 큰 비극을 가져왔습니다.

성도 여러분!

동방 박사들이 드린 세 가지 예물은 당시에 아주 귀한 것들이었습니다.

나는 죄로부터 구원해 주신 예수 그리스도께 무엇을 드려 하나님의 구속사를 이루어가고 있는지 돌아봅시다. 그리고 나의 신앙의 발걸음이 하나님의 뜻과 상관없이 멋있고, 좋고, 화려하고 보기 좋은 곳으로 향하고 있는지 아니면 아무리 세상에서 잘나간다 해도 복음을 알지 못해 죽어야만 하는 인생들을 향해 예수님처럼 낮은 곳으로 향하고 있는지 돌아봅시다. 또한 하나님께서 일하시려고 하시는 소식을 들었을 때(아기 예수께서 태어나셨다는 좋은 소식을 듣고) 내가 하던 일이 흔들릴까 영향을 받을까 소동하지는 않습니까? 연말이 지나고 새해가 되면 새로운 지도자를 선출하여 언약공동체(교회)의 일을 하게 됩니다. 오늘도 하나님께서 뽑으신 사람을 통해 일하실 때 나는 그 일을 방해하기 위해 소동하는 사람은 아닌지, 하나님의 뜻에 맞는 일을 하고 있는지 점검하는 하루가 되시길 기도합니다.

29일

동방 박사에게 경배 받으시는 하나님의 아들 아기 예수 ②

(마 2:1-18)

제
12
月

오늘 날짜가 언급된 성경 사건은 없습니다. 오늘 날짜가 포함된 사건은 다음과 같습니다.

사건 1 제2월 10일부터 방주에 들어가 하나님의 명령을 감당하는 320일째이고(노아시대 월력체계는 한 달을 30일로 계산함) 하나님께서 말씀하신 대로 40일 동안 비가 내린 313일째로 방주가 아라랏 산에 머무른 지 163일째

사건 2 라암셋을 떠난 지 339일째(제1월을 30일, 제2월을 29일로 계산함)로 시내산 밑 시내광야에 도착하여(제3월 1일) 거한 지 295일째(출 19:1-2)

사건 3 하나님께서 보여주신 식양대로 성막을 만들기 시작하는 167일째

사건 4 시내광야에 11개월 20일 머물던 이스라엘 백성이 하나님의 명령에 따라 약속의 땅을 향해 떠난 지 305일째

사건 5 에스겔 선지자가 그발 강가에서 꼼짝도 못 하고 두려워 떨며 포로 된 백성과 함께 지내는 261일째이고(겔 1:1-2, 3:14-15) 두 번째 계시받은 지 254일째

사건 6 예루살렘 성이 느브갓네살에 단 79일째(왕하 25:1, 겔 24:1)

사건 7 시드기야 11년 제4월 9일 예루살렘 성이 바벨론에 의해 함락 후 255일째로 솔로몬 성전과 왕궁 그리고 예루살렘 성벽이 파괴된 지 227일째

사건 8 1차 포로 귀환 한 백성들이 성전 마당에 번제단을 만들고 매일 번제를 드리기 시작한 지 177일째

사건 9 학개 선지자에게 성전을 지으라는 하나님의 계시가 임한 지(제6월 1일) 207일째로

중단되었던 성전 건축이 다시 시작된 지(제6월 24일) 184일째이고 학개 선지자에게 두 번째 계시가 임한 지(제7월 21일) 158일째이고 세 번째, 네 번째 계시가 하루에 임한 지 95일째(학 2:10-23)

사건 10 학개 선지자를 통해 성전 공사를 재개하게 했던 것을 독려하는 계시가 스가랴 선지자에게 임한 지(8월 1일) 148일째(슥 1:1-6)이고 세 번째 계시가 임한 지(제9월 4일) 115일째

사건 11 모르드개가 조서를 써 전국(127도)에 보낸(제3월 23일) 후 274일째

사건 12 주전 458년 2차 포로 귀환하여 예루살렘에 도착한 지 236일째로 백성들이 하나님께 번제와 속죄제를 드린 232일째(스 7:6-9, 8:15-36)

사건 13 2차 포로귀환을 한 에스라가 백성들의 잡혼 문제를 해결하기 위해 조사를 시작한 지 88일째(스 10:16)

사건 14 3차 포로 귀환 한 느헤미야를 중심으로 5월 4일 시작하여 52일 동안 예루살렘 성벽 공사가 완성된(6월 25일) 후 181일째

마태는 동방 박사들이 헤롯 왕을 만나고 궁을 나왔을 때 **'마침 동방에서 본 그 별이 그들의 앞서갔다'**(마 2:9)고 언급합니다. 동방 박사들이 왕으로 나신 이가 왕궁에 있다고 생각한 것은 아주 상식적인 행동이었지만 이때문에 베들레헴 지경의 두 살 이하의 모든 어린아이가 죽는 것은 어제 살펴보았습니다(마 2:16). 오늘은 동방 박사들이 예루살렘을 떠나 베들레헴으로 와 황금과 유향과 몰약을 가져와 경배한 것에 대해 살펴보겠습니다.

❸ 아기 예수를 찾아 경배하는 동방 박사

예루살렘 헤롯 궁을 나온 동방 박사 앞에 이제까지 인도하던 '그 별'이 나타났습니다. 마태복음 2:9b은 '이두'(שׂרֵח, 보라!, 자!)로 시작하여 '보라! 그 별이다.'로 선언되고 관계대명사로 연결된 '동방에서 보던'으로 수식되어 독자들을 주목하게 합니다. 어쩌면 동방 박사들이 왕으로 태어나신 이는 왕궁에 있을 것이라는 상식적인 생각으로 왕궁으로 들어가 헤롯에게 물었던 것

이 잘못된 것인 양 '동방에서 보았던' '그 별'이 다시 나타나 길을 인도했다고 말하고 있습니다.

동방 박사들은 별의 인도를 받아 베들레헴으로 향했습니다. 동방 박사들을 인도해 가던 별은 아기 예수께서 머무시는 집 위에 머물러 섰을 때 박사들은 그 별을 보고 매우 크게 기뻐했습니다(마 2:9-10). 마태복음 2:10은 박사들이 기뻐하는 것을 형용사 '메가스'(אגשׁם, 큰, 위대한)와 부사 '스포드라'(ארדשׁטס, 대단히, 심히, 크게)를 겹쳐 사용하여 강조하고 있습니다. 어쩌면 동방에서부터 한 가지 목적 곧 '유대인의 왕으로 나신' 아기 예수를 경배하기 위해 길을 떠났고 별을 따라 왔는데 '그 별'이 이제 한 집 위에 멈춘 상황에 대해 동방 박사들이 얼마나 기뻤는지를 '메가스'와 '스포드라'를 써서 강조한 것을 알 수 있습니다. 개역성경은 '가장 크게', 개역개정은 '매우 크게', 바른성경은 '아주 크게', 표준새번역은 '무척이나 크게', 공동번역은 '대단히'로 번역했습니다.

> **박사들이 왕의 말을 듣고 갈새 동방에서 보던 그 별이 문득 앞서 인도하여 가다가 아기 있는 곳 위에 머물러 서 있는지라.**(마 2:9) **그들이 별을 보고 매우 크게 기뻐하고 기뻐하더라.**(마 2:10)

동방 박사들은 그 집에 들어가 아기 예수께 경배를 드렸습니다(마 2:11). 그들은 황금과 유향과 몰약을 예물로 드렸습니다. 동방에 살며 별을 연구하던 박사들이 당시 로마에 속해 살던 작은 유대 민족의 왕으로 태어난 이에 대해 왜 관심을 가졌는지 성경은 설명하지 않습니다. 하지만 하나님께서 예정하신 '여자의 후손'이때가 되어 태어나실 것에 대한 예언이 포로로 잡혀갔던 하나님의 백성들에 의해 여러 민족에게 퍼졌고 그 가운데 별을 연구하던 박사들에게도 알려졌을 것입니다. 그리고 하늘을 관측하며 별을 연구하던 박사들은 한 별을 보았고 그 별이 '유대인의 왕으로 나신이'의 별이라는 것을 알고 경배하러 왔던 것입니다.

집에 들어가 아기와 그의 어머니 마리아가 함께 있는 것을 보고 엎드려 아기께 경배하고 보배합을 열어 황금과 유향과 몰약을 예물로 드리니라.(마 2:11)

마태복음 2:11에서 '엎드려'로 번역된 '핍토'(ותפשׁפּ, 떨어지다, 넘어지다, 잃다, 멸망하다)는 '어떤 대상 앞에 의지를 갖추고 자기의 얼굴을 땅에 대듯 엎드리다.'는 의미로 사용됩니다. 70인경에서는 '나팔'(נָפַל:, 떨어지다, 넘어지다, 엎드러지다)의 의미로 아브람/아브라함이 하나님 앞에 엎드릴 때(창 17:3, 17), 요셉의 형제들이 애굽에서 요셉을 만나 엎드릴 때(창 44:14), 룻이 보아스 앞에 엎드려 절할 때(룻 2:10), 사울을 죽인 아말렉 사람이 다윗 앞에 와 엎드리는(삼하 1:2) 사건에서 쓰였습니다. 이것은 엎드리는 대상에 대해 경의를 표하며 엎드리는 사람들은 그 대상에게 종속되는 의미를 보여줍니다. 신약성경에서는 예수님께서 겟세마네 동산에서 엎드려 기도하실 때(마 26:39), 종이 엎드려 말할 때(마 18:26), 야이로 회당장이 예수님 앞에 나올 때(막 5:22), 병자들이 예수님 앞에 나올 때(눅 5:12, 17:16). 고넬료가 베드로를 만날 때(행 10:25) 등의 사건에 쓰였습니다. 그런데 동방 박사들이 '아기 예수'께 엎드린 것은 '유대인의 왕'에 대한 경배의 모습으로 볼 수 없습니다. 로마에 속한 속주이며 소수 민족의 왕의 태어나심에 대해 엎드린 것이 아니라 하늘(별)을 관측하다 깨닫게 된 초자연적인 경험, 어쩌면 하나님께서 약속하셨던 '여자의 후손'의 오심에 대해 경의를 표한 것으로 생각됩니다.

성탄절 삽화를 보면 세 명이 한 가지씩 예물을 드리는 모습을 볼 수 있는데 동방 박사 몇 명이 아기 예수께 경배했는지는 알 수 없습니다. 또한 동방으로부터 박사들이 '유대인의 왕으로 나신이'를 경배하기 위해 여행을 떠났을 때 박사들만 떠났다고 볼 수 없습니다. 당시 박사들을 수행하는 많은 무리가 있었을 것인데 이들 또한 소수 민족의 왕으로 태어나신 것이 아니라 하나님의 일을 행하시기 위해 여자의 후손으로 태어나신 아기 예수께 경배했을 것으로 생각됩니다.

아기 예수께 경배를 마친 동방 박사의 일행에게 하나님께서는 꿈에서 **"헤롯에게로 돌아가지 말라."**고 지시하셨습니다(마 2:12). 아마도 동방 박사들은 아기 예수를 찾아 경배하며 이때까지도 헤롯의 계략을 알지 못하고 예루살렘으로 돌아가 헤롯을 만나 아기 예수께 경배한 사실과 그들이 경배하려 했던 이유에 대해서도 말하려고 했을 것입니다. 이에 하나님께서는 그들의 꿈에 나타나 지시하셨고 다른 길로 고국에 돌아갔습니다.

제 12 月

> **그들은 꿈에 헤롯에게로 돌아가지 말라 지시하심을 받아 다른 길로 고국에 돌아가니라.** (마 2:12)

[이해도움] 동방박사들이 아기 예수께 경배한 장소에 대하여

예루살렘의 헤롯 궁을 나온 박사들은 별을 인도를 따라 머물러 선 집에 들어가 아기에게 경배하고 옥합을 열어 황금과 유황과 몰약을 예물로 드립니다(마 2:11). 대부분의 사람은 동방 박사들이 구유에 누이신 아기 예수께 세 가지 예물을 드렸다고 생각하는데 꼭 그렇게 생각해야 하는 성경구절은 없습니다. 태어나실 때 구유에 누이신 아기 예수는 결례를 마치고 시간이 흐른 후 머무실 수 있는 집이 있었을 것입니다. 박사들도 집에 들어가 경배했다고 했는데 이것은 박사들의 경배가 태어나신 당일 구유 위에 놓인 아기께 드려진 것이 아님을 알게 합니다. 박사들이 들어간 집으로 번역된 '오이키아'(אשׁכּח, 집, 가족)는 본래의 의미로 '거주하는 건물, 집, 거처' 또는 '집의 거주자들, 가족' 또는 '가산, 재산'의 의미로 쓰입니다. 70인역에서는 약 280회가 쓰였는데 거의 '바이트'(בַּיִת, 집)으로 번역되었습니다.

아기 예수께서 태어나실 때는 베들레헴에 머물 장소가 없어 짐승들이 머물던 장소에서 태어나셔서 '구유'에 뉘셨지만 결례를 하는 날이 지났고 호적 하는 일이 끝나 베들레헴에서 머물 때는 한 집에 머무셨음이 분명합니다. 그렇다면 동방 박사들이 경배하는 때, 곧 2년이 되지 않는 기간에 요셉과 마리아 그리고 아기 예수께서는 계속해서 짐승들이 머무는 곳에 머물지는 않았을 것입니다.

성도 여러분!

동방 박사들은 그들을 인도해 오던 '그 별'을 다시 만나 마침내 베들레헴의 아기 예수께로 인도받아 경배했습니다. 별이 인도하는 대로 아기 예수께서 머무시는 베들레헴으로 직접 가지 않고 상식적인 생각으로 왕이 태어났을 것으로 생각되는 왕궁으로 들어가 헤롯 대왕을 만난 것은 잘못된 일이었습니다. 이것은 자신의 왕권을 보호하기 위해 가족들도 죽였던 미치광이 헤롯 대왕에게 유대인의 왕이 태어났음을 알려준 꼴이 되었습니다. 그리고 베들레헴 주변에 사는 두 살 이하의 모든 아이가 죽는 결과를 가져왔습니다. 이처럼 하나님께서 행하시는 전체 과정을 알지 못하면 그 일이 하나하나 이루어질 때 또 다른 희생이 필요하다는 것을 보여줍니다. 오늘도 하나님의 뜻을 일부만 깨닫고 전체를 아는 것으로 착각하여 일을 그르치지 말고, 사람들의 상식적 생각과 하나님의 계획이 다름을 다시 한번 고백하며 하나님의 말씀에 순종할 수 있는 신앙인이 되시길 기도합니다.

30일

애굽으로 피신했다 나사렛으로 가신 아기 예수

(마 2:19-22)

제 12 月

오늘 날짜가 언급된 성경 사건은 없습니다. 오늘 날짜가 포함된 사건은 다음과 같습니다.

사건 1 제2월 10일부터 방주에 들어가 하나님의 명령을 감당하는 321일째이고(노아시대 월력체계는 한 달을 30일로 계산함) 하나님께서 말씀하신 대로 40일 동안 비가 내린 314일째로 방주가 아라랏 산에 머무른 지 164일째

※ 유대인의 월력 체계상 제12번째 달 30일은 없습니다. 나머지 사건들의 날짜는 계산하지 않습니다.

베들레헴의 집에 들어가 아기 예수께 경배를 드린 동방 박사들은 꿈에 지시하심을 받아 예루살렘의 헤롯에게로 들리지 않고 다른 길로 고국으로 돌아갑니다(마 2:12). 동방 박사들이 아기 예수께서 계신 베들레헴의 위치를 헤롯에게 알리지는 않았지만 미가 선지자의 예언대로 베들레헴에 구주가 나셨기 때문에 시간이 흘러 박사들에게 속은 것을 안 헤롯은 아기 예수를 죽이려고 작전을 펼칩니다. 헤롯이 알지 못했던 징조가 박사들을 통해 헤롯에게 알려짐으로 베들레헴과 주변의 두 살 이하의 아이들이 죽는 사건이 발생하고 아기 예수는 부모와 함께 애굽으로 피신하게 됩니다. 오늘은 요셉과 마리아에 의해 애굽으로 피신하여 그곳에 머물다 헤롯 대왕이 죽은 후 갈릴리 나사렛으로 돌아가 머무시는 과정을 살펴보겠습니다.

❶ 애굽으로 떠나라는 지시와 애굽으로 향하는 아기 예수의 가족

동방박사들이 떠난 후 주의 사자가 꿈에 요셉에게 나타나 **"일어나라! 아기와 그분의 어머니를 데리고 애굽으로 피신하여 내가 네게 일러줄 때까지 그곳에 있어라. 헤롯이 아기를 찾아 죽이려 하기 때문이다."**(마 2:13)라고 가르쳐 주었습니다. 이에 요셉은 즉시 일어나 밤에 아기 예수와 그의 어머니를 데리고 애굽으로 떠났습니다. 그리고 헤롯이 죽기까지 애굽에 머물렀습니다(마 2:14-15a). 마태는 아기 예수께서 애굽에 머무시는 것이 하나님께서 정하신 것이라고 언급합니다. 그는 **'주께서 선지자를 통하여 말씀하신바 애굽으로부터 내 아들을 불렀다 함을 이루려 하심이라.'**(마 2:15)고 기록합니다. 이 말씀은 호세아 선지자가 말한 **'이스라엘이 어렸을 때에 내가 사랑하여 내 아들을 애굽에서 불러냈거늘'**(호 11:1)을 기억한 것입니다.

야곱의 자손들은 430년 동안 애굽에 머물며 하나님의 언약을 기다리다 때가 되어 출애굽 하여 약속의 땅에 들어와 땅을 차지하려고 했지만 믿음으로 반응하지 못해 땅을 얻을 수 없었습니다. 하지만 아기 예수께서는 애굽으로 내려가셔서 고생하시지만 약속의 땅으로 돌아와 하나님의 뜻을 이루실 것입니다. 영원한 나라를 이루시기 위해 말씀이 육신이 되어 이 땅에 오셨고 이스라엘 자손이 애굽에 머물며 기다렸던 것처럼 예수님께서도 애굽으로 내려가셔서 헤롯 왕이 죽기를 기다리셨습니다.

❷ 베들레헴에 사는 두 살 이하의 어린아이를 죽인 헤롯 대왕

헤롯 대왕의 통치 말기에는 유대 정국이 상당히 불안했습니다. 병에 걸린 헤롯이 언제 죽을지 알 수 없었고 그의 아들들을 둘러싼 모종의 계략들이 난무하던 때였습니다. 헤롯은 '유대인의 왕으로 태어나신 이'에 관해 묻는 동방 박사의 말을 듣고 그들을 옥에 가두거나 무력을 사용하지 않고 잘 대해 주었습니다. 그리고 그들에게 '유대인의 왕으로 태어나신 이가 나타난 때'에 대해 자세히 물었습니다. 항상 정적에 대해 경계를 하고 있던 헤롯 대왕은 자신의 반대 세력을 제어하는 방법을 알았기에 박사들에게 될 수 있는 대로 많은 정보를 얻기 위해 노력하였을 것입니다. 헤롯은 대제사장과 서기관들을 시켜 그리스도께서 나실 곳을 알아보게 하였고 베들레헴에서 나실 것이란 정보까지 얻었습니다. 그리고 박사들에게 그 내용을 가르쳐 주었습니다. 그러나 이것은 헤롯 대왕이 선한 의도로 한 것이 아닙니다. 헤롯은 박사들을 보내며 왕으로 태어난 아기를 찾거든 자신도 경배할 수 있도록 알려 달라고 한 말 자체가 그의 계략이었습니다. 헤롯은 동방박사가 아기 예수 계신 곳을 알려 주었다면 정적으로 만들어 죽였을 것입니다.

헤롯은 동방 박사들을 보낸 후 일정 기간을 기다리다가 어느 시점이 되어 속은 줄 알고 명을 내립니다. 동방 박사들에게 자세하게 물었던 것을 바탕으로 자신의 정적을 없애기 위해 베들레헴 인근의 두 살 이하의 아이들을 다 죽였습니다. 병으로 죽어가면서도 세상의 권세를 놓지 못하고 자신의 아내와 아들들을 죽였던 헤롯은 두 살 이하의 아이들 죽임으로 유대인의 왕으로 나신 아기 예수님을 죽이려 하였으나 실패했습니다. 하나님께서 하시는 일을 한 나라의 왕이 어쩔 수 없는 것은 당연한 일입니다.

❸ 애굽에서 돌아와 갈릴리 나사렛에 머무름

전승에 의하면 애굽에 머물던 요셉과 마리아 그리고 아기 예수의 일행은 애굽의 이곳저곳을 옮겨 다니며 살았습니다. 애굽에 살던 중 주의 사자가 꿈에 요셉에게 나타나 **"일어나라! 아기와 그분의 어머니를 데리고 이스라엘 땅으로 가라! 아기의 목숨을 노리던 자들이 죽었느니라."**(마 2:20)고 지시하셨습니다. 이에 요셉은 애굽을 떠나 아기 예수와 그 모친 마리아를 데리고 약속의 땅으로 돌아옵니다(마 2:21). 이때는 헤롯 대왕이 죽은 주전 4년입니다.

요셉이 일어나 아기와 그의 어머니를 데리고 이스라엘 땅으로 들어가니라.(마 2:21)

애굽에서 약속의 땅으로 돌아온 요셉과 마리아는 고향인 유대 땅에 머무르려 했습니다. 하지만 헤롯 대왕을 이어 악하기로 유명했던 장자 헤롯 아켈라오가 유대의 분봉왕이 되었다는 소식을 듣고 두려워하여 유대에 머무르려 하지 않습니다(마 2:22).

그러나 아켈라오가 그의 아버지 헤롯을 이어 유대의 임금 됨을 듣고 거기로 가기를 무서워하더니 꿈에 지시하심을 받아 갈릴리 지방으로 떠나가(마 2:22)

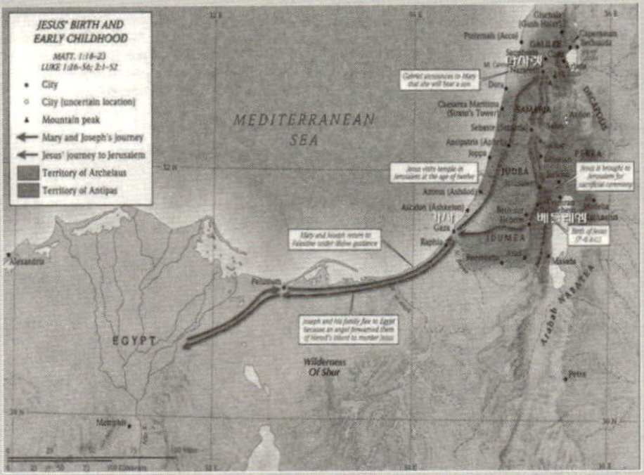

예수의 탄생과 애굽으로의 피신, 나사렛에 거하심

나사렛은 갈릴리 남부지역의 산지에 위치한 촌락

헤롯 대왕이 죽은 후 이스라엘(팔레스타인)은 세 부분으로 나뉘어 통치되는데 유대와 사마리아는 아켈라오가, 갈릴리와 베레아는 헤롯 안디바스가, 이두래와 드라고닛은 그 동생 빌립이 통치했습니다(눅 3:1). 유대를 다스렸던 아켈라오는 다른 지역에 비해 폭정을 하였고 폭정에 시달린 백성들은 로마 황제에게 탄원하여 아켈라오의 통치는 10년을 넘지 못하였고 유대는 주후 6년부터 황제가 파송한 총독이 다스리는 지역이 되었습니다. 예수님의 공생애 동안의 총독은 빌라도였습니다.

디베료 황제가 통치한 지 열다섯 해 곧 본디오 빌라도가 유대의 총독으로, 헤롯이 갈릴리의 분봉 왕으로, 그 동생 빌립이 이두래와 드라고닛 지방의 분봉 왕으로, 루사니아가 아빌레네의 분봉 왕으로,(눅 3:1)

요셉과 마리아는 꿈에 지시함을 받아 갈릴리 나사렛으로 가서 살게 됩니다. 그런데 이 또한 구약에 예언되었던 **'선지자로 하신 말씀에 나사렛 사람이라 칭하리라 하심을 이루려 함이러라.'**(마 2:23)고 마태는 기록하고 있습니다.

마태는 1장과 2장에서 마리아를 언급할 때 수식어로 '그의 어머니'라는 표현을 씁니다(마 1:18, 2:11). 그리고 애굽으로 내려갈 때, 애굽에서 살 때, 애굽에서 돌아올 때의 사건을 기록하면서는 마리아라는 호칭도 쓰지 않고 '그의 어머니'라고 표현합니다(마 2:13, 14, 20, 21). 이것은 본문이 마리아가 아닌 아기 예수를 중심으로 진행되고 있음을 보여줍니다. 아브라함과 다윗의 자손 예수 그리스도의 계보를 보여주며 태어나신 후 아기 예수의 고난을 기록하며 아기 예수께서 주인공 되심을 보여주는 것으로 생각할 수 있습니다.

성도 여러분!

인류의 죄를 사하시기 위해 말씀이 육신이 되어 여자의 후손으로 태어나신 하나님의 아들 아기 예수의 피난살이에 대해 살펴보았습니다. 이것은 하나님의 구속사가 전능하신 하나님의 능력으로 일시에, 단번에 완성되는 것이 아니라 고난 중에 깨닫는 사람을 통해 완성되어 가게 하시는 것을 알 수 있습니다. 아기 예수를 죽이려 하는 헤롯 대왕의 계획을 요셉에게 알리신 것은 하나님이시지만 아기 예수를 보호하기 위해 말씀에 순종하여 애굽으로 떠나 고생하는 것은 요셉과 마리아의 몫이었습니다. 오늘도 내가 하나님의 구속사가 진행되어가는 가운데 요셉과 마리아처럼 쓰임을 받는 성도라는 것을 확신한다면 그로 인해 받을 수 있는 이 땅에서의 고생과 슬픔을 이겨낼 수 있는 믿음을 소유하고 맡기신 직분을 잘 감당하는 하루가 되시길 기도합니다.

31일

성경연대와 서기연대의 연결

성탄절로 지켜지는 12월 25일과 그다음 날인 26일에 '서기연대를 주전과 주후로 나누는 기준이 된 아기 예수의 탄생 ① ②'에서 성경연대와 서기연대가 일치되는 사건과 성경 사건을 서기연대로 계산해 보았습니다. 오늘은 성경연대와 서기연대를 일치시키는 '기준연대'(절대연대)인 주전 852년과 주전 701년에 대해 좀 더 살펴보겠습니다.

❶ 기준연대(절대연대) 주전 852년과 701년

구약 사건을 설명하는 책들을 보면 사건이 발생한 시기를 서기연대(주전 000년)으로 적고 있는 것을 볼 수 있습니다. 그런데 서기연대는 로마 시대 주후 6세기부터 쓰기 시작한 것으로 성경 시대에는 서기연대가 쓰이지 않았고 '○○왕 ○○년'으로 사건을 기술했습니다. 예를 들면 열왕기하 18:13이나 이사야 36:1은 **'히스기야 왕 제14년 앗수르의 왕 산헤립이 유다 모든 견고한 성읍들을 대항하여 올라왔다. 그리고 점령했다.'**로 기록됩니다. 그런데 각 나라에서 발생한 사건의 선후 관계를 비교하고 각 사건이 서로에게 어떤 영향을 주었는지 연구하기 위해서 '○○왕 ○○년''으로 기록된 사건을 서기연대로 바꾸면 편리합니다. 성경에 나타난 왕의 연대를 서기연대로 바꾸는 과정에서 학자마다 정도의 차이는 있지만 서기연대로 성경 사건들을 배열해서 정리하는 것은 아주 중요합니다. 그런데 성경에 나타난 왕의 연대를 서기연대로 바꾸기 위해서는 기준이 되는 사건과 그 사건이 일어난 서기연대로 환산된 기준연대(절대연대) 필요합니다. 이 기준연대(절대연대)를 계산하기 위해서는 첫째, 앗수르 기록에 나타난 일식이 언제 일어난 것인지 천문연대 계산을 통해 시기를 확정해야 하고 둘째, 앗수르 기록과 성경에 동시에 나타난 사건을 살펴보아야 합니다.

① 앗수르연대와 천문연대의 일치

앗수르의 고대 기록을 살펴보면 '불-사갈레'라는 '에포님'해 '시마누'달에 일식이 있었다는 기록이 있습니다. 이날은 천문학자들에 의해 서기연대로 주전 763년 6월 15일로 확정되었습니다. 만약 앗수르의 역사기록을 인

768	Aplia	(governor) of Mazamua	in the land
767	Kurdi-Ashur	(governor) of Ahi-Suhina	against Gananati
766	Mushallim-Urta	(governor) of Tillê	against Madai
765	Urta-mukîn-nishê	(governor) of Kirruri	against Hatarika. A plague
764	Sidki-ilu	(governor) of Tushhan	in the land
763	Bur (Ishdi)-Sagâle	(governor) of Guzana	revolt in city of Ashur. In the month of *Simânu* an eclipse of the sun took place
762	Tâb-bêl	(governor) of Amedi	revolt in the city of Ashur
761	Nabu-mukîn-ahi	(governor) of Nineveh	revolt in the city of Arrapha
760	Lakipu	(governor) of Kakzi	revolt in the city of Arrapha
759	Pân-Ashur-lamur	(governor) of Arbailu	revolt in the city of Guzana. A plague

히브리왕들의 연대기 부록 F '앗수르 에포님 목록' 중 일부

날짜		에포님	그해의 왕	나보낫살시대의 연도들
15 June	763	Bur-Sagale	10th year of Ashur-dan III	
19 March	721		1st year of Mardokempados	27
8 March	720		2d year of Mardokempados	28
1 Sept.	720		2d year of Mardokempados	28
22 April	621		5th year of Nabopolassar	127
4 July	568		37th year of Nebuchadnezzar	180
16 July	523		7th year of Cambyses	225
19 Nov.	502		20th year of Darius	246
25 April	491		31st year of Darius	257

고대 근동 연대기의 기준이 된 일식

정한다면 '불-사갈레'해(주전 763년)을 기준으로 각 '에포님'해를 서기연대에 대응하여 주전 891년부터 648년까지 앗수르의 역사 기록을 년도 별로 분류할 수 있습니다. 특별히 고대 근동 연대기의 기준이 된 일식들은 다음과 같습니다.

② 북이스라엘과 앗수르의 연대가 일치한 사건

앗수르 왕 살만에셀 3세의 통치 6년 '다이안-아술' 에포님 해에 '콰카'(Qarqar)에서 앗수르와 서방 동맹국들이 싸웠다는 기록이 있습니다. '콰카' 전쟁이 일어난 달과 날짜까지 정확히 기록되어 있지는 않지만 당시 전쟁은 건기에 했고 살만에셀이 '이야르'(Aiaru/Iyyar, 4월 중순-5월 중순) 14일에 출정한 것으로 나타나며 강이 범람할 때(6월) 유프라테스강을 건넜기에 전쟁은 7~8월 초에 있었다고 계산할 수 있습니다. 이해는 주전 854년과 853년으로 주장되는데 틸레의 증명에(히브리왕의 연대기, 97-103 참조) 의해 주전 853년으로 확정할 수 있습니다. 그리고 이 사건을 기록한 살만에셀 3세의 기록에 의하면 북이스라엘 '아합' 왕의 이름을 기록하며 '아합' 왕이 이 전투에 참여했음을 보여줍니다. 그렇다면 '아합'은 최소한 주전 853년까지는 살았고 전쟁에서 돌아와 그다음 해 아람과의 전쟁인 길르앗 라못 전투에 참여하여 싸우다 죽었다고 생각하면 그의 마지막 통치는 주전 852NT(건기에 해당하는 니산월(N)과 티쉬리월(T) 사이)가 됩니다. 아합이 죽는 852NT(건기, 봄부터 가을 사이의 기간)는 북이스라엘 왕들의 연대를 계산하는 기준이 됩니다.

③ 남유다와 앗수르의 연대가 일치한 사건

앗수르의 산헤립 왕 때 '힛타이트 땅을 향해 3번째 진출했다'는 기록이 있는데 이때 '유대인 히스기야를 그의 왕도인 예루살렘에 새장과 같이 가두었다'고 기록합니다. 이 사건은 성경에 의하면 히스기야 14년에 일어났고(왕하 18:13, 사 36:1) 서기연대와 앗수르 연대기를 비교하면 주전 701년으로 확정됩니다.

히스기야 왕 제십사 년에 앗수르의 왕 산헤립이 올라와서 유다 모든 견고한 성읍들을 쳐서 취하니라.(왕하 18:13, 사 36:1)

❷ 성경에 나타난 사건의 서기연대 연대 계산

왕	년	기간	왕	년
아합	22	852N-T		
	21	853N-852N		
	1	873N-872N	오므리	12
		874N-873N		11
엘라	1	884N-883N		1
	2	885N-884N	바아사	24
		888N-887N		21
나답	2	908N-907N		1
	1	909N-908N	여로보암	22
		910N-909N		21
		930N-929N		1

여로보암부터 아합까지의 통치 연대

위에서 언급한 두 개의 기준연도/절대연도를 기준으로 남유다와 북이스라엘 왕들의 연대를 계산하면(즉위년, 무즉위년, 통치 시작하는 달 등 복잡한 계산이 필요하지만) 왕국시대 왕들의 연대표를 만들 수 있습니다. 성경 사건 연대표를 만들다 보면 계산하는 방법이나 기준점에 따라 1년 정도의 오차와 두 해를 병행해서 표기해야 하는 사건들도 있지만 세밀하게 계산하면 오차를 줄여 서기연대로 정확하게 표현할 수 있습니다. 예를 들어 아합 왕의 죽음이 주전 852NT(니산월과 티쉬리월 사이, 성경연대로 제1월부터 6월까지의 기간)에 일어난 것을 기준으로 그의 아버지 오므리와 그 이전 왕들인 엘라, 바아사, 나답, 여로보암의 통치 시작 연대를 계산할 수 있습니다.

북이스라엘 초대 왕 여로보암이 통치를 시작한 때는 주전 930년 봄부터 929년 봄 사이의 기간으로 결정되는데 주전 930년 솔로몬이 죽고 남유다의 르호보암이 먼저 왕이 되었었기 때문에 가능한 시기는 주전 930년 제1월부터 제7월이 시작하기 전까지입니다. 마이모니데스의 연대 연구를 적용하면 주전 930년 4월 6일(제1월 1일 곧 니산월 1일)부터 9월 30일(제6월 29일 곧 엘룰월

29일로 티쉬리월 1일 전날) 사이에 르호보암이 먼저 즉위하고 이후에 여로보암이 통치를 시작한 것임을 알 수 있습니다.

성도 여러분!

최초의 성경 원본이 발견되지 않고 사본으로 기록되어 전해진 성경 속 왕들의 연대가 후대에 전해지는 과정에서 잘못 필사하여 통치 숫자가 잘못 기록된 것이 있어 고칠 점도 있지만 최초의 성경 원본은 정확 무오 했음을 기억합시다. 그리고 성경 사건이 일어난 연대를 계산하는 것이 복잡하고 이렇게 서기연대를 적용하며 성경 사건을 기억하려 한다는 것이 세상 역사 속에 여자의 후손인 그리스도를 보내셔서 죄를 사하시고 구원을 완성하시기 위해 하나님께서 개입하시고 섭리하셨던 과정을 좀 더 잘 알기 위한 것임을 기억합시다. 그리고 세상의 많은 사건 중 하나님께서 섭리하셨고 구속 역사를 이끌어 오셨음을 깨닫는데 필요한 내용이 성경에 기록되었고 이 시대 성도들에게 특별계시로 주어졌다는 것을 기억합시다. 한 해의 마지막인 오늘도 성경을 연구하며 하나님의 말씀 속에서 하나님의 뜻을 깨닫고 이 시대 하나님의 구속사를 나의 삶에 이룰 수 있는 하루가 되시길 기도합니다.